# HISTOIRE

DE

# L'ABBAYE DE LA GRANDE-TRAPPE

**DOCUMENTS SUR LA PROVINCE DU PERCHE**
2ᵉ Série. — Nº 6.

# HISTOIRE

DE

## L'ABBAYE

DE LA

# GRANDE-TRAPPE

PAR

M. le Comte DE CHARENCEY

MORTAGNE
GEORGES MEAUX, IMPRIMEUR-ÉDITEUR
—
M. DCCC. XCVI.

# INTRODUCTION

## ORIGINES ET DÉVELOPPEMENTS

DES

## INSTITUTIONS MONASTIQUES

§ 1. *Avant l'ère chrétienne.* — § **2**. *Depuis la naissance du Sauveur jusqu'à celle de saint Benoît.* — § 3. *Débuts de la réforme bénédictine.* — § 4. *Règles diverses contemporaines de celles de saint Benoît.* — § 5. *Progrès et triomphe de la règle de saint Benoît.* — § 6. *Réforme de Cluny.* — § 7. *Coup d'œil sur les principaux Ordres religieux non monastiques : chanoines réguliers, ordres militaires, ordres mendiants, clercs réguliers, congrégations charitables.* — § 8. *Fondation de l'Ordre de Cîteaux et examen de sa Charte.* — § 9. *Influence artistique de l'Ordre de Cîteaux.* — § 10. *Conclusion de l'introduction et plan du présent ouvrage.*

### § 1. — Avant l'ère chrétienne.

*Vos estis sal terræ.*

A toutes les époques se sont rencontrées des âmes d'élite, avides de perfection religieuse et désireuses de se consacrer à Dieu d'une façon spéciale.

L'ancienne Loi, ce « christianisme ébauché » suivant la parole d'un illustre prélat, vit naturellement éclore les premiers germes de la vie pénitente et monastique. Jacob, dans la fameuse prophétie où il révèle à ses fils les destinées du peuple choisi, qualifie Joseph de *Nazaréen* parmi ses frères, c'est-à-dire que le père de la race Juive le compare à ces hommes voués au Seigneur, parfois dès le sein maternel, qui devaient s'abstenir de vin, ne pas souffrir que leur chevelure subît l'insulte du fer, ni se souiller au contact d'un mort. On ne saurait donc reporter les débuts de l'institution du Nazaréat moins haut que l'époque patriarcale.

La plupart des commentateurs sont aujourd'hui d'accord pour voir dans l'histoire de la fille de Jephté, une preuve irréfragable que le célibat religieux se trouvait, dès le temps des Juges, pratiqué en Israël. Nous ne saurions guère en douter : le Triomphateur voua solennellement son enfant au Très-Haut en qualité de Nazaréenne.

On admet généralement que le Nazaréat même perpétuel (car il en existait un temporaire et, le plus souvent, d'assez courte durée) n'interdisait pas le mariage à l'homme. Effectivement, celui-ci demeurait, en toute occurence, le chef de la communauté et ses devoirs vis-à-vis de sa compagne ne l'empêchaient pas de rester l'esclave du Seigneur. A coup sûr, les choses se passaient autrement, lorsqu'il s'agissait d'une personne du sexe féminin. Comment eut-elle pu se soumettre aux lois et volonté d'un époux, la vierge destinée à n'avoir d'autre seigneur et maître que Jéhovah ?

Un peu plus tard s'offrent à nos regards les collèges de Prophètes, gloire du Carmel, et qui font remonter leur origine à Elie en personne. Les membres de ces antiques congrégations menaient une existence austère et mortifiée.

Voici maintenant les Réchabites qui n'étaient même pas Juifs d'origine, mais bien de race Cinéenne. Leur histoire n'en reste pas moins étroitement unie à celle du peuple élu. Après avoir habité d'abord le nord-ouest de l'Arabie ou plutôt la région de Madian, ils se joignent à la postérité de Jacob pour aider celle-ci dans la conquête de la Terre Promise. Nous les trouvons, ensuite, fixés sur la rive occidentale de la mer Morte, aux environs d'Engaddi. On ignore quel nom les désigna à l'origine. Ce qui est certain, c'est qu'ils tirent celui sous lequel la Bible nous les fait connaitre de Réchab, fils de Jonadab. Ce dernier, au temps de Jéhu, roi d'Israël, donna une sanction religieuse aux pratiques en vigueur chez ses contribules. Aussi, par respect pour les prescriptions du pieux réformateur, refusèrent-ils constamment d'abandonner la vie nomade et de chercher un autre abri que la maison mobile de l'habitant du désert. L'élevage de nombreux troupeaux constituait d'ailleurs leur seule ressource et leur occupation exclusive. Aux yeux des Orientaux, la poétique existence du pasteur n'a-t-elle pas toujours revêtu un caractère plus noble, plus sacré même que celle de l'agriculteur, du *fellah*, péniblement incliné vers le sol qu'il féconde de ses sueurs ?

Par la suite, toutefois, des descendants de ces vieux bergers semblent avoir occupé, dans le temple, certains emplois que nous n'entreprendrons pas ici de déterminer. On croit, enfin, retrouver quelques vestiges de l'institution Réchabite jusque vers les débuts de notre ère (1).

L'abstinence du vin pratiquée par les sectateurs de Jonadab a été invoquée comme preuve de leur affiliation à l'ordre des Nazaréens. Cependant la légitimité de cette manière de voir reste douteuse. Rien de moins hygiénique que l'usage de liqueurs fermentées sous un climat sec et brûlant comme celui de la Palestine, et l'idée d'impureté à lui attribué pourrait bien remonter aux origines même de la race Sémitique. Suivant toute apparence, Mohammed en prohibant, au moins d'une manière générale, l'emploi de toute boisson enivrante, n'a fait que reprendre une tradition déjà fort ancienne en Arabie.

---

(1) *Dissertation sur les Réchabites*; p. 55 et suiv. du t. XIV de *La Sainte Bible en latin et en français, avec des notes*, etc. (Paris, 1822).

À une époque plus rapprochée de nous, se montrent les *Assidéens* ou « Justes », prédécesseurs des Pharisiens, et qui tenaient les œuvres de surérogation pour nécessaires au salut. Ne tarderont pas à apparaître les *Anawim* ou « Humbles », les *Ebionim* ou « Pauvres ». Que faut-il entendre, au juste, par ces mots? C'est ce que le défaut de renseignements ne nous permet guère de préciser. Ne s'agirait-il pas ici de sortes de Tiers-Ordres, de personnes qui, sans rompre absolument avec le siècle, s'exerçaient à la pratique du détachement. Rappelons, en tous cas, que ces *amis de la pauvreté*, ces puritains du Judaïsme, firent sentir leur influence sur certaines sectes chrétiennes des premiers âges.

Antérieurement, sans doute, à la conquête Macédonienne, peut-être même dès les jours de la construction du second temple, surgissent les *Esséniens* dont le livre des Macchabées vante la piété et qui subsistaient encore au temps de l'empereur Justinien (1). Fixés sur les rives de la mer Morte, ils se flattaient de pouvoir, au moyen d'une inspiration particulière, scruter les secrets de la *Torah*. Aussi méritent-ils d'être considérés comme les pères de la doctrine Kabbaliste. Une différence importante à signaler entre eux et les *Thérapeutes* d'Egypte, c'est que ces derniers s'adonnaient spécialement à l'étude d'ouvrages mystiques. De leur sein est sorti le Juif néoplatonicien Philon, qui prétendait retrouver jusque dans nos livres saints, les allégories du philosophe de Sunium (2). Ajoutons qu'Esséniens aussi bien que Thérapeutes mêlaient à leur foi monothéiste, force éléments empruntés aux paganismes grec et oriental et qu'ils vivaient dans de véritables couvents, à la façon de nos Cénobites chrétiens. Ces deux communautés furent d'ailleurs considérées comme hérétiques par la faction des Pharisiens et les rédacteurs du Talmud évitent même de prononcer leur nom.

On remarquera que si le mode d'existence de ces ascètes de l'ancienne alliance offre une certaine saveur de christianisme, l'opposition reste aussi tranchée que possible en ce qui concerne non seulement la doctrine, mais encore et surtout son mode de propagation. L'enseignement Essénien, constamment enveloppé de mystère, ne demeure accessible qu'à un petit nombre d'initiés. Celui de l'Eglise, au contraire, essentiellement public, s'adressera à tout homme venant en ce monde.

Nous pouvons juger, par ce qui vient d'être dit, à quel point la société Juive se trouvait travaillée par l'esprit de secte, et la pureté du dogme mosaïque menacée, lors de la venue du Sauveur.

## § 2. — Depuis la naissance du Sauveur jusqu'à celle de saint Benoit.

Préciser l'époque où la vie monastique débuta au sein de la société chrétienne semble chose difficile. N. S. J.-C. avait déjà recommandé la pauvreté et la chasteté volontaires comme vertus de conseil. « Si tu veux « être parfait, répond-il au jeune homme désireux de devenir son disciple, « vends tes biens, distribue-les aux pauvres, viens ensuite et suis-moi. »

---

(1) A. Franck, *La Kabbale et la Philosophie religieuse des Hébreux*; chap. 1er, p. 53 (Paris, 1869).
(2) M. le Dr Rubin, *Heidenthum und Kabbalistische Mystik*, p. 5 et suiv. (Wien, 1893).

D'un autre côté, saint Paul n'avait-il pas en vue d'une façon spéciale les vierges solennellement consacrées à Dieu, lorsqu'il déclare que « celui qui « marie sa fille fait bien, celui qui ne la marie pas fait mieux » ? On peut, sans trop de témérité, admettre que bien que ne se trouvant pas absolument séparées du siècle, les vierges avaient déjà commencé pendant la période apostolique à former une classe distincte dans l'Eglise.

Enfin, les premiers chrétiens résidant encore à Jérusalem, sans y être, il est vrai, liés par aucun engagement formel, vivaient dans un véritable état de pauvreté évangélique. Leurs biens se trouvant mis en commun, ou du moins gérés au nom de l'association, les revenus étaient affectés à chacun, dans la mesure de ses besoins.

L'histoire ne nous dit pas sous l'empire de quelles causes cette sainte communauté finit par se dissoudre. Son maintien prolongé, comme le fait judicieusement observer le biographe du R. P. Marie-Ephrem, n'eut guère été possible en présence des progrès de la doctrine évangélique et du nombre toujours croissant des fidèles, ainsi que des complications sociales, résultat nécessaire de ce nouvel état de choses. Toutefois, quelques âmes ferventes, animées du désir de faire revivre l'exemple des premiers fidèles, s'adonnaient déjà à la pratique des vertus de la vie parfaite. On les voyait, renonçant au mariage, à leurs droits de propriété, vivre dans le silence, le jeûne et toutes les austérités d'une existence ascétique. Beaucoup s'efforçaient de pratiquer ces mortifications sans rompre absolument avec le siècle; mais la plupart fuyaient la société des autres hommes, évitant même le séjour des villes, pour vaquer plus librement aux exercices de la vie contemplative.

Du reste, c'est bien en Orient, suivant la remarque du P. Bérenger, qu'il convient de chercher les sources du monachisme chrétien. On y voit apparaître des couvents de femmes, régulièrement constitués dès la dernière moitié du IIIe siècle de notre ère, c'est-à-dire avant même la fin de l'ère des persécutions. Mais bientôt, les déserts de la Thébaïde vont se peupler d'ascètes, fuyant la rage des ennemis du nom chrétien et cessant toute relation avec le monde, pour ne plus songer qu'à la grande affaire de leur salut. Une fois la paix rendue à l'Eglise, ce mouvement vers la vie monastique ne fit que s'accentuer, car ces vrais chrétiens, dit Bossuet, « si simples et si ennemis de toute mollesse, craignaient plus une paix « flatteuse pour les sens, qu'ils n'avaient craint la cruauté des tyrans ». Les uns réfugiés dans la solitude et loin du contact avec les autres hommes, se vouent à la vie érémitique. D'autres préférant la vie en commun, inaugurent l'existence cénobitique. Rassemblés en nombre plus ou moins grand dans une maison consacrée au Seigneur, ils s'y assujetissent tous ensemble aux mêmes pratiques, aux mêmes travaux.

Saint Paul mérite d'être considéré comme le père des *Ermites* ou *Anachorètes*, de même que saint Pacôme celui des *Cénobites*.

L'Egypte était alors le pays par excellence de la vie monastique. Nous voyons saint Pacôme fonder, à Tabenne, une congrégation de couvents auxquels il donne une règle dont le texte fut, dit la légende, apporté du ciel par un ange. Saint Macaire l'ancien, dans le désert de Scété, se signale au milieu de la foule des pénitents par l'incomparable rigueur de ses austérités. Amon ou saint Macaire le jeune établit sur la célèbre montagne de Nitrie une communauté où plus de cinq mille moines vivent dans la prière, du travail de leurs mains. L'abbé Sérapion en gouverne près de dix mille, non loin d'Arsinoë, aujourd'hui Suez.

Ainsi se repeuple cette région Thébaïne, si florissante à l'époque des Pharaons, si délaissée depuis et dont le silence, pendant bien des siècles, ne fut plus guère troublé que par le glapissement du chacal ou le miaulement de l'épervier. L'on aurait peine à se figurer l'entraînement ressenti par les hommes de cette génération pour l'existence ascétique. La vieille terre de Metsraïm ne comptait pas moins de soixante-dix mille religieux et saint Jérôme a pu dire sans exagération que, de son temps, les déserts de la Haute Égypte contenait plus de solitaires que les villes avoisinantes d'habitants.

D'ailleurs, le mouvement parti de cette contrée bénie ne tarde pas à se propager en Palestine, en Asie-Mineure, en un mot dans tout l'Orient chrétien. Saint Hilarion, proscrit par Julien l'apostolat, introduit la vie monastique dans l'île de Chypre; saint Nil la porte au Sinaï.

Un peu plus tard, saint Basile, le futur archevêque de Césarée, se retire dans la solitude avec son ami, saint Grégoire de Nazianze. Il offre, le premier, l'exemple d'une existence ascétique aux populations du Pont et de la Cappadoce. On le voit s'occuper ensuite de donner aux cénobites de Syrie une règle qui fut bientôt adoptée dans tout l'Orient. Ajoutons que beaucoup de personnages illustres de cette époque, les Athanase, les saint Jean Chrysostôme, avaient été formés à la rude discipline de la vie monastique.

Voici qu'à son tour, l'Occident entre dans la voie tracée par les chrétientés d'Égypte et d'Asie. Saint Eusèbe de Verceil introduit la vie commune parmi les clercs de son diocèse. Saint Athanase, l'illustre évêque d'Alexandrie, mérite surtout d'être regardé comme le propagateur de l'ordre monastique dans l'ouest de l'Europe. Trois fois exilé de son siège épiscopal par décret de l'Empereur, il vint chercher à Rome protection auprès du pape Jules I$^{er}$ contre les violences des Ariens.

Pendant qu'un concile, assemblé par le Souverain-Pontife en 341, rendait pleine justice au glorieux défenseur de la divinité du Christ, celui-ci fit connaître, dans la ville éternelle, la vie extraordinaire que menaient les solitaires de la Thébaïde et les immenses fondations monastiques établies par saint Pacôme sur le Nil supérieur.

Saint Antoine étant mort en 356, Athanase s'empresse d'écrire le récit de sa vie. Il devient populaire non seulement en Italie, mais encore dans toutes les provinces du voisinage. Bientôt l'Empire entier se trouva peuplé de cénobites, recrutés en grande partie dans les rangs de la plus haute société d'alors. « C'est parmi les moines, s'écrie saint Jérôme, qu'aujour-« d'hui se trouvent en foule les sages, les riches et les nobles. »

Ce serait saint Athanase qui, pendant son séjour à Trèves, aurait fait connaître la vie monastique aux fils de la Gaule, mais rien ne prouve qu'il l'y ait introduite; cet honneur reviendrait plutôt à saint Martin, évêque de Tours, qui fut bien longtemps le saint le plus populaire de notre pays. Retiré auprès de saint Hilaire, évêque de Poitiers, il fonda, en 360, aux portes de cette ville, le monastère de Ligugé, le plus ancien sans doute qui ait été érigé sur notre territoire. Après y avoir passé quinze ans, Martin, promu évêque, dut le quitter afin de gouverner l'église de Tours. Toutefois, son cœur ne cessait de brûler d'amour pour la vie ascétique. Il établit à une demi-lieue de son siège épiscopal, le célèbre monastère de Marmoutiers. C'est là que le saint habitait une cellule faite de branchages entrelacés. On l'ensevelit dans cette abbaye qui allait bientôt devenir un des lieux de pèlerinage les plus fréquentés non seulement des Gaules, mais encore de toute la chrétienté. Deux mille moines, dit-on, se trouvèrent réunis à ses funérailles en l'an 398.

Le nombre des maisons consacrées au Seigneur était, dès lors, assez considérable ; l'époque de la fondation de plusieurs d'entre elles, assez ancienne pour que certains abus commençassent à s'y introduire qu'il importait de réprimer. Aussi voit-on plusieurs conciles s'occuper de les préserver du relâchement et de les rappeler à l'observance primitive.

Mais une pareille floraison des vertus monastiques, malgré tout son éclat, n'était le fait que d'une élite. Elle ne devait pas suffire à préserver du naufrage cette société antique, énervée par de longs siècles de despotisme et, d'ailleurs, restée honteusement païenne sous le rapport des aspirations, des mœurs, et même, en grande partie, de la législation. Rome venait d'accomplir son œuvre. Elle avait, suivant l'expression d'un poète du temps, fait du monde entier, une seule cité, préparant ainsi, par l'assujettissement de tous les peuples à une domination unique, le règne éternel du Christ et la diffusion de la loi de l'Évangile. Dieu va demander compte à l'orgueilleuse et cruelle cité des Césars du sang de ses martyrs versé à flots et confier à des races plus jeunes l'univers à renouveler. La grande invasion a déjà commencé. Au début de leur établissement sur les terres de l'Empire, les Goths, sectateurs d'Arius, ne se montrent guère moins féroces, guère moins redoutables que les sauvages adorateurs des dieux du Nord. Partout les communautés religieuses sont livrées au pillage et à la dévastation, leurs habitants mis à mort ou dispersés et la vie cénobitique elle-même semblent à la veille de disparaître.

On voit, sur les flancs du Vésuve, le paysan obstiné et confiant dans la Providence s'occuper sans relâche à replanter sa vigne, à remettre en culture son champ ravagé par la lave et les feux souterrains. Tel est précisément le spectacle offert par l'Église, sitôt qu'un calme relatif aura succédé au tumulte des hordes en marche. L'épouse du Christ se vengera des farouches guerriers qui l'ont désolée en les convertissant, en les initiant aux bienfaits de la vie policée. De toutes parts se multiplient ces asiles de la prière et de la mortification, lesquels, par une volonté expresse de la Providence, deviendront aussi le seul refuge des lettres et des arts, flambeaux toujours brillants au milieu des ténèbres qui menacent d'envahir l'univers. Déjà plusieurs communautés se sont groupées sous les ordres de saint Exupère, évêque de Toulouse.

En même temps, les rivages et les îles de la Méditerranée se couvrent de monastères. En 400 ou suivant d'autres en 410, c'est-à-dire l'année même de la prise de Rome par Alaric, Honorat fonda l'abbaye de Lérins et y établit sous la règle de saint Macaire, une grande école de vertus. C'est alors que se développent et grandissent, à l'abri du cloître, nombre de beaux génies et de saints prélats, les Léonce de Fréjus, les

Césaire, les Hilaire d'Arles, et tant d'autres dont nous n'entreprendrons pas ici de rappeler les noms.

Un peu plus tard, nous voyons saint Patrick se confiner pendant quelque temps au monastère de Marmoutiers. Il en sort pour porter en Irlande, avec la connaissance de l'Évangile, celle de la vie cénobitique. La légende attribue même à ce nouveau Cadmus l'introduction de l'alphabet chez les habitants d'Erin. Tout ce que l'on peut admettre, c'est qu'il aura substitué les lettres latines à ces vieux caractères oghamiques d'origine si mystérieuse et dont l'usage ne semble d'ailleurs jamais avoir été très répandu.

A peu près à la même époque, saint Romain et saint Lupicin se fixent dans les gorges du Jura, où ils fondent les abbayes de Condat, de Leuconne et de Baume-les-Dames. De nombreux monastères sont alors établis tant dans les Gaules qu'en Italie.

De son côté, Cassien revenait d'Orient, après avoir visité les Pères du désert dans toutes les *laures* et solitudes d'Egypte et de Palestine. Il s'était lié d'amitié avec saint Jean Chrysostôme. Parmi les livres composés par lui, citons spécialement les *Collationes* ou « Conférences » et les « Institutions monastiques » qui rendent son nom célèbre dans notre pays. Ces écrits soulèvent bien quelques protestations à cause de certaines opinions de l'auteur sur la Grâce, mais n'en donnent pas moins un nouvel élan à la ferveur des religieux par le tableau qu'il trace de la vie des saints habitants du désert. Le plus grand éloge que l'on puisse faire de ces ouvrages, c'est de rappeler que saint Benoît lui-même, le futur restaurateur de l'état monastique en Occident, s'en est souvent inspiré. Peu sensible, du reste, à la gloire humaine, le pieux pèlerin se rend à Marseille, non loin des grottes de la Sainte-Baume, où, suivant une ancienne tradition, s'étaient retirés saint Lazare, l'ami particulier du Christ, sainte Marie-Madeleine et sainte Marthe. C'est là qu'il fonda, en l'honneur du prince des apôtres et de saint Victor, un monastère portant le nom de ce dernier martyr. Cassien y faisait sa résidence habituelle. Cinq mille disciples, répartis en plusieurs maisons, relevaient de cette abbaye. Ajoutons que Marseille doit encore à notre cénobite l'érection d'une communauté de femmes.

La vie ascétique se présentait alors sous trois types bien tranchés. Tous avaient sans doute pour but de satisfaire aux divers attraits de la piété. On n'en commençait pas moins à faire entre eux une grande différence. Le premier, réduit à la pratique de certaines règles de dévotion constituait, en quelque sorte, simplement une forme plus grave, plus chrétienne de la vie de famille. C'était quelque chose de fort analogue à ce que nous appelons aujourd'hui un *tiers-ordre*. Il pouvait contribuer sans doute à la sanctification de celui qui l'avait adopté, mais restait sans influence bien marquée sur le développement de la vie chrétienne au point de vue social. D'ailleurs, les soucis, les embarras du monde ne devaient-ils pas en rendre souvent l'observance sinon absolument impossible, du moins bien difficile ?

Le second type de l'ascétisme, c'était la *vie solitaire de l'ermite*. Elle se réclamait des glorieux exemples laissés par les Pères du désert. Néanmoins, en raison de l'absence de discipline et de l'absolue liberté laissée au pénitent, elle pouvait donner et avait effectivement donné lieu à de graves abus.

Le mal menaçait de devenir de plus en plus intolérable à mesure que l'on s'éloignait de cette période primitive, illustrée par les héros de la mortification. Aussi l'existence érémitique tendait-elle à être chaque jour délaissée davantage des générations nouvelles.

Comme preuve des inconvénients qu'entraînait cet état d'anarchie et l'absence d'une réglementation sérieuse, citons les religieux *gyrovagues*, sortes de vagabonds qui n'avaient point de domicile fixe, et les *Sarabaïtes*, lesquels ne suivaient d'autre loi que leur caprice et fantaisie. Saint Benoit en parlera dans les termes les plus sévères. Effectivement, ces hommes qui sous couleur de dévotion menaient une vie généralement fort peu édifiante, rappellent bien plus les *Fakirs* musulmans ou les *Yoguis* de l'Inde moderne que les soldats de la milice du Christ.

Il était évident, dès lors, que l'avenir allait appartenir à la troisième et dernière forme de la vie pénitente, à celle qui combinait ensemble la satisfaction à donner au besoin de sociabilité innée dans le cœur de la plupart des hommes et les précautions à prendre contre les entraînements du monde. Nous voulons parler de l'existence du *cénobite*, du *moine* qui, soumis à l'autorité de la règle et au pouvoir de supérieurs librement élus, unit ses efforts à ceux de ses frères pour s'avancer d'un pas plus ferme et plus assuré dans la voie de la perfection évangélique.

Mais cet état cénobitique, pratiqué depuis longtemps déjà, exigeait lui-même certaines modifications, et si nous osons nous servir de cette expression, d'importants perfectionnements. Il s'agissait de fondre en un tout harmonieux, les institutions des précédents législateurs, de prémunir l'ascète contre l'oisiveté soit du corps soit de l'esprit; en un mot, de tirer le meilleur parti possible de ses facultés et aptitudes pour la plus grande gloire de Dieu. Il fallait également mettre plus d'accord avec les exigences de la vie occidentale, une discipline monastique régie par les lois et traditions de la Syrie et de l'Égypte.

## § 3. — Débuts de la réforme bénédictine.

C'est juste ce moment, où le besoin d'une rénovation se faisait sentir le plus urgent, que la Providence choisit pour intervenir d'une façon éclatante. Elle vient de susciter en la personne de Benoit celui qui devait être le consolateur de l'Église et le vrai réformateur de la discipline religieuse dans tout l'ouest de l'Europe.

Né en 480, à Nursie, en Ombrie, non loin de l'antique cité de Spolète, le futur cénobite appartenait à la famille patricienne des *Anicii*. Il reçut, ainsi que sa sœur Scholastique, au foyer paternel, de profondes impressions de piété qui, sans doute, contribuèrent beaucoup à décider de leur avenir. Envoyé à Rome pour y faire ses études, Benoit, âgé à peine de treize ans, se sentit bientôt dégoûté de la creuse éloquence des rhéteurs et de la stérilité de leur enseignement. Échappant à la vigilance de sa nourrice et préférant les labeurs d'une vie pénitente aux vains honneurs du siècle, il gagne les gorges inaccessibles des montagnes de la Sabine. Chemin faisant, notre voyageur rencontre le moine saint Romain qui lui donne un habit monastique fait de peaux de bêtes.

Enfin, poursuivant sa course, il arrive à une caverne sombre et étroite, que les rayons du soleil n'avaient jamais éclairée. C'est là que Benoît fixe sa demeure, à l'endroit même où s'élève aujourd'hui le célèbre monastère de Subiaco, à environ quarante milles de Rome. Il y reste enseveli trois années entières, inconnu de tous, sauf de saint Romain, lequel ne pouvant parvenir jusqu'à sa cellule, lui tend chaque jour, au bout d'une corde, le pain destiné à sa nourriture. Enfin, un prêtre inspiré de Dieu découvre comme par hasard la retraite du jeune pénitent. Aussitôt, les bergers du voisinage commencent à affluer auprès de sa grotte. Ils sont suivis d'une foule de pèlerins qu'attiraient l'éclat des vertus et les miracles de Benoît. Celui-ci, docile aux impulsions de la Providence, n'hésite pas à changer son genre de vie. On le voit aussitôt distribuer le pain de la parole divine à tous ceux qui l'entourent. Beaucoup de ces derniers prennent le parti de fixer leur demeure auprès de celle du thaumaturge vénéré, ravis de pouvoir bénéficier de sa direction. Dans l'espace de sept années, ils donnèrent naissance à douze monastères. Ce fut le premier rayonnement de la famille bénédictine.

L'éminent ascète, heureux de surveiller les progrès spirituels de ses disciples, n'eût jamais, sans doute, songé à quitter Subiaco; mais le Très-Haut qui se plaît à éprouver les justes, se servit de la persécution pour le conduire à de plus hautes destinées.

Un prêtre du voisinage, Florentin, jaloux des succès de l'homme de Dieu, essaya d'entraver son œuvre avec une ruse et une perfidie vraiment diaboliques. Le saint, poussé à bout par la malice de son adversaire, se décida à quitter le pays Sabin, pour aller s'établir avec ses religieux sur le mont Cassin, dans la terre de Labour, à peu près à mi-chemin de Naples et de Subiaco. Les pauvres campagnards de cette région étaient encore adonnés au culte des faux dieux. On y voyait, accompagné de son bois sacré, un antique temple d'Apollon où les idolâtres venaient sacrifier. Le premier soin de Benoît fut de prêcher la loi du Christ à ces malheureux et de les convertir.

Suivant une ancienne tradition, rapportée par Montalembert dans ses *Moines d'Occident*, le saint aurait miraculeusement obtenu la destruction de ces repaires du paganisme. S'étant mis à prier avec ferveur, soudain il aperçoit le bois sacré et le temple, ainsi que la statue du dieu qu'il abritait, tombant à terre, joncher le sol de leurs débris. A leur place, il fit construire deux oratoires, dédiés, l'un à saint Jean Baptiste, l'autre à saint Martin. Autour de ces chapelles s'éleva le monastère qui bientôt allait devenir le plus célèbre de l'univers chrétien.

D'après l'opinion la plus généralement admise, c'est au mont Cassin que Benoît s'occupa de donner une organisation définitive à la tribu de cénobites qui l'entouraient. De là cette fameuse règle Bénédictine, la première qui ait été rédigée dans nos pays occidentaux. Elle fut, dès son apparition, saluée comme incontestablement supérieure à tout ce qui l'avait précédée et réalisant, si nous osons parler ainsi, la perfection du genre. Saint Grégoire le Grand, qui l'approuva comme devant être seule suivie en Occident, la qualifie de *chef-d'œuvre de discrétion et de clarté*. On y retrouve, en effet, éclairée des lumières supérieures de la foi, le sens droit et l'esprit pratique des plus éminents jurisconsultes et hommes d'Etat de l'ancienne Rome. Rien, au reste, de plus opposé à la pensée de l'illustre cénobite que de rechercher la réputation du novateur. Les saints ne s'en sont, d'ordinaire, guère soucié. Le chef des cénobites du mont Cassin n'affecte nullement de rompre avec le passé et l'on pourrait citer, au contraire, bien des emprunts par lui faits aux écrits des ascètes qui l'avaient précédé. Son principal mérite, son véritable titre de gloire, c'est moins encore d'avoir inventé que perfectionné, c'est d'avoir su combiner d'une façon singulièrement heureuse des éléments déjà existants, du moins en grande partie.

Rien de plus judicieux que la façon dont se trouve réglé l'emploi du temps, les occupations manuelles et la lecture devant alterner avec le chant de l'office divin et les pratiques de dévotion. Chaque couvent est tenu de se suffire à lui-même grâce au travail de ses membres, mais il lui est permis d'accroître ses ressources par la fabrication d'objets de commerce et d'industrie. L'usage de la viande demeure interdit aux moines, mais celui du vin toléré, dans une mesure, il est vrai, très restreinte. L'habillement consiste en une robe, une corde et un scapulaire d'étoffe grossière : c'était, somme toute, celui des habitants de la campagne à cette époque. Benoît prescrit l'hospitalité comme un devoir. Enfin, il autorise les monastères à admettre même les enfants au rang des religieux.

Mais c'est surtout dans le recrutement de ce que l'on pourrait appeler l'armée monastique qu'éclate toute la sagesse de la règle. Elle entend, avant toute chose, éprouver la vocation du postulant. Les précautions les plus minutieuses sont prises pour éviter l'admission de l'homme qui, entraîné par un zèle peu éclairé ou superficiel, ne tarderait guère à regretter les vœux par lesquels il se trouve engagé. Non seulement personne ne doit être sollicité à prendre l'habit, mais encore on ne doit faire au novice qu'un accueil froid, presque décourageant. Une année se passe pour lui à étudier les prescriptions auxquelles il devra se soumettre. On ne lui cachera aucune des austérités de la vie religieuse. Sitôt ses vœux prononcés, le nouveau cénobite sera tenu, sans doute, à une soumission pour ainsi dire absolue aux ordres du Père Abbé, représentant de Dieu lui-même ; encore son obéissance ne saurait-elle dégénérer en condescendance servile, limitée qu'elle est, d'un côté, par les droits supérieurs de la conscience, et, de l'autre, par l'observance de la règle qui oblige tout le monde sans exception, dignitaires comme simples frères.

Toutefois, procurer par de sages règlements le bien spirituel des disciples qu'il dirige ne suffit point au zèle de Benoît. Il faut encore assurer la durée de son œuvre, le maintien de l'esprit de piété et de ferveur parmi les innombrables générations de moines qui doivent se succéder à travers les siècles. L'un des moyens les plus efficaces consistait, sans aucun doute, à faire élire le nouveau supérieur par tous les membres du couvent. La première, la grande préoccupation d'humbles et dévots religieux ne sera-t-elle pas, évidemment, de diriger leur choix sur le confrère reconnu à la fois le plus digne et le plus capable ?

Benoît n'avait édicté ses lois que pour une ou plusieurs communautés considérées isolément. Plus tard apparaîtront les *Ordres* régulièrement constitués ; néanmoins, la renommée de sagesse et de prudence dont jouissait déjà sa règle, même du vivant de l'auteur, décida un grand nombre de religieux, non seulement à l'adopter, mais encore à la propager au loin. Le saint réformateur lui-même fut d'ailleurs souvent sollicité de créer des monastères en pays étrangers. Tandis que sa sœur, sainte Scholastique, fondait sous sa direction, à Plumbariola, le premier couvent de Bénédictines, la règle du mont Cassin se trouvait portée à Messine, en Sicile (année 536), par saint Placide qui, dix années plus tard, y remporta la couronne du martyre.

Elle est introduite en Espagne vers la même époque par saint Martin et saint Léandre. Enfin, à la requête d'Innocent, évêque du Mans, Benoît envoya en France saint Maur, l'un de ses fils spirituels les plus chéris. Ni saint Grégoire de Tours, ni Bède, ni Usuard, il est vrai ne parlent de cette mission, mais on ne saurait douter qu'une vieille tradition remontant tout au moins au IX<sup>e</sup> siècle ne la tint pour authentique. On devrait à ce même saint Maur la fondation du monastère de Glanfeuil-sur-Loire, lequel eut bientôt des succursales dans toutes les Gaules. Quelques années plus tard, le moine saint Augustin, envoyé en Bretagne par saint Grégoire le Grand, aura l'honneur d'introduire, chez les descendants des Angles et des Saxons, le code Bénédictin en même temps que la connaissance de l'Evangile.

## § 4. — Règles diverses contemporaines de celle de saint Benoît.

Néanmoins, les progrès de la réforme du mont Cassin ne doivent pas nous faire perdre de vue l'apparition d'autres *règles*, souvent empruntées aux sources orientales et qui partagèrent avec celle-là, pendant plus d'un siècle, la faveur du monde chrétien. Force nous est donc de revenir sur nos pas, au moins pour un instant. Que le lecteur veuille bien pardonner cet anachronisme involontaire.

Ce serait en 511, d'après une ancienne tradition, que sainte Clotilde, veuve de Clovis, le fondateur de la monarchie Franke, aurait élevé le monastère de Chelles, à quatre lieues environ est de Paris. Toutefois, selon d'autres, il daterait seulement du milieu du VII<sup>e</sup> siècle.

L'année suivante nous voyons l'évêque saint Césaire créer à Arles une communauté pour sa sœur, sainte Césarie, et lui donner un règlement longtemps suivi, en concurrence avec celui du mont Cassin, dans les couvents de femmes de la Gaule. Un peu plus tard, en 534, le monastère de Noblac, dans le Limousin, est bâti par saint Léonard. Ajoutons à la liste des fondateurs de couvents dans notre pays, les noms des saints Seine, Liferd et Teudère. Il convient de mentionner également saint Equice qui, en 540, gouvernait plusieurs communautés dans la Valérie; sainte Radegonde, laquelle quittait (544) le palais de Clotaire I<sup>er</sup> pour cacher ses vertus dans la maison de Sainte-Croix de Poitiers; saint Aurélien, évêque d'Arles et fondateur dans cette ville de deux communautés auxquelles il donna une règle; saint Germain, évêque de Paris (559), auquel l'on doit l'illustre monastère dédié à saint Vincent, sur les bords de la Seine.

Ce mouvement vers les diverses formes de la vie cénobitique n'était, du reste, pas spécial à notre pays. Tandis que l'Orient, ravagé par le schisme et, plus tard, par l'Islam, commence à tomber dans une léthargie morale dont il ne s'est point réveillé, l'esprit de ferveur continue à fleurir dans les régions occidentales. Ainsi, Cassiodore, l'ancien ministre de Théodoric, roi des Goths, érige vers 575 les deux abbayes de Viviers et de Castello, dans les Calabres. Vers la même époque, saint Martin, abbé de Dumes, en Galice, et évêque de Braga, réunit ses disciples dans plusieurs monastères. Saint Donat, venu d'Afrique en Espagne, donne une règle aux moines de Servitano.

Il semble, toutefois, que ce furent alors les peuples de race et de langue celtique qui se distinguèrent le plus par leur zèle et un goût prononcé pour les saintes austérités du cloître. Chassés de leur île par les incursions des Saxons et des Calédoniens, beaucoup de Bretons préférant l'exil à l'esclavage, prennent le parti de se retirer dans la péninsule Armoricaine, alors complètement indépendante de la monarchie Franke et qui reçoit d'eux le nom de *petite Bretagne*. Longtemps exposée aux ravages des pirates, cette terre de granit couverte de chênes, pour nous servir de l'expression du poëte, ne renfermait plus qu'une population très clair-semée. Aussi, les émigrants trouvèrent-ils là tout ensemble une nouvelle patrie et un sûr asile. Nous les voyons y rétablir l'usage de la langue celtique, déjà depuis longtemps supplanté par le latin dans la plus grande partie, sinon la totalité des Gaules. Ces enfants d'Albion rendent un inestimable service à leur pays d'adoption en achevant de le convertir et de le débarrasser des derniers vestiges du paganisme. L'Armorique est évangélisée notamment par saint Brieuc qui, à l'âge de 70 ans, passe la Manche et fonde au pays de Léon, un monastère autour duquel ne tardent pas à se grouper de nombreuses habitations. Telle est l'origine de Saint-Brieuc, chef-lieu actuel du département des Côtes-du-Nord. Le vénérable missionnaire y meurt en 502.

Saint Maclou ou Malo, né au pays de Galles, dans la vallée de Lhan-Corvan, quitte sa patrie vers l'an 520, c'est-à-dire presque au moment où Arthur de Caër-Léon venait d'écraser les hordes Saxonnes à la sanglante journée de Badon-Hill.

Le champion de la foi catholique et de l'indépendance Cambrienne retardait ainsi de quelques jours seulement sa propre défaite, la ruine inévitable de sa nation. Bientôt vaincu dans une grande bataille, il va disparaître sans retour et sa dépouille mortelle sera vainement cherchée parmi la multitude de ceux que moissonna le glaive.

Ne pouvant prendre son parti ni de tant d'espérances déçues, ni de la mort du chef aimé, la race indigène refuse d'admettre qu'Arthur ait subi la loi commune du trépas. Autour de son nom se forme une légende que nos infortunés Gallois redisent d'âge en âge avec la plus touchante opiniâtreté. Non, le vaillant capitaine n'est point tombé sous les coups de l'envahisseur : il n'est qu'endormi, à la vérité, d'un sommeil magique. Au jour marqué par Dieu, on le verra s'arracher à son repos séculaire, et, triomphant une fois encore, affranchir pour toujours la Bretagne du joug étranger.

Quoiqu'il en soit, à peine débarqué sur le continent, Malo commence à prêcher la parole de Dieu aux habitants des environs d'Aleth, païens encore pour la plupart. Inutile d'ajouter que la cité de Saint-Malo lui doit son nom.

Mentionnons également saint Gildas, lequel, après avoir évangélisé le nord de l'Angleterre, élève le monastère de Rhuys, près Vannes. Il meurt chargé d'ans et de mérites en 570, d'après quelques annalistes, suivant d'autres, en 580. Nulle part autant que dans la Bretagne française, les populations n'ont montré d'empressement à se rassembler autour des établissements monastiques. Pas de région sur terre où se rencontrent plus nombreuses les cités portant les noms des saints personnages qui les ont évangélisées. La carte même de ce pays pourrait être considérée comme un vérable répertoire hagiographique.

De son côté, l'Irlande, conquise environ un siècle plus tôt à la loi du Christ, comme nous l'avons déjà dit, par l'Ecossais saint Patrick, peut citer avec orgueil le nom de sainte Brigitte fondatrice du monastère de *Kill-Dara* ou « cellule du chêne ». Elle édicta une règle que suivirent un grand nombre de communautés de la terre d'Erin. En 550, nous voyons Congall établir Bangor ou Banchor sous la règle Scotique et y attirer des milliers de moines. Mais le plus illustre de ces enfants de l'Irlande fut à coup sûr saint Colomban. Après qu'il eut terminé ses études au monastère de Bangor, l'abbé saint Commangel, dont la renommé de savoir et de piété s'était déjà répandue dans toute l'Europe, l'envoya en France avec douze religieux pour y réformer de graves abus qui s'étaient introduits dans plusieurs églises de ce pays. Il s'acquitta avec un merveilleux succès de la tâche à lui confiée. Puis, sur l'invitation de Gontran, roi de Bourgogne, qui le presse de se fixer dans ses Etats, il y fonde les trois monastères de Luxeuil, considéré comme le chef-lieu de l'ordre des Colombites (590), d'Anessai et de Fontenay. A la suite de démêlés avec Thierry, successeur de Gontran, dont il avait blâmé les désordres, le saint se rend sur les bords du lac de Zurich et prêche la foi chrétienne aux habitants de ces contrées. Enfin, s'étant fixé en Italie, il y établit le monastère de Bobbio, où il mourut en 615.

Colomban et ses religieux célébraient la Pâque suivant l'usage d'Irlande et, contrairement à la coutume des autres pays occidentaux, le 14e jour de la lune de mars. Ils observaient d'ailleurs, avec la pratique de la psalmodie perpétuelle ou *laus perennis*, un genre de vie dont l'excessive austérité contrastait avec la prudence discrète, la modération vraiment paternelle de la règle Bénédictine. Peut-être bien est-ce précisément par sa rigueur que l'observance irlandaise se trouvait en harmonie avec les mœurs rudes et violentes de cette époque où l'on ne connaissait guère de milieu entre l'excès de la licence et une sévérité quelque peu outrée? Par là même s'expliquerait la popularité dont elle jouit en Gaule, surtout pendant les deux premiers tiers du VIIe siècle. Encore son succès ne se révélera-t-il jamais aussi complet que le doit être, plus tard, celui de la loi du mont Cassin.

Nous voyons d'ailleurs, à cette époque, les communautés mélanger les règles les plus diverses, unir les pratiques recommandées par Cassien à celles des Benoît, des Colomban, des sainte Césarie.

## § 3. — Progrès et triomphe de la règle de saint Benoît.

Mais cette période de transition sera courte. Le monde monastique qui cherchait ainsi sa voie ne tardera pas à la rencontrer dans le triomphe de la règle bénédictine, de même que les philosophes chrétiens de nos jours ont trouvé la leur dans un retour à l'enseignement Thomiste. Déjà à Lagny, près Meaux, saint Fursy abandonne pour elle le code scotique. Dans un concile tenu en 674, saint Léger, évêque d'Autun, la recommande à tous les cénobites de son diocèse. Partout, en Gaule, s'élèvent des couvents peuplés d'enfants de saint Benoît. L'exemple parti de notre pays ne tarde pas, comme il arrive d'ordinaire, à être contagieux pour le reste de l'Europe. On ne saurait guère considérer autrement que comme autant de gloses de la règle bénédictine, ces instructions données par saint Isidore de Séville aux communautés de l'Andalousie, par saint Fructueux à celles du Portugal.

Enfin, dans le cours du VIII<sup>e</sup> siècle, c'est encore le code du mont Cassin qui est porté avec la foi chrétienne parmi les tribus germaniques, restées en grande partie païennes jusqu'à ce jour. Chez elles, nulle autre règle ne l'avait précédée et elle n'eut naturellement ni conflit à subir, ni compromis à accepter. Les célèbres abbayes que l'Allemagne voit s'élever à cette époque, entre autres celles de Ratisbonne, Salzbourg, Fulde, sont toutes bénédictines.

Cependant, le moment approche où les autorités ecclésiastiques et civiles vont unir leurs efforts pour assurer le triomphe de la règle donnée par saint Benoît.

Déjà, en 800, Charlemagne récemment sacré empereur d'Occident et héritier des Césars, par le pape Léon III convoque, à Aix-la-Chapelle, un grand nombre d'évêques et d'abbés. L'assemblée s'empresse d'y indiquer l'institution bénédictine comme devant servir de base à une future réforme. Nous voyons, trois ou quatre années plus tard, Guillaume d'Aquitaine, l'un des amis intimes du puissant monarque, lui demander la permission d'endosser le froc des religieux du mont Cassin au couvent de Gellone et celui-ci la lui accorder, les larmes aux yeux. Ogier le Danois dit à tort l'Ardennois, l'émule et le compagnon des Roland et des Olivier, le vaillant paladin dont nos vieux trouvères ont si souvent redit les exploits, ne tarde point, affirme une ancienne tradition, à marcher sur ses traces. Il aurait, d'après certains auteurs, passé les dernières années de sa vie comme membre du même Ordre au monastère de saint Faron de Meaux.

Enfin en 817, sous Louis le Débonnaire, se tient le concile d'Aix-la-Chapelle. Benoît d'Aniane y faisait porter les canons destinés à la réforme des monastères. La règle du Mont-Cassin est imposée comme loi fondamentale à toutes les communautés de l'Empire Carlovingien. N'est-ce pas, à vrai dire, comme une première manifestation de ce besoin d'unité, de ces tendances centralisatrices, force et faiblesse, à la fois, de l'esprit français.

La majorité des couvents, entre autres ceux de Tours, Corbie, Reims, qui brillaient comme autant de foyers d'érudition et de fortes études au milieu des ténèbres d'une époque barbare, se hâtent d'adopter la réforme prescrite. Seul, un petit nombre de communautés refusa plus ou moins ouvertement sa soumission et s'ingénia à éluder les prescriptions synodales.

Dès les débuts du IX<sup>e</sup> siècle, un résultat d'importance capitale se trouvait acquis et le triomphe du code de saint Benoît assuré. Quelques années allaient suffire à rendre son empire universel. C'était une nouvelle conquête du monde, pacifique cette fois, par les vieux fils de la Louve, enrôlés sans retour sous la bannière de l'Evangile et associés d'ailleurs à cette vaillante nation des Franks, chérie du Christ. Sur le terrain de la discipline religieuse, comme sur celui de la politique et jusque sur les champs de bataille, le génie romain si profondément organisateur et qui revivait tout entier dans l'institution bénédictine, devait avoir raison une fois de plus et de l'imagination ardente de l'oriental et de la fougue celtique.

Cependant, l'épreuve de la prospérité est, d'ordinaire, plus redoutable aux enfants de Dieu que la persécution, et l'Eglise, qui affronte sans crainte la rage de ses ennemis, n'a rien à redouter davantage qu'un triomphe trop éclatant.

Jamais, sans doute, famille religieuse n'avait tant mérité de la civilisation. Tandis que ses moines, par leurs opiniâtres travaux de défrichement relevaient l'agriculture en détresse, fondaient autour de leurs chétifs asiles, des villages destinés à devenir plus tard d'importants centres de population, ses copistes seuls conservaient pour les générations à venir le trésor des lettres antiques. Phénomène bizarre, les hommes de ce temps-là étaient assez grossiers, assez dépourvus de sens critique pour se sentir émus de tant de bienfaits. Ils témoignaient à leurs auteurs une gratitude dont eussent rougi des siècles plus éclairés.

Entourée de la vénération publique, enrichie, malgré les spoliations de Charles-Martel et de ses leudes, par les libéralités des fidèles, la lignée monastique du Mont-Cassin, après trois siècles de luttes héroïques, sentait se refroidir son vieil esprit de ferveur.

Mais Dieu qui continue toujours à protéger son Eglise ne permet guère que le mal s'y manifeste sans qu'aussitôt surgissent des âmes de bonne volonté soucieuses d'y porter remède. Déjà a paru le premier réformateur de l'ordre du mont Cassin qui fut, en quelque sorte, pour la France et l'Allemagne ce que le descendant des Anicii avait été pour l'Italie. Nous voulons parler de saint Benoît d'Aniane, dont déjà il a été question plus haut. D'extraction gothique et auteur du *Codex regularum*, l'éminent cénobite tire son nom de ce monastère d'Aniane par lui fondé à quelques lieues de Montpellier, où il fit refleurir les vertus des anciens jours.

Malheureusement, l'état de la société d'alors, limitant la portée de la réforme, ne lui permit pas de produire tous les fruits qu'on en pouvait attendre. Avant même l'époque de sa mort, que l'on fixe en 821, le relâchement se manifeste de nouveau. Dans un concile tenu à Tours en 813, on se plaint que les abbés aient abandonné le genre de vie conforme à leur règle et adopté celui des chanoines, beaucoup moins austère. Il n'avait fallu rien moins que la main de fer de Charlemagne, sinon pour extirper le désordre, du moins pour l'empêcher de s'étendre. Mais cette lutte contre des abus sans cesse renaissants devait avoir pour terme celui même de la vie du puissant empereur. Il disparaît en 814 et l'on peut appliquer aux temps qui suivirent son trépas ce que les livres saints disent de l'époque postérieure à Alexandre : « Après sa mort, les grands ceignirent leur front du diadème et les maux se sont multipliés par toute la terre. »

Les choses empirent chaque jour sous les débiles successeurs du fils de Pépin. Ils ne savent point défendre leur couronne contre les empiètements

Contraste insuffisant
NF Z 43-120-14

des grands vassaux. Et n'est-ce pas un vrai prodige si quelques restes de l'antique discipline se maintiennent encore au milieu de l'effroyable anarchie des guerres féodales et des désastres de l'invasion normande?

## § 6. — Réforme de Cluny.

Mais l'Eglise catholique ne saurait cesser d'enfanter des saints. Aux époques même où l'iniquité semble le plus triomphante, il se rencontre encore de ces vrais israëlites dont le genou n'a pas fléchi devant Baal. Parmi eux, sans doute, mérite de figurer le bienheureux Bernon, fondateur de Cluny et second réformateur de l'ordre de saint Benoît. Il avait antérieurement déjà établi un monastère à Gigny, entre Laon-le-Saulnier et saint Amant, dans le diocèse de Lyon. On ne sait presque rien de ce couvent, sinon qu'il existait déjà en 895, puisque cette même année le pape Formose lui conféra divers privilèges. Odon y chercha asile, se mettant ainsi sous la direction du vénérable abbé qu'il devait, plus tard, remplacer avec tant d'éclat. C'est en 920 que Guillaume d'Aquitaine concède à Bernon le monastère de Cluny qu'il venait de construire. Cet établissement devint le centre de la famille bénédictine et, sous le gouvernement de saint Odon, s'illustra par la vie exemplaire de ses religieux. La discipline qu'avait établie le saint abbé demeura florissante pendant près de deux siècles. Ce n'est guère qu'après la mort de Pierre-le-Vénérable, l'ami de saint Bernard, que la décadence apparaît définitive. Plus tard, le monastère de Citeaux deviendra le centre d'une troisième et glorieuse réforme pour l'ordre du mont Cassin.

Afin de ne pas prolonger outre mesure cette introduction, bornons-nous à rappeler qu'Aymard, le successeur d'Odon (949) approuva l'institution des *donnés* ou *frères donnés*. C'étaient des personnes qui se remettaient d'elles-mêmes corps et bien à la disposition du monastère. Il convient de ne pas les confondre avec les *oblats* présentés, ainsi que le nom même l'indique, par leurs parents.

Sans rompre absolument avec le monde, sans être tenus d'abandonner l'habit séculier et même de renoncer au mariage, les uns et les autres participaient néanmoins aux privilèges de l'ordre. Cet avantage leur était spécialement accordé en raison des libéralités par eux consenties en faveur du couvent. La donation pouvait d'ailleurs être immédiate et alors, la communauté se chargeait de les nourrir et entretenir leur vie durant. Parfois aussi, le donateur se réservait l'usufruit de son bien, n'aliénant que la nue propriété. Oblats et donnés se recrutaient d'ailleurs indifféremment parmi les laïcs ou au sein du clergé. S'ils avaient été admis dans les ordres, on leur confiait, de préférence aux autres prêtres séculiers, le soin de desservir les chapelles dépendant des granges. Dans le cas contraire, ils étaient souvent employés comme hommes d'affaires de la communauté. D'ailleurs, à l'origine du moins, aucun vœu ne leur était imposé. On n'exigeait d'eux qu'une simple promesse d'obéissance aux prescriptions du père abbé.

Ne confondons pas les oblats ou donnés (car les deux termes devinrent synonymes dans le langage courant) avec les *familiers*. Ce nom s'appliquait, primitivement du moins, à une catégorie de personnes fort différente des précédentes. Tout ce qu'il y avait de commun entre elles, c'était la jouissance de certaines prérogatives de l'ordre spirituel n'entraînant aucun engagement régulier. Peut-être, cependant, la promesse d'obéissance avait-elle comme conséquence des obligations un peu plus étroites en ce qui concerne les familiers. Ils avaient besoin, p. ex., d'une permission de l'abbé afin de pouvoir passer d'une maison à une autre. En réalité, les familiers se recrutaient parmi les gens auxquels le courage ou la santé avait manqué pour suivre la règle dans toute sa rigueur. De nombreux adoucissements s'y trouvaient apportés en leur faveur. Différents statuts des chapitres généraux établissent que l'usage du linge leur était permis, qu'on leur donnait une nourriture moins frugale qu'aux religieux.

L'auteur des *Annales d'Aiguebelle* prouve par le témoignage de Pierre-le-Vénérable que les autres obligations imposées aux familiers de Cluny n'étaient point fort sévères. Le pieux abbé se plaint que ces hommes, sans être pères de chœur ni convers, se mêlent indiscrètement aux religieux, apportant avec eux le trouble et la dissipation.

Les abus résultant de leur présence amena d'abord les chapitres à soumettre autant que possible les familiers aux mêmes règles que les moines proprement dits, puis, enfin, à les supprimer entièrement. C'est alors que leur nom commença, bien que d'une façon abusive, à être appliqué aux oblats aussi bien qu'aux donnés. Ceux-ci menaient une existence beaucoup plus séparée de celle des cénobites, et, par suite, ne donnant pas lieu aux mêmes inconvénients. Aussi ne jugea-t-on pas à propos de les faire disparaître, et les frères donnés ont continué à subsister jusqu'à nos jours.

Pour en revenir à l'histoire des ordres monastiques, ajoutons que saint Mayeul de Provence, abbé de Cluny après la mort d'Aymard (994) et ami de l'empereur Othon, s'occupa avec succès de la réforme de plusieurs abbayes tant françaises qu'italiennes. D'inquiétants symptômes de relâchement s'y étaient effectivement produits.

C'est que nous n'avons pas encore franchi ce dixième siècle, si justement nommé *l'âge de fer de l'histoire*. Les temps sont bien tristes, bien troublés et la société traverse une crise terrible. A quelques excès toutefois que se portent les passions déchaînées, quelques graves qu'apparaissent les scandales donnés non seulement par les laïcs, mais encore par les membres du clergé eux-mêmes, l'esprit de foi persiste vivace au sein des populations. Il apporte avec lui la certitude d'un meilleur avenir et bientôt le deuil de l'Eglise va prendre fin.

Le cluniste Hildebrand, fils d'un charpentier de Soano, en Toscane, avait été en 1079, couronné de la tiare de saint Pierre, sous le nom de Grégoire VII. En dépit de contradictions de toute sorte, malgré l'opposition des princes et des empereurs, le saint et illustre pontife met résolument la cognée à la racine de l'arbre.

La simonie et les usurpations de fonctions ecclésiastiques sont enfin réprimées, la licence des mœurs combattue chez les séculiers aussi bien que chez les clercs. Le jour s'est levé où l'Occident, régénéré par les efforts du vicaire de J.-C., voit s'ouvrir devant lui de nouvelles et glorieuses destinées. C'est que nous touchons aux débuts de ce XII$^e$ siècle, qui fut le siècle chrétien par excellence, celui des croisades, de la chevalerie, aussi bien que d'une merveilleuse restauration de l'esprit monastique.

## § 7. — Coup d'œil sur les principaux Ordres religieux : Ordres monastiques, Chanoines réguliers, Ordres militaires, Ordres mendiants, Clercs réguliers, Congrégations séculières.

Avant de pousser plus loin, de prendre, pour ainsi dire, possession de notre sujet, arrêtons-nous un instant.

Il s'agit de faire passer sous les yeux du lecteur un tableau abrégé des différents ordres religieux qui ont paru jusqu'à nos jours. La fécondité de l'Eglise ne saurait en effet s'épuiser. Semblable à l'arbre merveilleux de la légende qui variait à l'infini la nature de ses fruits, suivant le goût ou le besoin du voyageur, elle n'a jamais cessé d'enfanter de nouvelles milices, prêtes à marcher au secours de la Vérité en péril, aussi bien que de l'humanité souffrante.

En tout cas, quelques explications préliminaires ne semblent pas superflues.

On entend par *Religieux* le fidèle qui, ayant adopté un genre de vie commune et que l'Eglise approuve, s'engage sinon solennellement, du moins à titre permanent, par les trois vœux dits *de religion*, à savoir ceux de chasteté, pauvreté et obéissance. Aussi les membres des congrégations séculières, liés uniquement par des vœux temporaires, ne constituent-ils pas dans toute la force du terme des *Religieux*.

Le nom de *moine* ne convient qu'à celui qui émet des vœux dans une congrégation canoniquement reconnue comme *Institut religieux* par l'Eglise et soumise d'ailleurs aux austérités et mortifications propres à la vie cénobitique.

Ajoutons que l'état monastique a pour objectif spécial et la perfection de l'état laïc et la sanctification de l'individu. Ce n'est pas à dire qu'il soit incompatible avec les œuvres de zèle. L'on aurait tort de vouloir établir une opposition trop tranchée entre les attributions du moine et celles du chanoine ou du clerc régulier.

Sans doute, à l'origine, les couvents se trouvaient surtout peuplés de laïcs, mais leurs portes ne restaient pas, pour cela, fermées aux membres du clergé. La règle de saint Benoît déclare expressément que non seulement les simples cénobites, mais encore les abbés et autres dignitaires peuvent aussi bien être recrutés parmi les clercs que parmi les séculiers. Elle prend soin de prescrire au religieux, même prêtre, une soumission absolue aux ordres de son supérieur, ce dernier ne fut-il que laïc.

La fameuse lettre de saint Grégoire, mentionnée au dictionnaire de Trévoux et qui interdit aux ecclésiastiques de se faire moines, fut dictée sous l'empire de circonstances toutes spéciales et essentiellement transitoires. La prohibition qu'elle contient cesse bien vite d'avoir force de loi.

Le code du mont Cassin reste muet sur la question de savoir si un cénobite peut assumer la charge du ministère paroissial. Cela prouve simplement que le cas ne se présentait guère à l'époque de saint Benoît. Les prêtres séculiers paraissent avoir été alors fort nombreux. Ils satisfaisaient aux besoins spirituels des fidèles, sans qu'on eût lieu de leur chercher d'auxiliaires.

Plus tard, l'état des choses se modifie. A mesure que les moines défrichaient les forêts, mettaient le sol en culture, on vit les populations se grouper autour de leurs couvents. Bien des villages, bourgs et cités, aujourd'hui populeux, n'ont point d'autre origine.

C'est, naturellement, la chapelle du couvent qui servait d'église paroissiale. Les habitants affluaient-ils au point de rendre nécessaire la création d'une nouvelle circonscription religieuse, aussitôt une chapelle était construite, près de laquelle un ou plusieurs membres de la communauté allaient résider.

De là résulte la distinction entre les prieurés réguliers desservis par un groupe de moines et les prieurés simples desservis par un seul. Cet isolement, peu conforme aux règles de la vie cénobitique, entraîna parfois certains inconvénients. On y remédia en confiant, lorsque les circonstances l'exigeaient, le service de ces prieurés simples à quelque vicaire choisi dans le clergé séculier, mais appointé par le couvent.

Si donc le moine ne remplit qu'assez exceptionnellement les fonctions de curé ou de chapelain, ces dernières cependant, comme on le voit, ne lui sont pas absolument interdites.

Le fait d'être renté ou mieux de vivre des revenus de sa communauté n'est pas caractéristique du moine proprement dit. Sans doute, cette particularité le distingue du Frère mendiant, mais non du chanoine ni du clerc régulier.

L'on sait, enfin, qu'à partir du XVII<sup>e</sup> siècle les termes de *moine* ou de *religieux* ont souvent été confondus dans le langage usuel. Ils ne doivent point cependant être considérés comme synonymes.

Un mot maintenant au sujet des règles monastiques.

Laissant de côté celle des *Colombites*, dite parfois *Scotique*, et quelques autres plus anciennes, mais depuis longtemps disparues, nous reconnaîtrons quatre grandes règles ou codes monastiques qui jouirent d'une célébrité toute spéciale.

1º Celui de *saint Basile*, dont il a été question plus haut. Il est suivi par toutes les congrégations de l'Église d'Orient, même par les moines schismatiques de la religion dite orthodoxe, lesquels, cependant, ne portent pas le nom de *Basiliens*;

2º Le code de *saint Benoît*, qui compte le plus grand nombre de sectateurs;

3º La règle de *saint Augustin*, très large à la fois et très simple. Aussi la voyons-nous adoptée plus tard par des ordres très différents tels que dominicains, trinitaires, etc. Composée d'ailleurs en l'honneur de l'évêque d'Hippone, ou, tout au plus, sous l'influence de ses écrits, elle n'a cependant point été rédigée par lui. C'est ce qui la distingue de la règle bénédictine, œuvre, nous l'avons déjà vu, de saint Benoît en personne;

4º Enfin, celle de *saint François d'Assise*, dont nous parlerons tout à l'heure plus en détail.

Quant aux *ordres* ou *congrégations*, ils se classent de la façon suivante, en raison, à la fois, de l'ordre chronologique de leur apparition et de leurs constitutions spéciales:

I. — *Ordres monastiques.*
II. — *Chanoines réguliers.*

III. — *Ordres hospitaliers et militaires.*
IV. — *Ordres mendiants.*
V. — *Clercs réguliers.*
VI. — *Congrégations séculières.*

Les *ordres monastiques*, aux seuls membres desquels convient, à proprement parler, le nom de moines, se rangent sous les trois règles de saint Basile, saint Benoît et saint Bruno. Cette dernière, suivie par les Chartreux, ne constitue, du reste, qu'une simple modification de la règle bénédictine.

I. — 1º *Bénédictins et ordres similaires.* Un mot maintenant sur les destinées de la famille de saint Benoît à travers les âges. Nous ne saurions, bien entendu, en séparer quelques groupes moins importants, mais qui suivaient la même règle.

L'ordre du mont Cassin a subi plusieurs réformes, lesquelles donnèrent naissance à des congrégations distinctes, celles de Cluny, de Cîteaux fondée en 1098, des Camaldules, etc., etc. Ce sont des cisterciens, nous le verrons plus loin, que sortent les trappistes.

Au nombre des imitateurs de saint Benoît, il convient, tout d'abord, de citer saint Étienne d'Auvergne.

Cet illustre pénitent, après avoir passé cinquante ans dans la mortification, le jeûne et la prière, sur le mont Murat, en Limousin, obtint, en l'année 1073, une bulle du Saint-Père autorisant la fondation de son ordre de *Grandmont* ou *Congrégation des Bonshommes.* Leur règle n'est, en définitive, qu'une copie de celle du mont Cassin.

Rappelons d'ailleurs ici, par parenthèse, un des événements les plus étranges de ce temps et qui montre bien quelle était alors la puissance des croyances religieuses, même sur les âmes les plus endurcies, à savoir la fondation de l'abbaye bénédictine d'Afflighem en Belgique (1089). Elle est due à Henri, comte de Louvain. Les premiers moines qui vinrent l'habiter n'étaient autres que six chevaliers brigands et félons, convertis par le sermon d'un religieux de Saint-Pierre de Gand.

En l'an 1100, le bienheureux Robert d'Arbrissel institue le fameux ordre de *Fontevrault*, soumis à la règle de saint Benoît et dont le centre se trouvait dans la localité du même nom, aux confins de l'Anjou et du Poitou.

Il y avait à Fontevrault un couvent d'hommes et trois de femmes : le premier, appelé, nous dit Gaillardin, le *Grand-Moustier*, recevait les vierges et les veuves. Dans le second, désigné du nom de *Saint-Lazare*, étaient admises les lépreuses et autres infirmes. Le dernier, enfin, c'était la *Madeleine*, asile des repenties et converties et dont le nombre s'éleva assure-t-on, au bout de quelques années, à plus de trois mille. La même division aurait, d'ailleurs, également été adoptée, par la suite, pour les monastères d'hommes de l'ordre.

Depuis la mort du saint fondateur, les moines et l'Abbé se trouvaient, tant au spirituel qu'au temporel, soumis à l'abbesse. « Cette singularité apparente, affirme le frère Samuel, auteur de l'*Histoire populaire et illustrée de la Grande-Trappe*, s'explique par la forme spéciale d'un Institut dont l'un des principaux buts, dans la pensée du bienheureux Robert, était de relever la femme qui, jusqu'alors, tenait un rang secondaire dans les institutions du Moyen-Age..... C'était aussi pour honorer la très sainte Vierge. »

Nous voyons, en 1112, Vital fonder l'abbaye de Savigny dans le département actuel de la Manche. Le pape Pascal, touché de la piété des moines qui l'habitaient, les autorise à célébrer, sans interruption, l'office divin pendant l'interdit jeté sur le diocèse d'Avranches.

Les historiens vantent également le zèle et la ferveur de Geoffroy et de Guillaume, successeurs de Vital; en 1147, nous le verrons plus loin, Savigny fut affilié à l'ordre de Cîteaux.

Franchissons maintenant un espace de plus de cinq siècles et revenons aux bénédictins proprement dits. Ceux de France nous apparaissent alors divisés en deux congrégations, de saint Vanne et de saint Maur, chacune sous un général différent.

L'une et l'autre, d'ailleurs, rivalisent de zèle pour la culture des lettres et des sciences. De leur sein on voit sortir une foule d'hommes éminents, tels que les Dom Bouquet, Calmet, Rivet, Montfaucon et, sans doute, le plus illustre de tous, le savant Mabillon.

Enfin, en 1835, la famille bénédictine, que la Révolution avait chassée de France, sera rétablie à Solesmes, dans le diocèse du Mans, grâce à dom Guéranger. Cet éminent auteur des *Institutions liturgiques* et de l'*Année liturgique* contribua plus que personne à ramener dans les formules de l'office et prières publiques l'unité si fort compromise au XVIII° siècle par les progrès du jansénisme.

2° Les *Chartreux* se rapprochent des religieux du Mont-Cassin, dont ils suivent le Code, mais avec certaines observances particulières. C'est un des Ordres les plus rigoureux qui existent, puisque l'usage de la viande y reste interdit d'une façon absolue, même en cas de maladie grave, et que le silence n'y peut être rompu qu'une fois la semaine. La vie du chartreux participe à la fois de celle de l'anachorète et de l'existence du cénobite, c'est-à-dire que passant la majeure partie de son temps dans l'isolement et la solitude, il se réunit cependant à ses confrères pour certains exercices déterminés. Par un privilège fort rare dans les annales du monde monastique, ces religieux n'ont jamais connu le relâchement, jamais eu besoin de réforme. Saint Bruno, après avoir, sur les conseils de saint Robert, premier abbé de Clairvaux, fondé leur ordre en 1084, les installa à la Grande-Chartreuse, au milieu des montagnes. C'est un monastère aujourd'hui encore florissant et qui, chaque année, attire des multitudes de pèlerins.

3° Une autre branche de l'arbre bénédictin, ce sont les *Célestins*, fondés en 1244 par le pape Célestin V qui leur donna son nom. Introduits en France cinquante-six ans plus tard, par Philippe-le-Bel, ces religieux y séjournèrent jusqu'en 1778.

4° Enfin, n'oublions pas les *Feuillantins* issus, eux aussi, d'une réforme de l'ordre du Mont-Cassin et qui ont pris naissance vers la fin du XVI° siècle.

II. — *Chanoines réguliers*, se distinguent, nous l'avons déjà vu plus haut, des moines proprement dits, en ce qu'ils unissent normalement aux pratiques du cénobite, le ministère ecclésiastique. On peut les définir des prêtres qui, tout en professant la vie religieuse, restent attachés en vertu de leur règle au service d'une église collégiale ou même paroissiale.

Saint Eusèbe de Verceil et saint Augustin sont regardés par bon nombre d'historiens comme les premiers fondateurs des chanoines réguliers. Aussi trouve-t-on souvent ces religieux désignés sous le nom de *Chanoines réguliers de saint Augustin.*

L'époque de leur établissement définitif nous reporte aux xi^e et xii^e siècles. Les plus illustres d'entre eux sont avec les chanoines de Saint-Jean-de-Latran, l'ordre des Prémontrés.

L'Allemand Norbert, archevêque de Magdebourg, fonda ces derniers en 1180, dans la forêt de Coucy (diocèse de Laon).

Enflammé d'amour pour la pauvreté évangélique, le vénérable prélat avait débuté par l'abandon de tous ses bénéfices, puis pendant plusieurs années, avant de se vouer à la vie cénobitique, il réveilla la ferveur des habitants du Poitou, de l'Orléanais, du Cambrésis, tant par sa prédication que par le spectacle de ses effrayantes mortifications. Aussi l'ordre des *Prémontrés* ne tarde-t-il pas à compter un nombre immense de religieux.

Une autre classe de chanoines sont les *Victorins* fondés sous Louis VI et qui envoyèrent à Paris la colonie des Génofévains.

Il convient d'ajouter à notre liste l'ordre anglais des *Gilbertins* ou de *Sempringam* dont la fondation remonte à 1250.

Les religieux du *Val-des-Écoliers* qui datent de 1201.

III. — *Ordres militaires et Hospitaliers.* Vers le premier tiers du xii^e siècle surgissent des congrégations dans lesquelles se reflète fidèlement l'idéal à la fois chevaleresque et religieux de notre moyen-âge. Leur apparition est intimement liée à ce grand mouvement qui va entraîner l'Occident à la délivrance du Saint-Sépulcre. Les peuples chrétiens y ont préludé, du reste, depuis quelque temps déjà par la guerre contre les musulmans d'Espagne. Voici que la fleur des chevaliers de France, de Castille, d'Aragon s'est donné rendez-vous sous les murs de Tolède. Le roi Alphonse VI enlève, en 1085, cette antique métropole de la monarchie wisigothique à la dynastie mahométane des *Béni-Ditun*. Dix ans à peine se seront écoulés et la croisade va être prêchée à Clermont par le pape Urbain II. Bientôt l'on verra Godefroy de Bouillon et ses valeureux compagnons arracher Jérusalem au pouvoir des infidèles (1099). Il faudra maintenant défendre la Terre-Sainte contre les attaques incessantes de l'Islam, assister la multitude des pèlerins accourus au tombeau du Christ. C'est précisément ce qui amène la création des *Hospitaliers* et des *Templiers*, ces hommes doux comme des agneaux, vaillants comme des guerriers, suivant l'expression d'un écrivain de ce temps-là. Les origines du premier de ces deux ordres restent enveloppées de quelqu'obscurité. En tout cas, les successeurs de ces hospitaliers, sous le nom de *Chevaliers de Rhodes*, puis de *Malte*, continuèrent avec gloire, pendant bien des siècles, la lutte contre le croissant.

Aujourd'hui restauré par le pape Léon XIII, l'ordre des chevaliers hospitaliers ou Hiérosolymites se consacre spécialement à un service d'ambulance ou d'infirmerie sur les champs de bataille. C'est ainsi qu'il s'est rendu fort utile pendant la dernière guerre Turco-Russe (1).

Quant aux Templiers, ils virent leur institution confirmée au Concile de Troyes par le pape Honorius III, lequel les soumit à la règle Bénédictine. Un peu plus tard, saint Bernard réformera leurs constitutions.

On sait d'ailleurs la fin tragique des Chevaliers du Temple. Leurs richesses, la chose semble aujourd'hui bien prouvée, fut leur plus grand crime. On les accusait : de partager les doctrines perverses des Assassins et autres sectes d'Orient, de professer le dualisme, de pratiques immorales. Suivant quelques écrivains, ce serait même d'eux que les francs-maçons *Lucifériens*, ces manichéens du XIXe siècle, tiendraient la monstrueuse idole connue sous le nom de *Baphomet*. Ces inculpations atteindraient, en tout cas, non la généralité de l'ordre dont l'orthodoxie semble peut-être plus établie que l'esprit de ferveur, mais seulement quelques membres isolés. Et encore rien de tout cela n'est-il clairement établi. Quelle foi, en effet, ajouter à des aveux arrachés par la torture et bien souvent rétractés ensuite ?

Somme toute, la culpabilité des chevaliers du Temple, du moins au point de vue légal, reste douteuse. Il n'y a de certain que leur supplice. L'annaliste impartial continuera à voir en lui l'un des plus effroyables forfaits dont l'histoire ait gardé le souvenir, se rappelant, non sans tristesse, qu'il fut consommé par Philippe le Bel, l'indigne petit-fils du saint roi Louis.

Font partie de la même famille ascétique, les chevaliers Porte-Glaive et ceux de l'ordre Teutonique qui, après avoir prêché, épée en main, l'Évangile aux tribus païennes des rives de la Vistule et des bords de la Baltique, devaient finir par la plus lamentable des apostasies. Ce sont encore, en quelque sorte, des moines guerriers, ces membres des ordres de Santiago, de Calatrava, effroi des musulmans occidentaux.

Il convient d'en rapprocher les religieux qui s'occupaient du rachat des chrétiens esclaves en pays infidèle. Ce sont :

1º Les *Trinitaires*, fondés en 1198 par saint Jean de Matha et saint Félix de Valois. Ils furent parfois appelés *Mathurins* en France, parce qu'ils desservaient, à Paris, l'église de Saint-Mathurin. Ainsi nous voyons les Sulpiciens tirer leur nom de la paroisse Saint-Sulpice par eux desservie.

La légende rapporte qu'une vision avait décidé saint Jean de Matha à créer l'ordre en question. Un ange lui serait apparu appuyé sur deux captifs, l'un blanc et l'autre nègre. Ainsi se trouvaient prédites les œuvres antiesclavagistes de nos jours. Fondées pour la protection des noirs africains contre les forbans de l'Islam, elles durent naturellement succéder à celle du rachat des captifs chrétiens, désormais sans objet.

2º *Les Pères de la Merci*, fondés en 1235 par saint Pierre de Nolasque et saint Raymond de Pennafort.

Unis par le but qu'ils poursuivent, ces deux ordres le sont encore par l'observance d'une même règle qui n'est autre que celle de saint Augustin.

---

(1) M. J. C. Tomassi, *Sul S. M. ordine gerosolimitano*; Cap. XXVII et suiv.; p. 87 et suiv® (Roma, 1881).

IV. — *Ordres mendiants.* Le XIIIe siècle voit éclore une nouvelle forme de la vie religieuse, celle qui ajoute les œuvres de zèle à la prière, contemplation, labeur individuel auquel s'adonnent moines et chanoines réguliers. Ses sectateurs constituent les ordres dits *mendiants*.

Le premier d'entre eux, par la date de sa fondation, est, sans doute, celui des *Carmes*. Depuis une époque que nous n'entreprendrons pas de préciser, ils menaient une vie isolée à la façon des anciens ermites, dans les solitudes du Mont-Carmel. Sous le pontificat d'Alexandre III nous les voyons se réunir et embrasser l'existence cénobitique. Albert le Grand, patriarche de Jérusalem, leur donna une règle en 1205. Ce fut le désir d'échapper aux persécutions des Musulmans qui les décida à passer en Europe dès les débuts du XIIIe siècle. Sainte Thérèse réformera leur ordre, environ trois cents ans plus tard.

Les autres grands ordres mendiants sont :

1º Les *Frères mineurs* ou *Franciscains*, appelés quelquefois aussi *Cordeliers*. Ce fut saint François d'Assise qui les établit en 1210, leur donnant un code particulier, dit de saint François. Ces Frères, d'ailleurs, se divisent en trois grandes branches, à savoir : les *Franciscains de l'Observance* et *Récollets* qui renchérissent sur l'austérité de la règle, les *Capucins* et enfin les *Conventuels*.

2º Les *Frères Prêcheurs* ou *Dominicains*, auxquels on donne aussi le nom de *Jacobins*, qui suivent la règle Augustine. Saint Dominique les fonda en 1225, spécialement dans le but de combattre l'hérésie albigeoise.

3º Les *Augustins* institués vers la même époque par suite de la réunion de plusieurs petites congrégations et maisons religieuses sous la règle de l'évêque d'Hippone.

Ajoutons enfin à notre liste les *Frères Minimes*, lesquels apparaissent un peu plus tard. Ils doivent leur origine à saint François de Paule. Ce saint religieux fut, on le sait, appelé en France par Louis XI.

V. — *Clercs réguliers.* Dès l'aurore des temps modernes, la nécessité de nouvelles milices religieuses se fera impérieusement sentir. C'est que le protestantisme vient de faire son apparition sur la scène du monde. L'on aura à le combattre sans cesse, à confirmer dans la foi les populations demeurées fidèles, à tâcher de ramener les autres. D'ailleurs, le relâchement de partie du clergé n'a-t-il pas constitué l'une des causes et non la moins importante des progrès de l'hérésie ? Rallumer en lui l'esprit de ferveur devient donc chose urgente. Enfin, quoi de plus indispensable que la formation de véritables légions d'apôtres pour évangéliser les immenses contrées ouvertes à l'activité européenne par les découvertes de Christophe Colomb et de Vasco de Gama ?

C'est à la satisfaction de ces besoins multiples que va pourvoir l'établissement des congrégations sus-mentionnées.

En effet, tandis que les anciens ordres religieux et, surtout, les ordres monastiques avaient pour but d'atteindre à la perfection de l'état laïque par le moyen des vœux et la pratique des vertus de religion, les associations fondées au XVIe siècle aussi bien que les congrégations séculières destinées à paraître plus tard poursuivent un objectif sensiblement différent. Ce qu'elles ont spécialement en vue, c'est le progrès dans la voie de spiritualité des hommes déjà consacrés au service des autels. Si les anciennes congrégations apparaissent formées en majorité de laïcs, celles-ci seront avant tout sacerdotales et recrutées dans le clergé.

Tout comme les ordres mendiants, d'ailleurs, elles s'adonnent aux œuvres de zèle, visent à l'action sur le prochain par le moyen de missions, prédications, enseignement de toute sorte. Rien dans cette sphère ne leur demeurera étranger et elles ne travailleront pas moins ardemment à édifier les simples fidèles ou convertir les idolâtres et hérétiques qu'à rétablir la discipline ecclésiastique et rappeler le clergé séculier à l'esprit de sa vocation.

Le plus célèbre de ces ordres fut, sans conteste, celui que saint Ignace de Loyola a fondé en 1534, sous le nom de *Jésuites* ou membres de la *Compagnie de Jésus*. Ces saints prédicateurs vont bientôt, par leur système de réductions, faire refleurir les jours de la primitive Église dans les solitudes du Paraguay. Les sectaires et ennemis du catholicisme leur feront d'ailleurs l'honneur de les poursuivre d'une haine toute spéciale.

A la même classe de religieux appartiennent encore les Théatins et les Barnabites.

VI. — *Congrégations régulières*. Leur éclosion date du XVII<sup>e</sup> siècle. Elles ne connaissent pas les vœux solennels en vigueur au sein des ordres que nous venons d'énumérer.

Parmi elles nous citerons les *Lazaristes* ou *Pères de la Mission*, fondés par saint Vincent de Paul en 1625; les *Rédemptoristes*, les *Maristes*, etc.

La congrégation des *Pères blancs* qui relève spécialement de la *Propagande* est une des plus récentes par la date de sa fondation. Effectivement, S. E. le Cardinal Lavigerie les institua en 1868.

VII. — *Congrégations séculières* se distinguent des précédentes en ce que leurs membres ne s'engagent par aucune espèce de vœux. Parmi elles figurent les *Oratoriens* et les *Sulpiciens*, les *Filles de la Charité* créées par saint Vincent de Paul en 1625, les *Frères des Écoles chrétiennes*, remontant à l'an 1679 et qui ont pour fondateur le bienheureux Jean de la Salle (1).

Le rôle d'éducateurs populaires si utilement rempli en France par ces derniers se trouvait depuis plusieurs années déjà confié, dans plusieurs pays d'Europe, à une autre congrégation. Nous voulons parler des Piaristes *(fratres piarum scholarum)* établis à Rome, en 1607, par saint Joseph Calasanza et dont le pape Grégoire XV confirme les statuts en 1621. L'Espagne, une portion notable de l'Empire germanique, la Bohême, Moravie, Pologne, Hongrie deviennent les principaux théâtres de leur zèle et de leur activité.

Il importe de le remarquer; les membres des congrégations tant régulières que séculières, beaucoup plus mêlés au mouvement social et à la vie extérieure que les moines ou que les clercs réguliers, se trouvent aussi bien davantage dans la dépendance de l'autorité épiscopale.

On peut en juger par tout ce qui vient d'être dit : depuis l'époque des

---

(1) On peut consulter sur ces questions Helyot, *Histoire des ordres religieux* (8 vol. in-4°), et pour l'histoire des ordres antérieurs au XIV<sup>e</sup> siècle, *Le discours sur l'état des lettres en France* de Victor Leclerc dans l'*Histoire littéraire de la France*.

Pères du désert jusqu'à nos jours, l'ascétisme n'a point cessé en quelque sorte de tendre à se rapprocher du siècle et de prêter son appui au monde laïc.

Mais il est temps de terminer cet exposé et d'en revenir à l'objet spécial de notre travail.

## § 8. — Historique de l'ordre de Citeaux et examen de sa règle.

Les destinées de la Trappe sont confondues pendant toute la durée du moyen-âge avec celle de l'ordre de Citeaux dont elle relevait. Aussi nous semble-t-il indispensable d'entrer dans quelques détails au sujet de la fondation de celui-ci. Il aurait été établi treize années après la mort de Grégoire VII, en 1098.

Selon une ancienne légende, deux frères ne pouvant s'entendre pour partager un riche héritage et animés d'une haine implacable, résolurent de terminer leur querelle en champ clos. Ils choisissent, comme rendez-vous dans leur duel fratricide, un bois touffu environné de précipices, appelé Colan. Seuls en présence l'un de l'autre et sur le point de croiser le fer, les combattants sentirent leur cœur défaillir et ils versèrent ensemble des larmes de repentir. Honteux d'avoir formé de si criminels projets, ils vont, chacun de leur côté, se jeter aux pieds d'un vénérable prêtre vivant en ermite non loin de là et lui confessent leur crime. Dieu permit qu'après avoir erré pendant quelque temps, ils se rencontrassent de nouveau à l'endroit même où ils avaient voulu s'entr'égorger. Cette vue les glaça d'épouvante, ils se jetèrent à genoux, s'embrassèrent en pleurant, puis se dirent avec angoisse : « Qu'allons-nous faire dans le monde ? Nous « y rencontrerons mille occasions de rechute ! Que ce lieu qui devait être « le témoin de notre perte devienne celui de notre pénitence. » Allant ensuite trouver le prêtre qui avait déjà reçu l'aveu de leur faute, ils le prièrent d'être leur guide. Celui-ci ayant accueilli leur demande, tous les trois se vouèrent à la vie cénobitique.

Ces événements, bientôt connus dans toute la province, attirèrent à Colan des pèlerins, désireux de se consacrer, eux aussi, à Dieu par des vœux solennels. La petite communauté, rapidement accrue, sent le besoin de mettre à sa tête un chef d'une capacité reconnue. Les moines firent alors choix du bienheureux Robert, lequel s'était déjà acquis une grande réputation de sainteté dans les deux couvents de saint Michel de Tonnerre et de Moustiers-Lacelle.

On sait que ce vénérable abbé était né en Champagne, l'an 1017, d'une famille aussi noble que vertueuse. Pendant sa grossesse, la mère du futur religieux vit en songe la sainte Vierge lui offrir un anneau, signe de l'alliance qu'elle voulait contracter avec l'enfant sur le point de naître. Aussi fut-il consacré au Seigneur dès l'âge de quinze ans.

Robert refuse d'abord de se rendre au désir exprimé par les nouveaux religieux. Ceux-ci, toutefois, ayant obtenu du Souverain-Pontife des lettres pour l'abbé de Celles, il dut obéir et se rendre à Colan. Nommé Supérieur, il édifie la communauté par l'éclat de ses vertus et le bien qu'il faisait.

Le nombre des cénobites augmentant de jour en jour, il fallut songer à quitter ce monastère devenu trop étroit. Le saint abbé se rend donc, accompagné de la plupart de ses disciples, dans une forêt du diocèse de Langres nommée Molesmes, où il fonde l'abbaye de ce nom en 1075. Sitôt les premières cellules contruites au moyen de branches d'arbres entrelacées, nos émigrants élèvent une petite chapelle en l'honneur de la Sainte-Trinité. Ils vivent dans une extrême pauvreté, misérablement vêtus et ne mangeant que des légumes. Bientôt, quelques gentilshommes du voisinage, émus de ce spectacle, s'empressent de leur venir en aide.

Une trop grande abondance succédant ainsi à la pénurie des premiers jours ne pouvait entraîner que de bien fâcheux résultats. La discipline ne tarda point à se relâcher. Molesme succombe à la redoutable épreuve des richesses et du bien-être, ainsi que l'avait déjà fait Cluny, la maison-mère.

Les religieux les plus fervents reconnurent avec douleur que cette règle bénédictine à laquelle ils jurèrent fidélité et qu'on lit tous les jours au chapitre, n'est plus observée! Ayant échangé de tristes réflexions, ils se promettent de restaurer l'antique discipline.

A la tête de ces généreux athlètes du Christ se faisaient remarquer le prieur Albéric et un moine anglais, Etienne Harding, qui remplissait, croit-on, les fonctions de secrétaire. L'abbé Robert, auquel ils s'étaient adressés, approuva leur dessein, mais tous leurs efforts vinrent échouer contre le mauvais vouloir de la plupart des autres moines.

Un sourd mécontentement ne tarda pas à se produire et la situation devenait intolérable pour les partisans de la réforme. Déjà deux de ces derniers, Guy et Guillaume, avaient quitté Molesmes, cherchant, du consentement de leur supérieur, un lieu où ils pussent vaquer en toute liberté à leurs devoirs monastiques.

S'étant dirigés vers le sud-est, ils franchissent le lac Léman, gagnent les gorges profondes que traverse la Drance pour s'arrêter enfin dans une vallée sauvage et à peu près inaccessible, non loin de Thonon en Chablais. C'est là qu'ils fondent l'abbaye de Notre-Dame des Alpes ou d'*Aulps*, agrégée 40 ans plus tard à Cîteaux. Saint Bernard fait un magnifique éloge des moines qui l'habitent et qualifie l'un d'eux, à savoir Saint Guérin, plus tard évêque de Sion, de « soleil des Alpes ».

Robert, de son côté, se retirait à Haus, près de Molesmes. Une petite communauté y était déjà établie et le pieux abbé espérait sans doute que le prieur Albéric serait plus heureux que lui, qu'il parviendrait à ramener les moines de Molesmes à l'observation de la règle. Mais les choses ne se passèrent point ainsi; Albéric en butte aux mauvais traitements de ses fils spirituels, dut quitter le monastère. Accompagné de quelques partisans fidèles, il alla rejoindre Robert, et tous ensemble se fixèrent dans un endroit appelé Viviers. Cependant Molesmes sans direction et sans chef, privé des âmes d'élite qui avaient fait sa force et sa gloire, marchait chaque jour de plus en plus dans la voie de la décadence et l'on pouvait prévoir le moment de sa ruine définitive.

Epouvantés d'un tel état de choses, ses habitants eurent recours à l'autorité du Pape et à celle de l'Evêque de Langres, pour décider Robert à revenir au milieu d'eux. Ce dernier obéissant aux ordres de ses supérieurs ecclésiastiques, rentre enfin à Molesmes, suivi de la plupart des religieux de Viviers.

Deux ans s'écoulèrent ainsi, signalés par une amélioration notable. Néanmoins, nos cénobites ne pouvaient se décider à reprendre la stricte observance de la loi du Mont-Cassin. Le groupe des fervents, fidèle à ses anciennes aspirations, décide de se retirer dans un endroit où le code du Mont-Cassin pourra être suivi intégralement. Le promoteur de l'entreprise n'était autre que saint Etienne. Pour en assurer la réussite, il alla, accompagné de cinq Pères et sous la conduite de l'abbé Robert, présenter une requête à Hugues, légat du Saint-Siège et archevêque de Lyon. Les postulants furent appuyés par l'évêque de Cantorbéry, saint Anselme, lequel chassé d'Angleterre continuait sur la terre d'exil à pratiquer fidèlement les prescriptions de son ordre. Munis de l'autorisation du légat apostolique, nos sept pénitents retournent à Molesmes, gagnent encore quatorze religieux à la cause de la réforme. Puis, s'étant adressés à Eudes de Bourgogne, ils obtiennent licence d'établir une abbaye dans ses Etats. Leur choix tomba sur une plaine déserte et marécageuse appelée *Cistel* ou *Citeaux*, litt. « Les Glaïeuls », à quatorze lieues de Dijon. Fréquentée uniquement par les bêtes sauvages, elle se trouvait effectivement couverte d'herbes aquatiques. Raynald, seigneur de Beaune et Hodierne, son épouse, dont cette région dépendait, en firent don aux moines.

L'abbé Robert vint en prendre possession avec vingt-cinq religieux, le 21 mars, fête de saint Benoît, apportant, pour toute richesse, les objets nécessaires à la célébration du service divin, un grand bréviaire et surtout une ferveur inébranlable.

Désireux d'offrir aux cénobites, une nouvelle preuve de bienveillance, le duc Eudes, sur les instances de l'archevêque de Lyon, les aida généreusement dans leurs plus pressants besoins et se chargea même de l'achèvement du monastère. Robert contraint une fois encore, par ordre du pape, de rentrer à Molesmes, confia à l'abbé Albéric la direction de Citeaux.

« C'était, nous dit le petit exode, un homme lettré et versé dans la
« connaissance pratique des choses divines et humaines. Dévoué à la
« règle ainsi qu'à ses frères, il avait longtemps exercé la charge de prieur
« à Molesmes et à Citeaux, sans reculer devant aucune peine pour faire
« passer les religieux d'une église dans l'autre. La prison, les coups, les
« outrages de toute sorte furent la récompense de son zèle. » Pour affermir la nouvelle communauté, Albéric envoie à Rome deux religieux du nouveau monastère, Jean et Ilbolde. Ils étaient chargés de solliciter un bref plaçant la nouvelle communauté sous la protection du siège apostolique. Le 8 avril 1100, ils sont de retour au couvent, rapportant ce bref apostolique, qui constitue le plus ancien acte direct des Souverains-Pontifes en faveur de l'établissement cistercien.

Alors furent rédigées ces premières règles désignées par les historiens du temps sous le nom d' « *Institutions des moines de Citeaux sortis de Molesmes* » et par lesquelles ceux-ci s'engageaient à observer strictement les prescriptions de la règle bénédictine.

Afin de laisser aux religieux tout le temps nécessaire pour vaquer à leurs exercices spirituels, Albéric établit des frères convers.

## ORIGINE DES INSTITUTIONS MONASTIQUES.

Rappelons par parenthèse que la création de ces derniers fut quelquefois, mais par erreur, attribuée à saint Bernard. Elle lui est, comme l'on voit, notablement antérieure.

Quoiqu'il en soit, le nouvel abbé de Citeaux voulut que ses religieux fussent vêtus de blanc, à l'exception du scapulaire, lequel continua comme par le passé à être de couleur noire. D'après une pieuse légende, c'est de la sainte Vierge elle-même que le pieux cénobite aurait reçu l'habit qui devait caractériser les religieux de son ordre. De là le nom de *Moines blancs* appliqué aux cisterciens, tandis que les bénédictins proprement dits se trouvent désignés sous celui de *Moines noirs*.

Saint Albéric étant mort en 1109 après onze années de gouvernement, on lui donna pour successeur Etienne Harding dont il a été question plus haut. Ce dernier passe, non sans raison, pour le véritable fondateur de l'ordre, car c'est lui qui en a rédigé les constitutions. Non moins illustre par sa vertu que ses deux éminents prédécesseurs, Etienne ne craignit pas de mécontenter le duc de Bourgogne et de se priver de ses libéralités en le priant de ne plus venir résider avec sa cour au monastère. En effet, ses fréquentes visites, malgré l'esprit de piété qui les dictait, couraient risque de troubler les exercices et le recueillement des moines.

Les épreuves, toutefois, ne furent pas épargnées au saint abbé et à son œuvre ; comme toutes celles que le ciel favorise, elle devait se développer à l'ombre de la croix. Ainsi qu'Albéric, Etienne se trouve en butte à l'opposition non seulement des gens du monde, mais encore à celle des *moines noirs*.

Pendant une disette, nous le voyons réduit à mendier son pain et celui de sa famille spirituelle, dont beaucoup de membres moururent, emportés, croit-on, par une épidémie.

Personne ne se présentait pour les remplacer et quinze ans après sa fondation, Citeaux semblait sur le point de disparaître. C'est alors qu'Etienne fut consolé d'une façon miraculeuse. Occupé avec ses religieux au travail des champs, il venait de donner le signal du repos. Tout à coup, un moine mort quelques jours auparavant en odeur de sainteté, apparait au saint abbé et lui apprend qu'il a été admis au bonheur des élus. Il rassure Etienne, déclarant que la vie des religieux de Citeaux était sainte et agréable à Dieu et l'assurant que son monastère serait bientôt trop étroit pour la foule innombrable des novices. Enfin, le messager céleste ne veut point repartir sans avoir reçu une dernière bénédiction de celui qui avait été son père spirituel.

Effectivement, peu de temps après, en cette même année 1112, ou, suivant d'autres, en 1113, trente postulants viennent frapper à la porte du monastère. A leur tête se trouvait un jeune gentilhomme du nom de Bernard que la délicatesse de sa santé n'empêchait pas d'affronter les austérités du cloître. Descendant par son père Testelin ou Técelin des comtes de Chatillon, il était par sa mère, Alette ou Elisabeth, petit-fils du comte de Montbard. Déjà décidé à quitter le monde, le futur père de l'Eglise avait employé une année entière à parcourir les campagnes, villes et châteaux pour y prêcher la pénitence et l'état monastique. Rien ne pouvait résister à son éloquence enflammée. Les faibles n'osaient venir l'entendre de crainte d'une conversion trop complète. Les mères et les femmes, pour ce même motif, détournaient de lui leurs fils et leurs époux. Quelques-uns de ceux-ci se décident cependant à endosser le froc. Leurs veuves volontaires se retirent pour la plupart au couvent de Juilly. Ladite communauté existait déjà depuis un certain temps et c'est à tort qu'on en a attribué la fondation à saint Bernard lui-même.

Pendant toute une année, le nombre des cénobites s'était considérablement accru à Cîteaux, et le « Nouveau Monastère », comme une ruche trop pleine, dut envoyer au loin ses essaims. Les maisons issues de cette illustre mère furent La Ferté au diocèse de Châlons, Pontigny dans celui d'Auxerre, Morimond dans le diocèse de Langres et enfin Clairvaux, la plus célèbre de toutes, dans la vallée d'Absinthe, près de Troyes. Bernard n'était-il pas, en effet, l'abbé de ce dernier monastère. C'est là que vinrent le rejoindre tous ses frères, que Técelin, son vieux père, termina ses jours, là enfin qu'il convertit sa sœur Humbelline, épouse d'un seigneur lorrain, la décidant à se retirer au couvent de Juilly.

Bien que ce grand saint n'ait jamais été le supérieur de Cîteaux, tel fut cependant l'éclat de sa renommée que les religieux soumis à la règle cistercienne sont quelquefois nommés « Bernardins » et se disent eux-mêmes volontiers les enfants de saint Bernard.

Saint Etienne songea alors à perpétuer dans ces différents monastères les observances que lui et ses frères avaient établies dans la maison-mère et à les maintenir dans leur austérité primitive. L'expérience l'avait maintes et maintes fois démontré. Une des causes les plus actives du relâchement de tant de couvents fut l'indépendance absolue où chacun d'eux se trouvait vis-à-vis des autres. Au jour de l'épreuve à quoi pouvait servir la communauté de règles sans l'unité de direction? N'était-ce pas comme si deux cités régies par des lois identiques ne possédaient aucun tribunal commun pour en assurer l'exécution? Une réforme s'imposait donc, urgente, inéluctable. Il s'agissait d'opérer pour les monastères de même observance ce qui avait déjà été accompli pour les individus, lors du passage de la vie érémitique à celle du cénobite.

Tels sont les motifs qui décidèrent saint Etienne, assisté du conseil de ses frères, à rédiger le statut fondamental de l'observance cistercienne. On lui donna le nom de « Charte de Charité » et il est justement considéré comme le complément des constitutions. C'était, en quelque sorte, un pacte d'amour ayant pour but de former de toutes les communautés de même règle, un seul corps en Jésus-Christ, d'établir entre elles les devoirs d'une mutuelle déférence, d'y maintenir avec la paix et la charité, la régularité disciplinaire.

La règle de saint Benoît y est reconnue comme loi suprême, devant laquelle tout doit fléchir, même l'autorité d'ailleurs presqu'absolue de l'abbé. C'est, du reste, ce que saint Bernard exprime d'une façon aussi précise qu'énergique. « Si mon abbé, si un ange même m'ordonnait « quelque chose de contraire à la règle, je lui refuserais une obéissance « qui me rendrait transgresseur de mon propre vœu. »

Voici un résumé des principaux articles de cette charte.

Le pouvoir souverain appartient au chapitre général qui doit se réunir une fois l'an, la veille de l'exaltation de la sainte Croix. Seul il possède le droit d'infliger des punitions à l'abbé de Cîteaux, même de le déposer en cas de besoin, de modifier les règlements toutes les fois que cela se peut faire sans léser les lois établies par saint Benoit. Ce Chapitre est composé de tous les abbés des monastères cisterciens.

Chaque abbé est tenu de visiter, une fois l'an, soit en personne, soit en cas d'impossibilité, par un délégué expressément nommé par lui, les maisons filles de son monastère, c'est-à-dire celles qui sont sorties de lui. Aussi la première question posée à chaque abbé, à l'ouverture du Chapitre général, est-elle la suivante : « Les monastères ont-ils été visités ? » Le visiteur doit passer au moins trois jours à s'informer de l'état tant spirituel que matériel du monastère, se renseigner auprès de chaque religieux, s'il le juge nécessaire. En partant, il laisse une carte de visite sur laquelle sont consignés les résultats de son enquête et dans laquelle il doit surtout signaler les moindres indices de relâchements et abus à réformer.

L'abbé de Citeaux, en sa qualité de Père général de l'ordre, a droit de visite, non seulement sur les quatre maisons filles de Clairvaux, Morimond, la Ferté et Pontigny, mais encore, en cas de besoin, sur les autres monastères de l'ordre. Il est lui-même soumis, chaque année, à la visite des abbés des quatre maisons que nous venons de citer. Néanmoins, ces derniers, tout en signalant les abus qui auraient pu se glisser à Citeaux, n'ont le pouvoir ni de déposer le Père général ni de prononcer l'anathème contre lui.

Les abbés fils prennent part à l'élection de l'abbé supérieur dont relève leur maison et, réciproquement, les abbés pères à celle des abbés des maisons sur lesquelles ils ont droit de visite.

Un abbé ne peut être accusé que par des abbés devant le Chapitre général. Si les avis sont partagés, le Père général décidera avec le concours des autres pères non intéressés dans l'affaire et cette décision sera irrévocable. Il est expressément enjoint à chaque maison de se tenir prête à recevoir les visiteurs en tournée. Les couvents cisterciens se trouvent d'ailleurs soustraits à la juridiction de l'ordinaire et l'Evêque qui veut en établir un dans son diocèse doit prendre l'engagement de respecter les prescriptions de la Charte de Charité. Enfin, il ne peut être fondé de nouvel établissement si tout n'est préparé pour l'installation des moines.

Jusqu'alors l'Église n'avait possédé que des communautés. Voici les ordres définitivement constitués. Ce sera l'éternel honneur de la famille cistercienne d'avoir été la promotrice de cette grande et féconde révolution religieuse. Les prescriptions de la Charte de Charité furent reconnues si sages, si propres à remplir le but proposé que le Concile de Latran prescrivit aux Prémontrés et aux Chartreux l'adoption de règlements analogues. Il leur fut même enjoint de tenir leurs premiers Chapitres généraux sous la direction de deux abbés cisterciens. Ces derniers avaient pour mission d'enseigner aux deux autres ordres ce que nous pourrions appeler le mécanisme de la nouvelle institution. Ajoutons qu'à partir de cette époque la plus grande partie des membres du clergé régulier vont se constituer à l'état d'ordre proprement dit.

Peut-être sera-t-on tenté à priori de voir dans cette hiérarchie de surveillance et spécialement dans les prérogatives accordées aux quatre Pères principaux une imitation des institutions féodales, toutes fondées sur les obligations des vassaux et des suzerains les uns vis-à-vis des autres. Mais l'analogie reste ici purement extérieure. Dans la Charte de Charité se rencontre un principe d'unité, d'ordre qui a parfois fait défaut à la féodalité, au moins dans la pratique : nous voulons parler de la toute-puissance attribuée à la règle d'abord et ensuite au Chapitre général.

L'institution cistercienne offre donc l'image d'un corps harmonieusement constitué, où les droits de l'autorité sont pleinement sauvegardés, tout en conservant leur élasticité et la liberté de leurs mouvements aux organes inférieurs. En un mot, la tête y dirigeait les membres sans chercher à en absorber la vitalité et la substance. C'est que saint Etienne avait été éclairé par le fatal exemple que donnèrent tant de communautés précédentes. Il suffisait d'un abbé peu digne ou insuffisamment zélé pour tout compromettre, pour que le désordre et l'indiscipline fissent irruption dans les asiles mêmes de la ferveur et de la piété.

L'excellence de la loi de Charité nous explique l'éclat incomparable dont l'ordre de Citeaux brilla surtout aux XIIe et XIIIe siècles. Au bout de plus de 150 ans, il fallut des causes extérieures, en dehors de toute prévision humaine pour amener une décadence temporaire.

### § 9. — Influence artistique de l'Ordre de Citeaux.

Qu'il nous soit permis d'abandonner un instant le domaine de l'histoire monastique pour nous aventurer sur le terrain de l'art proprement dit. Celui des XIe et XIIe siècles reste à peu près exclusivement religieux et l'on peut dire de lui, sans exagération, qu'il eut le cloître en même temps pour berceau et pour asile. C'est l'esprit de foi qui, enflammant le génie d'humbles et obscurs cénobites, les introduit, en quelque sorte, dans une province encore inexplorée de l'empire du beau, leur fait concevoir en même temps qu'une technique inconnue jusqu'alors, des œuvres dignes de ce que l'antiquité a jamais produit de plus parfait.

Depuis tantôt vingt-cinq ans, un fait capital avait été mis en lumière, à savoir l'influence considérable exercée tant en France que dans la chrétienté tout entière par les monastères bénédictins réformés de la Bourgogne.

L'éminent Viollet-Leduc crut d'abord en trouver le point de départ dans l'abbaye de Clairvaux. L'on sait cependant combien saint Bernard eut toujours à cœur de détourner ses moines des grands travaux d'architecture. Il les voulait surtout pénitents et non point artistes.

Plus tard, l'un de nos plus savants médiévistes, M. Enlart, sera conduit par des recherches approfondies sur la matière, à des conclusions quelque peu différentes et surtout moins exclusives. Il reconnaîtra dans l'éclosion de la première école Bourguignonne et la constitution définitive aussi bien que la diffusion de l'ordre de Citeaux autant de faits à peu près contemporains. Puissamment centralisée en Bourgogne, l'institution cistercienne ne tarde pas à se répandre au loin.

Naturellement, les moines portent avec eux, le style architectural propre à la région dont ils sortaient. C'était une véritable nouveauté pour les pays éloignés où nos cénobites vont s'établir. Fait curieux à constater, certaines contrées du midi, spécialement l'Italie et la Sicile sont celles où leur influence se fera sentir le plus tard. Quoiqu'il en soit, l'on trouve des traces incontestables de leur système de construction.

1º En *Suède*, dès le dernier q.. du xii⁰ siècle et les débuts du xiii⁰. Citons à preuve les parties restaurées de l'église bénédictine de Warnheim (1192). — L'abbaye du même ordre, à Roma (Ile de Gothland);

2º En *Danemarck*, dans l'église de Sara. Si ce monument ne fut pas construit par les enfants de saint Benoît, il l'a été, du moins, sous leur inspiration;

3º En *Allemagne*, dans les églises de Maulbraun et d'Arnsbourg, incontestablement d'origine bénédictine;

4º L'architecture propre à ces cénobites se reconnaît dans les églises autrichiennes de Lilienfeld (1202-1209), — de Heiligenkreutz et Klosterneuburg;

5º Rappelons en *Moravie*, l'église bénédictine de Tischnowitz, qui est du xiii⁰ siècle;

6º Dès la moitié du xii⁰ siècle, l'*Espagne* nous offre comme échantillons du style bourguignon, les abbayes de Véruela (1146), — Poblat (1153), — Santa-Cruz (1157). — Un peu plus tard, on citera Val-de-Dios (consacrée en 1256). — Le monastère de femmes de Las Huelgas (débuts du xiii⁰ siècle);

7º Mentionnons en *Portugal*, l'abbaye bénédictine d'Alcobaza (1118-1122);

8º L'*Italie*, entrée un peu tardivement, nous l'avons déjà dit, dans ce que l'on pourrait appeler le nouveau mouvement architectural, pourra citer cependant les abbayes cisterciennes de Fossanova (consacrée en 1208), — Sainte-Marie d'Arbona (commencée cette même année), — Casamari (consacrée en 1217), — San Galgano (1218-1300), — San Martino, près Viterbe, — Chiaravalle, non loin de Milan;

9º En ce qui concerne la Sicile, on mentionnera Saint-Nicolas de Girgenti (xiii⁰ siècle), — La Badiazza, près Messine (abbaye de femmes, du xiii⁰ au xiv⁰ siècle);

10º Enfin, l'*Orient Latin* lui-même n'est pas sans présenter quelques échantillons de ladite architecture bourguignonne, mais leur étude nous entrainerait trop loin.

Faisons-le, du reste, observer, pour en finir avec la question esthétique, au point de vue de la musique sacrée, les Bénédictins semblent avoir joué un rôle plus considérable encore que les Cisterciens sous le rapport de l'architecture. La grande majorité des artistes qui s'illustrèrent dans le plain-chant ont été des sectateurs de la règle du Mont-Cassin, à commencer par le plus éminent d'entre eux, le pape Grégoire I⁰ʳ, inventeur de la Mélodie, dite Grégorienne, et qui vivait, comme l'on sait, au vi⁰ siècle.

On ne s'est pas toujours, avouons-le, rendu suffisamment compte de la portée de la réforme qu'accomplit ce dernier. Quelques-uns ont prétendu rabaisser son rôle à celui de simple compilateur. Tâchons d'en donner une idée aussi exacte que possible. La gloire de l'éminent et saint artiste n'en ressortira qu'avec plus d'éclat.

Sans doute Grégoire ne créa pas de toutes pièces les tonalités, échelles, modes musicaux dont il devait tirer un si merveilleux parti. Nous ne saurions davantage le considérer comme l'auteur des motifs ou thèmes qui sont entrés dans la trame de ses mélodies, non plus que des mélodies elles-mêmes. Qu'il les ait parfois retouchées, cela est fort possible, assez probable même, mais d'ordinaire, sinon toujours, le thème s'en rencontre dans l'ambroisien.

C'est qu'à vrai dire, les règles de l'art musical se trouvaient déjà fixées bien avant le vie siècle. N'en est-il point, somme toute, des origines du chant comme de celles du langage? C'est au berceau même de l'humanité qu'ils faut les chercher. Airs, mélopées se transmirent de proche en proche, tout comme les contes de nourrice et éléments du Folk-Lore, et cela dès les âges les plus reculés. L'on peut supposer qu'à cet égard les régions les plus anciennement civilisées, telles que la vallée du Nil ou celle de l'Euphrate, servirent d'initiatrices d'abord à toute l'Asie Antérieure et notamment à la Palestine, puis à notre Occident. Aussi plusieurs écrivains n'ont-ils pas craint d'affirmer que, sans doute, ce fut sous les voûtes du temple de Salomon qu'ont retenti les premiers essais du plain-chant. Par là s'expliquerait la presqu'identité du caractère mélodique dans la synagogue et au sein de l'Église catholique, l'affinité frappante que l'on signale entre certains récitatifs juifs de type archaïque et ceux du Grégorien.

D'autre part, la mélopée de plusieurs parties de notre office, Préfaces, *Paters*, la majorité des antiennes et répons de ce même Grégorien seraient, affirme-t-on, dans l'ancienne tonalité grecque. On peut les considérer comme autant de témoins encore subsistants du vieil art des Philoxène et des Timothée.

Toutefois, c'est naturellement à la musique contemporaine que non seulement Grégoire, mais encore ses prédécesseurs chrétiens firent le plus d'emprunts. Dépourvus encore d'un art que la croix ait, pour ainsi dire, marqué de son empreinte, comment eussent-ils hésité, ces fidèles des premiers âges, à copier les modèles de la gentilité? Est-ce que nous ne voyons pas, par exemple, les peintres des catacombes puiser sans scrupule dans la mythologie, plusieurs éléments de leur symbolisme religieux, lors, par exemple, qu'ils figurent le bon pasteur sous les traits du Mercure *Criophore?* Aussi le docte M. Gœvert, si connu par ses études sur l'histoire de la musique sacrée, s'est-il trouvé conduit par dix années d'un labeur assidu aux conclusions suivantes :

« Le chant chrétien a pris ses échelles, modèles et thèmes mélodiques
« à la pratique musicale du temps de l'Empire Romain, et particuliè-
« rement à la citharodie, genre de musique qui, jusqu'au vie siècle de
« notre ère, a tenu dans la vie privée des Romains une place analogue à
« celle qu'occupe parmi nous le *Lied* avec accompagnement de piano.
« Vocabulaire et syntaxe sont les mêmes chez le païen Symmaque et son
« contemporain saint Ambroise : Modes et règles de la composition sont
« identiques dans les hymnes de Mesomène adressés aux divinités
« païennes et dans les cantilènes des musicographes chrétiens. »

Respectueux, ainsi que nous venons de le voir, des traditions les plus antiques, le Grégorien ne pouvait évidemment rompre d'une façon trop radicale avec son prédécesseur l'Ambrosien. D'assez notables différences peuvent sans doute être signalées entre eux. Le chant syllabique apparaît plus simple et, par contre, les chants Neumés plus ornés dans les mélodies de l'évêque de Milan que dans celles du Souverain-Pontife. Quant aux échelles, notes de la gamme, elles restent pour ainsi dire identiques de part et d'autre.

En définitive, la tâche entreprise par Grégoire consista surtout à mettre en ordre les diverses mélodies existantes pour les différentes messes et Offices, à constituer ou du moins à fixer le sacramentaire, l'antiphonaire et le responsorial. Il a codifié plutôt que créé le chant qui porte son nom. « Ce qui lui appartient en propre, c'est, suivant l'expression même de « Dom Pothier, chacun des recueils susmentionnés », et encore, du moins pour son Sacramentaire, s'est-il inspiré du Gélasien, lequel lui est antérieur.

On ne saurait donc se refuser à saluer dans le saint Pape, sinon l'inventeur, du moins le vrai législateur, le régulateur de la musique sacrée. Il fut pour celle-ci précisément ce que son maître saint Benoît avait été pour la vie monastique, lui donnant, en quelque sorte, sa forme définitive. C'est bien de Grégoire qu'on peut dire qu'il a travaillé pour l'éternité. Son œuvre, juste objet de l'admiration des siècles, méritera d'être considérée comme aussi parfaite que le peut être ce qui sort de la main de l'homme.

Nous citerons, pour continuer la liste des Bénédictins musicographes au moyen-âge, les Guiddo d'Arezzo, les Adam de Fulda, etc.

Mais passons à la période moderne. Le XVII° siècle nous offre Jumilhac. Au XVIII° brille le prince abbé Gerbert. Parmi nos contemporains, mentionnons le cardinal de Pitra. S'il n'était pas de première force comme musicien, son mérite d'archéologue ne saurait souffrir discussion. C'est lui qui a remis en honneur les compositions des vieux maîtres grecs par son analyse de leur facture rythmique, mais sans s'occuper d'ailleurs de leurs formes mélodiques. Enfin la France d'aujourd'hui peut répéter avec orgueil les noms désormais illustres de Dom Mocquereau et de Dom Pothier.

Si les Cisterciens se sont un peu moins adonnés à la culture du plaintchant, une page glorieuse n'en doit pas moins leur être consacrée dans l'histoire de la musique au moyen-âge. On sait qu'après la mort d'Étienne Harding (1134), leur Chapitre général confia à saint Bernard le soin d'opérer dans le graduel et l'antiphonaire, une réforme à laquelle se devaient soumettre toutes les maisons de l'ordre. Trop occupé d'ailleurs pour mener à bonne fin une pareille tâche, l'abbé de Clairvaux se déchargea de ce soin sur plusieurs musiciens en renom et spécialement sur Guy, abbé de Cherlieu, en Bourgogne. C'était un plain-chantiste de premier ordre et l'auteur du traité *Regula de arte Musica*.

Guy et ses collègues, se mettant courageusement à l'œuvre, firent leurs recherches spécialement à Metz ainsi que dans quelques autres localités où, à leur estime, la tradition du chant grégorien s'était le mieux conservée.

Saint Bernard condensa dans l'ouvrage intitulé *De Cantu*, dont on a quelquefois voulu, mais à tort, lui attribuer la paternité, le résultat des travaux de ces spécialistes.

De là sortit le plan de réforme adopté sans retard par l'ordre cistercien tout entier. Sans doute, il n'est pas sans prêter le flanc à quelques critiques, à vrai dire, d'importance secondaire. On en a signalé le caractère un peu exclusif au point de vue artistique. Plusieurs même, mais sans motif suffisant, ce semble, ont représenté ses promoteurs comme trop complètement inféodés aux idées de Guy d'Arezzo.

Le fait est que l'abbé de Cherlieu et ses collègues, entraînés par l'esprit de système, ne craignirent pas de corriger sur les manuscrits bien des morceaux, parfois même des passages entiers. Ils ne les jugeaient point, en effet, conformes à des règles par eux assez arbitrairement établies, ou plutôt ne se rendaient pas suffisamment compte qu'aux règles les plus sages, les plus solidement établies, certaines exceptions doivent être parfois apportées.

Somme toute, leur œuvre mérite d'être déclarée excellente. Elle eut pu devenir meilleure encore si ses auteurs s'étaient montrés moins hommes de parti-pris. En définitive, les musicographes cisterciens rendirent un immense service à la chrétienté tout entière, car ils ont contribué puissamment à retarder de plus d'un siècle la décadence de la musique religieuse en Occident (1).

## § 10. — Conclusion de l'introduction et plan du présent ouvrage.

Mais il est temps de clore cette trop longue digression et d'en revenir à notre sujet principal. Peut-être, quelques esprits amateurs de rapprochements se plairont-ils à constater une certaine analogie entre les phases qu'eut à traverser la vie monastique avant de parvenir à son plein épanouissement et celles des nations qui, tour à tour, brillèrent sur la scène du monde, dans leur évolution depuis les jours de l'antique barbarie jusqu'à l'apparition de l'État policé. Des lois presqu'identiques paraissent avoir présidé aux unes comme aux autres.

Prenons, par exemple, l'existence de l'ermite de la Thébaïde, étranger à tout ce qui se passe en dehors de sa cellule solitaire ou n'entretenant tout au plus que des relations d'un instant avec quelques pénitents des environs. Ne pourrait-on pas, dans une certaine mesure, la comparer à celle des hommes appartenant aux races les plus arriérées. Pour le Cyclope d'Homère, pour l'Australien de nos jours, toute vie sociale se réduit à la famille et l'existence même de la tribu ne se manifeste encore que d'une façon vraiment rudimentaire.

Les congrégations des époques postérieures avec leur autonomie vis-à-vis des autres communautés de même observance, nous rappelleraient quelque peu le second stage de l'organisation ethnique, celui où l'on voit apparaître le Clan, le Sept. Ces groupes se composent, comme l'on sait, d'une réunion de familles se rattachant ou prétendant se rattacher à un ancêtre commun. En dépit de l'identité de langue, de mœurs, de croyances, chacune de ces sociétés minuscules reste politiquement indépendante de celles qui l'entourent.

Enfin, le dernier terme de l'évolution sociale aussi bien que de l'évolution cénobitique, consiste dans la création d'un système hiérarchique reliant entre elles ces petites associations. C'est ce progrès qui constitue les nationalités complètes ; c'est celui qu'a réalisé l'abbé de Cîteaux par la Charte de Charité.

---

(1) M. l'abbé Vacandard, *Vie de saint Bernard, abbé de Clairvaux*, vol. 2°, chap. XXI, p. 96 et suiv. (Paris, 1895). — *Saint Bernard et la réforme cistercienne du chant grégorien*, p. 305 et suiv. de la 2° section du 3° Congrès des catholiques (1891).

Ainsi se sont définitivement organisés les différents ordres qui forment, pour ainsi dire, chacun des Etats du monde monastique.

Mais il est temps de clore cette trop longue introduction. Nous touchons au moment qui verra la fondation de la Trappe de Soligny. C'est d'elle que nous aurons spécialement à nous occuper dans le cours du présent travail. Son histoire peut se diviser en trois grandes périodes. La première va de ses origines à la réforme de l'abbé de Rancé. C'est, à la fois, la plus longue et la plus obscure. Ensuite viennent les temps compris entre cette réforme Rancéenne et le gouvernement de Lestrange. Quant à cette époque que l'on pourrait qualifier de *moderne*, elle s'étend, en effet, de la grande révolution jusqu'à l'avènement du Révérendissime Père Dom Etienne, actuellement en charge. Nous laisserons à d'autres le soin de raconter les événements accomplis depuis lors, et spécialement la nouvelle constitution donnée par S. S. le pape Léon XIII. Elle inaugure, pour ainsi dire, une nouvelle ère dans les annales de l'ordre de la Trappe.

# LIVRE PREMIER

## DEPUIS LA FONDATION DE LA TRAPPE DE SOLIGNY

### JUSQU'A LA RÉFORME DE L'ABBÉ DE RANCÉ

#### (1140-1638)

---

## CHAPITRE Ier

### PÉRIODE PRÉLIMINAIRE

§ 1. *Rotrou le Grand, comte du Perche. Ses exploits en Terre-Sainte et en Espagne. Mariage de Marguerite, sa nièce avec Garcias V Ramirez, roi de Navarre. Fin tragique de Mathilde, épouse de Rotrou, et de son neveu Geoffroy de Laigle. Pour le repos de leurs âmes, ce dernier fait vœu d'élever un sanctuaire en l'honneur de la Sainte-Vierge.* — § 2. *Etymologie du nom de la Trappe. Origine de celui de Soligny. Les dénominations topographiques, indice des transformations que subit la société.* — § 3. *Rotrou se décide à joindre un monastère à l'église par lui construite et pour quel motif. Des moines sortis du Breuil-Benoit et d'Aulnay lui fournissent ses premiers habitants. Dons de Rotrou au nouveau couvent.* — § 4. *Un mot sur la culture de la vigne dans le Perche aux XIe et XIIe siècles.* — § 5. *Libéralités des seigneurs percherons.*

§ 1. **Rotrou le Grand, comte du Perche. Ses exploits en Terre-Sainte et en Espagne. Mariage de Marguerite, sa nièce, avec le roi de Navarre. Fin tragique de Mathilde, épouse de Rotrou, et de son neveu Geoffroy de Laigle. Pour le repos de leurs âmes, Rotrou fait vœu d'élever un sanctuaire en l'honneur de la Sainte-Vierge.**

Fils du valeureux Geoffroy III, cité par les chroniques comme un des hommes les plus accomplis de son époque et qui d'ailleurs s'était couvert de gloire à la journée d'Hastings, sous les ordres de

Guillaume-le-Conquérant, Rotrou III, dit le Grand, eut pour mère la noble et vertueuse Béatrix de Roucy. Egalement distingué par sa bravoure et sa piété, le plus illustre des comtes du Perche sut se montrer digne du sang généreux qui coulait dans ses veines. Toujours il mérita d'être reconnu le vrai modèle du chevalier parfait.

Une grande partie de sa vie se passe à guerroyer les ennemis de la foi. Pendant la première croisade il dirige un corps d'armée et prend part à plusieurs combats contre les infidèles. Nous constaterons également sa présence aux sièges d'Antioche et de Jérusalem. Quelques années plus tard, Rotrou assiste encore à celui de Saragosse et conquiert de vastes territoires sur les Maures d'Espagne (1133-34). Il les constitue en dot au profit de sa nièce Marguerite, fille de sa sœur Julienne et de Gilbert seigneur de Laigle. C'est la Mergeline des chroniqueurs espagnols. Notre paladin la marie à Garcias IV Ramirez, roi de Navarre (1). Pour ce souverain minuscule, la descendante des puissants comtes du Perche était un parti fort sortable.

Peu après son retour de Palestine, Rotrou avait épousé en premières noces Mathilde, fille naturelle de Henri I$^{er}$, roi d'Angleterre. Cette union, on le sait, fut brisée dans de tragiques circonstances. La comtesse du Perche s'était embarquée avec ses frères, Guillaume et Richard, à bord de la *Blanche-Nef*, vers la fin de novembre 1120, pour se rendre à Londres. Le pilote et les matelots auxquels on avait trop généreusement distribué le *vin des compagnons* ne savent plus manœuvrer le navire. Celui-ci donne contre le rocher de *Coste raze*, et faisant eau de toutes parts, commence à enfoncer. Guillaume s'était sauvé sur une chaloupe, mais il entend les cris déchirants de sa sœur et vole, sans hésiter, à son secours. A peine a-t-il accosté que la foule des passagers veut se précipiter dans la frêle embarcation. Celle-ci sombre aussitôt avec tout ce qu'elle portait.

La perte de son épouse ne fut pas la seule que Rotrou eut à déplorer. Son neveu Geoffroy de Laigle, après avoir flotté quelque temps à la surface de l'abîme, soutenu par une vergue de vaisseau, finit lui aussi par périr noyé. Bref, de tous les voyageurs, un seul survécut au désastre. C'était Bérold, boucher de Rouen. Ayant passé toute la nuit accroché à un mât, il est recueilli, le lendemain matin, par des pêcheurs qui le ramènent à terre.

D'après le *Mémorial de la Trappe*, Rotrou menacé du naufrage

---

(1) De ce mariage naquit Blanche de Navarre, qui épousa Sanche III roi de Castille, et fut aïeule de Blanche de Castille, mère de notre grand roi saint Louis. Voyez la *Géographie du Perche* du v$^{te}$ de Romanet (p. 60 et 62), où se trouve établie pour la première fois cette filiation qui justifie

en traversant la Manche, on ne nous dit pas dans quelle année, fit vœu, s'il échappait au danger, d'élever un sanctuaire en l'honneur de la mère de Dieu (1). S'étant tiré d'affaire sain et sauf, le pieux guerrier se serait hâté de remplir son engagement. A coup sûr, si les choses s'étaient passées de cette façon, les chroniqueurs de l'époque, les Orderic Vital, les Guillaume de Malmesbury, n'auraient pas manqué de nous le faire savoir. Or, ils sont muets à l'égard du danger couru par Rotrou en cette occasion. Comme le fait observer le religieux anonyme auteur du *Manuscrit pour servir à l'histoire de la Trappe*, le Mémorial fut écrit deux cent soixante ans plus tard, sans doute peu après l'incendie du monastère et de son chartrier par les Anglais. La critique historique ne se trouvait pas alors fort en honneur. Rien d'étonnant, par suite, à ce que les moines qui rédigèrent le document y aient parfois accueilli comme fondées des traditions n'offrant pas un caractère bien authentique. En tout cas, leur témoignage ne saurait prévaloir contre le silence des annalistes contemporains.

Quelques écrivains modernes et, entre autres, Gaillardin, ont repris le récit du Mémorial, mais en le précisant davantage. Ils nous représentent le comte du Perche entreprenant le voyage d'Angleterre l'année même de la mort de Mathilde et assailli pendant la traversée de la Manche par une furieuse tempête. S'étant recommandé à la mère de Dieu, Rotrou lui voue un sanctuaire si, grâce à sa protection, il parvient à revoir ses foyers (2).

Rien de tout cela ne se trouve mentionné dans les documents de l'époque et l'abbé Fret qui a eu connaissance de cette légende ne la reproduit que sous toute réserve (3). La conduite de Rotrou paraît s'expliquer suffisamment d'une façon beaucoup plus simple et plus naturelle. Son vœu a pour but d'assurer le repos de l'âme de celle qu'il a perdue et sans doute aussi de celle de son neveu.

Le comte du Perche choisit pour emplacement du futur sanctuaire, un vallon solitaire déjà connu dans le pays sous le nom de *Trappe*, entrecoupé d'étangs et arrosé par plusieurs ruisseaux dont la réunion forme la rivière d'Iton. On sait que cette dernière, après avoir traversé une partie de l'arrondissement de Mortagne, va se perdre dans l'Eure, lequel porte lui-même à la Seine le tribut de ses eaux.

La localité en question fait partie de la commune actuelle de

la réunion d'une partie du Perche au domaine de la Couronne, réunion jusque-là inexpliquée et inexplicable.

(1) *Cartulaire de la Trappe*, Appendice, p. 579 (Alençon, 1889).
(2) Gaillardin, *Histoire de la Trappe*, t. Ier, p. 12.
(3) Abbé Fret, *Antiquités et Chroniques Percheronnes*, t. III, p. 358 et suiv. (Mortagne, 1840.)

Soligny (arrondissement de Mortagne, Orne). Ce village d'une soixantaine de feux possédait autrefois une forteresse considérable, élevée, assure-t-on, sur l'emplacement d'un ancien château de l'époque romaine. Il ne reste plus rien aujourd'hui de l'une non plus que de l'autre de ces constructions. L'on montre seulement le tertre qui leur servait de base. Soligny situé à peu près à égale distance de Laigle et de Mortagne, sur la crête séparant les deux versants de l'Atlantique et de la Manche, constitue l'un des points les plus élevés du département.

Ajoutons pour être complets que, tout près de là, s'aperçoivent aujourd'hui encore les vestiges d'une ancienne voie romaine. Elle franchit l'Iton près le village des Genettes, se dirigeant vers la localité connue dans le pays sous le nom de *mont Cacune*, à deux lieues environ du monastère. Là s'élevait une antique cité gallo-romaine dont les découvertes des archéologues attestent l'importance. Ce vieux centre de population se trouve aujourd'hui remplacé par le modeste village de Sainte-Céronne-lez-Mortagne (1).

### § 2. Etymologie du nom de Trappe. Origine de celui de Soligny. Les dénominations topographiques, indices des transformations que subit la Société.

Un mot maintenant sur l'origine du nom de Trappe qui, comme nous le verrons tout à l'heure, passa de l'endroit où Rotrou édifia son sanctuaire au monastère qui, sous peu, va y être adjoint. Il a été interprété de bien des manières différentes et les érudits ont successivement cherché son explication dans les idiomes les plus divers.

Voici d'abord l'étymologie latine :

L'endroit ci-dessus mentionné renfermant plusieurs pièces d'eau importantes aurait simplement pris le nom d'une plante aquatique, la *Trapa natans* des botanistes. Dans le langage populaire, on appelle ce végétal, suivant les localités, *châtaigne d'eau, Corniolle* ou *Cornuelle, Echarbot, Galarin, Macre flottante, Noix d'eau, Saligot, Tribule d'eau, Truffe d'eau,* etc. Ses fruits ou plutôt ses graines qui sont comestibles rappellent un peu, lorsqu'on les mange grillées ou cuites à l'eau, le goût de la châtaigne. Elle se rencontre dans les lacs et marais d'une partie de la France, spécialement dans les régions de l'est, telles que Champagne, Alsace, Dauphiné ou du centre, par exemple la Sologne et le Limousin. On la retrouve même en Corse (2).

---

(1) Abbé Fret, *Chroniques Percheronnes*; t. Ier, p. 206. (Mortagne, 1838.)

(2) Jaume Saint-Hilaire, *Plantes de France peintes et décrites d'après nature;* t. III, p. 230 et 231. Paris, 1809.)

Plusieurs motifs nous détournent d'admettre l'explication en question.

D'abord rien ne prouve que le terme de *Trapa* désignant un genre végétal soit plus ancien que Linné et remonte, par suite, au-delà de la première moitié du xvii<sup>e</sup> siècle. En effet, on ne le signale, nous a fait observer le savant Folkloriste, M. Roland, dans aucun dialecte local, aucun patois, soit français, soit étranger.

Et puis la forme *Trapa* ne rend pas compte du double *p* figurant dans le nom du couvent.

Enfin, circonstance décisive à notre avis, la *Trapa natans* ne paraît pas exister dans le Perche. L'auteur d'un ouvrage consacré aux végétaux de nos régions n'en fait nulle mention (1). Rien ne permet de croire qu'elle s'y soit jamais beaucoup rencontrée.

M. de Coston, cité par l'annaliste d'Aiguebelle, pencherait pour une étymologie celtique. Il s'inspire visiblement de Pictet, lequel dans son grand ouvrage sur les origines de notre race, donne la liste de mots suivante :

Irlandais : *Treabh*, « famille, clan ». — *Treabhar*, « race, lignage ». — *Treabtha*, « village ».

Vieil irlandais : *Atrab*, « possessio, domicilium », et, d'après Zeuss, *Atreba*, « habitat, possidet ».

Gallois : *Treb*, « vicus ». — *Tref, treu*, « demeure, ville ».

Ce terme a certainement existé dans le Gaulois continental, comme le prouve le vocable *Atrebates*, les anciens habitants de l'Artois, litt. « possesseurs du sol, ceux qui vivent dans de nombreux villages ».

Ajoutons d'ailleurs qu'il doit remonter jusqu'à l'époque Indo-Européenne primitive. On le retrouve dans le Sanscrit *Trapâ*, « Tribu, famille ». — Lithuanien : *Trobe*, « maison ». — Latin : *tribus*, d'où notre mot français de *Tribu*. — Ombrien : *Trifu, trefu* (même sens).

Il reparaît également dans les dialectes germaniques, mais avec méthatèse de la gutturale liquide. C'est ainsi que l'on a en gothique *Thaurp*, vicus. — Anglo-Saxon : *Dhorpe*, « village ». — Norrain ou vieux Scandinave : *Thorp*. — Allemand : *Dorf*. — Anglais et Hollandais : *Dorp*, « village, hameau ». — Suédois : *Torp* (même sens) (2).

Dans l'hypothèse qu'adopte notre auteur, l'appellation « Maison-Dieu de la Grande-Trappe » souvent appliquée à l'établissement de Soligny se pourrait rendre assez littéralement par « Monastère du hameau ». A cela, il n'y a qu'un malheur, c'est que la Trappe,

---

(1) P.-A. Renault, *Flore du département de l'Orne*. (Alençon, an XII.)
(2) A. Pictet, *Les origines Indo-Européennes ou les Aryas primitifs*; 2<sup>e</sup> partie, liv. 4<sup>e</sup>, chap. 1<sup>er</sup>, p. 201. (Paris, 1863.)

au dire des chroniqueurs du temps, fut construite non point auprès d'un endroit habité, mais bien dans une vaste solitude. Et puis les formes Irlandaises, Gauloise, Néo-Celtiques n'expliquent pas plus la double labiale du nom de notre couvent, et qui certainement mérite de passer pour primitive, que ne fait le latin *Trapa*. Enfin, le *b* du gaulois en passant par le bas-latin se serait plus régulièrement transformé en *v* qu'en une consonne forte.

Reste donc comme dernière ressource l'étymologie germanique. C'est la seule qui nous semble réellement satisfaisante, tant au point de vue du sens qu'à celui de la phonétique.

Les dialectes Teutoniques possèdent une racine *Trapp, Trepp, Tramp* que nous retrouvons par exemple dans le Gothique *Trimpan*, « marcher, mettre le pied sur ». — Moyen-haut Allemand : *Trumpfen*, « courir ». C'est une sorte d'intensif de ce verbe (1) qui, d'après un savant d'outre-Rhin, apparaît dans l'Allemand moderne *Trampeln, Trappeln*, « se mouvoir avec difficulté, trépigner, frapper du pied », et *Troppen*, « marcher lourdement ». Rapprochez-en le Bas-Allemand *Trappen*, « marcher, s'avancer », et l'Anglais *to trample*, « fouler aux pieds », *to traple*, « jeter, lancer ».

De la même racine découlent également un certain nombre de substantifs ayant le sens de « degré, montée, marche d'escalier ». Exemple : l'Allemand, *Treppe*. — Suédois, *Trappa*. — Hollandais, *Trap*. Bientôt, cependant, on passa de cette idée de « degré » à celle de « Piège », sans doute à cause de la ressemblance de cet objet avec une marche d'escalier. C'est ce que prouve le vieux haut Allemand *Trebo*, « Piège, Trappe », indiqué par Littré, mais dans lequel la chute d'une des labiales mérite peut-être de passer pour le résultat d'une faute d'orthographe. Du reste, ce dernier sens seul s'est conservé dans les emprunts faits par le Roman au Germanique; et le Français, « Trappe, attraper ». — L'Espagnol, *Trapa, trampa*, « tromperie, fourberie, violation d'un règlement », d'où le proverbe *Qui hace la ley hace la Trapa*, « Celui qui édicte la loi, édicte la fraude ». — Le Portugais : *Trampa*, « tromperie »; *Trampear*, « escroquer, tromper »; *Trampista* ou *Tramposo*, « escroc, fourbe ». Rapprochez-en même l'Anglais *To trap*, « attraper, tromper », peut être pris au Franco-Normand : *Trapdoor*, « trappe »; *Trapper*, « homme qui chasse au piège ». Ce dernier mot a passé dans notre langue.

Maintenant, des divers sens que revêtent les dérivés de la

---

(1) M. F. Kluege, *Etymologisches Wœrterbuch der Deutschen sprache*, art. *Trampeln, Trappe*. (Strasbourg, 1889.)

de la racine *Trap*, celui de « tromperie, piège » étant à peu près le seul en vigueur au sein des dialectes néo-latins, il semble que celui de « marche, degré » ne saurait guère se retrouver dans le nom de notre monastère. Tel n'est pas, cependant, l'avis unanime. D'après Legoarant, la maison de la Trappe aurait été ainsi désignée parce qu'elle domine les pièces d'eau environnantes. Cette étymologie est-elle bien admissible? Le couvent n'est pas du tout placé sur une éminence et il n'y a guère à monter pour s'y rendre. L'auteur de l'histoire populaire et illustrée de la la Trappe tire le nom du monastère de cette circonstance que les divers étangs qui en dépendent, situés à des hauteurs inégales, ont l'air d'être échelonnés d'étage en étage. Mais l'on peut répéter, à ce propos, l'objection déjà mise en avant. Les accidents de terrain ne sont pas très marqués dans toute cette région. Mieux vaut, à coup sûr, s'en tenir à la valeur de « Trappe, piège ». Quelle aurait été, d'ailleurs, le motif de cette dénomination?

M. l'abbé Hommey, le docte auteur de l'*Introduction au Cartulaire de la Trappe*, sur l'autorité de M. Hector Marais, ancien grand-vicaire de Séez, tirerait le terme déjà en vigueur pour désigner l'endroit où, plus tard, Rotrou établit des religieux d'une clairière au milieu de la forêt. Elle aurait offert assez exactement l'image d'une trappe ouverte au milieu d'un mur. Mais n'est-ce pas là une explication bien recherchée, d'un pittoresque bien raffiné pour une étymologie populaire? Rattachons plutôt le nom de cette région qui devint, par la suite, celui du couvent aux trappes ou pièges employés pour prendre tant le gibier de terre que le gibier d'eau ou les poissons des étangs. En définitive, il existe sur le sol français plusieurs localités appelées *Trappes*. Un seul caractère leur semble commun. C'est d'avoir été jadis fréquentées par des chasseurs et des pêcheurs. Rien d'étonnant d'ailleurs à retrouver un nom de localité à étymologie germanique dans une région que parcoururent si souvent les envahisseurs venus de l'est ou du nord.

Quant au nom de Soligny, rappelons en passant que certains philologues, hommes de beaucoup d'imagination, prétendent y voir le latin *Solum igneum,* « sol de feu, sol enflammé ». C'est ajoutent-ils, que le grès brunâtre composant une grande partie du plateau sur lequel la commune a été bâtie, semble comme calciné.

Inutile de faire longuement ressortir ce qu'une telle étymologie offre de peu satisfaisant. Soligny suppose incontestablement une forme Gallo-Romaine *Soliniacum*. Reconnaissons-y le nom du possesseur de la région, mais affublé de la désinence topographique *acum*, littéralement « demeure de Solinus ».

L'abondance d'appellations de ce genre sur tous les points de la carte de France ne doit pas nous surprendre. Effectivement, le docte M. d'Arbois de Jubainville l'a fort bien démontré. Chez les Gaulois du temps de César, comme chez presque toutes les races primitives, la propriété du sol, le domaine éminent demeurent collectifs, ou, pour nous exprimer plus clairement, ils appartiennent non aux individus, mais à la peuplade entière. Le plus riche citoyen n'est considéré, du moins en droit, que comme un emphytéote, comme le fermier de la nation. Un état de choses fort semblable a survécu chez les Celtes d'Irlande, même à la conquête anglaise et, de nos jours, le souvenir semble très loin d'en être effacé.

Les Empereurs Romains paraissent avoir bien vite compris que le meilleur moyen de gagner la classe dirigeante dans les Gaules, c'était d'y constituer, ou tout au moins de laisser s'y constituer à son profit, la propriété foncière individuelle dans des conditions analogues à celles où elle existait depuis un certain temps déjà en Italie. Chacun des anciens possesseurs devenu ainsi maître sans réserve de biens dont il n'avait joui jusqu'alors qu'à titre quelque peu précaire s'empresse de saluer cette transformation économique, d'attester sa domination sur la portion de territoire qu'il détient en lui donnant son nom (1).

Il se produit donc, à ce moment de notre histoire, dans le pays de Gaule, un phénomène absolument inverse à celui qu'y engendrera plus tard, l'établissement du régime féodal, alors que les seigneurs commenceront à porter le nom de leur terre.

§ 3. **Rotrou se décide à joindre un monastère à l'église par lui construite et pour quel motif. Des moines sortis de Breuil-Benoît et d'Aulnay lui fournissent ses premiers habitants Dons de Rotrou au nouveau couvent.**

Quoiqu'il en soit, l'on s'empresse de charrier à l'endroit désigné par Rotrou les pierres nécessaires à la construction de l'église et spécialement à celle des colonnes. Le nouvel édifice commence à s'élever de terre, dès les premiers mois de l'année 1122. Une tradition assez ancienne, puisqu'on la trouve déjà relatée au

---

(1) Les compagnons de Rollon semblent en avoir usé de même, lors de leur établissement en Neustrie. C'est ce que démontrent les noms de localités tels qu'*Arnouville, Hérouville, Bournonville, Ingouville*, lesquels ne signifient autre chose que « demeure d'Arnolf, de Harald, de Burnhulf, d'Ingulfe ».

Mémorial, mais qui malgré cela ne semble guère acceptable, veut que le comte du Perche ait donné au faîte du sanctuaire, la forme d'une carène renversée. C'aurait été en souvenir du naufrage auquel il avait échappé (1).

Une pareille allégation se trouve démentie par l'examen même des lieux. Le frontispice de l'oratoire qui subsiste encore est terminé par un angle très aigu, nécessitant une toiture elle-même fort inclinée et incompatible, par suite, avec la forme en question. On a, comme le fait observer l'auteur du manuscrit, confondu le comble de ce temple avec celui de l'église du monastère, lequel n'a été démoli que récemment. Ce dernier offrait effectivement quelque ressemblance avec un navire renversé. Mais la construction dont il fait partie date d'une époque plus récente.

Ce frontispice ne constitue pas, d'ailleurs, la seule partie du sanctuaire de Rotrou qui ait défié les injures du temps. On peut citer encore la façade principale, formée d'un mur en grès roussâtre, soutenu par trois contreforts et percé de fenêtres en plein cintre, assez étroites, mais très hautes. La porte d'entrée ouverte sur la partie latérale est sans ornement et terminée par un arc en tiers-point. Ajoutons qu'à l'intérieur, deux rangs de piliers formés de colonnettes groupées ensemble, mais qui ont été refaits depuis, soutenaient la voûte, au moyen d'arcades massives. Les nervures partant de celles-ci se détachent trois par trois de leurs chapiteaux à palmettes et viennent se réunir autour d'une petite moulure circulaire. La voûte n'arrive point, d'ailleurs, au tiers de la hauteur totale du bâtiment. Toutes ces constructions, sont dans le style propre au XI$^e$ siècle et dit *de transition* parce qu'il marque, en effet, le passage du Roman au Gothique proprement dit.

Toutefois, le sanctuaire consacré à la mère de Dieu ne pouvait demeurer ainsi isolé et sans que personne fut préposé à sa garde. Rotrou aurait établi, croit-on, tout auprès une communauté de religieuses, mais ainsi que le fait observer l'auteur du manuscrit, on ne peut rien dire de certain au sujet des premiers habitants de cette solitude. Peut-être s'agirait-il ici d'un hospice. C'est ce que semble indiquer le nom de Maison-Dieu donné plus tard au monastère de la Trappe.

Bien que déjà avancé en âge, l'infatigable Rotrou se résout, vers 1140, à retourner en Terre-Sainte. Il ne semble pas que ce projet ait été mis à exécution. Du moins, l'abbé Fret qui nous donne tant de détails sur les faits et gestes des comtes du Perche, ne le dit pas. Il résulte même de son récit que le fils de Geoffroy dut être trop occupé en France jusqu'au moment de sa mort pour

(1) *Cartulaire de la Trappe,* Appendice; *loco citato.*

pouvoir faire de lointains voyages. Vers la fin de 1140, nous le voyons courir à la délivrance de son neveu Richer de Laigle, fait prisonnier par Robert de Bellême surnommé *Poard*. Pendant le Carême de 1141, il convoque à Mortagne, sa capitale, une assemblée des principaux personnages de la Normandie à l'effet d'élire un roi d'Angleterre. Enfin, en 1143, Rotrou périt d'une blessure reçue sous les murs de Rouen, alors qu'il assiégeait cette ville pour le compte de Geoffroy I*er*, gendre du monarque Henri I*er*.

Néanmoins, il suffisait que le voyage de Palestine eut été projeté pour que Rotrou voulut rendre le ciel favorable à son entreprise. Il se décide donc à joindre un couvent d'hommes à l'église antérieurement construite. Il fait choix pour l'établissement du monastère en question d'un terrain contigu au sanctuaire, mais plus élevé et, par suite, mieux garanti contre l'humidité. Ce projet est approuvé par la seconde femme de Rotrou, Harvise, fille d'Edouard d'Evreux, baron de Salisbury, ainsi que par ses deux fils Rotrou et Etienne. Tous d'ailleurs, en signe de consentement, assistent à la pose de la première pierre du nouvel édifice. Elle eut lieu, le trois des nones de décembre (10 décembre) de l'année 1140.

La réputation de sainteté dont jouissaient les cénobites de l'ordre de Savigny décide Rotrou à choisir parmi eux, les futurs occupants du monastère en construction. Toutefois, ce n'est point à la maison-mère qu'il s'adresse, mais bien à une de ses petites filles. Nous voulons parler de l'établissement du Breuil-Benoît dans le diocèse d'Evreux.

Robert, comte de Dreux et frère du roi de France, Louis VII dit *le jeune*, en avait été le fondateur. Il y installa des religieux du couvent de Vaux-le-Cernay, lequel est lui-même une colonie de Savigny.

Ajoutons, par parenthèse que, supprimé comme tous les autres, au moment de la Grande Révolution, le monastère du Breuil ne fut pourtant pas démoli en entier. Il subsiste aujourd'hui encore et a été restauré de la façon la plus artistique par son propriétaire actuel, M. le comte de Reiset.

Quelques cénobites sortis de la maison d'Aulnay, au diocèse de Bayeux, se joignent à ceux du Breuil-Benoît pour fournir à l'établissement de Soligny ses premiers habitants.

La colonie monastique arrivée avant que les bâtiments ne soient terminés, doit séjourner plusieurs mois au milieu de la forêt, dans le petit hameau de la Croix-des-Barres. Elle peut enfin prendre possession de son asile définitif qui reçoit le nom de Sainte-Marie de la Maison-Dieu.

En cette occasion, Rotrou se montre fidèle à ses traditions de libéralité. Il concède aux moines, libre de toutes redevance, non seulement le local par eux habité avec ses annexes, mais encore le vaste quadrilatère borné au nord par la route qui va de la Trappe au village des Barres; à l'est, par le chemin de Laigle à Mortagne, et au sud par une ligne s'étendant de la ferme du Boulay au gué de la Ramée, en passant par dessus l'étang Robin.

Cette dite ferme du Boulay appartient encore actuellement à la Trappe. Elle sert d'Orphelinat, après avoir été, pendant plusieurs années, aménagée en colonie pénitentiaire.

Entre ces limites se trouvaient plusieurs étangs, des moulins, des bois, lesquels font aujourd'hui, pour la presque totalité, partie du domaine de l'Etat. Le comte du Perche fait, en outre, don à l'église du monastère, de reliques par lui rapportées de Palestine.

### § 4. Un mot sur la culture de la vigne dans le Perche aux XI<sup>e</sup> et XII<sup>e</sup> siècles.

Signalons spécialement la concession d'une vigne sise à l'endroit appelé alors Longpérier *(Vineam ad latam pirum)*. Où le placer? Nous ne savons au juste, mais sans aucun doute dans les limites de l'ancienne province du Perche, dont les vignobles les plus estimés étaient au XVII<sup>e</sup> siècle ceux situés dans la paroisse de Vaunoise (1). Aujourd'hui, l'on y chercherait en vain, croyons-nous, un seul vignoble, quoique les vignes cultivées en espalier y produisent d'excellent raisin. Le même fait se reproduit d'ailleurs pour la Calvados. On y fabriquait jadis du vin comme le prouvent les noms de *vignes*, *vignettes*, que nous avons entendu donner encore à certaines pièces de terre. L'on peut admettre, au moins d'une manière générale que la culture de la vigne a été florissante au moyen-âge, presque partout dans le nord-ouest de la France, bien qu'elle n'y existe plus guère actuellement.

Comment expliquer ce phénomène? Plusieurs savants ont allégué un abaissement graduel de la température sur l'étendue et les causes duquel ils sont d'ailleurs loin de se trouver d'accord (2).

Que certaines modifications, légères d'ailleurs, aient pu se produire dans le climat de nos régions depuis le XII<sup>e</sup> siècle, nous

---

(1) Voyez ce qu'en dit Courtin dans son *Histoire du Perche* (édition de MM. de Romanet et Tournoüer).

(2) M. Ducrest, *L'époque glaciaire*; p. 107 et suiv. dans *La controverse et le contemporain*, t. XIV; nouvelle série (Lyon, 1888). — Voyez la Note A *(in fine)*.

ne le contestons pas d'une manière absolue (1). Mais, à notre avis, la disparition des vignobles tient, tant dans le Perche que dans la Normandie, doit surtout s'expliquer par des causes économiques et industrielles.

Les contemporains de Rotrou ne pouvaient songer à tirer leur boisson du midi de la France. L'état rudimentaire de la viabilité, la multiplicité des péages locaux eussent rendu les frais de transport exorbitants. Il fallait se contenter de la liqueur récoltée sur place. Mais précisément, le jus de la pomme et celui de la poire ne fournissaient encore qu'un breuvage des plus médiocres. Jusqu'aux débuts du XIV⁰ siècle, nous voyons que l'on avait souvent recours pour le fabriquer aux fruits sauvages de la forêt (2).

En un mot, l'art de préparer le pommé qui a bien, aujourd'hui encore, quelques progrès à réaliser, ne se trouvait pas alors aussi avancé chez nous qu'il l'était déjà dans les vallées du pays Basque. On fit longtemps, d'après M. Alfred Picart, venir par mer du cidre de cette contrée jusqu'en Cotentin.

Il fallut qu'au temps du roi Louis XII, un gentilhomme Biscaïen nommé Guillaume Dursus ou Dursue vint s'établir aux environs de Valognes (Manche). Nous lui devons l'introduction de nouvelles variétés de pommes très supérieures à celles que l'on connaissait déjà dans le nord de la France, telles que l'*Epicé*, la *Barbarie de Biscaye*, la *Greffe de Monsieur* (3). C'est à partir de ce moment que nos crus normands commencent à jouir d'une réputation méritée.

Rien d'étonnant, par suite, à ce que nos ancêtres faisant de nécessité vertu se soient montrés moins délicats en fait de boisson que ne sont les hommes d'à présent. A défaut d'un cidre vraiment savoureux, l'âpre piquette obtenue de grappes mûries au soleil peu tropical de la Neustrie pouvait presque passer pour délectable.

Aussi est-ce pendant le cours des XI⁰ et XII⁰ siècles que nos vignobles atteignent leur plus haut point de prospérité. Bientôt Henri II, roi d'Angleterre, arrêtera leur développement en ouvrant les portes de Normandie aux vins d'Aquitaine. Ceux de Bourgogne et de l'Ile-de-France pénétreront à leur tour à la suite de la conquête de Philippe-Auguste (4). Incapable de soutenir une telle concurrence, la viticulture indigène périclite et finit par dispa-

---

(1) M. L. Duval, *Essai historique sur le Cidre et le Poiré;* § V, p. 30 et 31. (Paris, 1896.)

(2) M. L. Duval, *Essai*, etc., § IV, p. 21.

(3) Ibid., ibid., § V, p. 30 et 31.

(4) M. L. Duval, ibid., § IV, p. 22.

raître. N'oublions pas, toutefois, le vin d'écarlate du Cotentin, encore renommé au temps de François Ier.

En tout cas, cette sorte de révolution n'atteint guère la fabrication du cidre. On peut même croire qu'elle lui fut plutôt favorable. Le bas prix de cette dernière boisson la rendait-il point seule accessible aux petites bourses ?

### § 5. Libéralités des seigneurs Percherons.

Mais il est temps de reprendre le fil de notre récit. Bon nombre de vassaux s'empressent d'imiter la générosité de leur suzerain. L'on peut citer entre autres, Gervais Chevreuil; Hugues, seigneur de Champs; Robert de Glapion; Girard, seigneur d'Aspres; Hugues de Chiray; Gervais du Buat, etc. Ils concèdent à la Trappe des bois, terres, prés, redevances de diverses nature, espérant, sans doute, par ces largesses, attirer sur eux et leurs familles la bénédiction divine (1).

Voici donc le monastère définitivement fondé et nous allons tenter de raconter son histoire depuis ces temps reculés jusqu'à nos jours. Le fil des événements va se trouver plus d'une fois interrompu. En présence de lacunes, d'obscurités impossibles soit à combler, soit à éclaircir, nous en serons plus d'une fois réduits aux conjectures.

Tels sont les résultats des ravages dont eut à souffrir la Trappe à l'époque de la guerre contre les Anglais aussi bien qu'en 1793.

---

(1) *Cartulaire de la Trappe*, Appendice, p. 678 et suiv.

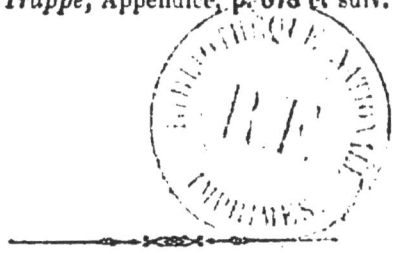

Abbaye de la Trappe

# CHAPITRE II

## DÉBUTS DE LA TRAPPE

§ 1. *Albold, premier abbé. Etymologie de son nom.* — § 2. *Difficultés chronologiques concernant son administration. Dates probables. Bulle du Pape Eugène III.* — § 3. *La Trappe adopte la réforme de Cîteaux.* — § 4. *Générosité des fidèles à l'égard du clergé régulier.* — § 5. *Pitances et dons de Harengs.* — § 6. *La Métairie de Mahéru cédée par Henri II, roi d'Angleterre, en expiation du meurtre de saint Thomas Becket. Donation faussement attribuée à Henri I<sup>er</sup>.* — § 7. *Autres dons faits sous le gouvernement d'Albold. Démission d'Albold.*
§ 8. *Gervais-Lambert, second abbé. Difficultés historiques résultant du double nom par lui porté. Bulle du Pape Alexandre III.* — § 9. *A quelle époque débuta et finit l'administration de Gervais. Bulles de la fin de 1173.* — § 10. *Concession faite par Robert de Sacquenville.*

### § 1. Albold, premier abbé. Etymologie de son nom.

ALBOLD (1) (1140-1171 ?) fut le premier abbé de la Trappe. Quelle était la patrie de ses ancêtres? Où vit-il le jour? Voilà, sans doute, ce que nous ne saurons jamais. Son nom est un composé des deux termes anglais ou anglo-saxons *All bold*, « Tout hardi, tout résolu », et par extension « Très brave, très courageux ». Induire de ce fait que soit lui, soit ses aïeux, durent venir de la Grande-Bretagne, serait peut-être téméraire. A l'époque où nous sommes parvenus, la mode est depuis longtemps aux noms d'origine germanique et ils ont, par suite, cessé de constituer un indice de nationalité. Réservés tout d'abord aux seuls individus de la race conquérante, ils se sont répandus bien vite dans toutes les classes de la vieille société romaine. Les porter semblait, en quelque sorte, un signe d'honneur et l'on croyait s'élever au niveau des vainqueurs en s'appelant comme eux. Les idiomes Franck, Burgonde, Gothique auront beau périr étouffés de ce

---

(1) Gaillardin, *Histoire de la Trappe*, t. I<sup>er</sup>, p. 14. (Paris, 1844.)

côté-ci du Rhin comme au sud des Alpes, sous l'étreinte des dialectes néo-latins, leur emploi n'en sera point pour cela aboli. Il continuera, au contraire, à subsister comme une preuve sans réplique de la profonde influence exercée par les barbares à la longue chevelure sur nos populations européennes de l'ouest et du midi.

A tout ceci rien d'étonnant. Notre siècle lui-même ne fournirait-il pas plus d'un exemple de phénomènes analogues? Le nom de *Napoléon* n'a-t-il pas été très fréquemment donné tant sous le premier que sous le second empire? Innombrable apparaît la quantité des *Casimir* nés après l'insurrection polonaise de 1830. Ira-t-on en conclure à l'extraction italienne ou slave de ceux qui se trouvent ainsi désignés ?

Ajoutons qu'Albold constitue ce que nous pourrions appeler un simple prénom et qu'il ne figure pas au calendrier. On ne saurait guère admettre que le plus ancien prédécesseur des Rancé et des Lestrange ait jamais possédé un autre nom encore. Sans doute, l'usage des patronymiques a déjà commencé à se généraliser, mais n'est pas, à coup sûr, devenu universel, spécialement dans les hautes classes. Les grands vassaux ont le nom de leur fief comme nom de famille et ils se contentent de faire porter à leurs cadets celui de quelqu'apanage, variable, par suite, à chaque génération. Il en est de même pour les rois de France, du moins jusqu'à l'avènement des Valois.

Ce que nous venons de dire s'applique également à la pieuse coutume de placer, au moment du baptême, l'enfant sous la protection du saint dont il devient l'homonyme. Elle ne se montre point encore aussi dominante autant qu'elle le sera plus tard (1).

Les dénominations *Alboldus* (2), *Albolde* que nous rencontrons dans des documents d'époque diverse constituent simplement ce que nous pourrions appeler les traductions latine et française de l'anglo-saxon Albold.

Le nom du vénérable religieux ne tarda pas à se trouver estropié et il continue à l'être encore de temps en temps. Les formes *Albodus*, bien qu'employée dans la bulle du Pape Eugène III (*Dilectis filiis Albodo, abbati monasterii sancte*

---

(1) Certaines populations chrétiennes d'Orient ne l'ont pas de nos jours complètement adoptée. Nous avons connu un Maronite catholique affublé du nom quelque peu musulman, à première vue, de *Nasrallah*. Bien que la connaissance de l'Évangile ait depuis longtemps été portée chez les Abyssins, on chercherait vainement quel jour du calendrier tombe la fête des patrons de *Za-Dengel*, *Icon Amlac*, *Amda-Sion*, *Ménélik* et autres négous d'Éthiopie.

(2) *Cartulaire de la Trappe*; voyez la table.

*Mariæ de Domo Dei ejusque fratribus*, etc.) (1), *Albod* (2), et *Abolde* (3) méritent visiblement de passer pour corrompues.

## § 2. Difficultés chronologiques concernant son administration. Dates probables. Bulle du Pape Eugène III.

Les auteurs sont bien loin de se trouver d'accord sur la chronologie du règne d'Albold. On les voit se contredire l'un l'autre à qui mieux mieux, quand ils ne se contredisent pas eux-mêmes. Le désaccord porte non seulement sur la durée de son gouvernement, mais encore sur le point de savoir en quelles années il commença et prit fin. Donnons au lecteur un échantillon de ce conflit d'opinions.

M. Duval expose que, « suivant les Bénédictins, Albolde, « premier abbé de la Trappe, serait mort le 28 octobre 1180, « puisqu'il gouverna pendant vingt-quatre ans et qu'il avait « obtenu ses bulles en 1146 ».

L'on remarquera ici une indéniable erreur de comput, mais peut-être due simplement au copiste ou à l'imprimeur. De l'an 1146 à 1180, il n'y a pas vingt-quatre années, mais trente-quatre bien comptées.

« Cependant, ajoute le docte archiviste, les mêmes auteurs « placent en 1173 le commencement de l'administration de « son successeur, auquel ils donnent le nom de Gervais-Lambert (4). »

L'historien anonyme adopte le premier de ces calculs d'une manière plus tranchante encore que ne l'ont fait les enfants de saint Benoît. Il renferme l'époque du gouvernement d'Albolde entre lesdites années 1146 et 1180.

Quant à l'abbé Fret, il partagerait plutôt la seconde manière de voir des savants cénobites, faisant commencer en 1146 et finir en 1173, le règne du premier supérieur de la Trappe.

Gaillardin, lui, indique conjecturalement la période allant de 1137 à 1171. Il ne paraît guère avoir été suivi sur ce point que par l'auteur de l'*Histoire populaire* (5).

L'on n'a pas, d'ailleurs, la ressource pour élucider la question chronologique, de s'adresser aux documents contemporains ayant

(1) *Cartulaire de la Trappe*, p. 586.
(2) Abbé Fret, *Antiquités et Chroniques Percheronnes*, t. III, p. 390.
(3) M. L. Duval, *Introduction à l'inventaire sommaire des fonds des abbayes d'hommes du département de l'Orne*, p. xiv. (Alençon, 1891.)
(4) M. L. Duval, *Introduction à l'inventaire sommaire*, loco citato.
(5) *Histoire populaire illustrée*, etc., *de la Grande-Trappe*, chap. xxxix, p. 253. (Paris, 1895.)

date certaine. Ils se réduisent à deux et l'on doit convenir qu'ils fournissent peu de lumières.

Le plus important, ce sont sans contredit les bulles du Pape Eugène III déjà mentionnées et dont il sera reparlé tout à l'heure. L'on voit qu'elles furent données en juin 1147 (1).

Quant à la seconde pièce, c'est une charte de 1156, émanant de Simon de Granvilliers et sur laquelle nous aurons également à revenir. Le supérieur de la Trappe ne s'y trouve désigné que par l'initiale de son nom, A. Mais l'on est bien d'accord pour reconnaître que c'est d'Albold qu'il s'agit.

Tout ce que l'on peut induire de ces écrits, c'est que le personnage en question fut supérieur de la Trappe pendant la période allant de 1147 à 1156. On s'en doutait déjà.

Nous ne parlons pas ici des bulles d'Alexandre III remontant aux débuts de 1173. Une analyse sommaire en sera donnée plus loin. Elles nous obligent toutefois à rejeter l'opinion mise en avant par les Bénédictins et l'historien anonyme, à savoir qu'Albold gouverna jusqu'en 1180. A cette époque, il y avait sept ans, sinon davantage, que son successeur exerçait les fonctions abbatiales.

Voyons maintenant si une étude plus approfondie du problème ne nous permettra pas de le résoudre au moins d'une manière approximative.

D'abord, vers quel moment Albold fut-il investi du gouvernement? Les auteurs contemporains sont muets sur ce point et leur silence s'explique sans peine. C'est qu'en effet le pieux cénobite ne fut sans doute pas plus nommé abbé de la Trappe que saint Bernard n'avait été élu abbé de Clairvaux. L'un et l'autre tenaient leurs pouvoirs uniquement du supérieur qui les avait envoyés fonder de nouvelles colonies monastiques. C'était, du reste, l'usage constamment suivi à ces époques reculées. Les suffrages des religieux ne se trouvaient pas aussi souvent requis qu'ils l'ont été par la suite. Sans doute l'élection fut toujours de rigueur lorsqu'il s'agissait de remplacer un supérieur mort ou démissionnaire, mais non pas s'il n'y avait qu'à désigner celui d'un couvent récemment fondé. Dans ce cas, l'abbé de la maison-mère choisissait *proprio motu* et sans avoir à en référer à personne. C'est ainsi, suivant toute apparence, que les choses se passèrent pour la maison de Soligny. Reconnaissons qu'Albold dut recevoir mission de la gouverner au moment même où il quittait Vaux-Cernay, c'est-à-dire en 1140.

Inutile, croyons-nous, de discuter l'opinion de Gaillardin lors-

---

(1) *Cartulaire de la Trappe*, p. 582.

qu'il représente le premier abbé de la Trappe administrant ce couvent dès 1137, c'est-à-dire trois ans avant qu'on n'eut achevé de le construire. Visiblement, l'historien confond ici la fondation de la maison de Soligny avec celle de Vaux-Cernay.

Supposera-t-on, enfin, que l'ancien supérieur ait continué à rester en charge jusqu'aux environs de 1173, moment où son successeur reçut les bulles d'Alexandre? Mais, précisément, c'est le contraire qui paraît probable. Comme il sera exposé plus loin, l'envoi de ces pièces se faisait, le plus souvent, attendre quelques années. Admettons donc pour la fin de l'administration d'Albold la date de 1171 donnée par Gaillardin. Nous ignorons, d'ailleurs, comment elle lui fut suggérée.

En fait, la durée du gouvernement du premier abbé ne fut point de trente-quatre ans, ainsi que le veulent plusieurs historiens. Il ne dépassa la somme de six lustres que de bien peu, débutant en 1140 pour se terminer en 1171.

Des discussions se sont élevées sur le point de savoir à quel moment juste parut la bulle d'investiture adressée par le pape Eugène III à Albold.

D'après la copie faite au XVIII° siècle, et que reproduit le cartulaire (1), cet écrit aurait été donné à Paris par la main du seigneur Gui ou Guion *(datum Parisiis per manum Guidonis)*, diacre-cardinal et chancelier de la sainte Église romaine, le sept des ides de juin, dixième indiction, l'an 1147 de l'incarnation de N.-S., troisième du pontificat d'Eugène III.

Il ne saurait s'agir, dit-on, ici que d'une simple transcription. La rédaction de la bulle elle-même est certainement antérieure, et cela par la raison que le Souverain-Pontife se trouvait en France depuis le mois de mars 1147. Tel paraît être le motif qui décida les Bénédictins à reporter en 1146 l'envoi de cette pièce aussi bien que les débuts du règne d'Albold.

Les arguments invoqués sont-ils bien valables? Qu'y aurait-il d'impossible à ce que la bulle ait été composée dans la capitale de notre pays, pendant le séjour même qu'y fit le Saint-Père? En tout cas, cela importe assez peu.

La pièce susmentionnée n'en constitue pas moins un des monuments les plus anciens de l'histoire de la Trappe. Signalons le soin que prend Eugène III à déclarer les religieux de ce monastère exempts de toutes dîmes et redevances, quelle que puisse être leur nature. Les privilèges jadis octroyés par Rotrou se trouvent ainsi confirmés. Le sacrement de l'autel devra être refusé à quiconque, clerc ou laïc, oserait y porter atteinte, et les

---

(1) *Cartulaire de la Trappe*, p. 582.

délinquants se trouvent, pour après leur mort, menacés de la vengeance divine. La paix du Seigneur et l'abondance de ses grâces demeureront, au contraire, le partage de quiconque aura respecté les immunités du nouveau couvent.

Ajoutons par parenthèse que presque toutes les bulles de ce temps-là contiennent des dispositions analogues. La précaution était utile, on pourrait dire indispensable, à une époque si troublée, mais de foi si ardente et où les brigands eux-mêmes ne craignaient rien tant que les foudres de l'Eglise.

### § 3. La Trappe adopte la réforme de Citeaux.

Ce serait en 1148, ou suivant une opinion, à notre avis, plus plausible, en 1147, que se tint une des plus importantes réunions de l'Ordre de Citeaux. Le pape Eugène III, qui lui-même était cistercien, profita de son séjour en France pour la présider. L'on voit le vertueux Serlon, quatrième abbé de Savigny, venir y déclarer qu'il acceptait la réforme de saint Etienne Harding pour tous les monastères de son obédience. La Trappe en faisait précisément partie. Elle devient ainsi, sous le règne même d'Albold, l'une des maisons filles de Clairvaux. D'après une vieille tradition dont la fausseté ne se trouve malheureusement que trop bien établie, saint Bernard, abbé de ce dernier monastère, serait venu en personne visiter celui de Soligny.

Nul doute, malgré le silence à peu près absolu des documents contemporains, que les religieux n'aient commencé dès lors à défricher le sol naturellement assez ingrat de leur nouveau domaine ainsi qu'à bâtir le cloître. La construction de cet édifice semble avoir marché fort lentement.

### § 4. Générosité des fidèles à l'égard du Clergé régulier.

Si, à cette époque, les propriétés des couvents n'étaient pas toujours beaucoup plus respectées que celles des particuliers, en revanche, on montrait bien de l'ardeur à les accroître par d'incessantes libéralités. Ainsi qu'on l'a vu, le monastère de Soligny fut, dès ses débuts, l'objet de la générosité des fidèles. Celle-ci ne se trouvait-elle pas, en effet, puissamment sollicitée par la réputation de sainteté dont jouissaient les enfants d'Albold?

Pendant plus d'un siècle et demi, cet état de choses se maintiendra sans beaucoup de changements. A des religieux uniquement préoccupés de chercher le royaume de Dieu et sa justice, n'était-il pas naturel, suivant la parole évangélique, que tout le reste fut accordé par surcroît. Chacun dans le voisinage luttera de munificence à l'égard des bons Pères, désireux de s'assurer leur protection auprès de Dieu. Les plus opulents donneront sans compter Ceux-là même dont la situation mérite de passer pour précaire tiendront néanmoins à apporter leur obole. On ne craindra pas le mépris des sots qui, suivant l'expression du poète, suit la pauvreté en révélant la modicité de son offrande. Rien au fond de plus touchant que ces chartes émanant de braves cultivateurs, d'humbles chrétiens qui enrichissent le couvent d'une maigre rente de quelques setiers ou même d'un simple boisseau de blé, suivant la formule consacrée, *pro Salute anime mee*.

Bien des jours s'écouleront encore avant que la bonne volonté des fidèles vis-à-vis du clergé régulier ne diminue d'une façon trop sensible. Ce n'est que lorsque le vieil esprit de ferveur se sera tout à fait refroidi que nous verrons les laïcs plus empressés à piller les maisons religieuses qu'à les enrichir.

### § 5. Pitances et dons de Harengs.

L'on remarquera qu'un certain nombre de fondations ont pour objet de procurer aux religieux un ordinaire un peu moins frugal ou tout au moins plus abondant, sous le nom de *pitances*. Assez fréquemment aussi, de généreux laïcs leur assureront une rente en harengs *(Harengæ, Alectæ)* dont on s'acquittait naturellement à l'entrée du carême.

Le hareng paraît constituer la seule espèce de poisson dont on se soit avisé de faire cadeau à nos cénobites. C'est en 1170 que Henri, seigneur du Neubourg *(Dominus novi Burgi)*, dans l'arrondissement de Louviers (Eure), leur alloue deux mille harengs à recevoir, chaque année, dans la première semaine de carême à Pont-Audemer *(Pontem Audomeri)*. On sait que cette ville de l'Eure faisait au moyen-âge un grand commerce de marée et de salaisons (1).

Enfin, nous voyons Robert III de Meulan, à une époque indéterminée, mais comprise entre 1166 et 1203, suivre l'exemple de Henri du Neubourg. Il constitue en faveur du monastère de Soligny une rente annuelle de deux mille harengs à prendre, bien entendu, la première semaine de chaque carême sur la prévôté de Pont-Audemer (2).

Difficile de supposer que ces poissons fussent tous consommés à l'hôtellerie. Une telle nourriture ne serait pas aujourd'hui

---

(1) Ibid., p. 442 et 445 (et en note).
(2) Ibid., p. 443.

permise aux Trappistes. Il n'est pas douteux, cependant, qu'elle le fût alors aux moines de Cîteaux ou de Clairvaux. L'on admettait, en ce temps-là, certains adoucissements à la règle qui, plus tard, furent sévèrement interdits (1).

## § 6. La métairie de Mahéru cédée par Henri II, roi d'Angleterre, en expiation du meurtre de saint Thomas Becket. Donation faussement attribuée à Henri I$^{er}$.

Le cartulaire ne contient qu'un nombre assez restreint de pièces datées du XII$^e$ siècle. Il semble que ce ne soit guère qu'au XIII$^e$ que l'usage d'indiquer l'époque de chaque pièce commence à devenir universel. L'absence d'indication chronologique constitue parfois une présomption d'antiquité, au moins relative, mais ne nous permet guère de déterminer au règne de quel abbé remonte le document.

Citons comme particulièrement importante au point de vue historique, la donation faite par Henri II, roi d'Angleterre et duc de Normandie, de sa métairie de Mahéru (canton de Moulins-la-Marche, arrondissement de Mortagne, Orne) (2). Elle eut lieu, nous disent les historiens, en expiation du meurtre de Thomas Becket. Cela était tout à fait dans les idées d'alors. Heureux temps où les plus grands personnages ne pouvaient être reconnus complices ou instigateurs d'un crime qu'ils ne fussent obligés à en faire pénitence et que cela ne leur coûtât parfois bien cher !

Impossible de partager la manière de voir de l'historien anonyme, lequel place cette libéralité à la trentième année du règne d'Albold. Si, comme cet auteur, on le fait débuter en 1146, force sera de reporter la donation en 1176, c'est-à-dire assez longtemps après que le premier abbé eut démissionné. Nous en tenons-nous, au contraire, à la date la plus probable de l'intronisation de ce personnage, c'est-à-dire à 1140 ; alors Mahéru aurait été concédé en l'année 1170 ? Mais, précisément, l'assassinat de l'évêque de Cantorbéry remonte au 29 décembre de la même année. Un certain intervalle dut nécessairement s'écouler entre la perpétration du forfait et le témoignage du repentir royal. Tenons donc pour établi que la métairie en question ne devint propriété des Trappistes que dans le courant de 1171, et, par suite, très peu de temps avant qu'Albold ne résignât ses pouvoirs.

En tout cas, la charte mentionnant le cadeau, sans doute, médiocrement volontaire du monarque anglais, a passé des archives

---

(1) Voir la note B *in fine.*
(2) *Cartulaire de la Trappe,* p. 376 (en note).

du Monastère aux archives de l'Orne où on la conserve aujourd'hui (1).

Enfin, le Cartulaire compte également au nombre des bienfaiteurs de la Trappe, Henri Ier, roi d'Angleterre (2). Il cite, à ce propos, l'analyse suivante, donnée par l'*Inventaire des Titres de l'Abbaye*, p. 545, d'une pièce dont l'original serait aujourd'hui perdu :

« Une charte sans date par laquelle Henri Ier, roi d'Angleterre,
« duc de Normandie, nous donne la terre et le fief de Mahéru
« avec tous les droits honorifiques qui lui appartiennent, à l'ex-
« ception de la haute-justice, nous accorde, en outre, trois fou-
« teaux dans la forêt de Mahéru pour faire des charrues, etc. »

Le lecteur n'apprendra pas sans quelque surprise cette générosité d'un prince mort en 1135 à l'égard de notre monastère, lequel ne fut fondé que cinq ans plus tard. Tout s'explique facilement par une erreur imputable soit au rédacteur de l'inventaire, soit à l'annotateur du Cartulaire. Ils ont pris Henri Ier pour Henri II. La donation ici relatée n'est autre que celle dont nous venons de parler à l'instant à propos de l'assassinat de l'évêque de Cantorbéry. Et quant à l'acte qui la mentionne, il a si peu disparu qu'on le conserve encore, nous l'avons vu, au dépôt des archives de l'Orne.

### § 7. Autres Dons faits sous le gouvernement d'Albold. Démission d'Albold.

Il a déjà été parlé de donations faites à la Trappe dès le début par Rotrou III et les principaux seigneurs de la contrée. Celles dont la mention suit, bien que postérieures en date, remontent certainement au règne d'Albold.

En 1156, par exemple, l'on voit Simon de Grandvilliers, fils de Baudoin *(Filius Beaudoni de Grandi Villari)*, confirmer la cession faite à la Trappe, par Hugues de la Celle, d'une terre sise en la paroisse de Mélicourt (canton de Rugles, arrondissement de Bernay, Eure). Comme suzerain de ce domaine, il l'affranchit de tous services féodaux à lui dus (3). L'acte de ce seigneur sera renouvelé en 1175, sous le successeur d'Albold, mais par un autre Simon, fils du précédent. Ces confirmations réitérées font assez ressortir le peu de sécurité dont jouissaient alors les personnes et les biens.

---

(1) M. L. Duval, *Inventaire sommaire des archives départementales*, t. Ier, p. 362, col. 2e. (Alençon, 1891.)
(2) *Cartulaire de la Trappe*, Ubi suprà.
(3) *Cartulaire de la Trappe*, p. 182 et 180 (en note).

Une chose reste, en tous cas, prouvée, c'est que la libéralité d'Hugues de la Celle ne peut remonter plus haut que 1156. Ce dernier personnage ne serait-il, d'ailleurs, identique au *Hugo de Cella*, moine de la Trappe dont le Cartulaire parle un peu plus loin et que la bulle d'Alexandre III mentionnerait à son tour sous le nom passablement altéré de *Hugo de Lachela?* Le dit cénobite aurait, circonstance bizarre, fait don à son abbaye, on ne nous dit pas en quelle année, de deux terres sises au Chêne-Haut-Acre (*Quercus Haudagrii vel Aldacri)* moyennant une redevance annuelle en argent (1).

Remarquons que Christine, épouse dudit religieux, était encore vivante, puisqu'elle figure comme témoin dans l'acte. D'ailleurs, la rente stipulée en faveur de la famille de Hugues l'établit clairement ; l'exemption de redevances garantie à la Trappe par l'écrit du pape Eugène ne concerne que les biens à elle aumônés, libres de tous droits. Il n'interdit pas le moins du monde, comme on pourrait se le figurer à première vue, aux moines de recevoir des donations à titre plus ou moins onéreux.

Nous pouvons même aller plus loin et reconnaître avec l'annotateur du Cartulaire qu'un grand nombre de libéralités ainsi faites ne sont gratuites qu'en partie. Le bienfaiteur ne se contente pas toujours d'échanger ses richesses terrestres et périssables contre des trésors de l'ordre purement spirituel. Bien souvent, on le verra stipuler à son profit ou à celui de ses hoirs, en échange de ce qu'il abandonne, certains avantages positifs et appréciables soit en nature, soit en argent. Avouons-le toutefois, on prenait soin, d'ordinaire, de ne pas se montrer trop exigeant vis-à-vis des religieux. On leur ménageait ce qui s'appelle en langage courant, une bonne affaire. Nos cénobites contractaient par là même une sorte de dette de reconnaissance vis-à-vis du généreux bailleur, et ce dernier s'attendait, tout en touchant sa rente, à ne pas être oublié dans les prières de la communauté.

Au nombre des donateurs du monastère, comptons encore Galleran III qui fut comte de Meulan de 1118 à 1166. Il exempte la Trappe de toute redevance concernant les usages propres et possessions de la dite abbaye sur ses terres. L'acte constatant cette disposition n'est pas daté (2), mais évidemment on doit le regarder comme antérieur à l'élection du second abbé.

Un des rares documents de cette époque portant une date, c'est celui par lequel Froger, évêque de Sées, notifie et confirme la donation faite par Guillaume du Tremblai (*Guillelmum de*

---

(1) *Cartulaire de la Trappe*, p. 184 et 584.
(2) Ibid., p. 448 et 412 (en note).

*Tremolo)* et son frère, à l'abbaye de la Trappe, de leur terre du Tremblay (commune de Francheville, canton de Breteuil, arrondissement d'Evreux, Eure). Cet écrit fut *actum anno gratie* M⁰ C⁰ LX⁰ VII⁰ (1).

Mentionnons deux chartes de Robert III, comte de Leicester. Par la première, il accorde aux religieux de la Trappe différents droits d'usage, chauffage et pâture dans la forêt de Breteuil (S.-O. du département de l'Eure). Au XII⁰ siècle et jusqu'à une époque bien plus rapprochée de nous, les forêts couvraient encore une grande partie du sol, spécialement dans notre Normandie. Elles étaient généralement d'un très faible rapport. Aussi ne regardait-on guère à faire des concessions de ce genre, dût le bon aménagement des bois en souffrir.

La seconde charte du même personnage confirme à l'abbaye la possession des terres à elle aumônées dans le territoire des Bottereaux. Il y avait deux fiefs ainsi appelés dans la commune du même nom (canton de Rugles, Eure). L'un d'eux portait le titre de baronie.

On sait que Robert III, fils de Robert II, mourut en 1190. Faisons observer qu'alors l'aîné des garçons recevait fort souvent sur les fonds baptismaux le nom paternel. On peut en juger par l'exemple de Rotrou IV, comte du Perche et héritier direct de Rotrou III.

Des deux pièces ci-dessus mentionnées, aucune ne porte de date. Sur la foi de A. Le Prévost, l'annotateur du Cartulaire les fait remonter, l'une et l'autre, à la période comprise entre 1153 et 1167 (2).

Si l'on veut de plus amples renseignements sur les propriétés, privilèges et immunités dont jouissait la Trappe à l'époque où Albold résigna ses fonctions, l'on n'aura qu'à consulter la bulle d'Alexandre III. Elle présente un tableau très détaillé de la situation aux débuts de 1173, c'est-à-dire très peu de temps après la démission de cet abbé. A coup sûr, dans l'intervalle compris entre cet événement et l'élection du second supérieur, le couvent n'avait guère eu le temps de faire de nouvelles acquisitions.

Un mot, en passant, au sujet de quelques libéralités dont la date reste, à la vérité, incertaine, mais peut être antérieure à 1171.

Osbert qui fut évêque de Lyre de 1166 à 1177, notifie par un acte sans indication chronologique, la confirmation faite par Richard Hurel et sa famille à la Trappe d'une donation précédente. Il s'agit d'un fief dont on ne nous fait pas connaître la situation

---
(1) Ibid., p. 224.
(2) *Cartulaire de la Trappe*, p. 187 et 198.

topographique, mais relevant de Robert de Sacqueville et qu'avait détenu Gillemer, père dudit Richard (1).

Guillaume Iᵉʳ de Passavant, évêque du Mans de 1142 à 1186, notifie de son côté la cession faite par Prince Forsené à l'abbaye de la Trappe d'une terre sise au val de Courtarvon (commune de Ballon, arrondissement du Mans), moyennant une redevance annuelle (2).

Le même Pontife atteste également la donation à titre onéreux que fit aux Trappistes Blanchard, de Souligné-le-Ballon (canton de Ballon), de vignes sises près le chemin de Courtarvon (3).

Du reste, le chartrier de la Trappe à cette époque ne se composait pas uniquement d'actes de libéralité. Ce couvent ne laissait pas que d'avoir quelquefois des difficultés avec d'autres maisons religieuses. Nous voyons, peut-être bien, du temps même d'Albold, Froger, évêque de Sées, et Yves de Vieux-Pont, archidiacre de l'église de Rouen, s'entendre pour terminer un différend qui s'était élevé entre les moines de Soligny et ceux de Nogent-le-Rotrou, aussi bien que de Pont-Levoy. Il s'agissait de dîmes à percevoir tant à Bubertré qu'à Champs et autres lieux (4).

Nous avons déjà, plus d'une fois, parlé de la démission du premier abbé de la Trappe, laquelle dut avoir lieu aux environs de 1171. Les motifs en sont d'ailleurs ignorés.

Pour terminer avec ce personnage, rappelons qu'on n'a aucun motif de révoquer l'assertion des Bénédictins, relativement à l'époque de son décès. Ces historiens le reportent au 28 octobre 1180.

### § 8. Gervais-Lambert, second abbé. Difficultés historiques résultant du double nom par lui porté. Bulle du pape Alexandre III

GERVAIS-LAMBERT (1171?-1189) est unanimement regardé comme successeur direct d'Albold (5). Les deux noms par lui portés ont pu donner lieu à quelques discussions parmi les chroniqueurs, mais ne suffisent pas à jeter le moindre doute sur l'identité du personnage. Il est assez singulier, toutefois, que jamais on ne le rencontre désigné dans les pièces du temps par la double appellation de Gervais Lambert. C'est toujours une seule qui se trouve employée à l'exclusion de l'autre.

---

(1) *Cartulaire de la Trappe*, p. 197.
(2) Ibid., p. 317.
(3) Ibid., p. 318.
(4) Ibid., p. 401.
(5) *Gallia Christiana*, t. XV, col. 748.

Lambert *(Lambertus)* apparaît dans :

1° La bulle d'investiture rédigée à Anagni, le xv des calendes de janvier 1173 et émanant du pape Alexandre III. *(Dilectis filiis Lamberto abbati, etc., ejusque fratribus)* (1).

Ajoutons par parenthèse que cette pièce confirme les privilèges et immunités déjà garantis au monastère par l'acte d'Eugène III. Après avoir rendu pleine justice à la ferveur des Trappistes et loué leur fidélité à observer la règle, le Souverain-Pontife défend formellement de percevoir la dîme sur le fruit du travail de leurs mains et tout ce qui sert à l'entretien de leurs bestiaux, refuse aux profès la faculté de quitter le monastère sans l'autorisation de l'abbé. Interdiction est faite, d'ailleurs, aux supérieurs des autres communautés de les accueillir. Enfin, la bulle d'Alexandre autorise formellement l'abbé de la Trappe à recevoir quiconque voudrait, clerc ou laïc, faire profession dans son couvent et cela nonobstant toute opposition ou contradiction.

L'acte pontifical avait visiblement en vue plusieurs catégories de personnes, d'abord, celles que leurs familles voulaient injustement retenir dans le monde; ensuite, les hommes de condition servile ou engagés dans les nombreuses obligations résultant du lien féodal. Il était à craindre, effectivement, que leurs seigneurs ne montrassent pas toujours assez de bonne volonté à les en libérer.

2° Une charte de Simon, fils et héritier d'Hugues d'Ommoi *(Hugo de Ulmeio)*. Le nom de l'abbé de la Trappe n'y figure que par son abréviation L. dans le membre de phrase suivant :

*Et ejusdem abbatiæ L. abbatem investivit.* Les historiens sont bien d'accord, au reste, pour reconnaître qu'il s'agit toujours du même personnage.

Cette pièce avait spécialement pour objet de confirmer la donation faite à la Trappe par le dit Hugues de dîmes à percevoir tant à Ommoi qu'à Guéprei et Coulonces (canton actuel de Trun, arrondissement d'Argentan).

La date de ce document peut d'ailleurs s'établir à un an près. Il ne saurait être ni postérieur à 1189, époque de la mort de notre abbé, ni antérieur à 1188. Effectivement, cette pièce émane de Lisiard, évêque de Sées. Or, c'est juste dans le cours de cette dernière année que le prélat en question fut investi des fonctions épiscopales (2).

Nous trouvons, par contre, le nom de Gervais *(Gervasius)* dans :

1° Une pièce de 1175 constatant l'arrangement survenu entre l'abbé de la Trappe et Robert, abbé de Saint-Évroult. Il s'agissait

---

(1) Dubois, *Histoire de l'abbaye de la Trappe* (Pièces justificatives, n° IV).

(2) *Cartulaire de la Trappe*, p. 156 (en note) et 157. — *Gallia Christiana*, t. XI, col. 748.

des dîmes de deux granges sises l'une à Mahéru, l'autre à la Gastine, au fief des Bottereaux. *(Facta est de decimis talis compositio inter dominum abbatem Robertum Sancti Ebrulfi, etc..., et Gervasium abbatem etc., de Trappa)* (1).

Ce document, jadis déposé au chartrier de la Grande-Trappe, fait actuellement partie des archives départementales de l'Orne. (H. 1,861.)

Faisons observer que ce nom de *granges* ou *grangiae* désignait les fermes des monastères, de même que le terme de « celliers » s'appliquait à leurs vignobles. Ces propriétés se trouvaient d'ordinaire gérées par des frères convers soumis à une règle un peu moins sévère que les religieux résidant au monastère. Leur régime alimentaire spécialement était sinon plus recherché, du moins un peu plus abondant.

2º Dans un acte notifiant la cession d'un arpent et demi de vignes qui faisait partie du fief de Notre-Dame de Mézières, *Beate Marie de Macheriis*, aujourd'hui *Mézières-sous-Ballon* (canton de Marolles-les-Braux, arrondissement de Mamers, Sarthe), que fait maître Bernard, chapelain de l'évêque du Mans, en faveur de la Trappe, nous lisons ces mots : *Dedit Gervasius abbas et monachi illius abbatie, etc.*

Cette pièce émane de Guillaume Iᵉʳ de Passavant, nommé évêque du Mans en 1142. Il occupa ce siège, d'après le Trésor de Chronologie du comte de Mas-Latrie, suivi par M. Duval, jusqu'au 26 janvier 1187, et, suivant l'annotateur du Cartulaire dont la façon de voir nous semble plus plausible, seulement jusqu'au 27 janvier 1186.

L'écrit en question n'est pas daté. C'est visiblement par suite d'une erreur peut-être due au copiste que le Cartulaire en reporte la rédaction à l'époque comprise entre 1142 et 1173. M. Duval nous semble aussi trop large, lorsqu'il le déclare écrit pendant la période qui va de 1180 à 1187. Guillaume, second abbé de Tyronneau, y figure, en effet, comme témoin. Or, il ne fut, paraîtrait-il, investi de ces fonctions qu'en 1183. D'autre part, nous ne pouvons faire descendre la rédaction de ladite pièce plus bas que le mois de janvier 1186, époque où mourut ce même personnage. C'est donc forcément entre l'année 1183 et la fin de 1185 que l'acte dut être rédigé (2).

---

(1) *Cartulaire de la Trappe*, p. 102. — M. L. Duval, *Inventaire sommaire des archives départementales*, etc., etc. (Orne), t. Iᵉʳ, p. 362. (Alençon, 1891.)

(2) *Cartulaire de la Trappe*, p. 319 et 310 (en note). — L. Duval, *Introduction à l'inventaire sommaire*, p. xv (en note). — *Gallia Christiana*, t. XIV, p. 525.

## § 9. A quelle époque débuta et finit l'administration de Gervais ? Bulles de la fin de 1173.

La simple lecture des documents dont il vient d'être question nous dispensera de longues discussions sur la chronologie du règne de Gervais-Lambert. L'on a vu déjà quels motifs nous portent à adopter l'avis de Gaillardin, lequel en fixe les débuts en 1171. Par exemple, là où nous ne saurions plus suivre notre auteur, c'est lorsqu'il place la fin de l'administration du second abbé de la Trappe en 1183 (1). L'auteur de l'*Histoire populaire*, pour nous montrer sans doute à quel point il accepte cette dernière date, prend soin de déclarer que Gervais-Lambert gouverna pendant douze ans (2). Il est certainement resté abbé plus longtemps que cela. Nous savons par la charte de Lisiard que ce cénobite se trouvait encore en fonctions en 1180. Enfin, la *Gallia Christiana* dont nous n'avons, sur ce point, aucun motif de révoquer l'autorité en doute, fixe sa mort en 1189 (3) et rien ne permet de supposer qu'il ait jamais démissionné. Or, de 1171 à 1189, il y a dix-huit années bien comptées.

N'oublions pas, d'ailleurs, que Gaillardin se réfute lui-même, en quelque sorte, sans s'en douter. Ne place-t-il pas les débuts du successeur de Gervais-Lambert en 1188, c'est-à-dire cinq ans après l'époque par lui-même assignée à la disparition de ce dernier ? Se figure-t-on la Trappe privée de supérieur pendant un si long intervalle ?

Les computs ci-dessus proposés semblent d'ailleurs parfaitement conciliables avec l'allégation de l'abbé Fret, lequel reporte le décès du successeur d'Albold au 21 avril, mais sans nous dire de quelle année ? Mettons 1189 pour ne pas contredire les Bénédictins.

L'historien anonyme mentionne encore deux autres bulles du même pape adressées au second abbé de la Trappe les 3 et 11 décembre 1173. Le silence des autres annalistes à leur égard peut être regardé comme chose assez étrange. N'en ayant point eu de copie sous les yeux, nous ne saurions en exposer la teneur ni décider si le destinataire s'y trouve mentionné sous le nom de Gervais ou celui de Lambert.

---

(1) Gaillardin, *Histoire de la Trappe*, t. Ier, chap. II, p. 27.
(2) Voyez ch. XXXIX, p. 253.
(3) *Cartulaire de la Trappe*, p. 157 (en note).

### § 10. Concession faite par Robert de Sacquenville.

Pendant ce temps-là, le monastère continuera à s'enrichir des libéralités du public. C'était une conséquence naturelle de la vénération inspirée par ses habitants. *Beaucoup de fidèles en Jésus-Christ, beaucoup de nobles,* suivant le langage d'un contemporain, s'empressaient de faire à leur égard acte de générosité.

Sans doute, un grand nombre d'actes de donation n'étant ni datés ni revêtus du nom de l'abbé alors en exercice, préciser l'époque de leur rédaction devient impossible. Plusieurs d'entre eux peuvent parfaitement remonter au temps de Gervais-Lambert sans que nous ayons moyen d'en rien savoir.

Tel n'est point, à coup sûr, le cas en ce qui concerne la concession faite par Robert de Sacquenville et sa femme Isabelle des Bottereaux. Elle avait pour but d'affranchir de toutes redevances féodales dues aux donateurs, les terres que l'abbaye tenait de Guillaume Dubois, ainsi que de Guillaume de Caorches, dans le fief des Bottereaux. La date de 1176 dont se trouve accompagné l'écrit qui la mentionne, à défaut du nom de l'abbé régnant, ne laisse place à aucun doute. Nous avons ici affaire à un acte contemporain de Gervais-Lambert.

# CHAPITRE III

## APOGÉE DE L'ANCIENNE TRAPPE

§ 1. *Adam Gautier, troisième abbé. Son gouvernement marque la période la plus brillante de l'histoire de la Trappe ancienne. Ce que l'on sait de sa famille.* — § 2. *Façon dont il est nommé dans les documents de l'époque.* — § 3. *Chronologie de son règne. Du prétendu abbé Nicolas.* — § 4. *Caractère particulier que tendent à prendre les libéralités des fidèles en faveur des monastères. Dons en rentes, en biens fonds. Cession d'hommes. Bulles d'Innocent III et d'Honorius, adressées à Adam Gautier.* — § 5. *Voyage de cet abbé en Palestine. Philippe-Auguste l'envoie en mission auprès du Saint-Siège, et pour quels motifs?* — § 6. *La mort de Guillaume, évêque de Châlons, amène la réunion à la Couronne de presque tout le comté du Perche. Raison de ce fait. Trahison de Pierre de Dreux dit Mauclerc. Siège de Bellême par Blanche de Castille. Conduite généreuse des rois de France à l'égard d'Hélisende, veuve du comte Thomas.* — § 7. *Consécration à la Sainte Vierge de l'église de la Trappe. Adam Gautier nommé visiteur des Clairets, et à quelle occasion?* — § 8. *Hypothèses hardies de M. L. Duval au sujet de l'administration de la Trappe. Rois de France et comtes du Perche, contemporains du gouvernement d'Adam Gautier. Miracles qu'on lui attribue. Il est inscrit comme saint dans le ménologe de Citeaux.*

§ 1. — **Adam Gautier, troisième abbé. Son gouvernement marque la période la plus brillante de l'histoire de la Trappe ancienne. Ce que l'on sait de sa famille.**

ADAM GAUTIER (1189-1243?) exerça les fonctions abbatiales pendant cinquante-quatre ans environ. Aucun autre supérieur de ce couvent ne resta, sans doute, aussi longtemps en charge, car les trois quarts de siècle attribués à l'administration de Parisy, dit *Chancel*, n'offrent, ainsi qu'il sera exposé plus loin, aucun caractère d'authenticité.

Le gouvernement du vénérable thaumaturge fut, en quelque sorte, pour le monastère de Soligny, ce que le règne de Saint-

Louis sera pour la monarchie des Capétiens directs. Il constitue la période la plus brillante de l'histoire de l'ancienne Trappe. Les jours qui la suivront vont voir se manifester les premiers symptômes de décadence.

Gaillardin regrette que les actions, grâce auxquelles le nom de cet éminent abbé est devenu si glorieux, échappent aux recherches de l'histoire. Il le range parmi « ces âmes saintes « auxquelles Dieu conserve, jusqu'à la fin des temps, la pratique « de l'humilité qui les a sanctifiées » (1).

Les plaintes de l'annaliste ne nous semblent justifiées qu'en partie. Si la curiosité des érudits ne reçoit pas, en ce qui le concerne, satisfaction complète, reconnaissons-le néanmoins d'une façon catégorique, on possède beaucoup plus de renseignements sur la vie d'Adam Gautier et même sur sa famille que l'on n'en a concernant ses prédécesseurs, ainsi que beaucoup d'autres abbés qui ont gouverné depuis.

Il nous est donné comme de noble extraction, et ceci peut, jusqu'à un point, expliquer le rôle de familier qu'on lui voit remplir auprès du roi Philippe-Auguste. Suivant toute apparence, l'éminent abbé se trouvait apparenté à deux personnages qui remplirent successivement, à la Cour dudit monarque, les fonctions de chambellan ou chambrier. Nous voulons parler de Gautier *le vieux* ou *le père*, et de son fils Gautier dit *le jeune* (2). A son tour, un fils de ce dernier, appelé Adam, épousa, en 1205, Isabelle, fille de Guillaume de Tancarville, autre chambellan du Roi (3). Signalons ce nom d'Adam porté à la fois par l époux d'Isabelle et l'abbé de la Trappe. Faut-il en induire qu'il était fréquent chez les membres de la famille des Gautier, de même que ceux de Louis et de Charles chez les Valois et Bourbons, les noms de Frédéric et de Guillaume dans la maison de Hohenzollern ?

Quoiqu'il en soit, plusieurs historiens sembleraient portés, mais à tort sans doute, à voir dans *Gautier*, simplement une sorte de surnom. « Adam, que quelques auteurs désignent sous le nom de Gautier... », dit l'un (4) — Adam ou Gautier, ajoute l'autre (5). Le fait est qu'Adam devait constituer le nom de baptême de notre abbé, et Gautier, son nom de famille.

---

(1) Gaillardin, *Histoire de la Trappe*, t. Ier, p. 29.

(2) M. Léopold Delisle, *Cartulaire normand*, nos 125, 271, 820, 900 et 1,063. — *Catalogue des actes de Philippe-Auguste*, 162, 278, 735, etc — M. L. Duval, *Introduction à l'inventaire sommaire*, etc., p. XV.

(3) *Catalogue des actes de Philippe-Auguste*, no 107.

(4) L. D. B., *Histoire civile, religieuse et littéraire de l'abbaye de la Trappe*, p. 58 (Paris, 1824).

(5) Abbé Fret, *Antiquités et Chroniques Percheronnes*, t. III, p. 390

## § 2. — Façon dont il est nommé dans les documents de l'époque.

Ce n'était guère l'usage de ces temps reculés de faire figurer tous les noms d'un individu dans les actes, et, sur ce point, nos aïeux ne recherchaient pas autant la clarté et la précision que nous le ferions aujourd'hui. Aussi peut-on répéter, au sujet du troisième abbé de la Trappe, ce qui vient d'être dit relativement à son prédécesseur. Jamais, en effet, on ne le rencontre appelé simultanément Adam Gautier dans les pièces de l'époque.

Il sera désigné par son initiale *A* dans deux chartes de la Trappe. La première, datant de 1189, nous est connue uniquement par la mention qu'en fait M. Duval (1). On ne doit pas la confondre avec la pièce de la même époque, émanant de Rotrou IV, et dont nous parlerons plus loin ; quant à la seconde, elle est reproduite par le Cartulaire. Mention s'y trouve faite de *Frater A, dictus Abbas* (2) Son objet, d'ailleurs, c'était la notification donnée par le supérieur de la Trappe de l'accensement d'une maison appartenant à Robert de Deux-Champs. (*Robertus de Duobus Campis) (sic)*. Le propriétaire la fieffait à Gilles Chenechaille *(Giloni Chenechaille)*, moyennant redevance annuelle de dix sous, plus deux sous de taille, quarante œufs à fournir à Pâques et un tourteau de la valeur de trois deniers à Noël.

A partir de 1223, comme le fait observer M. Duval, le nom de Gautier, sous des formes plus ou moins correctes, apparaît seul dans les actes. Voyons d'abord ceux où on se contente de l'initiale G.

Une pièce de 1232, émanant de Guillaume de Jarriel, chevalier *(miles)*, et portant restitution à la Trappe d'une terre, jadis à elle aumônée, moyennant qu'elle rende le prix d'acquisition, contient les mots suivants : *Ad petitionem G* (alterii), *abbatis de Trappa* (3).

Cette charte mérite, d'ailleurs, de fixer notre attention, parce qu'il y est question d'un *Guillelmus*, jadis supérieur du monastère de Soligny. On ne sait trop, à première vue, quel peut être ce personnage. L'annotateur du Cartulaire résout le problème d'une façon fort plausible, à notre avis. Le nom de *Guillelmus*, observe-t-il, constitue sans doute une surcharge. Il a dû être imaginé par quelque scribe ignorant pour en remplacer un autre qui se trouvait effacé. Suivant toute apparence, il s'agissait, dans l'acte en

---

(1) *Introduction à l'inventaire sommaire*, p. XVIII.
(2) *Cartulaire de la Trappe*, p. 484. L'éditeur du cartulaire a mis a tort : 1º *des* Deux-Champs, car il s'agit de l'importante seigneurie de Deux-Champs, en Appenay-sous-Bellême ; et 2º *Chenechaille*, car la famille *Chevessaille* est encore représentée dans le Perche.
(3) *Ibid.*, p. 119.

question, de Gervais Lambert, prédécesseur immédiat, comme l'on sait, d'Adam Gautier (1).

M. Duval mentionne encore un autre document en date de 1236 et où le personnage dont nous racontons l'histoire se qualifie lui-même de *F. G. humilis abbas de Trappa et visitator abbatiæ de Claretis* (2).

Tels sont, du reste, les seuls actes, à notre connaissance, où le nom de ce supérieur de la Trappe figure d'une façon aussi abrégée. Nous allons rencontrer celui de *Galterus* dans les pièces suivantes :

1° Charte d'Hugues de Beaumont (Hugo de Bello monte), année 1223, constatant l'acquisition, par lui faite, d'immeubles appartenant à la Trappe, à charge d'un cens annuel de quatre livres tournois et demie. Il y est question du *venerabilis abbas Galterus* (3);

2° Dito, de Guillaume du Fresne, chevalier (1224). Ce personnage reconnaît que *Galterus abbas et Conventus domus dei de Trappa* lui ont livré la terre de la Courteraie *(Curtheharaiam)*, à charge en échange d'une rente de cinq sols (monnaie du Perche) (4);

3° Dito, de Guillaume de la Mesnière (1226). Il y est question d'un pré que le *venerabilis abbas Galterus* aurait cédé moyennant une redevance de cinq sols par an (5);

4° Dito, de Guérin d'Eschaumesnil (1227), relative, elle aussi, à des terres cédées par le même *venerabilis abbas Galterus*, en échange d'un cens annuel (6);

5° Enfin, la formule en question reparaît encore dans un acte émanant de Guillaume de Longpont (1227) et où il est également question d'un fief concédé par la Trappe et son abbé, à titre onéreux (7).

Un changement orthographique se produit vers 1234 et l'on commence à écrire *Gualterus* au lieu de *Galterus*. Sans doute, les beaux esprits du temps veulent faire preuve d'érudition, établissant ainsi qu'ils savaient bien que ce nom avait, en germanique, un *W* pour initiale.

Mentionnons, à ce propos, les chartes concernant :

1° Geoffroy Langlois (1234 et non 1224, comme l'imprime par

---

(1) *Cartulaire des Clairets*, p. 434. — M. L. Duval, *Introduction à l'inventaire*, p. XVIII (en note).
(2) *Cartulaire de la Trappe*, p. 133.
(3) Ibid., p. 133.
(4) Ibid., p. 44.
(5) Ibid., p. 28.
(6) Ibid., p. 124.
(7) Ibid., p. 504.

erreur le Cartulaire). On y dit *Ego Frater Gualterus*, etc. (1). Il s'agit d'un hébergement *(herbergamentum)* accordé moyennant redevance, dans la commune actuelle de Randonnai ;

2° Robert Morin (mars 1234). Le supérieur de la Trappe s'y intitule, suivant la formule ordinaire, *Ego Frater Gualterus dictus abbas* et concède des immeubles, sis au Val-Léjart, dans des conditions analogues aux précédentes (2) ;

3° Girard Rossignol (1236). Le même *Frater Gualterus dictus abbas* attribue quatre pièces de terre à *Girardo Rossinol clerico*, mais non pas gratuitement (3) ;

4° Enfin, l'abbé continue à se désigner d'une façon identique dans certain acte en date de 1241. Un droit de dix sous tournois sera, dit cette pièce, dû chaque année par Gautier du Gué, et ses hoirs *(Gualtero de Vado et heredibus suis procreatis ex ipso)* pour quatre acres de terre et une noue à lui attribués (4).

Un dernier perfectionnement consistera à remplacer *Gualterus* par *Gualterius*. Cette forme n'apparaît, du reste, que dans une pièce datée d'août 1241. Ce serait la plus récente où Adam Gautier soit désigné comme gouvernant encore (5). *Gualterius dictus abbas* y consigne une donation, à titre onéreux, faite à Giry-Lemercier, de six acres de terre sis aux confins de Brézolettes et de Champs (commune de Tourouvre) (6).

### § 8. — Chronologie de son règne. Du prétendu abbé Nicolas.

Inutile de beaucoup s'étendre sur la chronologie du gouvernement d'Adam Gautier. L'abbé Fret le fait commencer vers 1189 pour finir aux environs de 1236 (7).

Au contraire, Gaillardin (8), suivi, cette fois-ci encore, par le Fr. Samuel (9), renferme la durée de l'administration de cet abbé entre les années 1188 et 1243.

Nous avons exposé plus haut les motifs qui nous induisent à reporter la fin de la carrière, comme de l'administration, de Gervais Lambert au 21 avril 1189. Son successeur n'a donc pu être élu, au plus tôt, que dans le courant de cette même année.

La date de 1236, donnée par l'abbé Fret, semble absolument

(1) *Cartulaire de la Trappe*, p. 564.
(2) Ibid., p. 545.
(3) Ibid., p. 542.
(4) Ibid., p. 544-45.
(5) *Introduction à l'inventaire*, p. XVII.
(6) *Cartulaire de la Trappe*, p. 532.
(7) Abbé Fret, *Antiquités et Chroniques Percheronnes*, t. III, p. 300.
(8) Gaillardin, *Histoire de la Trappe*, t. I*er*, p. 28.
(9) *Histoire populaire et illustrée de la Trappe*, p. 254.

inacceptable; peut-être même y a-t-il là erreur de copiste ou faute d'impression pour 1246. Effectivement, plusieurs historiens, nous le verrons tout à l'heure, mentionnent cette dernière année à propos de l'avènement du 4ᵉ abbé de notre monastère. D'autres le reporteraient à 1243.

Nous nous rangerions volontiers à cette dernière opinion qui est celle de Gaillardin, bien qu'il ne nous dise pas sur quelles autorités il s'appuie. Repoussons, en tout cas, l'hypothèse d'un long interrègne d'au moins sept ans (1236-1243) subi par notre monastère après la disparition de Gervais Lambert. Rien ne la justifie.

Mais comment expliquer la mention de ce *Nicholaus, tunc abbas de Trappa* qui apparaît dans une charte de 1209. Elle émane d'un certain Simon Lebret et d'Isabelle, son épouse. Nous en reparlerons, du reste, plus loin. Ni la *Gallia Christiana*, ni aucun historien connu ne soufflent mot au sujet d'un abbé Nicolas ayant régné à cette époque. D'ailleurs, jamais interruption ne fut signalée dans le gouvernement d'Adam Gautier que nous avons, ce semble, tout lieu de faire aller de 1189 à 1243. Il y a là, ajoute, avec raison, l'annotateur du Cartulaire, un petit problème historique plus aisé à poser qu'à résoudre (1).

## § 4. — Caractère particulier que tendent à prendre les libéralités des fidèles en faveur des monastères. Dons en rentes, en biens fonds. Cession d'hommes. Bulles d'Innocent III et d'Honorius, adressées à Adam Gautier.

Un mot maintenant au sujet des libéralités dont la Trappe fut l'objet sous l'administration du saint cénobite Jamais les laïcs ne montreront plus d'empressement à l'enrichir de leurs largesses. Toutefois, celles-ci tendent à changer de nature. C'est un résultat forcé des transformations économiques que subit alors la société. Effectivement, la fin du xiiᵉ siècle marque le point de départ d'une période de progrès matériel dont peu d'époques, parmi les plus fortunées, nous offriraient l'équivalent.

Au temps de Rotrou-le-Grand, le défaut de population, l'imperfection des procédés agricoles rendent la propriété du sol médiocrement lucrative. On peut en concéder de vastes étendues sans beaucoup s'appauvrir. Par contre, le numéraire, qui n'est pas encore très abondant, tire son prix de sa rareté. Aussi, avons-nous vu qu'alors l'on concédait plus volontiers aux maisons religieuses des biens-fonds que de l'argent. Cinquante ans plus tard, il en sera tout autrement. L'abondance des bras, le développe-

---

(1) *Cartulaire de la Trappe*, p. 387 (en note).

ment de l'agriculture ont considérablement fait hausser les immeubles. D'autre part, la fortune mobilière s'est accrue dans de vastes proportions. L'argent, devenu plus commun, perd forcément en valeur ce que la terre a gagné.

Les donations d'immeubles, tout en restant fréquentes, ne seront plus aussi considérables que par le passé. Ce sont les libéralités sous forme de redevances périodiques, en espèces sonnantes, qui vont se multiplier et s'accroître. Malgré son aridité, la lecture du Cartulaire semble, à cet égard, on ne peut plus suggestive. Il fournit des données d'une authenticité incontestable. Une foule de chartes conservées par ce recueil, contemporaines du règne d'Adam Gautier, se rapportent à des constitutions de rentes, garanties à peu près, sans exception aucune, sur des biens-fonds ou maisons.

Les plus importantes semblent être celles qu'établissent, en 1211, Robert II de Courtenay, cousin du roi Philippe-Auguste (1), et Hugues de Châteauneuf. L'une et l'autre sont de soixante sous. Nous reparlerons un peu plus loin de la première. Quant à la seconde, elle devait être perçue sur la prévôté de Rémalard (2).

L'an 1227, Gervais de Montrihard (ou Montrichard) aumône à la maison de Soligny quarante-et-un sous tournois par an. En cas de retard, une amende de sept sous et demi frappera les délinquants (3).

Au mois de mai 1219, nous verrons Guillaume, C<sup>te</sup> du Perche et évêque de Châlons, faire aux Trappistes un don périodique de quarante sous, sous charge d'un anniversaire à célébrer (4). Enfin, sept années auparavant, c'est-à-dire en 1213, Raoul III, V<sup>te</sup> de Beaumont, avait, de son côté, créé en faveur des mêmes religieux une rente de trente sous, assurée sur la prévôté de Beaumont (5).

Nous ne parlerons pas en détail de tant de rentes de valeur moindre, mais fort inégales en importance. Qu'il suffise de rappeler celle d'une rente annuelle de vingt sous parisis, à prendre sur le domaine des Essarts, que constitua, en 1213, Simon de Montfort, le vainqueur des Albigeois (6); celle de cinq sous dont il jouissait sur le ténement de Raoul Crochet, à la Dépenserie, concédée à la Trappe en 1231, par Jean de Falandre (7). Ne l'oublions pas, toutefois, le Cartulaire n'indique aucune rente inférieure à douze deniers. On citera dans cette catégorie, celle dont en

(1 *Cartulaire de la Trappe*, p. 123.
(2) Ibid., p. 18.
(3) Ibid., p. 20 et 21.
(4) Ibid., p. 19.
(5) Ibid., p. 327.
(6) Ibid., p. 4.
(7) Ibid., p. 383.

1236 Robert de Chailloué (1) (commune du canton de Séez) grève les détenteurs de l'hébergement de Pied-Val *(de Pede Vallis)*.

Deux autres rentes de même somme sont de l'année 1244, l'une créée par Guillaume du Val qui habitait la commune de Champs (2) (canton de Tourouvre), et l'autre par Mahaut la Maconesse, sur une terre qu'elle possédait dans la paroisse de Moulins (3). Elles remonteraient, de la sorte, aux derniers jours de l'administration d'Adam Gautier, si tant est qu'on ne doive pas les considérer comme plus récentes. Qui sait si ces dernières largesses, en dépit de leur modicité, ne furent pas, cependant, comme jadis l'offrande de la veuve, les plus agréables à Dieu?

Inutile de s'étendre sur les cessions de biens-fonds dont plusieurs, cependant, ne laissèrent pas que d'être importantes. Parmi la foule des généreux donateurs, dont le nom mérite d'être cité, nous ne mentionnerons que les suivants : Robert de Poix, prêtre à Cissai-Saint-Aubin (commune de Gacé, arrondissement d'Argentan), lequel fait cadeau à la Trappe (1203), d'un pré ayant appartenu à son frère, parti pour la Croisade (4); Geoffroy Hoberel qui, la même année, donne aux religieux une terre à lui appartenant, dans le canton actuel de Tourouvre, s'engageant à la *garantizare, liberare et defendere*, ce qui valait bien la peine d'être dit, vu l'esprit batailleur de l'époque (5).

Un peu plus tard (an 1208), l'on verra Guérin de Glapion (6) concéder sa métairie de Val-Mahéru (canton de Moulins-la-Marche), et Lucie, vicomtesse de Sainte-Suzanne, avec l'assentiment de son fils Raoul III, vicomte de Beaumont, faire abandon d'un tènement par elle possédé et qui consistait en maisons, terres et vignes (7).

N'oublions pas non plus les largesses faites à la Trappe, en 1212, par Amaury Héron (8), de partie d'une pièce de terre sise dans la paroisse de Saint-Christophe (département de l'Eure); en 1225, par le chevalier de Bellegarde (9), d'un bien-fonds lui appartenant, dans le canton de Tourouvre; en 1227, par Hugues du Buat (10), de sa portion de la terre des Bruyères (commune de Lignerolles).

---

(1) *Cartulaire de la Trappe*, p. 253.
(2) Ibid., p. 38.
(3) Ibid., p. 357.
(4) Ibid., p. 410.
(5) Ibid., p. 429.
(6) Ibid., p. 389.
(7) Ibid., p. 327 et 328.
(8) Ibid., p. 288.
(9) Ibid., p. 427 et 28.
(10) Ibid., p. 411.

Un *miles* ou chevalier du nom de Gohier de Morville avait, en 1214, donné à la Trappe (1) des terres situées à Chantecoq (commune de Saint-Christophe-sur-Avre). Serait-ce le même que nous indique le Cartulaire, aux dates de 1231 et 1233, sous le titre de *Goherus de Morvilla et Chesnebrun dominus* (2), comme donateur d'autres immeubles encore ?

L'abbé Fret s'est, croyons-nous, rendu coupable d'erreur au point de vue chronologique en plaçant, en 1229, l'octroi à titre onéreux du moulin de Buré (commune du canton de Bazoches-sur-Hoëne, arrondissement de Mortagne), fait par le comte Guillaume, à la maison de Soligny (3). Le Cartulaire est parfaitement explicite sur ce point. Cette libéralité est moins ancienne de plus de quatre années (4) et remonte, par conséquent, à 1225.

Il semble, toutefois, que celui qui mérite la palme de la générosité, comme donateur de biens fonds, ne soit autre que le chevalier Pierre de la Rivière. Pendant plus d'un quart de siècle, nous le voyons enrichir le monastère de ses bienfaits, mais leur énumération nous entraînerait trop loin (5).

Le tableau des exemptions de charges, abandon de droits au profit du monastère, offrirait sans doute peu d'intérêt pour le lecteur. Bornons-nous à rappeler ici la cession des dîmes de ses terres de Champs et Lignerolles (6) (canton de Tourouvre), consentie par Hugues de Recrétis (1191-1202); l'autorisation qu'en 1223 Guillaume, comte du Perche, donne aux Trappistes de prendre, chaque année, deux chênes (7) dans sa forêt de Bellême, etc.

Un dernier mot au sujet des redevances en harengs dont nos religieux continuent à être gratifiés. L'on conserve, aux archives de l'Orne, une charte de 1211, émanant de Gislebert, seigneur de Laigle. Elle porte constitution d'une redevance de mille de ces poissons à prendre chaque année, le premier mardi de Carême. Ledit Gislebert ne faisait, de la sorte, que rendre perpétuelle une rente en nature établie déjà, mais seulement à titre viager, par son père et son aïeul (8).

Quelques explications ne sembleront pas, sans doute, superflues au sujet d'une libéralité de nature fort spéciale et dont il

---

(1) *Cartulaire de la Trappe*, p. 259.
(2) Ibid., p. 261.
(3) Abbé Fret, *Antiquités et Chroniques Percheronnes*, t. III, p. 369.
(4) *Cartulaire de la Trappe*, p. 130.
(5) Ibid., p. 264 à 275.
(6) Ibid., p. 403.
(7) Ibid., p. 460.
(8) M. L. Duval, *Inventaire sommaire des archives départementales* (Orne), t. Ier, p. 361.

n'est pas toujours aisé de préciser le véritable caractère. Nous voulons parler de donations d'hommes faites tantôt par la volonté du donataire lui-même, tantôt de celui dont il dépendait. Un exemple de ce dernier genre d'acte nous est fourni par une charte émanant de Geoffroy IV, comte du Perche, et remontant, nous dit le Cartulaire, aux environs de l'an 1200. Ce seigneur y donne à perpétuité, à l'abbaye de la Trappe, un homme en son château de Mortagne, pour gérer les affaires de ladite abbaye, et dispose qu'il sera libre et exempt de toutes charges et tailles, lui et ses héritiers (1).

Cette même année 1200, nous verrons l'exemple en question suivi par Geoffroy Brûlon. Ce personnage concède à la maison de Soligny, pour qu'elle l'emploie à son service, un certain Hubert Landry qui sera, du reste, libéré de toute charge vis-à-vis de son ancien seigneur (2).

En 1213, le nommé Angebaud de Champeaux est, ainsi que le tènement ou fief dont il jouissait, donné à la Trappe par son seigneur, Regnaud de Nonant (3).

Comme s'étant engagés volontairement et de leur plein gré, on signalera Simon Lebret et son épouse, dont la charte de donation remonte à 1209 (4). Il en sera reparlé plus loin. C'est également ce que fera, en 1211, le nommé Orient de la Couardière ou de la Crossardière, ainsi que ses deux fils avec leurs femmes (5).

La première pensée qui viendra à l'esprit du lecteur, c'est, sans doute, qu'il s'agit ici de serfs dont leur seigneur disposait à son gré, ou de fidèles entraînés par l'esprit de ferveur à faire l'abandon de leur liberté et droits civils. Cela n'est pas certain cependant. Dès les débuts du XIIIe siècle, le servage n'existe plus guère dans le Perche qu'à l'état de souvenir. Dans la langue du moyen-âge, donner un homme signifiait, le plus souvent, transférer les droits que l'on pouvait avoir sur lui, à la façon du propriétaire qui aliène sa créance sur son fermier en vendant la ferme.

Le Cartulaire, il est vrai, mentionne un serf du nom de Robert de Souches (*Robertum Chuchii*) concédé en 1211 à la Trappe par Gervais Guimant (6) ; n'était-ce pas simplement un tenancier ? Le terme de serf figure, à la vérité, dans l'intitulé de la charte, mais non dans le texte qui seul est ancien.

Signalons, d'ailleurs, la surprenante réserve de nos aïeux.

(1) *Cartulaire de la Trappe*, p. 16.
(2) Ibid., p. 326.
(3) Ibid., p. 59.
(4) Ibid., p 387.
(5) Ibid., p. 364.
(6) Ibid., p. 210.

Aucune cause particulière n'est, d'ordinaire, assignée à leurs largesses, et ils se bornent à les déclarer faites pour le salut de leurs âmes et de celles de leurs parents.

L'on ne trouve qu'exceptionnellement indiqués les besoins spéciaux auxquels ils ont entendu pourvoir. Le plus souvent, il s'agit de l'entretien du luminaire dans l'église du couvent ou quelqu'une de ses chapelles. L'huile destinée à l'entretien du santuaire était, parait-il, assez chère encore et il n'était pas toujours aisé de s'en procurer. Les donations de Guillaume des Roches (1), sénéchal d'Anjou (1208); Renaud (2), évêque de Chartres (1210); Robert de Courtenay (1211), si généreux et dont il a été question plus haut (3); Henri Clément (4), maréchal de France (1213) ont précisément pour but d'assurer l'éclairage du lieu saint.

Parfois aussi, l'on a eu en vue l'établissement de quelqu'une de ces pitances qui paraissent avoir tenu une si grande place dans les préoccupations des hommes d'alors. Rappelons que Philippe de Prulay, chanoine de Toussaints à Mortagne, en fonde trois, l'an 1219 (5).

Deux sont dues à Henri d'Anguerny, chevalier *(Henricus de Angerneio, miles)*, qui fait cadeau, à cet effet, d'un demi-boisseau de blé à percevoir chaque année sur trois pièces de terre d'un fief à lui appartenant (année 1236). Elles devront être servies aux religieux à l'anniversaire du donateur ainsi qu'à la Sainte-Catherine (6).

Enfin, en 1209, Raoul de Bois-Gaucher avait assuré une rente annuelle de sept sous tournois sur sa maison de Montchevrel pour une pitance à offrir le jour de la Toussaint (7).

Lorsqu'il s'agit de libéralités, je ne sais ce qu'on doit admirer davantage de la discrétion de nos ancêtres ou de leur désintéressement. En pareille occurrence, un contemporain ne manquerait guère de stipuler que le saint sacrifice sera offert à son intention ou à celle de ses proches plusieurs fois par an. Les plus exigeants parmi les contemporains d'Adam Gautier se bornent à réclamer la célébration d'un anniversaire pour eux ou les leurs. Telle est la condition indiquée dans les chartes de Guérin Chevreuil (8) *(Garinus Capreolus)* (1205), — Thomas d'An-

---

(1) *Cartulaire de la Trappe*, p. 323.
(2) Ibid., p. 430.
(3) Ibid., p. 123.
(4) Ibid., p. 153.
(5) Ibid., p. 139.
(6) Ibid., p. 163.
(7) Ibid., p. 131.
(8) Ibid., p. 200.

guerny (1) (1211), — Guillaume (2), comte du Perche (1219), — Jean (3), chantre de Toussaint de Mortagne (1233), — Eudes Carrel (4), seigneur de Vauvineux (1237).

Nous n'avons rencontré que deux demandes de messes à la fois quotidiennes et perpétuelles dans les documents donnés par le cartulaire comme antérieurs à l'an 1240. La première, de date incertaine, émane de Gohier de Chênebrun (5), lequel mourut en 1202, et la seconde de Guillaume, comte du Perche et évêque de Châlons (6), à la date de 1225. Elles semblent l'une et l'autre d'ailleurs motivées par l'importance exceptionnelle des avantages concédés au monastère et dont il a été parlé plus haut. Vraisemblablement, l'usage de fonder des messes à perpétuité était beaucoup moins répandu alors qu'il ne l'est devenu depuis.

Il est un point que nous nous reprocherions d'oublier. On sait quel empressement montrèrent les premiers chrétiens à reposer, après leur mort, non loin de la dépouille des martyrs. Ils espéraient, en quelque sorte, gagner la bienveillance, participer aux mérites de ces éminents serviteurs du Très-Haut, en dormant auprès d'eux leur dernier sommeil. Un sentiment de même nature inspirait leurs successeurs des XII$^e$ et XIII$^e$ siècles, leur faisant souhaiter, par dessus toute chose, de recevoir la sépulture dans le cimetière d'un couvent.

C'est afin de jouir d'un privilège si précieux que Simon Lebret et son épouse, comme il a été dit plus haut, font abandon à la Trappe de leurs biens et de leur liberté (7) (1209), qu'Albéric Langlois (1213) se dépouille d'un tiers de ses propriétés (8), que le prêtre Vivien de la Berquière (9) institue les religieux de la Trappe héritiers d'une partie de ses immeubles (1236), qu'Herbert Moinet et son épouse Yseult (10) se font tenanciers du monastère (1239). La grandeur même des sacrifices qu'ils s'imposent prouve assez quelle importance les fidèles attachent à la faveur sollicitée.

Une digression sur les *Vidimus, actes de confirmation*, rédigés à cette époque semblerait à bon droit assez aride au lecteur. Aussi ne nous la permettrons-nous pas. Bornons-nous à en

---

(1) *Cartulaire de la Trappe*, p. 160.
(2) Ibid., p. 19.
(3) Ibid., p. 21.
(4) Ibid., p. 23.
(5) Ibid., p. 259-260.
(6) Ibid., p. 130.
(7) Ibid., p. 387.
(8) Ibid., p. 12.
(9) Ibid., p. 80.
(10) Ibid., p. 362.

signaler un seul en raison même de l'importance exceptionnelle qui lui a été attribuée. Nous voulons parler de la pièce en date de 1189 qui émanerait, dit-on, de Rotrou IV, comte du Perche. Ce fils et successeur de Rotrou le Grand y confirme les libéralités paternelles ainsi que celles de plusieurs de ses sujets et y ajoute les siennes propres, déclarant qu'il donnait *volontiers dans le siècle présent pour thésauriser au ciel* (1). Mais nous verrons plus loin que l'authenticité de cette pièce n'est pas clairement établie.

On sait que le nom de l'abbé de la Trappe ne figure pas dans ce document, dont nous ne garantissons pas d'une façon trop absolue l'authenticité.

Les chartes concernant des ventes de rentes ou de capitaux semblent surtout curieuses à consulter. Elles révèlent un état économique bien différent du nôtre et prouvent combien le taux de l'intérêt se trouvait alors élevé. Deux exemples choisis parmi beaucoup d'autres permettront d'en juger. Nous voyons en 1231 Jean de Falandre concéder à la Trappe, au prix de dix livres tournois, un revenu annuel de quinze sous de même monnaie dont il jouissait sur plusieurs ténements, au lieu dit *La Dépenserie* (2).

Un peu plus tard, c'est-à-dire en 1238, Philippe Boder, de Sainte-Colombe, aliénera à l'abbaye de la Trappe six sous de rente pour un capital de cinquante (3). On se fait difficilement idée de chose pareille. Voilà de l'argent qui rapportait plus de dix pour cent.

Nous ne dirons qu'un mot en passant des litiges que notre monastère eut à soutenir avec d'autres maisons religieuses ou même des particuliers au sujet de dîmes à percevoir ou droits de différentes natures. Ils se terminaient toujours, à la grande édification des fidèles, par un arbitrage ou accord amiable. Jamais on ne les vit, du moins à cette époque, dégénérer en procès ou appel à la justice séculière. C'est ce que fait clairement ressortir la lecture du cartulaire (4).

De ce long exposé gardons-nous de conclure que les couvents constituassent au sein d'une société si turbulente autant d'oasis, asiles de la paix et de la piété et sans relations avec le siècle sinon pour recevoir les aumônes des fidèles. Ce tableau serait loin d'être exact. Si les enfants de saint Benoît au sortir, pour ainsi dire, de la réforme cistercienne, se signalent encore par leur esprit vraiment monastique, il ne manque pas autour d'eux de chevaliers félons, d'hommes de violence et de rapines.

(1) *Cartulaire de la Trappe*, p. 587.
(2) Ibid., p. 383.
(3) Ibid., p. 212.
(4) Voyez notamment p. 201, 311, 312, 319, 321, 390, 408, 459, 465, etc.

Tous les seigneurs notamment n'étaient point de loyaux paladins comme la postérité des Geoffroy et des Rotrou. Certains d'entre eux ne manifestaient pour le bien d'autrui, qu'il se trouvât entre des mains laïques ou monacales, qu'une dose de respect absolument insuffisante. Plus d'une fois déjà, la maison de Soligny avait eu à souffrir de leurs agissements et il lui était souvent bien difficile d'en obtenir justice.

Effectivement, Dieu, qui a trouvé le mal même dans ses anges, n'était pas toujours fidèlement servi par les membres de l'Episcopat. Quelques-uns, choisis plutôt en raison de leur rang dans la société que de l'éclat de leurs vertus, ne montraient pas l'énergie nécessaire pour réprimer les crimes des séculiers, lors même qu'ils ne s'abaissaient pas au point de devenir leurs complices. Heureusement, depuis Grégoire VII le trône pontifical continuait à être occupé par des papes courageux et attachés à leur devoir, bien décidés d'ailleurs à ne pas laisser la cause de la justice péricliter entre leurs mains. C'est à eux que venaient s'adresser le faible et l'opprimé, certains à l'avance que leur appel ne serait pas vain et que la protection du Vicaire de Jésus-Christ ne leur ferait pas défaut.

L'histoire du gouvernement du B. Adam en fournit une preuve irrécusable. Son monastère avait eu à souffrir d'odieuses déprédations, et l'exemption des dîmes, octroyée par les bulles des papes Eugène et Alexandre, ne se trouvait même pas toujours respectée. Les évêques de la province de Rouen manifestèrent peu de zèle et d'empressement à accueillir les justes réclamations du Père Abbé. Dans sa détresse, ce dernier prit enfin le parti de s'adresser à Rome. Le pape Innocent III ne jugea pas l'affaire de si minime importance qu'elle ne demandât à être menée à bonne fin.

Une première bulle est, en 1203, adressée à l'archevêque de Rouen, à ses suffragants, ainsi qu'à tous les prélats de la province (1). Elle leur enjoint de frapper de sentences ecclésiastiques tous ceux qui, clercs ou laïcs, auraient lésé les droits du monastère. Les premiers devaient être privés de leurs dignités et bénéfices, les seconds excommuniés à la lueur des cierges. Tous les coupables d'ailleurs se trouvaient, sans exception, tenus à faire le voyage de Rome pour y être absous. Néanmoins, les spoliateurs ne se tinrent pas pour battus et ajoutant la ruse à la violence, ils prétendirent restreindre l'exemption des dîmes aux *novales* ou nouveaux défrichements, les terres plus anciennement mises en valeur n'en devant point bénéficier. Il fallut qu'une nouvelle bulle, en date de 1204, vînt déclarer cette interprétation

---

(1) *Cartulaire de la Trappe*, p. 590 et suiv.

erronée et proclamât à nouveau l'immunité générale des propriétés du monastère (1). A partir de ce moment, les amateurs du bien d'autrui durent se résigner à laisser les moines en paix, du moins pour quelque temps. De nouvelles tracasseries dont ils auraient été victimes une vingtaine d'années plus tard, nécessitent la publication d'un nouvel acte de la cour de Rome que leur adresse le pape Honorius (2). Le pape y étend l'exemption de dîmes, même aux jardins, arbustes, poissons et étangs du couvent. Il défend expressément, en vertu de son « autorité apostolique », à tout « évêque ou autre personne » d'appeler les Trappistes « aux synodes ou assemblées judiciaires », de les soumettre aux juges séculiers pour leurs biens et propriétés, de « s'opposer à l'élection régulière d'un abbé, à son institution ou à sa déposition, conformément aux statuts de l'ordre de Cîteaux ». Il y est, en outre, recommandé aux supérieurs du monastère de ne jamais faire profession, sans réserver les droits de l'ordre, de ne jamais s'engager à quoi que ce soit pouvant être contraire à ses règles.

### § 5. Voyage de cet abbé en Palestine. Philippe-Auguste l'envoie en mission auprès du Saint-Siège, et pour quels motifs ?

Passons maintenant à ce que nous pourrions appeler la vie publique du saint abbé et au rôle par lui joué dans les affaires du temps.

Les prédicateurs ordinaires des croisades étaient, on le sait, les cisterciens. Innocent III, conformément à l'ancien usage, les charge de prêcher la quatrième de ces expéditions. Envoyé en Palestine, ainsi que l'abbé de Vaux-Cernay, par le chapitre général de Cîteaux, Adam Gautier y accompagne Renaud ou Renould, comte de Dampierre, en 1201. Il faillit être fait prisonnier, ainsi que ce dernier, par le sultan d'Alep. « Albéric des « Trois-Fontaines nous apprend, comme l'observe M. L. Duval, « que l'abbé de la Trappe, Simon de Montfort, et plusieurs autres « barons chrétiens eurent la bonne fortune d'échapper au traite- « ment rigoureux subi par le sire de Dampierre (3). »

En 1212, Adam Gautier se rend à Rome sur la demande de Philippe-Auguste. Le monarque français voulait obtenir l'annulation de son mariage avec Ingerburge ou Ingelburge, fille de Waldemar Ier, roi de Danemark. Une lettre d'Innocent III relative à cette affaire et datée du 9 juin de la même année, atteste

---

(1) Ibid., p. 529.
(2) Ibid., p. 593.
(3) M. L. Duval, *Introduction à l'inventaire sommaire*, p. xv.

l'influence dont le supérieur de la Trappe jouissait à la cour de France.

Le Saint-Père mentionne certaines déclarations faites par la princesse répudiée à Adam Gautier ainsi qu'à maître Robert de Corzon, nommé plus tard cardinal. Philippe-Auguste croyait y trouver un motif suffisant pour faire déclarer son union nulle. Le pape ne voulut point d'ailleurs prononcer sans l'avis du concile général.

On sait que sur les instances de Canut VI, frère d'Ingerburge, la demande royale fut repoussée et Philippe-Auguste obligé à reprendre son épouse. Pour en arriver là, il avait fallu que le légat du Saint-Siège frappât son royaume d'interdit.

§ 6. **La mort de Guillaume, évêque de Châlons, amène la réunion à la Couronne de presque tout le comté du Perche. Raison de ce fait. Trahison de Pierre de Dreux dit Mauclerc. Siège de Bellême par Blanche de Castille. Conduite généreuse des rois de France à l'égard d'Hélisende, veuve du comte Thomas.**

C'est en 1226 et, sans doute, au retour d'un voyage en Palestine que mourut Guillaume, évêque de Châlons. Les historiens sont unanimes à vanter sa sagesse, son esprit de piété, et plus d'une fois, nous l'avons vu, il fit preuve de générosité vis-à-vis du monastère de Soligny. Quoiqu'il en soit, ce vertueux prélat fut le dernier des comtes du Perche de la maison de Rotrou. Pour cette illustre famille qui se signala toujours par son ardeur à combattre les infidèles, secourir les pauvres et protéger les religieux, c'était dignement finir.

Effectivement, elle ne se trouve plus représentée dès lors que par Hélisende ou Mélisende, veuve et non fille du comte Thomas, comme le suppose à tort l'abbé Fret. On procède immédiatement au partage du comté. Les maisons de Château-Gontier et de Champagne alliées par les femmes à la famille de Rotrou voient passer dans leur lot Nogent et ses dépendances. Louis VIII dit le Lion et père de saint Louis s'adjuge la plus grande portion de l'héritage et notamment la région où se trouvait située la Trappe.

Un pareil procédé de la part du roi de France n'a pas laissé que d'étonner un peu les chroniqueurs, ignorants des motifs qui l'avaient déterminé à agir de la sorte. Ils s'efforcèrent de le justifier par une prétendue transaction survenue l'an 1223 entre le comte Guillaume et Philippe-Auguste, aussi bien que par une donation faite au profit du roi par Hélisende elle-même (1). M. de

---

(1) Abbé Fret, *Antiquités et Chroniques Percheronnes*, t. II, p. 405.

Romanet, nous l'avons déjà dit, à force de recherches, est parvenu à en rencontrer la véritable explication (1). Rien dès lors de plus simple ni de plus facile à comprendre. Se trouvant, en raison des liens de parenté qui unissaient les descendants de Hugues Capet à la maison du Perche, héritier de celle-ci au moins pour partie, le monarque français ne pouvait moins faire que de revendiquer ses droits.

Cette annexion fut un des derniers actes de la vie publique de Louis VIII. Il meurt cette même année 1226, et son fils Louis IX s'empresse, affirme le cartulaire, d'envoyer, dès son avènement au trône, une charte à l'abbé de la Trappe.

Du reste, la réunion du Perche à la Couronne ne s'accomplit pas sans difficulté. A l'instigation du roi d'Angleterre, le duc de Bretagne, Pierre de Dreux dit *Mauclerc*, essaie d'organiser une ligue de seigneurs feudataires contre son souverain légitime. Il fallut qu'en 1229 la vertueuse et vaillante veuve de Louis VIII, Blanche de Castille, vint en personne prendre d'assaut le château de Bellême, confié par le roi de France à ce vassal infidèle.

Thomas ayant, en 1217, trouvé une mort glorieuse sous les murs de Douvres, le gouvernement du comté revenait de droit à son oncle Guillaume, évêque de Châlons, et sa veuve Hélisende n'y pouvait rien prétendre. Néanmoins, par un louable sentiment de délicatesse, le vénérable prélat avait constamment affecté de s'effacer devant sa nièce. Tout au plus se considérait-il comme son associé. C'est ce dont font foi plusieurs actes émanés de Guillaume aux dates de 1200 et 1224. Nous y lisons les formules suivantes : *De voluntate* HELISENDIS, *tunc temporis nobiscum comitissæ Pertici. — De assensu et voluntate* HELISENDIS, *tunc temporis comitissæ Pertici. — De assensu et voluntate* HELISENDIS, *tunc temporis nobilis comitissæ Pertici.*

Malgré le retour du Perche à la Couronne, les choses ne semblent pas avoir beaucoup changé pour la veuve du comte Thomas. On lui laissa, à titre viager, la jouissance et sans doute même, au moins en partie, l'administration de ce fief. Aussi l'abbé Fret mentionne-t-il des lettres-patentes d'Hélisende remontant aux années 1228 et 1230 et datées de ses châteaux de Mortagne et de Mauves. Elle y confirme les donations faites à la Trappe par ses prédécesseurs (2).

(1) Voyez la *Géographie du Perche*, Ch. III, p. 61 (3ᵉ fascicule des *Documents sur la province du Perche*).

(2) Abbé Fret, *Antiquités et Chroniques Percheronnes*, t. III, p. 375-76.

## § 7. Consécration à la Sainte Vierge de l'église de la Trappe. Adam Gautier nommé visiteur des Clairets, et à quelle occasion ?

Un mot maintenant sur certains actes accomplis par Adam Gautier, non plus en qualité de personnage public, mais bien comme supérieur monastique.

C'est le 27 avril 1214 qu'il a l'honneur de faire consacrer à la Sainte Vierge, l'église de la Trappe commencée depuis 1140 environ. On y déposa, nous dit M. L. Duval, plusieurs reliques précieuses rapportées de Terre-Sainte par Rotrou III et peut-être même par Adam Gautier lui-même (1). Ladite consécration fut faite solennellement par Robert le Baube, archevêque de Rouen, assisté par Lucas, évêque d'Evreux, et Sylvestre, évêque de Séez.

Quatre ans plus tard, nous voyons le supérieur de la Trappe recevoir l'autorité paternelle sur l'abbaye bénédictine de femmes dite des Clairets (commune de Masles, canton du Theil, Orne). D'après M. Duval, ce serait Mathilde, veuve de Geoffroy, comte du Perche, qui l'aurait fait investir de ces fonctions. La chose ne semble guère admissible. On sait que le comte Geoffroy s'était engagé par vœu à fonder ledit monastère. Sa mort survenue en 1202 l'ayant empêché de tenir cette promesse, il chargea par testament sa femme et son fils de le suppléer. Mathilde se met aussitôt à l'œuvre et la construction du nouvel édifice se trouvait bien avancée, lorsqu'elle-même rend le dernier soupir (1210). Thomas achevant l'œuvre commencée, installe les religieuses bénédictines aux Clairets. Par une charte en date du 3 octobre 1215 non seulement il confirme les libéralités à elles faites par Mathilde, sa mère, mais en ajoute d'autres pour son propre compte. Or, en 1218, l'épouse de Geoffroy était morte depuis huit ans déjà. Thomas, cinquième comte du Perche, est donc le seul qui ait pu placer les habitantes des Clairets sous la gouverne d'Adam Gautier.

Quoi qu'il en soit, c'est en qualité de visiteur ou enquêteur (*visitator*) de leur couvent qu'Adam Gautier joue le rôle d'arbitre dans ce différend survenu en 1236 entre l'abbesse des Clairets et le prieur Philippe et dont nous avons déjà parlé plus haut.

(1) M. L. Duval, *Introduction à l'inventaire sommaire*, p. XVII.

§ 8. **Hypothèses hardies de M. L. Duval au sujet de l'administration de la Trappe. Rois de France et comtes du Perche, contemporains du gouvernement d'Adam Gautier. Miracles qu'on lui attribue. Il est inscrit comme saint dans le ménologe de Cîteaux.**

M. L. Duval se plaint que certains détails restent obscurs dans la vie de l'illustre cénobite. « Pendant les voyages que l'abbé de
« la Trappe fit, nous dit-il, en Syrie et à Rome, pendant son
« séjour à la cour de Philippe-Auguste, comment pût-il vaquer à
« la direction de son monastère? N'eût-il pas besoin de se faire
« suppléer par un abbé en second *(Abbas secundarius)*, ou même
« de se démettre momentanément de ses fonctions ? Cette
« supposition hardie, il est vrai, n'aurait peut-être rien d'exor-
« bitant, etc., etc. (1). »

L'hypothèse émise par M. Duval, quelque ingénieuse qu'elle soit, semble réellement inadmissible. On ne constate nulle part cette institution des abbés secondaires comme reçue au sein de l'ordre de Cîteaux.

D'après la charte de Charité, en l'absence de l'abbé, le prieur gouverne le monastère « *Si abbas defuerit. . prior negotia domus disponat* ».

Adam Gautier mourut, nous dit M. Duval, le 7 mai, très vraisemblablement de l'année 1243. Son gouvernement avait été contemporain, au moins en partie, du règne des rois de France Philippe-Auguste (mort en 1223), Louis VIII (1223-1226) et Louis IX (1226-1270), ainsi que de celui des comtes du Perche Rotrou IV (1143-1191), Geoffroy IV (1192-1202), Thomas (1202-1217), Guillaume, évêque de Châlons (1217-1226). Il reste même en charge pendant une partie de l'administration plus ou moins effective d'Hélisende (1217-1230).

Le vénérable abbé fut, affirme-t-on, enseveli dans le chapitre du monastère où une inscription qui subsista jusqu'au temps de la Révolution le déclarait *clarus miraculis*. Effectivement, les documents contemporains sont unanimes à le proclamer investi de pouvoirs surnaturels. De nombreuses guérisons par lui obtenues soit de son vivant, soit après sa mort, attestèrent la puissance de son intervention auprès de Dieu ; aussi se trouve-t-il compté, dans le ménologe de Cîteaux, parmi les saints de l'ordre.

(1) M. L. Duval, *Introduction à l'inventaire sommaire*, p. XVIII.

La popularité qui s'attachait au nom d'Adam Gautier fut telle que certains chroniqueurs ne craignirent pas de lui attribuer la fondation de la Trappe. Rien de moins exact assurément. Il n'avait fait que répandre au loin la réputation du monastère et le rendre célèbre dans toute la chrétienté.

# CHAPITRE IV

## PÉRIODE INTERMÉDIAIRE

§ 1. *Jean Herbert, quatrième abbé. Difficultés résultant de l'emploi dans les chartes de l'époque d'un seul de ces noms à l'exclusion de l'autre. Valeur de l'argent en ce temps-là. L'abbé de la Trappe témoin d'un combat judiciaire.* — § 2. *Chronologie du règne de Jean Herbert. Bulle d'Alexandre IV. Authenticité de la charte de saint Louis en date de 1246 contestée par Ch.-L. Delisle.* — § 3. *Suppression du quatrième chapitre du statut primordial de la Charte de Charité. Funestes conséquences qui en résultent pour l'ordre de Cîteaux.* — § 4. *Mort d'Hélisende et réunion définitive du comté du Perche à la couronne. Voyage de saint Louis dans nos régions. Rôle à la fois glorieux et bienfaisant réservé à la maison de France. Un mot sur la féodalité des princes du Sang.*

§ 5. *Guillaume, cinquième abbé. C'est sans doute à tort que M. L. Duval lui assigne le sixième rang parmi les supérieurs de notre monastère. Pièces portant son nom. Erreurs chronologiques relatives au règne de Guillaume. Quelle est l'opinion la plus plausible sur ce point ? Bulles reçues par cet abbé.* — § 6. *Assertion insoutenable de Maupeou concernant l'époque de la fondation de l'abbaye des Clairets.* — § 7. *Changements survenus dans l'état des esprits et première apparition de ce que l'on désignera plus tard du nom de Gallicanisme.*

§ 8. *Robert Ier, sixième abbé. Chartes concernant son règne. Erreur chronologique au sujet de la bulle de Martin V.* — § 9. *Mesures que le Chapitre général de l'ordre de Cîteaux est obligé d'édicter contre certains abbés fils. Les Chapitres généraux de plus en plus délaissés. Suppression des familiers*

§ 10. *Nicolas Ier, septième abbé. Documents se rapportant au temps de son administration. Bulles fulminées par différents papes. Diplôme et charte de Philippe le Bel et de Charles de Valois. Fondation d'un anniversaire par Jeanne de Navarre, reine de France.*

§ 11. *Richard Ier, huitième abbé. Pénurie de documents relatifs à son administration. L'abbé Fret le passe sous silence. Chartes françaises contemporaines de ce personnage.*

§ 1. **Jean Herbert, quatrième abbé. Difficultés résultant de l'emploi dans les chartes de l'époque d'un seul de ces noms à l'exclusion de l'autre. Valeur de l'argent en ce temps-là. L'abbé de la Trappe témoin d'un combat judiciaire.**

Le B. Adam Gautier eut pour successeur JEAN I<sup>er</sup> HERBERT (1243-1274), quatrième abbé de la Trappe. Il en sera pour lui comme pour ses prédécesseurs. Jamais nous ne le verrons figurer dans les actes sous son double nom. M. L. Duval remarque que celui de *Johannes* paraît seul dans tous les documents antérieurs à 1270, et qu'il se trouve remplacé par le nom de *Herbertus* ou mieux *H* dans les autres. Là où nous aurions peine à suivre le docte archiviste, c'est lorsqu'il conclut de cette particularité que Jean et Herbert constituent deux personnages distincts, l'un ayant succédé à Adam Gautier tandis que le suivant mériterait, en réalité, d'être énuméré au cinquième rang parmi les supérieurs de notre monastère (1). Rien de moins probable, à notre avis. Trente années ne forment pas un espace démesurément long pour le règne d'un seul abbé et l'on en citerait plusieurs qui ont dépassé cette limite, à commencer par Albold et par le B. Adam Gautier, pour continuer par les grands réformateurs de Rancé et de Lestrange. D'ailleurs, une simple conjecture, fut-elle appuyée par des raisons plus sérieuses, ne saurait prévaloir contre la tradition non interrompue et le langage de tous les historiens. Et puis qui veut trop prouver court risque de ne pas prouver grand chose. Si le raisonnement de M. l'archiviste de l'Orne devait passer pour concluant sur ce point, ne faudrait-il point lui reprocher de ne l'avoir pas invoqué au sujet d'Adam Gautier, lequel régna plus longtemps encore et ne figure sous son second nom que dans les actes postérieurs à 1223 ?

Quoi qu'il en soit, on nous parlera de l'abbé *Jean* dans les pièces suivantes :

1° Charte de 1252, où l'abbaye de la Trappe approuve, sous certaines conditions, la vente faite par Gervais de Villiers du moulin de Buré à Raoul, meunier, lequel devient ainsi l'homme du monastère. Le supérieur de la maison de Soligny ne figure que par son initiale J. (2).

Par la suite, au contraire, l'on prend l'habitude, ainsi que nous allons voir, de mettre *Johannes* en toutes lettres.

2° Dito de décembre 1253, concernant diverses libéralités faites par *Frater Johannes dictus abbas* à Langlois, prêtre (3).

---

(1) M. L. Duval, *Introduction à l'inventaire sommaire*, p. XIX.
(2) *Cartulaire de la Trappe*, p. 147.
(3) Ibid., p. 569.

3° Dito de 1254, portant concession à Raoul Lefèvre et Eremburge, sa femme, d'une pièce de terre, moyennant quoi les donataires appartiendront à la maison, bien entendu à titre de tenanciers et nullement de serfs (1).

4° Dito de janvier 1256. *Frater Johannes* y ratifie une vente faite antérieurement (2).

5° Mentionnons enfin une charte du 21 novembre 1261 où le même *Frater Johannes* concède un hébergement et un acre de de terre à Conturbie, pour un cens annuel de quatorze sous tournois (3).

L'acre constituant à peu près un arpent et demi, tandis que le sou tournois faisait la vingt-cinquième partie de la livre, un calcul fort simple nous conduit à ce résultat que l'hectare se serait trouvé loué, dans le cas présent, pour une somme égale à environ dix-huit sous tournois, c'est-à-dire soixante-douze centimes. Aujourd'hui, la location dans nos régions où les terres furent toujours de qualité médiocre, ne se ferait guère à moins de vingt-cinq ou trente francs l'hectare. Il faudrait donc reconnaître que l'argent possédait, dans le cours du xiii° siècle, une puissance au moins trente-cinq ou quarante fois plus forte qu'aujourd'hui. Mais l'examen de cette intéressante question nous entraînerait trop loin pour le moment. Remettons-le à plus tard (4).

L'on passera maintenant aux actes où l'abbé de la Trappe figure exclusivement sous le nom de Herbert, toujours d'ailleurs abrégé en H, sauf un seul dont nous reparlerons tout à l'heure, ce sont les suivants :

1° De juillet 1270, où *Frater H*[erbertus] concède, ou, pour mieux dire, afferme, moyennant douze sous tournois, une pièce de terre sise à Saint-Pierre-des-Loges (5) (canton de Moulins-la-Marche);

2° De novembre 1272 (abandon d'une propriété, moyennant indemnité) (6);

3° De 1273 (concession de deux acres de terre, en échange de redevances) (7);

4° D'avril 1274 (concession d'un acre de terre, moyennant trois sous, faite par *Frater H.* à un nommé Robert Milot) (8);

(1) *Cartulaire de la Trappe*, p. 515.
(2) Ibid., p. 574.
(3) Ibid., p. 561.
(4) Voyez note C *(In fine)*.
(5) *Cartulaire de la Trappe*, p. 487.
(6) Ibid., p. 550.
(7) Ibid., p. 551.
(8) Ibid., p. 567.

5° Enfin une charte en date du 4 juin 1266 mérite à plus d'un égard d'attirer notre attention. D'abord, c'est la plus ancienne de celles où figure le nom de Herbert et la seule où il apparaisse dans son intégrité (Frater Herbertus). De plus, on y voit l'abbé de la Trappe jouer un rôle qui peut-être bien ne laissera pas de surprendre le lecteur. Elle nous rappelle en effet que ce dernier servit de témoin à un duel (Ictus duelli pacificati) qui eut lieu à Conturbie (in villa Contrebis), commune de Randonnai, ladite année 1266, et le second vendredi après la Pentecôte. Les combattants étaient Dreux dit Léger (Droconem dictum Leve) et Jean dit Guitart, bourgeois de Thubœuf, près Laigle (Burgensem de Tucbuef) (1)

Quel fut le résultat de cet appel au jugement de Dieu? Cela ne nous est pas indiqué, mais l'on nous donne le nom des chevaliers (isti milites) qui, en qualité de maîtres du camp, durent veiller à ce que tout se passât d'une manière loyale et conformément aux règles établies.

Cette intervention s'explique fort bien par les idées de l'époque et l'état de la législation au moyen-âge. Le duel constituant dans bien des cas le seul moyen d'obtenir justice devant les tribunaux, l'Eglise s'était trouvée, malgré ses répugnances, obligée de le tolérer, au moins dans une assez large mesure. D'ailleurs, le recours à ce moyen quelque peu barbare de procédure ne révoltait personne alors, et les populations, dans leur foi plus robuste qu'éclairée, admettaient comme chose certaine que Dieu ne laisserait jamais, dans cette épreuve, succomber l'innocent. Nous nous réservons de traiter cette curieuse matière par la suite, un peu plus en détail (2).

### § 2. Chronologie du règne de Jean Herbert. Bulle d'Alexandre IV. Authenticité de la charte de saint Louis en date de 1246 contestée par Ch.-L. Delisle.

Quelques incertitudes, sans doute, règnent sur la chronologie du règne de Jean Herbert, mais il est, croyons-nous, possible de les dissiper dans une assez large mesure.

Les Bénédictins fixent, sans hésiter, sa mort au 30 novembre 1274 (3) et, sur ce point, nous avons tout lieu de croire leur allégation conforme à la réalité des faits. On est moins

---

(1) *Cartulaire de la Trappe*, p. 567.
(2) Voir la note D (*In fine*).
(3) M. L. Duval, *Introduction à l'inventaire sommaire*, p. XVIII. — *Gallia Christiana*, t. XI, col. 749.

d'accord lorsqu'il s'agit de savoir à quel moment faire commencer son administration.

Gaillardin veut qu'il ait gouverné de 1246 à 1269, mais il est seul à nous fournir ces deux dates. Ce sont simplement celles des années où l'abbé de la Trappe aurait reçu, comme il sera dit plus loin, des diplômes royaux (1).

L'annotateur du cartulaire ne nous semble pas beaucoup plus près de la vérité, lorsqu'il place, quoique d'une façon un peu dubitative, le règne de Jean Herbert entre les années 1240 et 1274. L'on a vu les raisons qui nous portent à faire de l'année 1243, la dernière du gouvernement de son prédécesseur, le B. A Gautier. Il est vrai que dans d'autres endroits le même annotateur indique 1246 comme pouvant marquer les débuts du gouvernement du 4ᵉ abbé de la Trappe (2).

Par exemple, nous nous rangerions très volontiers à l'avis du R. P. Samuel lorsqu'il nous dit que l'abbé Jean fut trente et un ans à la tête de sa communauté (3), c'est-à-dire de 1243 à 1274. Il est effectivement tout naturel de placer son élection l'année même de la mort de son prédécesseur. Nous verrons plus loin qu'à la Trappe on abrégeait le plus possible la durée des interrègnes.

Les détails dans lesquels nous venons d'entrer rendent assez superflu un examen plus approfondi des chartes contemporaines de l'administration de Jean Hébert. Bornons-nous à parler de quelques pièces particulièrement intéressantes. Il s'agira tout d'abord d'une bulle du pape Alexandre IV, en date de 1254, première année de son pontificat. Le souverain pontife accorde aux Trappistes une faveur vraiment fort appréciable, celle de célébrer l'office divin dans les chapelles situées près de leurs granges. Nous avons déjà vu, d'ailleurs, ce qu'il convient d'entendre par ce terme. L'autorisation émanant du Saint Siège prouve en tout cas, l'importance de l'exploitation agricole du monastère.

Jean Herbert aurait également, affirme-t-on, reçu, à trois reprises différentes, des diplômes de saint Louis, à savoir un premier daté de Cluny (octobre 1246) (4). Les suivants remonteraient tous deux à 1269 (5). L'un de ces derniers fut rédigé en l'abbaye de Royaumont. Celui-ci, aussi bien que l'acte de 1246, se trouve tout au long reproduit dans le cartulaire. Le vertueux fils de Blanche de Castille y déclare prendre le couvent sous sa

(1) Gaillardin, *Histoire de la Trappe*, t. Iᵉʳ, p. 36.
(2) *Cartulaire de la Trappe*, p. 515, 561, 567, 574 (en note).
(3) Ibid., p. 147 et 550 (en note).
(4) *Histoire populaire*, etc., *de la Grande-Trappe*, p. 254.
(5) *Cartulaire de la Trappe*, p. 590 et suiv.

protection et lui garantir la jouissance paisible de tout ce qu'il possède.

L'existence de l'un des documents remontant à 1269 ne nous est attestée que par la mention contenue dans une note du cartulaire. Sa portée est moins générale que celle des deux autres pièces. Louis IX se borne à y confirmer au monastère de Soligny la jouissance des biens que ce couvent possédait en Normandie et ailleurs, pourvu que ces biens fussent de roture

L'authenticité d'une de ces pièces, précisément la plus ancienne en date, celle de 1246 est vivement contestée Le docte médiéviste, M. Léopold Delisle, nous expose en ces termes les motifs qui semblent de nature à la faire repousser :

« Sans doute, la forme *Vicontibus* pour *Vicecomitibus* pourrait,
« à la rigueur, être considéré comme une faute de copiste, mais
« que dire de cette interminable énumération de dignitaires
« ecclésiastiques et civils, laquelle convient si peu au temps de
« saint Louis ? La mention des présidents et conseillers des
« cours souveraines du royaume, *summorum senatuum totius*
« *regni nostri Franciæ dépasse*, toute vraisemblance et trahit la
« main d'un faussaire qui n'a pas travaillé avant le XVIe siècle (1). »

Mais il y a plus, le passage dans lequel saint Louis indique les raisons qui l'ont décidé à confirmer les privilèges de l'abbaye débute par ces mots : *Quisquis divini amoris intuitû*, etc. Or, cette formule indiquant, observe le savant auteur du cartulaire normand, une période bien plus ancienne que le temps de Louis IX ou même de Philippe-Auguste, le fourbe qui a rédigé cette pièce tente donc, mais assez maladroitement, de faire de l'archaïsme. En outre, les expressions suivantes : *Propterea consequenter* se justifieraient difficilement par des exemples du XIIIe siècle ou d'une époque antérieure. Le fait que des expressions fort analogues se retrouvent dans la charte de confirmation de 1189 attribuée à Rotrou IV et dont il a été déjà question plus haut serait bien propre à nous faire regarder cette dernière, elle aussi, comme suspecte.

Pour en revenir à la prétendue charte de 1246, elle se termine par l'indication de la date suivante : *Actum in abbatiâ Cluniaci, in presentia domini domini* (sic) *Inocenti Papae quarti, anno domini millesimo ducentesimo quadragesimo sexto, mense septembri*. Or, nous savons que ni Louis IX ni Innocent IV ne se sont trouvés à Cluny en septembre 1246. C'est au mois de novembre 1245 que le pape et le roi de France se sont rencontrés au monastère en question. L'itinéraire de saint Louis et le registre d'Innocent IV en font suffisamment foi.

(1) *Cartulaire de la Trappe*, p. 602 et en note. — *Invent. des titres*, p. 7.

A ces diverses considérations s'en doit, croyons-nous, ajouter une dernière et qui a bien, elle aussi, son importance. Remarquons le ton de commandement absolu qu'y prend le fils de Louis VIII. Aucune allusion, si légère soit-elle, ne s'y trouve faite à Hélisende, qui ne mourut qu'en 1257 et parait avoir toujours conservé la suzeraineté au moins nominale du comté du Perche. Concevrait-on, je le demande, pareil manque de courtoisie de la part d'un homme tel que saint Louis?

M. L. Duval signale une charte datée du 11 juin 1271 et conservée, en original, aux archives nationales. A cette pièce est appendu le sceau du monastère de la Trappe, au type abbatial. Le supérieur de ce couvent, ainsi que ses religieux, y adressent au roi une promesse de prières, vraisemblablement en reconnaissance des services rendus et réclament sa protection (1).

N'ayant pas vu de nos yeux cette pièce, nous ignorons sous lequel de ses deux noms y figure Jean Herbert.

Fidèle aux exemples laissés par leurs prédécesseurs, notre abbé ainsi que ses fils spirituels continuent à faire l'édification du peuple chrétien. Celui-ci, de son côté, se montre aussi libéral que précédemment à l'égard de la maison de Soligny, et, cependant, ô fragilité des choses humaines, c'est pendant le gouvernement d'Herbert que s'accomplit un événement dont les conséquences devaient être bien fâcheuses pour l'institut Cistercien, et que se manifestent, en quelque sorte, les premiers germes d'une prochaine et irrémédiable décadence. Voici ce qui eut lieu.

### § 8. Suppression du quatrième chapitre du statut primordial de la Charte de Charité. Funestes conséquences qui en résultent pour l'ordre de Citeaux.

En raison de la difficulté des communications, se rendre aux réunions capitulaires devenait quelquefois chose fort ardue, sinon absolument impraticable. Souvent, sans doute involontaire, cette infraction à la règle fut jugée chose assez grave pour qu'un décret en date de 1258 et dont nous parlerons plus loin, s'occupât à stimuler le zèle des retardataires.

L'effet de cette sage mesure ne fut point, paraît-il, tel qu'on l'aurait pu souhaiter. Chose certaine, c'est par suite de l'absence des électeurs de droit que la nomination de Jacques II, abbé de Citeaux, se trouva entachée d'irrégularité. Le nouveau titulaire, on le sait, venait d'être choisi en remplacement de Gui III, appelé

---

(1) *Cartulaire normand*, p. 361.

par le Pape Urbain IV aux honneurs de la pourpre romaine. Précisément, le prieur et la communauté de Citeaux réunis avaient seuls pris part au vote. Les premiers pères de l'ordre se trouvant absents ne purent pas, naturellement, donner leur suffrage. Cela seul suffisait, aux termes même de la charte Charité, pour frapper l'élection de nullité.

Afin de couvrir le vice de cette nomination et de mettre le Chapitre général dans ses intérêts, Jacques prétendit désigner, à lui tout seul, les définiteurs, c'est-à-dire les membres du chapitre spécialement chargés d'examiner et de résoudre certaines questions épineuses que l'assemblée générale pour une raison ou pour l'autre se trouvait dans l'impossibilité de trancher. Ils formaient, nous explique l'auteur des annales d'Aiguebelle, une sorte de tribunal tirant de ses fonctions mêmes, le nom de *définitoire*. L'Abbé de Citeaux et les quatre premiers Pères en faisaient partie de droit. Les autres membres étaient choisis en nombre égal, bien qu'indéterminé, par les religieux de chacune des filiations. Ils recevaient leurs pouvoirs de l'abbé de Citeaux sur la présentation des quatre premiers Pères.

En portant une telle atteinte aux prérogatives de ceux-ci, Jacques se rendait sciemment coupable d'une violation manifeste de la règle. Philippe, abbé de Clairvaux, d'ailleurs homme austère et zélé pour le maintien des constitutions de l'ordre s'éleva avec force contre une si flagrante irrégularité. Secondé par les autres premiers Pères et, en particulier, par Nicolas, abbé de Morimond, il porte avec eux plainte à Urbain IV. Le Souverain Pontife nomme des commissaires pour connaitre du différend. Il dispense, en attendant, l'abbé de Clairvaux et ceux qui s'étaient joints à lui, de paraitre au chapitre général de Citeaux. C'est que Jacques s'en était rendu maitre par la nomination des définiteurs. Le débat allait être clos, lorsque meurt Urbain IV (1264).

Son successeur, Clément IV, se réserve de décider par lui-même, et, au début de son règne, retire l'affaire d'entre les mains des enquêteurs.

Il fait subir à la Charte de Charité de graves modifications: Le quatrième chapitre du *statut primordial* concernant l'élection des abbés, se trouve complètement supprimé. Afin de donner au lecteur une idée exacte des conséquences que devait forcément entrainer une telle décision, laissons la parole au rédacteur des Annales d'Aiguebelle:

« Administration temporelle et spirituelle du monastère vacant,
« juridiction sur les maisons qui en sont issues, influence prépondérante dans l'élection du futur abbé, tels étaient les
« principaux droits que ce chapitre accordait à tout père immédiat.

« Aux abbés fils, il conférait le privilège de concourir par leurs
« suffrages, en même temps que les simples religieux au choix
« de celui qui devait être leur supérieur commun.

« D'après la nouvelle constitution, la communauté se gou-
« vernait elle-même pendant les vacances du siége, exerçait la
« juridiction sur les maisons filles, pourvoyait à ce qu'elles
« fussent régulièrement visitées. Seule, elle élisait son abbé sans
« la participation des abbés fils, et le père immédiat, loin de se
« trouver à même de la conseiller ou de la diriger dans son choix
« ne pouvait, ni par un mot, ni par un signe, soit en public, soit
« en particulier, manifester son sentiment et faire connaître celui
« qu'il aurait voulu voir élu.

« Par ce règlement, non seulement les droits respectifs et
« mutuels des pères immédiats et des abbés fils sont anéantis,
« mais les liens qui rattachaient entre eux les monastères par
« un lien d'intérêts réciproque et, surtout, par la charité, sont
« entièrement rompus. L'esprit du statut primitif est méconnu,
« l'économie de l'ordre bouleversée; sa constitution revêt une
« nouvelle forme monarchique, il est vrai, mais, libéral et tempéré
« jusque-là, le gouvernement tend à devenir absolu, ce qu'il fut
« en effet plus tard. En attendant, la suppression de ce quatrième
« article de la *Charte de Charité* nuisait singulièrement à l'exé-
« cution du second, qui regarde les visites, et minait sourdement
« son existence.

« Quel fruit, en effet, espérer des visites aux monastères avec
« ce nouveau mode d'élection ? De quel œil chaque abbé, maître
« chez lui, devait-il voir arriver dans sa maison, un étranger
« souvent inconnu, qui sous le nom de père immédiat venait à
« son gré, corriger, reprendre ou punir selon l'occurence, en un
« mot, exercer des droits que son titre ne pouvait comporter
« qu'autant qu'il était reconnu ou librement accepté ? Quelle
« intimité possible de rapports entre un supérieur qui se sentait
« imposé et un inférieur, toujours prêt à la résistance ? Ce ne sont
« plus, dès lors, un père et un fils, travaillant de concert à la
« sanctification des âmes, c'est un subalterne en présence de son
« chef, l'un et l'autre jaloux de leur droits, et animés d'une mu-
« tuelle méfiance. De deux choses l'une, ou bien le visiteur, pour
« se faire accepter, devra se montrer trop facile, fermer les yeux
« sur des abus dignes de réforme, ou bien il sera exposé à voir
« son autorité méconnue, ses ordres méprisés (1). »

Et, de fait, l'exactitude des pères abbés aux réunions capitulaires va tendre à se relâcher de plus en plus et les dispositions

---

(1) *Annales de l'abbaye d'Aiguebelle,* par un religieux de ce monastère,
t. Ier, ch. IX, p. 193 et 194 (Valence, 1863).

que l'on sera, nous le verrons tout à l'heure, obligé de prendre pour remédier au mal ne feront qu'en attester l'incontestable gravité. Mais il ne faut rien exagérer, les inconvénients qui doivent découler de ces modifications ainsi apportées à la Charte de Charité, bien que sérieux par eux-mêmes, méritent de passer pour fort peu de chose en comparaison de ceux qu'amènera l'extension du système des commendes. C'est en lui qu'il faut surtout chercher la cause du déclin des ordres monastiques qu'accompagnera l'affaiblissement du sentiment religieux dans toute la catholicité.

Gardons-nous d'ailleurs même de paraître jeter un blâme sur la mémoire de Clément IV. Ce pontife donna, plus d'une fois, des preuves irrécusables de prudence et de sagesse. Supposera-t-on qu'il en ait manqué dans le cas présent? Peut-être si nous connaissions à fond les motifs qui le firent agir, trouverions-nous sa conduite toute naturelle ou du moins imposée par les circonstances. Mais comment à une telle distance des évènements se rendre un compte exact de tout ce qui s'est passé? Contraint par une impérieuse nécessité, le Saint-Père ne se sera-t-il pas résigné à sanctionner certains abus, uniquement crainte de pis? Telle fut bien souvent, on le sait, la politique de la cour romaine.

### § 4. Mort d'Hélisende et réunion définitive du comté du Perche à la couronne. Voyage de saint Louis dans nos régions. Rôle à la fois glorieux et bienfaisant réservé à la maison de France. Un mot sur la féodalité des princes du sang.

Un événement qui, bien que de l'ordre purement temporel, ne laisse pas d'avoir une grande influence sur les destinées de la Trappe, ce fut la mort d'Hélisende, survenue très probablement, ou plutôt certainement avant 1257. Saint Louis entre en possession effective de ce Comté du Perche, propriété incontestable, nous l'avons déjà vu, aux rois de France, depuis le décès de Guillaume, évêque de Châlons. Aussi soucieux de faire valoir ses droits et ceux de la Couronne qu'attentif à ne pas léser autrui, le pieux monarque s'occupe à terminer toutes les contestations auxquelles donnaient encore lieu la succession des Rotrou.

Jacques, sire de Château-Gontier et de Nogent, réclamait pour sa part d'héritage : Mortagne, Bellême, La Perrière, Mauves et Maison-Maugis, avec toutes les terres, forêts, revenus et dépendances desdits domaines.

Non sans peine, on parvient à faire comprendre à ce seigneur ce que ses réclamations avaient d'exorbitant. Aussi, par un traité en date de juin 1257, Jacques déclare se contenter de recevoir en foi et hommage-lige de sa majesté, le château de Maison-Maugis avec ses dépendances, ainsi que d'autres terres jusqu'à concurrence de trois cent livres tournois de rente annuelle et perpétuelle pour lui et ses héritiers.

Les choses ainsi réglées à l'amiable, le prudent monarque juge à propos de visiter son nouveau domaine et, sans doute, dans le courant du second semestre de cette même année 1257 va passer quelque temps au Château de Longpont, à deux lieues ou est de Mortagne. Les supérieurs de la plupart des couvents du pays et notamment de la maison de Soligny accoururent lui rendre, suivant l'usage du temps, hommage comme à leur seigneur direct. Ils sollicitent de sa bienveillance, le maintien des privilèges jadis concédés par les anciens comtes. Inutile d'ajouter que le bon roi se hâte non seulement de faire droit à leurs vœux, d'expédier des lettres de confirmation, mais encore qu'il comble les religieux de nouveaux bienfaits. La Trappe, notamment, ne se trouva point oubliée (1). C'est avec l'assentiment royal que Jean de Gombault, sire de Saint-Mard-de-Coulonges concède aux religieux de ce monastère, deux septiers de froment à prendre tous les ans, dans sa grange de Saint-Mard. Ils devaient les employer à faire et fournir, pendant la quinzaine de Pâques, toutes les hosties nécessaires aux communiants dans les quarante-cinq ou, plus exactement, quarante-quatre paroisses de l'archidiaconné de Corbonnais. On en trouvera la liste dans l'ouvrage de l'abbé Fret.

Notre monastère n'aura donc pas à souffrir, Dieu merci, d'être ainsi devenu partie intégrante du domaine royal. La lignée de Hugues-Capet, héritière de l'autorité des Rotrou voudra l'être aussi, on le verra plus loin, de leurs sentiments de bienveillance à l'égard des monastères du Perche. Et il ne faut pas croire qu'en agissant de la sorte, nos monarques les plus pieux, un Louis IX tout le premier, aient obéi uniquement à des sentiments naturels de sympathie à l'égard d'hommes qu'ils pouvaient considérer comme leurs émules en sainteté. Des vues plus générales, un esprit véritablement patriotique les guidèrent également. Ce rôle de protecteurs que jouent les Capétiens vis à vis des communautés religieuses, ils le rempliront également à l'égard de quiconque a besoin de leur soutien, des associations marchandes et ouvrières, en un mot de tout le peuple de leurs Etats. Partout, ils se hâtent d'adopter les meilleures traditions des dynasties locales par eux remplacées. Bien souvent d'ailleurs, si nous osons nous exprimer de la sorte, on verra le roi de France se faire l'associé du Saint-Siége pour la défense du faible et de l'opprimé,

---

(1) Abbé Fret, *Antiquités et Chroniques Percheronnes*, t. II, p. 412 et suiv.

pour la répression d'abus sans cesse renaissants, le châtiment des crimes de toutes sortes. Ainsi, la force séculière représentée à peu près exclusivement par le monarque, va prêter un appui utile aux foudres de l'Église, lesquelles, hélas, commençaient à ne plus inspirer autant d'effroi que jadis

C'est qu'il s'agissait pour les rois très chrétiens de refaire la France si longtemps morcelée par les empiétements de la féodalité, de grouper autour du trône toutes les forces vives de la nation et d'assurer ainsi son avenir devenu inséparable de celui de la dynastie.

Nulle maison, peut-être, en Europe, n'a offert une si longue série de princes humains, éclairés, dévoués au bien de leurs sujets que la maison de France. A peine en citerait-on un ou deux, tels que Philippe le Bel et Louis XI, pendant toute la durée du moyen âge qui aient laissé un assez triste renom dans l'histoire. Et encore telle est la force de la tradition qu'il ne parviennent pas à rompre complètement avec les sentiments patriotiques de leur race. Les fautes, les crimes même dont reste chargée la mémoire de ces monarques ne les empêcheront pas de remplir souvent le rôle héréditaire de protecteurs du peuple. S'ils n'ont pas été ce que l'on peut appeler des personnages vertueux et de bons rois, du moins ne saurait-on leur refuser le mérite d'avoir utilement servi leur pays et contribué à sa puissance comme à sa gloire.

Une politique si habile, précisément parce qu'elle était à la fois éminemment honnête et conforme aux intérêts de la nation, ne pouvait manquer de porter ses fruits La maison royale était devenue l'idole d'un peuple qui se sentait si bien protégé par elle. Jamais famille ne fut l'objet de telles amours, n'inspira de semblables dévouements. N'est-ce pas elle qui, comme une providence visible, faisait régner partout l'ordre et la sécurité, assurant ainsi à ses sujets, la jouissance paisible de biens dont le besoin se faisait sentir chaque jour plus impérieux en raison même des progrès de la civilisation ?

Aussi, ne redoutera-t-on guère alors l'absorption par l'autorité souveraine des droits, juridictions, privilèges locaux. Nos ancêtres verront sans trop de regret, la Couronne restreindre, chaque jour, ces immunités des communes constituant, pour ainsi dire, autant de petites patries dans ce qui allait devenir le patrimoine universel de tous les Français, flambeaux allumés au milieu des ténèbres et qu'on laissait s'éteindre à l'approche du grand jour de l'unité nationale. Encore moins, malgré les incontestables services jadis rendus à la société par l'établissement du régime féodal, la nation eut-elle songé à en défendre les vieilles et rudes franchises. On avait sans doute quelque raison de les trouver parfois un peu onéreuses et leur poids commençait à être lourd à porter.

Sans doute, cet engouement pour l'omnipotence du monarque ne laissera pas à la longue, comme les meilleures choses du monde, d'entraîner certaines conséquences fâcheuses. Un peuple ne se décharge pas impunément du soin de ses propres destinées sur une famille souveraine, si excellente qu'elle soit d'ailleurs, et tout pouvoir qui manque d'un contrôle suffisant court grand risque de s'égarer. On s'en apercevra plus tard, antérieurement même à la renaissance. Nous verrons alors la puissance royale tendre à l'absolutisme, empiéter à la fois sur les droits de l'église et ceux des particuliers, mais près de deux siècles nous séparent de cette fâcheuse époque et pendant de longs jours encore, l'autorité des princes fleurdelysés ne se manifestera que par ses bienfaits.

Cependant notre pays ne pouvait passer brusquement de son antique état de morcellement à la complète unité politique et administrative des temps modernes. Une étape entre ces deux conditions si opposées s'imposait donc d'une façon, pour ainsi dire, inévitable et ce fut la substitution temporaire de la féodalité des princes du sang à celle des grands vassaux qui lui permit de la franchir. Du reste, nos monarques dont la puissance s'accroissait chaque jour purent exercer sur les bénéficiaires des apanages une surveillance et un contrôle dont se seraient, sans doute, mal accommodés les anciens chefs de dynasties provinciales. Nous voyons Pierre 1er, le cinquième fils de Saint-Louis, investi de la Seigneurie et Comté du Perche en 1270. Jusqu'au moment de la Révolution, cette région constitua l'un des apanages des cadets de la maison de France,

Pour en finir avec Jean Herbert, ajoutons qu'il fut comme ses prédécesseurs, inhumé dans l'église du monastère.

§ 5. **Guillaume, cinquième abbé. C'est sans doute à tort que M. L. Duval lui assigne le sixième rang parmi les supérieurs de notre monastère. Pièces portant son nom. Erreurs chronologiques relatives au règne de Guillaume. Quelle est l'opinion la plus plausible sur ce point ? Bulles reçues par cet abbé.**

V. GUILLAUME (1274-1279) est généralement regardé comme le 5e abbé de la Trappe. Si M. L. Duval lui assigna le 6e rang, cette opinion semble peu acceptable et nous venons tout à l'heure de dire pourquoi.

Du reste, le nom de ce personnage figure dans trois pièces reproduites au cartulaire. La première remonte au mois de février

1275. Il y est attesté que *frater Guillelmus, dictus abbas* accense une pièce de vignes, sise dans la paroisse d'Origni-le-Butin à Robert Segnoiet et sa famille, moyennant une rente annuelle de trois sous et demi (1).

La seconde Charte datée de Janvier 1276, nous apprend que *frater G.* régla un différend survenu entre Geoffroi d'Ardenne et ses frères (2)

Enfin, dans la dernière qui est de Juin 1278, on parle d'une concession de terre faite par *frater G. dictus abbas* à Jean Levasseur dans la paroisse de Saint-Ouen-de-Sècherouvre. (3)

Il a déjà été question précédemment du prétendu abbé Guillaume qui aurait régné en 1232 et dont le nom semble écrit fautivement pour Gervais-Lambert. (4) Nous n'avons donc pas à y revenir ici.

Rappelons d'ailleurs que le supérieur de la Trappe dont nous nous occupons en ce moment n'a visiblement rien à faire avec un certain Guillaume Labbé *(Guillelmo dicto abbati)* auquel en 1245, c'est-à-dire sous le règne de Jean Herbert, concession fut faite de la moitié du fief de *Caloria* situé auprès de Chartres (5). Ne devons-nous pas tenir ce dernier pour identique a *Guillelmo dicto Labe* auquel en novembre de la même année, Richard de Gournay vendit une propriété sise dans la paroisse de Saint-Christophe-sur-Avre ? (6).

La chronologie du gouvernement de Guillaume fournit aussi matière à quelques discussions. D'après les Bénédictins qui fixent sa mort au 20 août 1279, il aurait régné quatre ans huit mois et vingt jours. Cela nous reporterait, pour les débuts de son administration, au 1er décembre 1274, l'élection de cet abbé, affirme-t-on, ayant eu lieu le lendemain même de la mort de son prédécesseur (7).

Gaillardin, lui, donne un chiffre rond de quatre années, (1276 1280). (8) Le Fr. Samuel l'a sur ce point, copié (9) ainsi qu'il le fait le plus souvent, lorsqu'il s'agit de dates.

Visiblement, ces auteurs confondent l'année 1276 où Guillaume reçut ses bulles avec celle de son élection qui doit naturellement être antérieure. Quant à la date de 1280 donnée comme celle de

---

(1) *Cartulaire de la Trappe*, p. 477.
(2) Ibid., p. 478.
(3) Ibid., p. 546.
(4) Ibid., p. 119 (en note).
(5) Ibid., p. 501 et 502.
(6) Ibid., p. 281.
(7) M. L. Duval, *Introduction à l'inventaire*, p. XIX.
(8) Gaillardin, *Histoire de la Trappe*. t. 1er, p. 36.
(9) *Histoire populaire illustrée*, etc., p. 254.

sa mort, nous ne saurions l'adopter en face du témoignage si précis des enfants de Saint-Benoît.

Tenons donc pour infiniment probable que le cinquième abbé de la Trappe commença à régner tout à fait à la fin de 1273 ou aux débuts de 1274 et que son administration ne prit fin qu'avec sa vie, le 20 août 1279. Il resta à la tête du monastère pendant environ cinq ans et demi.

La plupart des historiens sont d'accord pour reconnaître que c'est bien en 1276 que les bulles du Pape Jean XXI parvinrent à notre abbé et nous croyons n'avoir rien de mieux à faire que de nous ranger à leur avis. Le docte archiviste de l'Orne veut que Louis Dubois se soit trompé en adoptant la date en question, mais il ne nous dit pas sur quel motif il s'appuie pour taxer cet annaliste d'erreur.

Guillaume aurait, d'après les Bénédictins, reçu une seconde Bulle du même Pontife, mais on ne nous dit pas en quelle année. Cela ne pourrait être en tous cas qu'en 1276 ou 1277, puisque le règne de Jean XXI, qui fut fort court, se trouve compris en ces deux dates extrêmes.

Signalons à ce propos un *lapsus calami* sans importance d'ailleurs, commis par l'auteur de l'*Introduction à l'inventaire*. Il parle de Jean XXII à propos du cinquième abbé de la Trappe, mais ce dernier pontife n'a commencé de régner qu'en 1316, c'est-à-dire environ trente-sept ans après la mort de Guillaume. Certainement il convient de lire ici Jean XXI.

### § 6. Assertion insoutenable de Maupeou concernant l'époque de la fondation de l'abbaye des Clairets.

Les actes de l'administration de Guillaume sont assez mal connus. L'on sait qu'en 1277, il traita avec les religieuses de Bonport. Le chroniqueur anonyme rejette avec raison l'assertion de Maupeou, à savoir que Mathilde, épouse de Geoffroy, comte du Perche, serait la fondatrice de l'abbaye des Clairets, dans la filiation de la Trappe, et cela pendant le gouvernement de Guillaume. Nous avons déjà vu que l'achèvement de ce monastère, dû au comte Thomas, fils de Mathilde, remonte aux environs de l'année 1215 et que le bienheureux Adam Gautier en avait été visiteur (1).

---

(1) *Histoire civile, religieuse et littéraire de la Trappe*, p. 59. — Abbé Fret, *Chroniques et Antiquités Percheronnes*, t. II, p 352 et 353. — Maupeou, *Histoire de Rancé*, t. Ier, p. 492.

### § 7. Changements survenus dans l'état des esprits et première apparition de ce que l'on désignera plus tard sous le nom de Gallicanisme.

Le cartulaire, jusqu'alors rempli du récit de donations faites à la Trappe, commence à se montrer beaucoup plus sobre de détails à cet égard.

Cela proviendrait-il uniquement à ce qu'on s'habitue à le tenir avec moins de soins que par le passé? Mais alors pourquoi se montrera-t-il dorénavant si prolixe sur un genre de questions dont il s'était assez peu occupé jusqu'alors, telles qu'échanges, arrangements de toute sorte et même procès? N'hésitons pas à le reconnaître : la générosité des fidèles s'est ralentie par suite de l'affaiblissement des croyances. Le mal date de loin déjà et il ne cessera de s'aggraver chaque jour, jusqu'au moment des guerres de religion et même au-delà. Un seul fait permettra d'en juger. La délivrance du Saint-Sépulcre, tel fut l'unique souci des premiers croisés. Déjà, leurs successeurs des débuts du XIII° siècle jugeront plus pratique de mettre la main sur Constantinople et les trésors de l'Orient. Ils se vanteront même d'avoir ainsi davantage travaillé pour la gloire de Dieu que s'ils s'étaient contentés de reconquérir la ville sacrée.

Maintenant quelles causes assigner à cette décadence de l'antique foi chrétienne? Deux surtout, et qui, de prime abord ne semblaient de nature ni l'une ni l'autre à amener un si fâcheux résultat.

Citons d'abord, l'accroissement du bien-être et de la richesse publique. Sans doute, l'esprit de ferveur des générations précédentes avait amené une rénovation sociale, suivie, elle-même, d'immenses progrès matériels, mais ce passage rapide de la pauvreté à un état relativement prospère, ne laissait pas que d'offrir de sérieux dangers. Au lieu de rester ce qu'elle aurait toujours dû être, un instrument de perfectionnement moral, cette amélioration dans les conditions de l'existence tendait à faire de l'idée de lucre, l'objectif exclusif de toutes les préoccupations. L'âpre convoitise, l'amour du gain, s'emparant des âmes y laisseront bien peu de place pour les aspirations d'un ordre plus relevé.

Joignez à cela l'éveil du sentiment national, si digne de respect en principe et qui commence à prendre conscience de lui-même.

Trop souvent mal dirigé, l'intérêt même que l'on porte aux destinées de la patrie d'ici-bas détournera les yeux des citoyens de la Jérusalem céleste. C'est que nos pères n'ont pas fait encore assez de progrès dans la voie de la civilisation pour sentir à quel point son développement se trouve subordonné à celui du sentiment religieux, combien fragile, combien caduc est ce patriotisme qui ne prend pas sa source dans un respect absolu de la loi divine.

Mais les enfants d'Adam ne se sont-ils pas toujours montrés ingénieux à abuser des meilleures choses ? Le poète l'a dit avec raison :

« De tous les animaux, l'homme a le plus de pente — à se porter dedans l'excès. »

Et puis enfin, quelques cas de relâchement, rares encore à la vérité, dans le clergé régulier lui-même, ne venaient-ils pas dans une certaine mesure, aggraver la situation ? Nous ne faisons pas allusion ici, bien entendu, aux habitants de la Grande Trappe demeurés toujours très fervents, mais en était-il de même en ce qui concerne plusieurs autres maisons ? Croit-on par exemple que l'abandon des réunions capitulaires déjà signalé plus haut, fut bien propre à relever le prestige des ordres monastiques en général et spécialement celui des enfants de saint Bernard ?

Bref, la situation s'est singulièrement modifiée depuis tantôt un siècle. Comme le dit René, le temps a fait un pas et la face du monde a été renouvelée. D'ici peu, l'on verra Philippe-le-Bel occuper le trône de saint Louis et l'ère des croisades va rester close pour toujours. Grégoire VII a bien pu entraîner l'empereur Henri à Canossa. Il n'avait à lutter que contre la tyrannie d'un homme. Boniface réussira beaucoup moins dans ses démêlés avec le roi de France que soutient la société laïque de l'époque. Indulgente à l'excès pour les empiétements du pouvoir séculier, elle repousse inflexiblement tout ce qui ressemble à une ingérence du Saint Siège dans les affaires temporelles. Ce qu'on désignera plus tard du nom de Gallicanisme vient d'entrer en scène.

Quoi qu'il en soit, le cartulaire reproduit encore deux chartres, certainement de l'époque de l'abbé Guillaume.

La première est de 1273. Nous y lisons que Robert L'Huissier, (*Robertus Hostiarius*) atteste, après enquête, la légitimité des droits d'usage, d'herbage et pacage exercés par la Trappe dans la forêt de Mahéru. (1)

La suivante, postérieure de deux années, remonte, par conséquent à 1275. Elle se rapporte à la cession faite par un nommé Guillaume Autréi à Guérin Bérard, d'un héritage que lui-même tenait de l'abbaye de la Trappe. (2)

---

(1) *Cartulaire de la Trappe*, p. 375.
(2) Ibid., p. 491.

## § 8. Robert I*er*, sixième abbé. Chartes concernant son règne. Erreur chronologique au sujet de la bulle de Martin V.

ROBERT I*er* fut, sans doute, élu dans le second semestre de 1279 ou, au plus tard. dans les débuts de 1280. Les Bénédictins fixent sa mort au 14 août 1297.

Donnons à la fois ici aux lecteurs un aperçu des événements de ce temps-là auxquels la Trappe se trouvera plus ou moins mêlée ou intéressée et un résumé des pièces concernant l'administration de Robert.

L'on aura à citer :

1° En 1280, Réception des bulles du pape Nicolas III. C'était la dernière année du règne de ce pontife (1).

2° Du 4 juillet 1280, expédition que Robert fait faire par la chancellerie de Philippe-le-Hardi, du *Vidimus* de la charte de saint Louis donnée en 1226 et dont il a été parlé plus haut (2). Ajoutons par parenthèse que Philippe-le-Hardi a régné, comme l'on sait de 1270 à 1285.

3° Du 6 avril 1283, mort de Pierre I*er*, troisième comte du Perche de la famille des Capétiens. Agé d'environ vingt-huit ans, il succombe aux suites d'une blessure reçue plus d'une année auparavant dans une rencontre avec les Siciliens insurgés. Son successeur ne fut autre que le roi Philippe-le-Bel. Ce dernier conserve le comté du Perche jusqu'en 1290. C'est alors qu'il le donne en apanage à son frère Charles I*er* (3).

4° D'août 1284, transfert aux Chartreux du Val-Dieu d'une rente jadis donnée à l'abbaye de la Trappe par feu Girard de Savelou, chevalier. A la charte mentionnant cette opération et que l'on conserve aux archives de l'Orne, se trouve appendu un sceau sur lequel figure un abbé crossé et mitré (4).

5° Jeudi de férie de la Pentecôte 1284, enquête faite à Glos-la-Ferrière (canton de la Ferté-Fresnel) par Renaud de Luzarches, vicomte de Verneuil et Nicolas de Boishiboust, chevalier. L'Abbaye de la Trappe avait réclamé au sujet de certains droits à exercer sur la mine (*Minire*) du Val-à-Moines. Il s'agissait de statuer à cet égard. Nous ne savons pas d'ailleurs où la dite mine se trouvait située et l'on ne nous fait pas connaître non plus le

---

(1) M. L. Duval, *Introduction à l'inventaire*, p. xix.
(2) Ibid., ibid. et *Cartulaire normand*, n° 945.
(3) Abbé Fret, *Chroniques et Antiquités Percheronnes*, t. 21, p. 423 et suiv.
(4) M. L. Duval. *Introduction à l'inventaire*, p. xix et *Archives de l'Orne*, série H ; (Chartreuse du Val-Dieu.)

résultat de l'enquête. Remarquons que la charte la relatant constitue, après un acte de 1207, la plus ancienne des pièces, au moins datées, du cartulaire qui se trouve rédigée en français (1).

6° De 1286, réception par l'abbé de la Trappe d'une charte de Philippe-le-Bel dont l'historien anonyme ne nous fait d'ailleurs pas connaître le contenu (2).

7° De février 1286, accenssement fait par la Trappe à Pierre de Champreinfrey, moyennant redevance annuelle de dix-huit sous tournois et demi, d'un tènement jadis concédé à Raoul Lefèvre (3).

8° M. L. Duval nous parle d'une bulle que l'abbé Guillaume aurait reçue cette même année 1286 du pape Martin IV (4). Nous soupçonnons ici une erreur de date, car le pontife en question régna seulement de 1281 à 1285 (5). C'était Honoré IV qui en 1286 occupait la chaire de Saint-Pierre.

9° Le 20 mai 1288, les héritiers de Philippe-Lecoq sont déboutés, en vertu d'une décision arbitrale, de la demande de six deniers de blé, en rente annuelle, par eux formée contre la Trappe (6).

### § 9. Mesures que le Chapitre général de l'Ordre de Citeaux est obligé d'édicter contre certains abbés-fils. Les Chapitres généraux de plus en plus délaissés. Suppression des familiers.

10° En 1289, promulgation du *Livre des anciennes définitions*. Ce nouveau code avait été rédigé précisément dans le but de remédier aux abus résultant de la suppression des articles de la charte de charité déjà mentionnés plus haut et de refréner l'antagonisme chaque jour plus prononcé entre les Pères immédiats et les abbés fils. Aussi le voyons-nous édicter que : « Tous les abbés « cités par leurs pères immédiats et qui, au mépris de cette cita- « tion, ne daigneront pas se rendre au chapitre général pour « demander pardon de leurs excès et exécuter la pénitence qui « leur sera justement infligée *seront déposés* dans le chapitre « même. »

Ces mesures donnent une idée des progrès de l'anarchie qui régnait alors dans les communautés cisterciennes. Pour la première fois, on se trouve obligé de réprimer la désobéissance et la

---

(1) *Cartulaire de la Trappe*, p. 560.
(2) *Histoire civile, religieuse et littéraire etc. de la Trappe*, p. 59.
(3) *Cartulaire de la Trappe*, p. 518.
(4) M. L. Duval, *Introduction à l'inventaire*, p. xix.
(5) Sédillot, *Manuel classique de chronologie*. p. 89 (Paris, 1811).
(6) *Cartulaire de la Trappe*, p. 561.

révolte ouvertes. Le décret de 1258, tout en accusant un certain relâchement et refroidissement de zèle chez les cénobites, n'avait guère prévu que des cas de paresse et de négligence. Le mal avait donc fait de bien rapides progrès et voici à quel point on en était arrivé, vingt-quatre ans après les modifications apportées à la Charte de Charité.

Mais la rigueur dans le châtiment ne suffit guère à remédier aux maux résultant d'une organisation défectueuse. Cette pénalité sévère, non plus que les objurgations des souverains pontifes ne purent faire rentrer dans le devoir les esprits habitués à l'indiscipline. Les séances du chapitre général vont se faire de plus en plus rares. D'annuelles qu'elles étaient à l'origine, nous allons les voir devenir quadriennales. Le relâchement s'accentuera chaque jour davantage et nous finirons par voir une période de trente ans s'écouler sans que le dit chapitre se soit réuni une seule fois (1).

11° En 1291, une décision du chapitre général interdit l'admission de familiers sans permission des pères immédiats. Cette mesure n'ayant pu parer aux inconvénients résultant de leur présence parmi les moines réguliers, on prendra, deux ans plus tard, le parti de les exclure absolument de l'ordre de Cîteaux (2).

12° C'est en octobre 1291, qu'une sentence du bailli d'Alençon, rendue à Bonmoulins, reconnaît à nos religieux la jouissance d'un droit d'usage dans la forêt de Mahéru. « Ils prendront, nous « dit la charte dans son vieux langage, III fois l'an, par la main « d'un châtelain ou de celui qui est en son leu, meirrien à lor char-« rues feire et reffeire. » On leur accorde également la permission de se fournir de feuilles, herbes et fougères pour la nourriture du bétail (3).

13° Nous ne parlerons que pour mémoire d'une pièce rédigée à Bonmoulins (1294) donnant la liste de plusieurs des tenanciers de la Trappe, avec le taux de leurs redevances annuelles (4).

14° L'historien anonyme parle d'une charte de Charles de Valois, comte du Perche de 1290 à 1325, que Guillaume aurait reçue l'an 1296, mais dont nous ignorons le contenu. L'abbé Fret ne souffle mot à ce sujet.

15° Enfin, une pièce sans date mérite d'être signalée d'une façon toute spéciale. On ne saurait douter que l'époque de sa rédaction ne doive être comprise entre les années 1280 et 1297. Effectivement, il y est question de *Frater Robertus, Abbas de Trappa* et c'est de toutes celles que nous a conservées le cartulaire,

---

(1) *Annales d'Aiguebelle*, t. I<sup>er</sup>, ch. VIII, p. 162 et suiv.
(2) Ibid., t. I<sup>er</sup>, ch. IX, p. 187 et suiv.
(3) *Cartulaire de la Trappe*, p. 486.
(4) *Cartulaire de la Trappe*, p. 574.

la seule qui se trouve dans ce cas (1). L'abbé de la Trappe y reçoit comme confrère et participant à tous les biens spirituels de la communauté, Eudes Bellouc. Ce dernier, en retour, dispose de tous ses biens pour après sa mort, en faveur de ladite abbaye.

Nous avons déjà donné la date de la mort de Robert. On ne dit pas où il fut inhumé.

§ 10. **Nicolas I$^{er}$, septième abbé. Documents se rapportant à son administration. Bulles fulminées par différents papes. Diplôme et charte de Philippe le Bel et de Charles de Valois. Fondation d'un anniversaire par Jeanne de Navarre, reine de France.**

NICOLAS I$^{er}$ fut, assurent Gaillardin et le R. Fr. Samuel, élu en 1297, fort peu de temps après le décès de son prédécesseur. Il était tout à fait dans les usages de l'époque, de ne pas laisser longtemps vacante la charge abbatiale. On est d'accord pour fixer sa mort au 24 avril 1310.

En fait de pièces contemporaines du règne de cet abbé et conservées au cartulaire, mentionnons la concession faite en 1304, à Gilbert Gonnieu, d'un hébergement sis à Bonmoulins moyennant une rente de cinq sous tournois (2).

Joignez-y les accensements moyennant redevance annuelle, consentis aux dates de 1306, 1307 et 1309. Ces sortes de baux emphytéotiques étaient alors fort en usage (3).

De son côté, l'inventaire sommaire nous parle d'actes en date de 1303 et 1308, contemporains, par conséquent, du règne du 7$^e$ abbé de la Trappe. Ils concernent les baillées de la rente de vingt-deux sous six deniers, due à ce monastère pour biens-fonds sis à Rendonnai (canton de Tourouvre) (4). Nous aurons, du reste, à en reparler plus loin.

Enfin, l'abbé Fret mentionne des dons faits à notre monastère en 1304, par Henri de Bubertré et Marie, sa femme (5).

L'on sait aussi que des bulles furent envoyées à Nicolas par les papes Boniface VIII (1294-1303), Benoît XI (1303-1304) et Clément V (1305-1314).

Un diplôme de Philippe-le-Bel lui parvint en 1304 et il reçut également une charte de Charles I$^{er}$ de Valois, comte d'Alençon et du Perche. On ne nous dit pas si ce fut la même année.

En l'an 1302, Jeanne de Navarre, reine de France avait réclamé

(1) Ibid., p. 440.
(2) Ibid, p. 549.
(3) Ibid, p. 485.
(4) *Inventaire sommaire des archives départementales*, t. I$^{er}$, p. 360.
(5) Abbé Fret, *Antiquités et Chroniques Percheronnes*, t. III, p. 365.

les prières de la Trappe. C'est alors qu'elle fonda dans ce monastère un service annuel ou anniversaire pour le repos de son âme Comme le fait observer Gaillardin, « cette famille si coupable « d'ailleurs envers l'église, semblait chercher dans l'intercession « des moines, un refuge contre la justice divine (1) ».

### § 11. Richard I<sup>er</sup>, huitième abbé. Pénurie de documents relatifs à son administration. L'abbé Fret le passe sous silence. Chartes françaises contemporaines de ce personnage.

RICHARD I<sup>er</sup> aurait, assure-t-on, gouverné de 1310 au 29 décembre 1317, époque de sa mort. On sait peu de chose concernant son administration. L'abbé Fret ne le mentionne pas dans sa liste des supérieurs de la Trappe et le silence de notre chroniqueur sur ce point, semble d'autant plus singulier qu'un peu plus loin, il nous parle d'un abbé Richard, II<sup>e</sup> du nom.

Le cartulaire possède deux chartes, l'une et l'autre en Français, remontant à l'époque où ce personnage dirigeait le couvent de Soligny. La première qui date de 1313 porte donation à la Trappe par Yvart Dylbez (2) et Dynise *(sic)*, sa femme, d'une part à eux appartenant dans le bois du Fretay (3). Quant à la seconde, de 1316, elle ne paraît pas concerner directement notre couvent. Il y est question d'un procès jugé par le bailli d'Alençon, le vendredi après Quasimodo et relatif à des corvées dont les prestataires auraient voulu sans raisons suffisantes, paraît-il, être déclarés exempts (4).

Le cartulaire contient encore bon nombre d'autres pièces également rédigées en Français et dont plus d'une, sans doute, remonte à la même époque; mais comme elles ne portent point de date, nous n'en saurions rien dire de certain.

Enfin l'on garde aux archives de l'Orne des titres à coup sûr contemporains du règne de Richard puisqu'ils remontent à 1317. Aussi bien que ceux de 1303 et 1308, conservés au même dépôt, et dont il a été question plus haut, ils ont trait à la rente établie sur Randonnai (5).

(1) Gaillardin, *Histoire de la Trappe*, t. I<sup>er</sup>, p. 36.
(2) Il s'agit ici sans nul doute d'Yvart d'Illiers, appartenant à la grande famille percheronne de ce nom dont plusieurs membres avaient précédemment fait des donations à la Trappe : le texte de la chapelle devait être : d'*Yllez*, ou d'*Yllers*, formes qui ont pu être facilement écorchées par le rédacteur du cartulaire ou par son copiste moderne.
(3) *Cartulaire de la Trappe*, p. 552.
(4) Ibid., p. 555.
(5) *Inventaire sommaire des archives départementales*, t. I<sup>er</sup>, p. 360.

# CHAPITRE V

## PÉRIODE DE LA GUERRE DE CENT ANS ET ÉPOQUE SUIVANTE

1. Robert II, neuvième abbé. Considérations sur les progrès et la décadence de la civilisation médiévale. — § 2. Etat malheureux de la société pendant le cours du xɪvᵉ siècle. — § 3. Tentative de réforme monastique du pape Benoit XII. — § 4. Apparition des ordres mendiants. — § 5. Débuts de la guerre contre l'Anglais. — § 6. Actes du règne de Robert II.

§ 7. Michel, 10ᵉ abbé. Pénurie de documents relatifs à son règne.

§ 8. Martin Iᵉʳ, onzième abbé. Dommages matériels et moraux qu'éprouvent les établissements religieux et notamment la Trappe par suite de la guerre. — § 9. Permission d'exploiter des mines de fer accordée aux religieux de Soligny. — § 10. Les trappistes obligés d'abandonner leur couvent et de chercher asile au château de Bonsmoulins. — § 11. Chapelle fondée par Marie d'Espagne dans l'église de la Trappe.

§ 12. Richard III, douzième abbé. Incendie du monastère et destruction du chartrier. Donation de Pierre Saradin.

§ 13. Jean-Olivier Parisy, treizième abbé. Les soixante-quinze ans de règne à lui attribués par les auteurs de la Gallia Christiana ne semblent guère admissible. — § 14. Chapitre général de l'ordre de Citeaux. — § 15. Le tableau lamentable de l'état de dérèglement où étaient tombées plusieurs maisons de l'ordre ne s'applique pas au monastère de Soligny. Les trappistes immédiatement relevés d'une sentence d'excommunication qu'ils avaient encourue sans être coupables. — § 16. Libéralités faites au monastère du temps de Jean Olivier.

§ 17. Guillaume II, treizième abbé, connu seulement par une charte de 1403.

§ 18. Jean III, quatorzième abbé, quitte le monastère occupé par les Anglais pour rester fidèle au roi de France. Vol sacrilège dont la Trappe eut alors à souffrir. Charte regardée à tort comme contemporaine de Jean Parisy et qui doit remonter au temps de Jean III.

§ 19. Robert III Lavolle, quinzième abbé, voit le couvent de la Trappe de nouveau livré au pillage. Il est, dit-on, frappé d'excommunication et contraint à abdiquer.

§ 20. *Henri Hohart ou Hoart, seizième abbé, fait condamner par le Parlement son compétiteur Auger de Brie. Indigne conduite de ce dernier. Henri donne sa démission en 1528 et non 1529 comme prétend l'abbé Fret.*

§ 21. *Robert IV, dix-septième abbé, récupère certains biens aliénés par Auger de Brie et en acquiert d'autres encore ; réforme le couvent des Clairets. Les infirmités de Robert le décident à abdiquer.*

§ 22. *Julien des Noës, dix-huitième abbé, voit son élection cassée par le roi. Il est obligé de céder la place à l'abbé commendataire, Jean du Bellay.* — § 23. *Conséquences funestes du système des commendes.*

### § 1. Robert II, neuvième abbé. Considérations sur les progrès et la décadence de la civilisation médiévale.

ROBERT II règne, nous disent les historiens, de 1317 à 1346. Mais il nous faut un instant ici interrompre le fil de notre récit. Essayons, en quelques traits rapides, d'esquisser la physionomie de la période qui a pris fin aussi bien que de l'époque dans laquelle on entre. Mais pour en venir à bout, il nous faudra tout à la fois remonter quelque peu le cours des âges et anticiper sur la marche des événements.

Rétablir, avec le trône des Césars, l'antique paix romaine, instaurer le règne temporel du Christ, tel fut le double objectif constamment poursuivi par Charlemagne. Deux cents ans d'anarchie suivent cette tentative prématurée. Tout en préparant l'avenir, le génie d'un grand homme ne pouvait triompher plus complètement de la barbarie de son temps.

Il faut descendre jusqu'aux débuts du XI° siècle pour voir se dessiner d'une façon bien précise, le mouvement de restauration sociale. Pendant l'espace d'environ une douzaine de générations, il ne fera que s'accentuer chaque jour davantage.

L'état des personnes sera complètement modifié et l'on va voir le servage, cette forme adoucie de l'esclavage païen, ne plus se maintenir, en réalité, que de nom. Cependant l'art, la littérature, l'enseignement de la philosophie revêtent des formes nouvelles et jusqu'alors inconnues.

Vers la fin du XIII° siècle, la civilisation médiévale parvient à cet état de complet épanouissement, présage assuré de prochains et laborieux changements. Comme il arrive d'ordinaire, l'amélioration dans les conditions morales de la société a enfanté le progrès matériel. Ce dernier à son tour, ne pouvant se maintenir par lui-même, amènera un état de décadence au moins temporaire.

La grande époque qui va de l'affermissement du trône capétien à la mort de saint Louis constitue celle de l'idéalisme par excellence. Elle trouve, pour ainsi dire, son parfait emblème dans les statuettes de nos vieilles cathédrales, fort défectueuses, on ne peut le nier, sous le rapport de l'anatomie, mais auxquelles le sculpteur a su donner une expression si angélique. En effet, ce sont alors le sentiment religieux et l'honneur féodal, qui, refrénant les instincts brutaux d'une génération restée encore quelque peu barbare, suppléant à l'imperfection des lois et institutions, seuls tracent sa voie à l'humanité.

Tout autre sera le spectacle offert par le siècle qui va suivre. Au développement normal et continu de l'époque qui a pris fin succèdent le malaise et l'inquiétude des âges de transition.

Entre le moyen-âge qui, après une carrière féconde, bien que singulièrement agitée, voit commencer sa longue agonie, et les temps modernes dont l'aurore n'a pas lui encore, la société se trouve comme désorientée. La civilisation, à certains égards, subit un moment de recul.

La philosophie de saint Thomas si lumineuse, si substantielle, commence à être abandonnée pour les subtilités de la scolastique. Plus de cinq siècles s'écouleront avant qu'on ne comprenne que le progrès véritable consiste à revenir aux enseignements de l'ange de l'école.

L'architecture religieuse qui fut, par excellence, la gloire de la période médiévale, de même que la statuaire celle du siècle de Périclès, la peinture l'honneur de l'Italie au temps des Raphaël et des Michel Ange, atteint, suivant l'opinion la plus générale, son apogée vers le règne de saint Louis. C'est la phase réputée classique de l'art dit *ogival*. En attendant le mouvement de la Renaissance qui va tourner les esprits vers l'étude et l'imitation de l'antique, elle ne fera plus que se survivre à elle-même et le génie des *maîtres ès-œuvres* subit une sorte d'éclipse. Sans doute les xiv⁰ et xv⁰ siècles verront encore s'élever de beaux spécimens de l'art gothique ; mais d'un faire trop tourmenté, ils n'auront plus ni le caractère si profondément hiératique du Roman, ni la grâce sévère des monuments de l'âge dit de *transition*, ni enfin cette *vastitude sombre* justement admirée par Montaigne dans les églises chrétiennes de l'époque des dernières croisades.

Plus rapide encore et plus profonde se manifeste la décadence de l'art spiritualiste par excellence, à savoir la musique. Dès le temps de Philippe-Auguste, le plain-chant grégorien dont la solennité et l'inspiration profondément religieuse avaient charmé tant de générations de fidèles, tend à perdre de sa pureté primitive. Voici que non seulement les mélodies, mais encore les chansons profanes se mettent à envahir le sanctuaire. Vainement, dans sa bulle donnée à Avignon en 1322, le pape Jean XXII se plaindra de ce fâcheux état de choses avec une légitime amertume. Chaque jour, le mal s'aggrave et le souvenir des anciens chants s'efface si bien de la mémoire des jeunes générations que tous les efforts des érudits suffisent à peine aujourd'hui pour en établir le véritable caractère. Pendant bien des années, nul n'aurait été capable de nous dire, au juste, en quoi ils consistaient. L'on a pu sans exagération leur appliquer le mot de l'antique écrivain à propos de la célèbre métropole chaldéenne devenue un désert : « *Etiam periere ruinæ.* » Bref, l'abus des airs populaires substitués aux mélodies grégoriennes apparaît si intolérable qu'il était question de proscrire toute espèce de chant de l'église, lorsque vers la fin du xv⁰ siècle, Palestrina vint ouvrir de nouveaux horizons à la musique sacrée.

Enfin, l'étude de la littérature du temps atteste, elle aussi, le même état de désarroi intellectuel. Ils sont passés, ces jours, où semblables aux aèdes de l'ancienne Grèce, trouvères et jongleurs allaient, de château en château, charmer les fiers barons, leurs épouses et jusqu'à leurs *petits enfançons*, par le récit des hauts faits

.... de Rolanz et des vassaux
Qui moururent à Rincevaux.

Peu à peu, les insipides romans de chevalerie se substitueront dans le souvenir des hommes à ces vénérables chansons de geste où la muse féodale, en dépit de son inexpérience et de sa rude naïveté, s'élève, portée sur les ailes de la Foi, à des hauteurs que ne connut point la muse Homérique.

Et encore, si les générations d'alors, semblables à l'éphèbe que fatigue une croissance trop rapide, n'avaient eu à subir que ces épreuves morales, apanage ordinaire de toute société en voie de transformation ! Mais les choses seront bien loin de se passer de la sorte. Aussi malgré les misères dont ils furent accompagnés, qu'ils paraîtront grands et nobles ces siècles des croisades et de la chevalerie, surtout vus à une certaine distance et comparés au lamentable spectacle qu'offre la période dans laquelle nous entrons ! C'est qu'en effet rien de ce qui peut faire souffrir les mortels ne lui fut épargné et l'on eût dit, suivant l'énergique expression de je ne sais plus quel auteur, que « Dieu était saoûl d'avoir baillé des miséricordes ». Aux maux de la guerre contre l'Anglais qui, se prolongeant pendant plus d'un siècle (1337-1453), apparaîtra presque aussi féconde en douleurs qu'a pu l'être la grande invasion du v⁰ siècle, va se joindre une des plus épouvantables calamités dont l'histoire ait gardé le souvenir. Nous voulons parler de cette épidémie de 1348, laquelle coûta, assure-t-on, à notre Occident plus du tiers de sa population. En vérité, les hommes d'alors durent se croire arrivés aux jours d'angoisse et d'effroi, symbolisés dans le livre de l'apocalypse par ces quatre coursiers mystérieux que chevauchent les démons de la servitude, de la guerre, de la famine et de la peste.

Quelles conséquences entraîna ce dernier fléau à l'égard de nos trappistes ? C'est ce que le silence des documents ne permet pas de préciser. On a lieu néanmoins de les supposer funestes à bien des égards. Il dut, sans doute, en être pour les habitants du monastère de Soligny comme pour tant d'autres cénobites. Les plus fervents succombent rapidement, victimes de leur zèle à soigner et administrer les moribonds, et ce ne fut pas toujours l'élite de la communauté qui figura au nombre des survivants.

Afin de reposer un peu les yeux du lecteur de ces scènes d'affliction et de deuil, entretenons-le quelques instants d'un événement on ne peut plus heureux pour les enfants de saint Bernard.

Nous voulons parler de la réforme monastique due au pape Benoît XII. L'élection de ce pontife pieux et zélé (1334) ranime les espérances des amis les plus dévoués de la règle cistercienne. A peine eut-il été proclamé chef de l'église, que l'on voit Guillaume, abbé de Cîteaux, Jean de la Ferté, Jean de Clairvaux et Raynald de Morimond, se rendre au Pont de Sorgue où résidait le nouveau pape. Ils lui représentent la nécessité qu'il y a à combattre des abus tendant à devenir chaque jour plus graves, à ramener l'ordre de Cîteaux à son primitif esprit de ferveur.

Benoît partageait, de tous points, leurs sentiments et manière de voir.

Après avoir, dans sa bulle, donné à la famille cistercienne des éloges mérités, il signale le mal existant, prescrit les remèdes à employer. L'imprudence de quelques abbés avait plus ou moins compromis les intérêts matériels de leurs communautés. Cela était d'autant plus regrettable qu'à cette époque une grande partie du numéraire en circulation se trouvait entre les mains des Juifs et que le taux de l'intérêt s'élevait souvent jusqu'à quarante ou cinquante pour cent. Aussi le sage pontife, convaincu que le progrès spirituel des religieux dépend, pour une part notable, de la bonne gestion financière de la communauté, a-t-il soin de décréter ce qui suit : « Tous les abbés, avant d'entrer en charge,
« prêteront serment de ne jamais vendre ni aliéner les biens de
« leurs monastères, sans l'aveu de la communauté et la permis-
« sion du chapitre général. » Mais si l'aliénation ou la vente devait être considérable, l'autorisation du chapitre cessait

d'être suffisante et il fallait soumettre la question au saint-siège. Le consentement de la communauté se trouvait également nécessaire à l'abbé pour faire un emprunt. Toutefois, si une absence le mettait dans l'impossibilité de solliciter ladite approbation, on lui permettait d'emprunter, mais jusqu'à concurrence de cent livres seulement.

En outre, ajoute la bulle, « les officiers du monastère, tels que
« camériers, procureurs, prêteront serment d'administrer avec
« fidélité les biens à eux confiés et ils rendront leurs comptes
« à l'abbé et à la communauté, quatre fois l'an. L'abbé lui-même,
« tous les ans, une fois, rendra compte de ses recettes et dépenses
« devant les anciens et les procureurs.

« Les visiteurs, commis pour prendre connaissance de l'état
« des monastères, ne pourront demeurer dans chacun que cinq
« jours, dont trois seulement seront employés à la visite. Ils ne
« recevront de la maison que leur nourriture et celle de leur
« suite, et la dépense n'excédera pas ce qui a été réglé par le
« pape Clément IV. Les autres abbés ou religieux en voyage ne
« devront pas séjourner plus de deux jours dans les monastères
« où ils passeront, quand bien même, par politesse, on les enga-
« gerait à rester davantage, à moins cependant qu'ils ne fussent
« malades ou fatigués, auquel cas on aura pour eux les égards
« prescrits par la charité et cette pieuse hospitalité qui constitue
« le caractère propre de l'ordre. »

Si l'esprit de piété demeurait encore ardent chez les religieux de Cîteaux, en revanche, les liens de la hiérarchie s'étaient depuis plus d'un demi-siècle, nous l'avons vu, un peu relâchés. On n'était plus exact à se rendre au chapitre général, on refusait de payer les contributions nécessaires à son existence. Aussi voyons-nous le saint-père prendre des mesures énergiques pour que les statuts de l'ordre soient dorénavant fidèlement observés sur ce point.

Une seule circonstance, celle de maladie grave, peut excuser l'abbé immédiat qui ne se rend pas aux réunions capitulaires. Dans tous les autres cas, son absence sera punie d'une amende s'élevant au double de la dépense qu'aurait occasionnée son voyage. Si le délinquant refuse de payer soit cette amende, soit les contributions générales, « d'autorité apostolique et sans qu'on
« soit admis à prétexter un appel, pouvoir est donné à l'abbé de
« Cîteaux et à chacun des quatre premiers pères, de le contraindre
« par toutes les censures de l'église ».

Le choix des novices devait naturellement aussi appeler l'attention du pontife réformateur. A cette époque, en effet, comme le fait observer l'auteur des annales d'Aiguebelle, les vocations tendaient à devenir beaucoup plus rares, en raison soit de la multiplication des monastères, soit de la naissance de nouveaux ordres, soit enfin par suite de la diminution du sentiment religieux déjà signalée. Aussi Benoît recommande-t-il, quelle que soit la pénurie de sujets, de ne jamais recevoir que des personnes capables de remplir avec la dignité convenable les cérémonies du culte divin et autres obligations monastiques. Du reste, l'admission ne doit être faite que du consentement des anciens ou de la partie la plus saine de la communauté.

« L'amour du faste et de la grandeur, ajoute l'auteur que nous
« venons de citer, sans faire davantage de progrès, n'était cepen-
« dant pas éteint dans le cœur de certains abbés de l'ordre.
« Clément IV s'était efforcé de ramener leur suite au nombre fixé
« par les statuts, mais son ordonnance ne concernait que les visi-
« teurs, ainsi que le temps de la visite et de la tenue du chapitre géné-
« ral. Ces dignitaires crurent donc pouvoir s'en dispenser en toute
« autre circonstance. Le peu de sûreté des routes, alors infestées
« de bandes de soldats, de pillards vagabonds, semblait aussi les
« y autoriser. Mais Benoît XII, lui, va droit au but, il coupe court
« à toute équivoque. Il restreint la suite des abbés, quelles que
« soient les circonstances, à quatre personnes avec leurs mon-
« tures, et, de plus, un clerc séculier ou un laïc chevauchant de
« compagnie, à leurs côtés. Plus de pages en robes rayées ou de
« couleurs mi-parties, mais une livrée simple. Pour les abbés et
« leurs moines, pas d'étoffes fines et délicates, de la laine seule-
« ment et de couleur naturelle, blanche ou brune. Ils rejetteront
« absolument l'usage des vases d'argent, des couvertures ornées
« et autres ornements sentant le luxe et la recherche. »

Des abus de nature plus grave, bien qu'ils ne se fussent produits que dans un petit nombre de monastères, réclamaient un prompt remède. « Certains abbés et religieux, continue l'anna-
« liste, se prévalant de dispenses accordées, prétendaient-ils,
« par le Saint-Siège, usaient, sans scrupules, nonobstant la pra-
« tique constante de l'ordre, de chair, dans des chambres parti-
« culières et en dehors de l'infirmerie. Quelques prieurs,
« celleriers et autres religieux avaient pour leur usage particulier
« des chambres hors du dortoir, où ils se retiraient la nuit et où
« ils mangeaient en compagnie d'invités, des aliments interdits
« par la règle, et cela sans permission du Père abbé. »

Une infraction non moins blâmable consistait dans la violation du vœu de pauvreté. L'on citait des maisons où les moines étaient devenus propriétaires. Ils se partageaient les revenus de l'abbaye ou bien recevaient, par tête, une portion déterminée de blé, de vin ou même d'argent. Chacun d'eux, d'ailleurs, usait à son gré de la portion à lui assignée, faisait son petit ménage, pourvoyant à sa nourriture et ayant même, au besoin, son cheval à l'écurie. Quelques religieux allaient jusqu'à faire des échanges, vendant, achetant comme de véritables commerçants.

Dans le but de mettre fin à de si grands maux et de rétablir l'antique discipline, le pape défend absolument l'usage de la viande, hors le cas de maladie. Alors même qu'on aurait obtenu des dispenses du Saint-Siège, celles-ci seront révoquées comme scandaleuses et déclarées de nul effet. « Tout délinquant, pro« nonce la bulle, sera tenu de jeûner au pain et à l'eau, et « recevra la discipline pour chaque manquement. Celui qui « tomberait souvent dans cette même faute deviendra, par ce « seul fait, inhabile aux emplois et à toute charge d'adminis« tration, pendant deux années. Toutes les chambres, construites « hors du dortoir et de l'infirmerie, les cellules mêmes du dortoir « seront jetées bas dans l'espace de trois mois, à partir de la « publication de la bulle. Défense absolue d'en construire à « l'avenir et quiconque voudra s'opposer à cette mesure ou « y apportera quelque empêchement direct ou indirect, encourra « *ipso facto*, la sentence d'excommunication. »

Benoit XII condamne également les partages et distributions des produits du sol ou de l'industrie du couvent entre les moines, et révoque ce qui a pu être établi à cet égard. Tous les revenus du monastère, quelle qu'en soit la provenance, devront, dorénavant, être appliqués à l'usage commun. L'abbé qui renouvellera ou permettra ces partages prohibés devra être déposé. Il est prescrit à tous les supérieurs de communauté de pourvoir aux besoins des moines et convers, selon les ressources de la maison, la nature du pays et les conditions climatériques. Défense est faite de recevoir plus de personnes que l'état de la communauté ne permet d'en entretenir.

« La bulle, comme le fait encore observer l'auteur des *Annales*, « ne fait aucune mention du travail manuel. Que conclure de là ? « Qu'il ait été aboli ? rien sans doute de moins logique et il sem« ble que c'est précisément tout le contraire qu'il convient d'af« firmer. Un pape élevé dans le cloître et, d'ailleurs, si éclairé ne « pouvait ignorer que le travail des mains constituait une pra« tique essentielle à l'état monastique, spécialement à l'ordre de « Cîteaux ; et l'on ne saurait prétendre, après les mesures énu« mérées plus haut, que la fermeté lui eût manqué pour le mettre « en vigueur, s'il avait été abandonné. Ce n'était peut-être plus « les rudes travaux d'autrefois. La transcription des manuscrits, « les offices intérieurs de la maison, la culture des jardins, voilà « à quoi se réduisaient ordinairement les occupations des moines. « Le travail des champs se trouvait à peu près laissé aux bras des

« frères convers. Les besoins des monastères n'exigeaient pas da-
« vantage et Benoît XII n'eut rien à réformer de ce chef. »

Reste la question des études qui avaient toujours été en honneur chez nos religieux. Sans entrer, à cet égard, dans de plus longs développements, rappelons-nous la règle de Saint Benoît prescrivant de faire alterner la lecture avec le travail manuel, et la pratique des moines de Molesme dont l'étude, la prière et la célébration de l'office divin constituaient les seules occupations. Les statuts de l'ordre de Citeaux, de leur côté, font mention du *scriptorium* où « les religieux ont coutume d'écrire » et recommandent d'y garder le silence, tout comme dans l'intérieur du cloître.

Non seulement l'étude, mais encore l'enseignement étaient admis chez nos Cisterciens. Ainsi, les chapitres généraux autorisent à donner l'enseignement dans le monastère et les lieux qui en dépendent, mais seulement aux moines et novices, et cela à l'exclusion de toute autre personne. N'avait-on pas vu, enfin, Etienne de Lexington, abbé de Clairvaux, fonder à Paris le collège Saint-Bernard, le premier qu'ait possédé cette capitale? Ajoutons qu'il fut en 1245, approuvé formellement par décision du chapitre général.

Toutefois, comme le fait observer l'auteur des *Annales*, jusqu'alors l'enseignement n'avait, chez nos moines, joué qu'un rôle assez secondaire. Cela se conçoit sans peine. On ne recevait généralement comme novices que des enfants d'au moins quinze ans et encore s'en présentait-il peu qui ne fussent d'un âge plus avancé. La plupart d'entre eux avaient par suite déjà reçu un certain fonds d'éducation et se trouvaient en état de continuer seuls à développer leur savoir et à cultiver leur esprit.

## § 4. Apparition des ordres mendiants.

Toutefois, il convient de le reconnaître, les progrès des ordres mendiants et voués à la pauvreté, créés par saint Dominique (1215) et surtout par saint François d'Assise (vers 1209) tendaient à faire baisser le niveau des études au sein de la famille Cistercienne. Ces nouvelles milices, bien qu'au bout d'un siècle, leur esprit primitif de ferveur se fût un peu relâché, continuaient à attirer à elles non seulement les âmes les plus pieuses, mais encore les plus hautes intelligences. Tout ceci n'offre, d'ailleurs, rien que de bien naturel et l'on ne saurait conclure de là, à une infériorité des enfants de saint Benoît sur le terrain de la spiritualité.

C'est que chaque institution monastique, si nous osons employer ce mot, a son objectif propre, sa mission particulière à remplir. Le Ciel la fait surgir à l'heure propice, et dans les conditions les plus favorables au bien des âmes et à l'édification des fidèles.

Né, pour ainsi dire, du besoin de régulariser la piété, à une époque et dans un milieu où la vie érémitique cessait d'être praticable, l'ordre du Mont-Cassin dont Cîteaux ne constitue qu'une branche se distingue de tous les autres par son caractère de généralité et d'universalité. Il convient à peu près également à tous les temps et à tous les lieux. Sa naissance devait donc suivre de près la chute du paganisme et le triomphe de la foi chrétienne. Sa raison d'être subsiste d'ailleurs tant que se rencontreront en ce bas monde, des âmes avides de se consacrer à Dieu et de progresser dans la voie de perfection.

Les ordres des dominicains et des Frères Mineurs se présentent sous un aspect assez différent.

Ils répondaient merveilleusement aux besoins spéciaux des générations contemporaines, et leur mérite, si l'on peut se permettre une pareille expression, était, en partie du moins, un mérite d'actualité. L'on ne concevrait guère l'éclosion de ces familles monastiques à une autre époque qu'aux débuts du XIII° siècle, de même que l'apparition des enfants de saint Ignace de Loyola serait difficile à comprendre avant celle du protestantisme. Pour nous rendre compte de tout ceci, voyons quel spectacle offre l'histoire de ces temps-là.

Un certain fonds de rudesse, legs de l'antique barbarie, continuait à régner dans les mœurs, de même qu'un certain degré d'anarchie dans les institutions. Et cependant, leur contre-poids naturel, à savoir le sentiment religieux, avait bien fléchi depuis cent ans !! Il ne parvenait pas avec la même efficacité qu'autrefois à inspirer aux hommes, sinon la douceur, du moins la bonté et la charité. On ne le voyait plus comme jadis transformer en généreux et loyaux paladins, en protecteurs du faible et de l'opprimé, en libérateurs du Saint-Sépulcre, ces farouches guerriers si fiers de leur sauvage indépendance.

D'autre part, les développements du commerce, le réveil de l'industrie venaient ajouter à ces vices des périodes primitives, ceux d'époques plus raffinées, l'âpreté au gain, l'amour du luxe, la soif des richesses. De là cet esprit de dureté et d'égoïsme, ce mépris pour le pauvre et le misérable, qui constituent, en quelque sorte, la physionomie morale de la société d'alors. Depuis le temps du paganisme, jamais les enseignements du Christ qui ne font qu'un même précepte de l'amour pour Dieu et de l'amour pour ses semblables, n'avaient été davantage méconnus et foulés aux pieds. Ç'aurait été à désespérer de l'avenir de la chrétienté, si de l'excès du mal n'avait surgi ce que l'on pourrait justement appeler l'excès du remède.

Ce fut surtout François d'Assise que la Providence chargea de l'administrer. La parole enflammée du saint prédicateur vint réveiller les populations de leur engourdissement, les conviant à la pauvreté volontaire et au renoncement. Et quelle plus éloquente protestation contre l'orgueil des contemporains et leur attachement aux biens terrestres que cette règle qui, glorifiant l'indigence, élevait la mendicité jusqu'à la hauteur d'une vertu.

Aussi, grand fut son succès; les cœurs, épris d'idéal, vinrent en foule, s'enrôler sous la bannière du séraphique amant de la pauvreté, délaissant, au moins d'une façon momentanée, les autres ordres religieux. C'est un peu le même sentiment qui, en d'autres temps fera préférer à tant de pieux chrétiens, l'austérité du cloître ou les fatigues du missionnaire à l'existence plus paisible du prêtre séculier.

Toutefois, il fallait éviter que ce renouveau de l'esprit de piété n'en vînt à porter préjudice aux autres instituts monastiques. Précisément à mesure que le niveau des études avait baissé chez les Cisterciens, on signalait chez eux une certaine tendance à se préoccuper davantage des intérêts matériels, à se transformer en industriels et en marchands. Benoît XII sentant à quel point la culture de l'esprit peut parfois être profitable, même sous le rapport religieux, et désirant procurer également le bien de toutes les familles monastiques placées sous son universelle juridiction, s'empressa de combattre cet abus comme tous les autres et il y consacre la troisième partie de sa bulle.

Ainsi, nous le voyons, non seulement approuver les collèges Cisterciens de Paris, d'Oxford, de Toulouse, de Montpellier, établis depuis longtemps, mais encore transférer à Salamanque celui d'Estella au diocèse de Pampelune, enfin prescrire la création de deux nouvelles universités : l'une à Bologne pour les Italiens, la seconde à Metz, pour la filiation de Morimond, laquelle s'étend surtout en Allemagne. Le pape descend dans tous les détails ; il règle le nombre et la qualité des sujets qui doivent être envoyés, fixe la dépense des maîtres et le coût de leur entretien, organise enfin les choses de façon à assurer l'heureux succès de son entreprise (1). Ajoutons que, depuis, les Souverains Pontifes ont constamment marché sur ses traces. C'est un sujet, du reste, sur lequel nous aurons à revenir à propos de la vie de l'abbé de Rancé.

Telle est cette fameuse réforme Bénédictine qui contribua tant à ranimer l'observance Cistercienne et qui l'eût affermie à jamais, si rien pouvait durer éternellement en ce monde, et si les évènements n'avaient pas été plus forts que la sagesse et la sollicitude d'un grand Pape.

« ..... *Si Pergama dextrâ*
« *Defendi possent etiam hâc defensa fuissent.* »

---

(1) *Annales d'Aiguebelle*, t. 1er, chap. X, pages 241 et suiv.

## § 5. Débuts de la guerre contre l'Anglais.

Quant à l'autre événement contemporain du règne de Robert II, nous n'insisterons pas sur son caractère tragique, car il ne fut autre que le début de cette cruelle guerre de Cent Ans, qui mit notre pays à deux doigts de sa perte. C'est effectivement en 1337 qu'éclata la rupture entre les gouvernements de France et d'Angleterre. Pendant plus d'un demi-siècle, nos défaites vont se succéder, aussi sanglantes que désastreuses. Celle de Crécy en 1346, — Poitiers en 1356, — enfin, celle d'Azincourt, la plus terrible de toutes, date de 1415. Elles apparaîtront entremêlées d'insurrections et de malheurs de toutes sortes. C'en était fait de la nation française, si le Très-Haut ne s'était plu, pour ainsi dire, à venir lui-même à notre secours. Il suscita une faible jeune fille, la vierge de Domrémy. Aussitôt, voilà l'ennemi en fuite et notre territoire délivré du joug Britannique. C'est que, depuis le jour du baptême de Clovis, Dieu n'a cessé, malgré toutes nos faiblesses, toutes nos défaillances, de voir en nous des enfants de prédilection. On dirait qu'il a fait de notre France, l'objet d'une Providence particulière, la dirigeant, la guidant et la châtiant même au besoin, mais sans pouvoir se résoudre à jamais l'abandonner complètement. La fille aînée de l'Eglise a droit, comme jadis la race bénie, de s'appliquer le mot du psalmiste : « *Non fecit taliter omni nationi.* »

On ne nous dit pas que la Trappe ait eu à souffrir de la guerre contre l'Anglais, pendant l'administration de son neuvième abbé. Il sera bien loin d'en être de même un peu plus tard.

Quoiqu'il en soit, c'est à Crécy que Charles II dit *le Magnanime*, fils de Charles I$^{er}$ de Valois, et comte du Perche, trouve une mort glorieuse. Il laisse le gouvernement de ses états à sa veuve, la pieuse et bienfaisante Marie d'Espagne.

## § 6. Actes du règne de Robert II.

Nous venons de parler assez en détail des événements contemporains du règne de Robert II. Un mot maintenant au sujet de ses actes et de son administration. L'énumération n'en sera, certes, pas longue. Il reçoit plusieurs terres de Charles de Valois. Le comte du Perche les avait données à la condition que les religieux prieraient pour le repos de son âme et de celle de Jeanne de Joigny, sa première femme.

Mentionnons, pour les années 1322 et 1323, quelques accensements sans importance, la concession d'une lande sise à Conturbie, ainsi que l'acquisition d'une rente de blé faite moyennant le paiement d'une somme de huit livres tournois (1).

---

(1) *Cartulaire de la Trappe*, pages 489 et suiv.

En 1329, le dimanche après *oculi mei* nous dit la charte originale, Robert de Tournay concède aux Trappistes le huitième d'un fief de chevalier avec droit aux forêts de Mahéru et six deniers de rente à percevoir chaque année. En retour, le donateur, qui fut enseveli dans l'église de la Trappe, demande qu'une messe soit dite tous les jours dans ce monastère à son intention et à celle de feu Agnès de Chauvignei, son épouse. La même année, Robert de Tournay ratifie ladite libéralité. Il déclare expressément que si « Très noble et excellent prince, monsieur Charles de Valloys « (sic), frère dou roy de France, comte dou Perche et sire de Feu- « gières » ne consentait pas à accorder l'amortissement aux Trappistes, il leur donnerait autre chose d'égale valeur, en échange. Ajoutons qu'il n'y eut nul besoin d'en venir là et que Charles II approuva pleinement tout ce qu'avait arrêté le généreux chevalier. C'est ce qu'établit une pièce aujourd'hui encore conservée aux archives de l'Orne (1).

L'on garde, d'ailleurs, aux mêmes archives, plusieurs titres concernant la rente de Randonnai et remontant aux années 1317, 1332, 1341, contemporains, par conséquent, du règne de Robert II (2).

Enfin, c'est l'année même de sa mort survenue le 24 juin 1346, que notre abbé reçoit la terre de la Brisardière. Jeanne, chatelaine de Longny la concédait afin de s'assurer la faveur d'être ensevelie dans l'enceinte du monastère (3).

### § 7. Michel, 10ᵉ abbé. Pénurie de documents relatifs à son règne.

X. MICHEL est un des abbés sur le compte duquel nous possédons le moins de renseignements. L'historien anonyme déclare qu'il resta fort peu de temps à la tête du monastère (4). L'abbé Fret ajoute que ce fut à cause de la guerre contre les Anglais (5). Gaillardin nous prévient, d'autre part, qu'on ne trouve rien de ses actions, ni dans les chartes, ni dans les traditions du monastère (6). Quant à M. Duval, il le passe entièrement sous silence.

Faisons observer, toutefois, qu'entre l'année 1346 où mourut son prédécesseur Robert II jusqu'à l'avènement de Martin Iᵉʳ qui daterait de 1360 ou 1361, il n'est fait mention d'aucun autre abbé

---

(1) M. L. Duval, *Inventaire sommaire des archives départementales*, p. 363.
(2) Ibid., p. 360.
(3) Abbé Fret, *Antiquités et Chroniques Percheronnes*, t. III, p. 306.
(4) *Histoire civile, religieuse et littéraire de l'Abbaye de la Trappe* p. 60.
(5) Abbé Fret, *Antiquités et Chroniques Percheronnes*, t. III, p. 390.
(6) Gaillardin, *Histoire de la Trappe*, t. Iᵉʳ, p. 37.

que de cedit Michel ; ce qui lui constituerait une durée de règne de quatorze à quinze ans.

Cette manière de voir nous semble, somme toute, la plus acceptable et nous admettrions volontiers que si l'on n'en sait pas davantage sur l'administration du dixième supérieur de la Trappe, cela tient spécialement à l'incendie des archives du monastère, lequel eut lieu du temps de l'abbé Richard II.

Il n'y aurait donc rien d'impossible à ce que le gouvernement de Michel ait été contemporain pour partie de ceux des papes Clément VI (1342-1352) et Innocent VI (1352-1362). C'est alors qu'a régné en France, Philippe VI, de Valois (1328-1350) et que Marie d'Espagne, veuve de Charles II (1346-1367) administra le comté du Perche.

Dans l'hypothèse ci-dessus émise, on devrait attribuer à l'époque de ce successeur de Robert II deux des titres concernant la rente de Randonnai, à savoir ceux qui datent de 1347 et 1360 (1). Il en est de même pour la charte, moitié en français, moitié en latin, de février 1356. Elle parle d'accensements faits à la Trappe par un nommé Jean Fatin

### § 8. Martin Ier, onzième abbé. Dommages matériels et moraux qu'éprouvent les établissements religieux et notamment la Trappe par suite de la guerre.

XI. MARTIN Ier aurait, nous dit l'abbé Fret, commencé à régner vers 1361 et serait mort le 3 avril 1376. Ces calculs méritent, pensons-nous, de passer pour exacts et conformes à la réalité des faits.

Quoiqu'il en soit, nous voici arrivés à une période non moins funeste au clergé régulier qu'aux laïcs. Alors, comme le dit Gaillardin, nulle paix, nulle sécurité, nul respect des choses divines et humaines, « La peste et les Anglais vainqueurs, étendent par-
« tout leurs ravages. Malheur aux religieux qui, comme ceux de
« Citeaux, avaient choisi pour demeure les solitudes profondes,
« loin des villes et des moyens de défense, dans l'espoir d'échap-
« per aux rapines ou à la curiosité. Il n'y avait pas de route in-
« trouvable, pas de retraite inaccessible pour les gascons et les
« malandrins ; il fallait tout livrer aux pillards, même les vases
« sacrés. Souvent, il fallait fuir, chercher un asile dans le monde,
« vivre parmi les séculiers, et attendre, dans le trouble, le retour
« de la paix et de la régularité. Encore, si ces fugitifs, rendus plus
« fervents par le malheur, avaient pu s'isoler au milieu du bruit,

---

(1) *Inventaire sommaire des Archives départementales*, p. 360.

« et se faire, de leur propre cœur, un monastère inaccessible à
« cette force humaine qui ne peut rien sur les âmes ! Mais, déjà
« l'ordre de Citeaux est bien déchu de sa vertu première, etc.,
« etc. » On remarquait effectivement moins de frugalité dans la
nourriture des moines. Ils fuyaient les travaux rudes et pénibles
auxquels on les avait vus jadis se soumettre avec tant d'allégresse.
Le temps réservé à la méditation se trouvait raccourci : le vœu de
pauvreté était mal observé. Enfin, l'on voyait même la surveillance
des supérieurs se relâcher chaque jour davantage. Les conséquences de cet état de choses ne tardent pas à se faire sentir. Non
seulement la fécondité de l'ordre semble tarie, mais déjà on ne
trouve plus dans le peuple ce profond respect à l'égard des cénobites
que les disciples des Albolde et des Adam Gautier s'étaient attiré par leurs éminentes vertus. Aussi les fondations pieuses tendent-elles à devenir chaque jour moins nombreuses.

Ajoutons à l'honneur du monastère de Soligny qu'il sut échapper
à cette décadence générale. Ses habitants conservent leur antique
esprit de ferveur au milieu des cruelles épreuves qu'ils ont à subir.

### § 9. Permission d'exploiter des mines de fer accordée aux religieux de Soligny.

Ce serait, dit-on, en 1361, que Charles III de Valois, comte du
Perche, aurait accordé à l'abbé Martin, le droit d'exploiter des
mines appartenant à la Trappe et de fabriquer du fer (1). Le charitable prince voulait ainsi indemniser le monastère des dommages que lui avait causés la guerre contre les Anglais. Il y a visiblement ici erreur. Elle porte, du reste, non sur le fait de la
concession en lui-même, mais sur les circonstances qui l'accompagnèrent. Ce n'est que dans la période comprise entre 1492 et
1525, que nous rencontrons un Charles III, duc d'Alençon et
comte du Perche. Marie d'Espagne, veuve de Charles II, garda
l'administration du Perche, nous l'avons déjà dit, de 1346 à 1367,
pendant la minorité de ses fils. Au nombre de ces derniers, s'en
trouvait un, à la vérité, portant le nom de Charles, mais il ne reçut en apanage que l'Alençonnais et nullement la province du
Perche. D'ailleurs, nous le voyons, dès l'âge de vingt-trois ou
vingt-quatre ans, renoncer aux biens de ce monde pour entrer
dans l'ordre des Frères Prêcheurs. En un mot, l'administration de
l'abbé Robert II fut contemporaine de la fin de la régence de la
comtesse Marie et des débuts du gouvernement de Robert,

---

(1) *Histoire civile, religieuse et littéraire de la Trappe*, p. 60. — Gaillardin, *Histoire de la Trappe*, t. Ier, p. 38. — *Histoire populaire illustrée de la Grande Trappe*, p. 254.

comte du Perche et quatrième fils de Charles II. On sait, en effet, qu'il avait commencé en 1367 pour prendre fin en l'année 1377 (1).

Concluons de tout ceci que ladite autorisation d'exploiter, datée de 1361 doit forcément émaner de la régente Marie. Peut-être, aura-t-elle fait, par pure courtoisie, figurer dans l'acte, le nom de son fils Charles. Il n'avait pas, en droit strict, à y figurer.

La même année intervient une sentence de Jean Leconte, bailli d'Alençon. Ce magistrat, « à la requête de Simon de la Roche, « attourné et procureur des religieux de la Trappe, accorde main- « levée d'une forfaiture d'un de leurs hommes, lequel avait été « condamné par justice, pour ses démérites, attendu que les hé- « ritages saisis faisaient partie du fief et aumône des religieux, « laquelle était croisée. » (2).

### § 10. Les trappistes obligés d'abandonner leur couvent et de chercher asile au château de Bonsmoulins.

Cependant, la lutte contre l'Anglais ne tarde pas à reprendre plus furieuse que jamais. C'était une guerre civile et féodale, mais doublée, en quelque sorte, d'une guerre de race. De là ce caractère de sauvagerie que nous lui voyons revêtir, pour ainsi dire, dès ses débuts, et qu'elle conservera jusqu'au jour du supplice de Jeanne d'Arc. Réduits à la nécessité d'abandonner leur monastère, mal protégés contre un coup de main, nos religieux reçoivent l'hospitalité, non loin de là, au château de Bonmoulins. Ils y demeurèrent l'espace de deux années, défendus contre les entreprises des soudards par les hautes murailles de la forteresse. L'on continua à y observer les pratiques de la vie pénitente aussi scrupuleusement qu'à la Trappe de Soligny. Un tel exemple de fidélité à la règle contrastait avec le relâchement de plusieurs autres maisons Cisterciennes. Sitôt l'orage passé, nos pieux cénobites s'empressent de revenir à leur cloître, profitant ainsi des quelques années de repos assurées à la France par la sagesse du roi Charles V.

### § 11. Chapelle fondée par Marie d'Espagne dans l'église de la Trappe.

Il est question dans l'inventaire de trois chartes conservées aux archives de l'Orne et certainement contemporaines du règne de Martin Ier. La première, remontant à 1371 se rapporte à un accord entre les religieux représentés par Jean des Barres, leur procu-

---

(1) Abbé Fret, *Chroniques Percheronnes*, t. III, pages 455.
(2) M. L. Duval, *Inventaire sommaire des Archives départementales*, p. 360.

reur, et le nommé Colin de la Barre. Quant à la seconde, elle relate une sentence de Jouguet, vicomte du Perche, rendue en 1373. Silence perpétuel y est imposé à Simon Droucet, procureur de la Trappe sur une demande en cas de garantie concernant une rente de soixante sous (1). La dernière pièce enfin, datée de 1374, se rapporte à la prise en fief d'une maison appartenant à la Trappe et sise à Bonsmoulins, par un nommé Geoffroy Nicolas (2).

C'est enfin en 1375 que Marie d'Espagne fonde une chapelle dans l'église de la Trappe (3).

### § 12. Richard II, douzième abbé. Incendie du monastère et destruction du chartier. Donation de Pierre Saradin.

XII. RICHARD II fut sans doute nommé dans le courant de l'année 1376. On fixe sa mort au 1er octobre 1382. Les renseignements nous font défaut sur le règne de cet abbé. Tout ce que nous savons, c'est qu'il trouva, nous dit Gaillardin, la Trappe pauvre à son avènement et ne put en réparer les pertes. Les visites désastreuses des hommes de guerre, les nouveaux ravages des Anglais épuisaient toutes ses ressources. Ce sont ces derniers, paraît-il, qui mirent le feu au monastère. La plupart des pièces conservées au chartrier furent détruites. Seuls, l'église et le chapitre auraient été épargnés.

En 1379, nous voyons Pierre Sarradin, sieur de Saint-Mard, faire une donation à ladite église. On ne nous dit pas en quoi elle consistait (4).

Bref, l'administration de Richard II fut synchronique de la fin du gouvernement de Robert de Valois (1367-1377) et des débuts de celui de Pierre II (1377-1404), comtes du Perche. Pendant ce temps là, Charles V (1364-1380) et Charles VI (1380-1422) occupèrent le trône de France; Grégoire XI (à Avignon, 1370-1378) et Urbain VI (à Rome, 1378-1389), celui de saint Pierre.

### § 13. Jean-Olivier Parisy, treizième abbé. Les soixante-quinze ans de règne à lui attribués par les auteurs de la *Gallia Christiana* ne semblent guère admissibles.

XIII. JEAN II OLIVIER PARISY, surnommé MANSEL et bachelier en théologie, fut, tout jeune encore, élu abbé. Je ne vois pas trop sur quoi se fonde l'historien anonyme pour soutenir qu'un

---

(1) M. L. Duval, *Inventaire sommaire des Archives départementales*, t. Ier, p. 370.
(2) Ibid, ibid., p. 357.
(3) Abbé Fret, *Antiquités et Chroniques Percheronnes*, t. III, p. 366.
(4) Abbé Fret, *Antiquités et Chroniques Percheronnes*, t. III, p. 366.

intervalle plus ou moins long aurait bien pu s'écouler entre sa nomination et la mort de son prédécesseur (1). L'usage constant alors était d'abréger le plus possible la durée des interrègnes et nous n'avons, pour notre part, aucune répugnance à faire, comme le veulent les Bénédictins, débuter son administration en 1382. La pièce la plus ancienne où se trouve mentionné cet abbé serait, nous le verrons tout à l'heure, de 1384.

Par exemple, on est bien loin d'être fixé sur la durée du règne de ce douzième supérieur de la Trappe. Les rédacteurs de la *Gallia Christiana*, plaçant sa mort au 24 juin 1458 déclarent qu'il avait occupé le trône abbatial pendant soixante-quinze ans sept mois et vingt-quatre jours.

L'abbé Fret, l'écrivain anonyme et M. L. Duval, à la suite de Louis Dubois, s'accordent à faire ressortir tout ce qu'offre d'incroyable, une pareille assertion (2). D'ailleurs, une pièce dont l'authenticité ne semble jamais avoir été contestée et dont nous reparlerons tout à l'heure, établit que dès le milieu de l'année 1403, ce n'est plus Parisy qui dirigeait le monastère. Par suite, la durée de son gouvernement n'aurait guère dépassé une vingtaine d'années. La chose paraît bien plus admissible.

## § 14. Chapitre général de l'ordre de Citeaux.

Quoiqu'il en soit, sous la direction de Jean Parisy, les moines de la Trappe réduits au nombre d'une quinzaine redoublent d'énergie pour relever, en quelque sorte, le monastère de ses ruines. « Au « milieu de la décadence générale de l'ordre de Citeaux, nous dit « Gaillardin, ils firent bien voir par une ferveur antique, que tout « n'était pas désespéré. » (3).

En 1390, effectivement, a lieu une réunion complète du chapitre général de l'ordre de Citeaux. L'on y trace un tableau lamentable de l'état de dérèglement où étaient tombés beaucoup de couvents de cette obédience.

« Ils sont tellement anéantis, affirme ce document, tant au spi« rituel qu'au temporel, qu'il n'y reste aucune forme de religion,
« ni même, aucun vestige de vie honnête et réglée. Les fonda« teurs, voyant que le service divin y est abandonné, et qu'il ne
« s'y observe plus ni règle ni discipline, choisissent d'autres lieux
« pour leur sépulture, enlèvent les ossements de leurs ancêtres. »

---

(1) *Histoire civile, religieuse et littéraire de la Trappe*, p. 62.
(2) Abbé Fret, *Antiquités et Chroniques Percheronnes*, t. III, p. 370. — *Histoire civile, religieuse et littéraire de la Trappe* (ubi supra). — M. L. Duval, *Introduction à l'inventaire sommaire*, p. xx.
(3) Gaillardin, *Histoire de la Trappe*, t. I er, p. 39.

§ 15. **Le tableau de l'état de dérèglement où étaient tombées plusieurs maisons de l'Ordre ne s'applique pas à celle de Soligny. Les trappistes relevés d'une sentence d'excommunication.**

Hâtons-nous de le dire, cette triste peinture n'est peut-être pas absolument exacte. A en juger par les expressions employées, il semblerait que toutes les maisons de l'ordre encourussent ces terribles reproches. Il s'en fallait de beaucoup, au moins en ce qui concerne notre monastère et nous allons immédiatement en donner la preuve. Trop pauvres pour payer les annates exigées des clercs et des moines par Boniface, les Trappistes de Soligny s'étaient trouvés frappés d'excommunication.

L'évêque de Séez vint à leur aide, les déclarant de bons et fidèles religieux qui gagnaient leur vie à la sueur de leurs fronts. S'ils ne s'acquittent pas de la taxe en question, ajoute le prélat, ce n'est pas, de leur part, mauvaise volonté, mais indigence et suite des ravages commis par les Anglais. Aussi, deux légats viennent-ils, cette année, à la Trappe, relever les moines des censures encourues.

§ 16. **Libéralités faites au monastère du temps de Jean Olivier.**

L'historien anonyme déclare qu'il est question de l'abbé Parisy dans des titres authentiques recueillis par Gaignières, et datant du 12 février 1381 — 10 juin 1398 — 1ᵉʳ avril 1401, 6 août et 10 novembre 1407 et 21 novembre 1408. Il n'y aurait, nous l'avons déjà vu, que les chartes remontant aux deux premières dates sus-indiquées qui peuvent être regardées comme contemporaines du règne de Jean II. L'allégation dudit historien anonyme semble d'autant moins acceptable, qu'en définitive, elle se trouve formellement démentie par une pièce qu'a publiée Gaignières comme remontant au 16 juin 1403. Précisément, les Bénédictins, tout en la citant, affirment qu'elle portait le nom de Guillaume, abbé de la Trappe.

Deux pièces concernant la Trappe, mentionnées dans l'inventaire et conservées aux archives de l'Orne datent évidemment du règne de Jean Parisy, à savoir :

1° L'aveu rendu à la Trappe, le 25 mai 1393, par le sieur de Bubertré et du Chesnai, pour une somme de trois sous de rente (1).

2° Le mandement d'Isabeau d'Avaugour, vicomtesse de Thouars, adressé à Geoffroi de la Fosse, receveur de la terre de Laigle,

---

(1) M. L. Duval, *Inventaire sommaire des Archives départementales*, p. 360.

pour faire jouir les religieux de la Trappe d'une rente annuelle de trente-trois sous quatre deniers et de douze cent cinquante harengs. L'acte est daté du 5 mai 1395 (1).

Est encore contemporain du même abbé, le fameux mémorial de la fondation de la Trappe dont nous avons déjà parlé plus haut, puisqu'il remonte à l'année 1385. C'est de tous les documents reproduits par le Cartulaire, le plus récent chronologiquement (2). Rédigé, sans doute, dans le but de suppléer à la perte d'anciens documents disparus ou détruits, il semble, on l'a vu, laisser à désirer au point de vue de l'exactitude.

### § 17. Guillaume II, quatorzième abbé, connu seulement par une charte de 1403.

XIV. GUILLAUME II ne nous est connu que par la charte du 10 juin 1403 mentionnée plus loin, mais depuis quand était-il alors à la tête du monastère ? Personne, sans doute, ne le saurait dire. Enfin, l'on verra tout à l'heure que vers la fin de 1417, Guillaume avait cessé d'occuper le trône abbatial. Il y aurait quelque apparence, en tout cas, que son règne a duré environ quatorze ans.

C'est un fait étrange que l'unanimité des chroniqueurs à le passer entièrement sous silence, et nous ne savons à quelle cause attribuer pareille ommission. L'incendie du monastère par les Anglais, antérieur de plus de vingt ans à l'avènement de ce 14e abbé n'y saurait être pour rien. Reconnaissons que vers les débuts du XIVe siècle, les annales du monastère cessèrent d'être rédigées avec beaucoup de soin.

On conserve aux Archives de l'Orne une pièce peut-être bien contemporaine du règne de Guillaume, car elle date du 1er septembre 1413. Nous y trouvons quittance donnée par Guillaume le Baveux, écuyer et baron de Tillières, aux religieux de la Trappe de la somme de soixante-quinze sous tournois pour le relief « de la « dymission à eux faite par Henri de Bubertré, escuier, d'un quart « de fieuf, nommé le fieuf du Chesnay. » (3).

### § 18. Jean III, quinzième abbé, quitte le monastère occupé par les Anglais pour rester fidèle au roi de France. Vol sacrilège dont la Trappe eut à souffrir. Charte devant remonter au temps de Jean III.

XV. JEAN III succéda-t-il directement à Guillaume? La chose est fort possible, probable même dans une certaine mesure. Tou-

---

(1) M. L. Duval, *Inventaire sommaire des Archives départementales*, p. 361.

(2) *Cartulaire de la Trappe*, p. 578.

(3) M. L. Duval, *Inventaire sommaire*, p. 360 et 361.

tefois, nous n'oserions rien affirmer de positif à cet égard. Les chroniqueurs sont aussi muets sur le compte de cet abbé que sur celui de son prédécesseur. En tout cas, il existe, nous apprend M.L. Duval, dans les rôles normands conservés à la tour de Londres, une charte datée d'Alençon, le 10 novembre 1417. Elle contient un sauf-conduit accordé par Henri V, roi d'Angleterre, à Jean, abbé de la Trappe, ainsi qu'à dix personnes de sa suite, soit piétons, soit cavaliers. L'année d'après, Jean ne se trouvait plus à la tête du monastère, bien que, sans doute, il n'eût pas cessé de vivre et restât, du moins en droit, seul abbé légitimement élu. Effectivement, dans une autre charte datée de Falaise, le 1ᵉʳ février 1418, le même roi confie la garde de la Trappe à Simon Leguillois (1). Jean avait fui le couvent de Soligny par motif de conscience et pour rester fidèle à son souverain légitime, le roi de France. N'oublions pas qu'en 1417, deux ans après la funeste bataille d'Azincourt où Jean Iᵉʳ, duc d'Alençon et comte du Perche, trouva une mort glorieuse, l'invasion anglaise s'était répandue dans la province de Normandie et régions adjacentes. Ce n'est qu'en 1429 ou 1430, à la suite de la prise du château de Bonsmoulins sur les troupes d'Henri VI Plantagenet que notre pays recouvra son indépendance.

Jean III resta-t-il en charge jusqu'en 1458, époque à laquelle nous voyons apparaître un nouvel abbé? Cela ne nous paraît pas très vraisemblable, car il faudrait assigner à son règne, une durée vraiment bien considérable d'environ quarante et un ans. La Trappe resta-t-elle un certain temps sans supérieur? Avons-nous simplement affaire à une lacune dans l'histoire du monastère? Le malheur des temps semble rendre acceptable l'une comme l'autre de ces deux hypothèses.

En tout cas, pas moyen de rétablir les faits dans leur intégrité. Considérons donc le successeur de Guillaume comme occupant le trône abbatial jusqu'à l'avènement de Robert III.

L'on sait qu'en 1431, la Trappe fut l'objet d'un vol sacrilège. On y déroba, non seulement des quantités considérables d'or, d'argent et d'airain, mais encore les vases sacrés, des ornements ecclésiastiques et jusqu'à des reliques. Le Pape Eugène IV, par une bulle, prononça l'excommunication contre les auteurs de ces crimes.

Nous pouvons donc, à la rigueur, considérer comme datant du règne du successeur de Guillaume deux pièces remontant l'une à 1450 et l'autre au 10 juillet 1452. La plus ancienne contient le mandement de Jean Barré, seigneur de Tillières, relatif au fief du Chesnai. Quant à la seconde, elle mentionne une sentence ren-

---

(1) M. L. Duval, *Inventaire sommaire*, p. xx.

due aux plaids de la baronie de Laigle, tenus par le sénéchal Pierre Bigot, maître ès-arts. Il y est fait droit aux légitimes demandes des Trappistes. Les bons Pères réclamaient des rentes à eux dues tant en argent qu'en harengs. On leur devait, en outre, « par « semblable, de rente, chacun an, quatre bourgoiz (sic) en « ladite ville, francs de tous droiz de mondit seigneur de Laigle, etc,, etc. » (1)

C'est visiblement à tort que l'historien anonyme (2) et Gaillardin (3) citent comme contemporaine du règne de Jean Parisy, une charte de 1456, émanant de Jean II, duc d'Alençon et comte du Perche. On peut, avec moins d'invraisemblance, la rapporter aux jours du gouvernement de l'abbé Jean III. Quoi qu'il en soit, elle garantissait aux moines une sécurité qu'il n'était peut-être pas aisé de leur procurer réellement et que l'auteur de la pièce eut d'ailleurs aussi bien fait de s'assurer à lui-même. Effectivement, le comte du Perche fut, cette même année, jeté en prison comme coupable de haute trahison vis à vis du roi de France Charles VII (4).

### § 19. Robert III Lavolle, seizième abbé, voit la Trappe pillée. Il est, dit-on, excommunié et contraint à abdiquer.

XVI. A partir du gouvernement de ROBERT III, dit LAVOLLE, nous commençons à marcher sur un terrain plus solide et la série des abbés se déroulera sans lacune ni interruption. La France, délivrée de l'Anglais, va pouvoir goûter un peu de repos et de tranquillité, heureuse si cette période d'une restauration sociale avait été accompagnée d'un renouvellement de l'esprit religieux.

Quoi qu'il en soit, Robert béni le 30 juillet 1458 se serait démis, assure-t-on, de ses fonctions abbatiales en 1476. Nous pouvons donc estimer à environ dix-huit ans, la durée de son règne. On peut douter que son abdication ait été volontaire, puisqu'au dire de l'historien anonyme, ce serait peut-être bien cet abbé qui resta deux années déposé et même frappé d'excommunication (5). On ne nous dit pas, à la vérité, pour quel motif.

Le démissionnaire dut continuer à vivre plus de neuf années, après être redevenu simple moine. Effectivement, l'on reporte son décès au 1ᵉʳ décembre 1485.

Vers 1469, Robert vit le monastère de nouveau saccagé, son

(1) M. L. Duval, *Inventaire sommaire des Archives départementales*, p. 361.
(2) *Histoire civile et religieuse de la Trappe*, p. 62.
(3) Gaillardin, *Histoire de la Trappe*, p. 40.
(4) Abbé Fret, *Antiquités et Chroniques Percheronnes*, t. II, p. 511.
(5) *Histoire civile, religieuse et littéraire de la Trappe*, p. 62.

SAINT-CYR-LA-ROSIÈRE. — Manteau de Cheminée de l'Abbaye de Ste-Gauburge, d'après une Photographie de M. Tourne

## PÉRIODES DE LA GUERRE DE CENT ANS ET SUIVANTE.

église livrée au pillage, aussi bien que le chartrier. Un grand nombre de pièces authentiques, contrats, etc., furent soustraits ou détruits. Le Pape Paul II prescrit à l'official de Séez, de frapper les coupables d'excommunication, mais il ne semble pas que cette mesure rigoureuse ait produit d'effet appréciable. Gaillardin voit dans ces actes de vandalisme, l'œuvre d'hommes intéressés à faire disparaître des documents qui les auraient confondus. Il ne nous dit pas, du reste, sur quoi se fonde une pareille allégation. Là où notre auteur se trompe visiblement, c'est lorsqu'il semble supposer une certaine corrélation entre les déprédations dont la Trappe eut à souffrir et la révolte du comte René du Perche, fils de Jean II, contre le roi de France Louis XI, laquelle daterait de la même année (1). Il est bien établi que, malgré les indignes procédés de Louis XI vis à vis de lui, jamais René ne manqua à la fidélité qu'il devait à son suzerain légitime (2).

En fait de pièces contemporaines du règne de Robert III, citons la quittance donnée par Jean Berthelot, procureur et receveur de M. de Tillières, à Dom Gervais Hulline, prieur de la Trappe, d'une somme de soixante-quinze sous tournois. Elle avait été reçue pour le *relief de la mort* de Colin Giraulme qui tenait le fief du Chesnai, en outre d'une somme de trente-sept sous six deniers pour l'*aide en mariage* de demoiselle Jaqueline le Veneur, fille aînée dudit seigneur de Tillières.

Pour la même année, signalons le transport aux religieux de la Trappe d'une rente de vingt sous, moyennant retour, par Jean Leviguetier, écuyer, seigneur de Roullart.

L'on mentionnera également : une lettre de Jean, duc d'Alençon, contenant reconnaissance de rentes à la date du 20 avril 1470 ; — une sentence rendue aux assises d'Essai, le 21 juin de la même année, en faveur des Trappistes et contre Jean de Brosse, comte de Penthièvre et seigneur de Laigle, pour paiement desdites rentes ; — une autre sentence remontant au 23 mai 1474, reconnaissant auxdits cénobites, le droit de prendre du bois dans la forêt de Mahéru ; — enfin, une permission du 15 janvier 1475, de détourner le cours de l'Avre et de construire une chaussée d'étang, ainsi que des lettres patentes de Louis XI, du 12 avril, même année, et donnant satisfaction aux Trappistes dans leurs plaintes et doléances contre le procureur du comte de Penthièvre (3).

---

(1) Gaillardin, *Histoire de la Trappe*, t. I*er*, p. 40.
(2) Abbé Fret, *Antiquités et Chroniques Percheronnes*, t. II, pages 544 et suivantes.
(3) M. L. Duval, *Inventaire sommaire*, p. 360 à 362.

§ 20. **Henri Hohart ou Hoart, seizième abbé, fait condamner par le Parlement son compétiteur Auger de Brie. Indigne conduite de ce dernier. Henri donne sa démission en 1528 et non 1529 comme prétend l'abbé Fret.**

XVI. HENRI HOHART ou HOART, de Rouen (1476-1518), bachelier en théologie, était déjà prieur de Portemer, lors de son élection comme abbé de la Trappe. Il s'occupa spécialement, affirment les historiens, à relever les chapelles détruites dans le cours de la guerre de cent ans. Le fait le plus saillant de son règne, ce fut la lutte qu'il eut à soutenir contre un compétiteur à la dignité abbatiale. Auger de Brie, chanoine du Mans et protonotaire apostolique, exhiba un acte passé devant notaire en 1463 et aux termes duquel Robert III, le précédent abbé, aurait abdiqué en sa faveur. Le misérable voulait cumuler le titre de chanoine avec les avantages dont jouissaient les abbés commendataires. Aussi, figure-t-il en cette dernière qualité dans une pièce publiée par Gaignières, comme datant du 30 juin 1483.

A peine installé, Auger de Brie commence à user de son autorité illégitime, en aliénant à son profit, une partie des biens de la communauté. Toutefois, sa criminelle audace ne tarda pas à être punie. Hohart fait constater par le parlement de Paris, la fausseté de l'acte qu'invoquait Auger. Un arrêt en date du 28 mai 1490 condamne ce dernier à l'amende; le notaire, son complice, à la dégradation et à la prison. La lacération de l'acte frauduleux est prescrite et Hohart, le titulaire légitime, remis en possession de son abbaye.

Quel pénible spectacle nous offrent les annales monastiques de l'époque: des scènes de pillage, des usurpations, l'intrusion, parfois nécessaire, mais toujours fâcheuse de l'élément laïque dans les affaires ecclésiastiques! Que nous sommes loin des jours de la réforme cistercienne! Et toutefois la décadence n'est point encore arrivée à son comble.

Voici, pour terminer, une liste chronologique d'évènements qui se produisirent du temps de l'administration de l'abbé Hoart et qui touchent à l'histoire même du monastère :

18 février 1487, permission donnée devant Creton, notaire à Mortagne, de faire construire une forge à Gaillon, au fief du Chesnai, moyennant 25 sous de rente.

1487, confirmation par René, comte du Perche, des biens, droits et privilèges du monastère de Soligny (1).

---

(1) *Histoire civile et religieuse de la Trappe*, p. 62.

15 septembre 1488, remise d'une quittance aux religieux de la Trappe, de la somme de trente-sept sous six deniers, pour l'*aide de relief* de la mort de Philippe Le Veneur.

Mars 1491, arrêt de l'échiquier d'Alençon, lequel met hors de cause les Trappistes ainsi que plusieurs autres personnes relativement au procès motivé par l'établissement d'une forge sur la rivière d'Avre, au fief du Chesnai.

6 juin 1497, sentence adjugeant aux habitants de la Trappe, une pièce de terre sur laquelle une rente se trouvait assise.

4 décembre 1499, sentence d'Hector de Joué, condamnant sur la poursuite intentée par Dom Gervais Hullines, prieur de la Trappe, Martin Thierry à payer les arrérages d'une rente de vingt sous, dus au monastère.

13 mars 1500, fieffe accordée par les religieux de Soligny à Guillaume Malart, écuyer, d'un acre de terre en la paroisse de Mahéru.

23 mai 1501, présence de Henri Hoart à la bénédiction de l'abbaye des Clairets.

30 août 1505, sentence de Nicolas Madeline, lieutenant-général du bailli d'Alençon, donnant appointement à Gervais Hulline, prieur de la Trappe sur une clameur de gage plège.

30 décembre 1508, quittance donnée par Jean Biart, sergent de la terre de Bourth, aux Trappistes, comme ayant acquitté le droit d'*aide* de trente-sept sous six deniers, pour le mariage de la fille aînée de M. de Tillières.

19 mars 1511, l'abbé Hoart figure dans les titres authentiques de Gaignières. On ne nous dit pas à quel sujet.

22 juin 1512, quittance de Jean Lebouc d'une *aide* de trente-sept sous six deniers versés par la Trappe à l'occasion de la mort de Charles Le Veneur, baron de Tillières et de Bourth.

1514 (on ne nous indique point le mois), confirmation par Charles II, comte du Perche, des biens du monastère.

20 octobre 1515, déclaration du fief du Chesnai présentée aux commissaires du roi par Robert Roux, religieux et procureur de la Trappe et décharge des droits de franc-alleu, toutes les terres de l'abbaye étant, en Normandie, amorties et exemptes de droits.

1518, bulle de Léon X adressée à notre abbé.

Ce dernier ayant donné sa démission en 1518 et non 1519, comme l'affirme à tort l'abbé Fret, meurt le 10 septembre 1520 (1).

---

(1) Abbé Fret, *Antiquités et Chroniques Percheronnes*, t. III, p. 390.

§ 21. **Robert IV, dix-septième abbé, récupère certains biens aliénés par Auger de Brie et en acquiert d'autres encore; réforme le couvent des Clairets. Les infirmités de Robert le décident à abdiquer.**

XVII. ROBERT IV RAVEY (1518-1527) avait été procureur du monastère avant d'en devenir abbé. Administrateur vigilant, il recouvra dans les paroisses de Soligny et de Sainte-Céronne, les biens qu'avait aliénés Auger de Brie (1). D'autres acquisitions de terres furent faites de 1520 à 1524, notamment à Mahéru.

Le 8 février 1525, nous voyons Robert IV visiter le couvent des Clairets qu'il réforme, malgré la résistance obstinée des religieuses. Celles-ci avaient bravé jusqu'à l'autorité de l'abbé de Cîteaux. Le 10 avril de la même année, le successeur d'Hoart confirme dans son élection, l'abbesse Gabrielle de Sazillé. Trois ans plus tard, devenu aveugle et souffrant de graves infirmités, il se décide à remettre sa démission entre les mains de l'abbé de Cîteaux.

L'on est d'accord pour reporter cet événement au 4 avril 1527.

§ 22. **Julien des Noës, dix-huitième abbé, voit son élection cassée par le roi. Il est obligé de céder la place à l'abbé commendataire, Jean du Bellay. — Conséquences funestes du système des commendes.**

XVIII. JULIEN DES NOES, d'origine percheronne, remplit, lui aussi, les fonctions de procureur avant de devenir abbé.

Il fut le dernier des abbés réguliers du monastère de Soligny.

Les religieux sentant à quels périls se trouve exposé le maintien de la discipline monastique s'empressent de l'élire sitôt après la démission de son prédécesseur et de le faire bénir le 5 avril 1517 par l'abbé de Cîteaux. Ce choix n'ayant point été ratifié par le roi, Julien est renommé une seconde fois par ses confrères, le 19 mai 1528. De nouveau, François I$^{er}$ casse l'élection et nomme à sa place Jean du Bellay, comme abbé commendataire, en vertu du concordat de 1526. Des Noës et les autres religieux sont obligés enfin de se soumettre.

Il serait assez difficile de déterminer pendant combien de temps Julien resta chargé de l'administration effective du monastère. Les titres authentiques de Gaignières parlent encore de lui comme abbé aux dates du 15 mai 1528 et même du 4 mars 1531.

Ajoutons que nos religieux, obligés enfin d'obéir aux ordres du roi et d'accepter Jean du Bellay, persistèrent à réserver à Des

---

(1) Gaillardin, *Histoire de la Trappe*, t. I$^{er}$, p. 41.

Noës, le respect et la soumission dues à un supérieur légitime, malheureux naufragés se raccrochant ainsi à l'épave qui ne devait prolonger leur existence que de quelques instants. Peut-être la conduite des bons pères n'était-elle pas absolument conforme à la légalité; mais qui oserait les blâmer d'une résistance inspirée par l'esprit de ferveur et l'attachement à leur sainte règle?

C'est visiblement sous le règne de Des Noës que la Trappe fit l'acquisition (21 mai 1529) d'une pièce de terre sise sous les prés de Ruben (1).

Quoi qu'il en soit, Des Noës fut obligé de céder la dignité de supérieur de la Trappe au cardinal du Bellay, nommé abbé commendataire par le roi François Ier, en vertu du concordat de 1526.

Ainsi s'ouvre pour l'histoire de la Trappe une nouvelle période que nous pouvons considérer comme la plus triste de toutes, celle d'une longue et profonde décadence.

(1) M. L. Duval, *Inventaire sommaire*, t. Ier, pages 360 à 361.

# CHAPITRE VI

## PÉRIODE DES COMMENDES ET DÉCADENCE
## De la Trappe

§ 1. *Jean du Bellay, dix-neuvième abbé. — Fonctions par lui remplies. — Sa démission. — Un mot sur l'origine et les conséquences du système des commendes. — Effets du régime concordataire. — Conduite prudente de Léon X.*

§ 2. *Martin Hennequin, vingtième abbé. — Pénurie de documents sur son règne.*

§ 3. *François Rousserie ou Roussière, vingt-unième abbé. — Il est nommé par les religieux de la Trappe. — Le roi refuse de ratifier son élection.*

§ 4. *Alexandre Goëvrot, vingt-deuxième abbé. — Réunion temporaire du Perche à la couronne de France. — Lettres patentes d'Henri II confirmant les droits d'usage des Trappistes dans plusieurs forêts avoisinantes*

§ 5. *Denis de Brévedent, vingt-troisième abbé. — Accord du monastère avec noble homme de Mollart, sieur de Mahéru au sujet d'un échange de biens-fonds. — Le Comté du Perche donné en apanage d'abord à Catherine de Médicis, puis à François, frère du roi de France.*

§ 6. *Jean de Bartha, vingt-quatrième abbé. — Donne presque immédiatement sa démission.*

§ 7. *Michel de Seurre, vingt-cinquième abbé. — Le Pape refuse à trois reprises différentes de ratifier sa nomination. — Une lettre de François, fils de France et duc d'Alençon, concernant les affaires de la Trappe, pourrait bien dater de son règne.*

§ 8. *Jacques le Fendeur, vingt-sixième abbé. — Nous ne savons à peu près rien sur les détails de son administration.*

§ 9. *Denis Hurault, vingt-septième abbé. — Nombreuses fonctions dont il fut chargé.*

§ 10. *Nicolas Le Bourgeois, vingt-huitième abbé. — On ne connaît guère d'autre acte de lui que sa démission de supérieur de la Trappe.*

§ 11. *Antoine Séguier, Conseiller au Parlement, vingt-neuvième abbé. — Peut-être bien est-ce de son temps que Denis Largentier, abbé de Clairvaux entreprit de réformer l'ordre de Cîteaux. — Pourquoi cette réforme échoue. — Lettres patentes de différents rois de France confirmant les droits et privilèges dont jouissait le monastère.*

§ 12. *Dominique Séguier, trentième abbé.* — *Le gouvernement de la Trappe tend à devenir, pour ainsi dire, une manière d'apanage au profit de certaines familles.*

§ 13. *Victor le Bouthilier, trente-unième abbé, inaugure en quelque sorte, une nouvelle dynastie de supérieurs de la maison de Soligny.* — *Il abdique en faveur de son neveu.*

§ 14. *François-Denis le Bouthilier de Rancé, trente-deuxième abbé, abdique, à son tour, en faveur d'Armand de Rancé, le célèbre réformateur.* — *Examen de quelques difficultés relatives à la Chronologie des abbés de la Trappe.*

§ 1. **Jean du Bellay, dix-neuvième abbé.** — **Fonctions par lui remplies.** — **Sa démission.** — **Un mot sur l'origine et les conséquences du système des commendes.** — **Effets du régime concordataire.** — **Conduite prudente de Léon X.**

XIX. Il est assez difficile de déterminer à quel moment précis le Cardinal JEAN DU BELLAY, commença à être administrateur effectif du couvent de la Trappe. Cet abbé commendataire, on vient de le voir, avait eu pour concurrent Julien des Noës, élu par les religieux, et ce dernier a bien pu conserver le gouvernement, au moins de fait, jusqu'aux premiers mois de l'année 1531.

Ce que nous savons, en tout cas, c'est que Jean du Bellay était né en 1492 et qu'il mourut le 16 février 1560. Il fut évêque de Paris en 1532; cardinal, le 21 mai 1535, lieutenant général du royaume en 1536. Après avoir occupé plusieurs sièges épiscopaux et archiépiscopaux, il quitta pour le siège d'Ostie, celui du Mans, où l'avait élevé la faveur de François I<sup>er</sup> qui l'aimait beaucoup.

Quoiqu'il en soit, du Bellay abdiqua, en 1538, ses fonctions abbatiales, ajoutant ainsi son nom à la liste déjà longue des supérieurs de la Trappe démissionnaires.

Ajoutons qu'après la mort de François I<sup>er</sup>, le cardinal se trouva en butte aux intrigues des Guise et en particulier du Cardinal de Lorraine. C'est, dit l'historien anonyme, ce qui le décida à passer en Italie. Rabelais, comme on sait, avait été à la fois son médecin et son ami. Il aimait les lettres et les cultivait. L'on a imprimé plusieurs de ses ouvrages soit en vers, soit en prose, lesquels ne sont pas sans mérite.

En tous cas, ce cardinal lettré jouit du triste honneur de figurer en tête de cette série d'abbés de la Trappe, nommés par le pouvoir séculier et dont l'influence fut si funeste pour le monastère. Mais avant d'aller plus loin, disons un mot au sujet du système des commendes et de ses origines.

« On appelle *Commende*, nous apprend l'annaliste d'Aiguebelle,

« la provision d'un bénéfice concédé à un clerc séculier, avec
« dispense de vie régulière. » (1).

L'existence des commendes est constatée, à partir d'une époque assez reculée. L'on voit, dès le VIe siècle, les Papes Saint Grégoire le Grand et Pélage en établir, mais seulement au profit d'évêques et à l'exclusion de tous autres clercs. Cette pratique semblait, du reste, assez motivée par les retards apportés à certaines élections abbatiales, les brigues des électeurs, le petit nombre de religieux dans certaines communautés, ce qui ne permettait guère de faire parmi eux un choix convenable. Et dès lors, n'était-il pas tout naturel de prendre spécialement ces sortes d'abbés intérimaires au sein de l'épiscopat, à une époque où les couvents se trouvaient encore soumis à la juridiction de l'ordinaire ?

Toutefois, l'institution ne tarda point à dégénérer. Depuis que les générosités faites par Charles Martel avaient enrichi ses fidèles des biens de l'Eglise, il était passé pour ainsi dire, en axiome, dans la monarchie des Francs, que l'on avait le droit d'en prendre à son aise avec les propriétés ecclésiastiques.

Sous les derniers Mérovingiens, l'on vit non seulement des évêques, mais encore des abbés contraints par le malheur des temps de se placer, à des conditions parfois fort onéreuses, sous la protection d'un suzerain capable de les défendre. C'est ainsi, du reste, que le système féodal s'introduisit jusqu'au sein de l'organisation de l'Eglise. Ajoutons que les seigneurs temporels ne se gênaient guère avec leurs nouveaux vassaux. Considérant les monastères, en quelque sorte, comme leurs propriétés particulières, ils occupaient sans scrupule la plupart des bâtiments, laissant à peine aux pauvres moines de quoi se loger. Les abbayes se trouvaient ainsi transformées en châteaux-forts, d'où la paix du cloître demeurait à jamais bannie.

En vain, papes et conciles élevaient-ils la voix pour condamner de tels abus. On ne les écoutait guère. Charlemagne lui-même ne parvint pas, par ses capitulaires, à les extirper complètement. Ce fut bien pis encore après la mort du puissant empereur. Nous voyons se répandre alors un nouveau genre de commende qui, cette fois, offre un caractère éminemment laïque. De farouches guerriers allaient, sans cérémonie, s'installer avec leurs hommes d'armes au sein d'une communauté qui, bon gré mal gré, se trouvait contrainte de les héberger (2). Heureux encore les religieux, lorsqu'on ne pillait pas leur monastère et qu'on leur laissait bien juste de quoi vivre conformément à la règle. On ne se faisait même pas faute de trafiquer des communautés. Ainsi l'on vit le

(1) *Annales de l'Abbaye d'Aiguebelle*, T. Ier, Chap. XI, p. 309 et suiv.
(2) Gaillardin, *Hist. de la Trappe*, T. Ier, p. 41 et suiv.

roi Philippe Ier vendre l'abbaye de Saint-Médard de Soissons au moine Ponce. Ajoutons toutefois que de tels exemples furent rares de la part des monarques de la nouvelle dynastie. Hugues Capet et la plupart de ses successeurs eurent, au contraire, à cœur de combattre tous ces abus et de se montrer fidèles à leur rôle de protecteurs de l'Eglise.

Peu à peu, l'on cessa de confier des commendes aux laïcs, mais en dépit des réclamations du Saint-Siège, des clercs non résidants continuèrent à en être parfois pourvus. Le Pape Clément V révoqua ces commendes comme irrégulières et d'ailleurs éminemment nuisibles à l'Eglise. Innocent VI suivit le même exemple. Dans sa constitution en date du 18 mai 1353, le Pontife s'exprime en ces termes : « L'expérience fait voir que dans les bénéfices en
« commende, le service divin et le soin des âmes sont négligés ;
« l'hospitalité n'y est plus observée ; on laisse les bâtiments tom-
« ber en ruines, et s'éteindre les droits spirituels et temporels
« des monastères. C'est pourquoi, à l'exemple de nos prédéces-
« seurs et après en avoir délibéré avec nos frères les cardinaux,
« nous révoquons absolument toutes les commendes et conces-
« sions semblables de toutes prérogatives, dignités, bénéfices sécu-
« liers. » Mais le mal avait des sources bien profondes, puisqu'il tenait à l'organisation même de la société d'alors. Aussi voyons-nous qu'il est encore question de commendes sous les pontificats d'Urbain VI (1378-1389) et de Boniface IX (1389-1404). Paul II (1464-1471) les rendit perpétuelles. Ce pontife répondit au cardinal de Porto qui l'invitait à les supprimer absolument : « Com-
« ment faire ? La chose n'est pas possible : plus de cinq cents
« monastères ont été mis en commende depuis Callixte III. »
C'était l'avant dernier prédécesseur de Paul et il avait occupé le siège de Saint Pierre de 1455 à 1458.

Quoi qu'il en soit, à l'avènement de François Ier, la Couronne, hors de Page, n'avait rien à craindre, ni de l'Anglais rejeté dans son île depuis plus d'un demi siècle, ni des grands vassaux qui désormais ne peuvent plus mettre en danger l'unité nationale ou l'avenir de la dynastie.

L'occasion eût donc été favorable pour le monarque de reprendre, en lui donnant plus d'extension, la sage politique de ses aïeux. Rien de plus facile, sans doute, que de s'entendre avec le pape, afin d'en arriver à une suppression plus ou moins rapide de l'abus des commendes. Le seul motif, nous l'avons vu, qui ait décidé le Saint-Siège à le maintenir, c'était la résistance de l'autorité séculière. En agissant de la sorte, François Ier eût mérité de joindre à son titre de « Père des lettres », celui plus glorieux encore de « Restaurateur de l'Eglise » et il aurait été considéré comme un des plus grands princes dont l'histoire ait gardé le souvenir.

Mais il eût fallu, pour résister ainsi aux entraînements du pouvoir absolu, une plus grande dose de vertu que le roi chevalier n'en pouvait fournir.

Jusqu'alors, le véritable code ecclésiastique dans notre pays, avait été la Pragmatique de Charles VII en date du 7 juillet 1438, que Louis XI tenta vainement d'abolir. Sans être peut-être vue de très bon œil par la Cour de Rome, cependant elle laissait à l'Église une somme de légitime indépendance, plus grande que celle dont elle ait jamais joui chez nous depuis lors.

Le 14 décembre 1515, fut passé entre Léon X et le roi de France, un concordat qui notamment réservait à ce dernier la présentation des prélats à nommer et mettait entre ses mains la nomination des commendataires.

Les Césars, en condamnant à une mort cruelle des millions de martyrs, n'avaient fait que proclamer la divinité du christianisme et préparer son triomphe. Il était réservé à des princes, tout au moins baptisés, d'inventer contre l'Église une machine de guerre dont tout le machiavélisme des païens les plus enragés n'aurait point eu l'idée. Le régime des concordats substitué à la persécution ouverte, c'est la maladie chronique succédant à l'affection aiguë. Elle ne fait peut-être pas tant souffrir le patient, mais elle en a raison plus sûrement. Elle le ronge, le mine et le laisse sans force au moment de la lutte suprême. C'est ce dont on s'apercevra à l'époque de la grande Révolution.

Léon X aurait, prétendent quelques écrivains, spontanément et de son plein gré, proposé au roi ce remplacement de la Pragmatique par le traité en question; mais n'est-ce pas calomnier la mémoire de ce pontife qui fut, sinon l'un des plus saints parmi les successeurs de Saint Pierre, du moins l'un des plus remarquables par sa haute intelligence?

Bien des motifs d'ailleurs, en dehors de ses préférences intimes, durent décider le Pape à la signature du Concordat.

François, à ses qualités brillantes ne joignait guère la vertu d'économie, et ses guerres, ses maîtresses, ses constructions, lui coûtaient cher. Dès lors n'était-il pas à craindre, si on lui refusait certaines libertés vis-à-vis des revenus ecclésiastiques, que le monarque, très chrétien sans doute, mais toujours à court d'argent, ne s'en octroyât de beaucoup plus larges, qu'il ne cherchât par exemple dans une confiscation générale des biens des moines et des séculiers, le moyen de rétablir l'équilibre de ses finances?

C'est, qu'en effet, étant donnés la situation et l'état de la société, pareille énormité rentrait parfaitement au rang des choses possibles. Les esprits clairvoyants ne pouvaient se faire illusion sur l'imminence d'une grande révolution religieuse et deux années ne s'écouleront pas avant que Luther ait brûlé en place publique les bulles pontificales.

On sait d'ailleurs avec quelle rapidité, la réforme se répandit surtout en Allemagne et l'appui soudain qu'elle rencontra chez les Grands et les Princes de ce pays. Pas n'était besoin à ces puissants seigneurs d'avoir pris leurs grades en théologie, pour sentir, à quel point une doctrine permettant de faire main basse sur les biens alors considérables de l'Eglise, devait se trouver conforme à l'Evangile tel qu'ils le comprenaient.

Léon X sentit parfaitement l'étendue du danger et ce qu'on y avait à craindre de l'esprit versatile du monarque. Il s'agissait d'empêcher ce dernier de tomber dans l'hérésie et d'y faire tomber son peuple en même temps. Avec la prudence d'un chirurgien habile qui coupe un membre pour sauver le malade, le Pontife accorda une large satisfaction aux convoitises royales, ne jugeant pas que ce fût payer trop cher la conservation de la foi dans le royaume de Saint-Louis que de la payer au prix de la régularité monastique.

Un nouveau concordat, à la date 1516, vint encore aggraver la situation, étendant en France le système des commendes jusqu'aux Evêchés.

En un mot, le progrès consistera au point de vue de l'organisation ecclésiastique, comme à bien d'autres, non point à détruire les anciens abus, mais à leur donner plus de force et d'énergie et à les rendre inextirpables, indéracinables. Au brigandage sans façon du bon vieux temps va succéder un système de rapine et de concussion infiniment plus raffiné et, par suite, plus conforme aux aspirations vraiment libérales d'un siècle de lumières comme celui dans lequel nous venons d'entrer.

Les rois et les grands trouveront dans les commendes un moyen efficace de pourvoir leurs créatures, serviteurs et cadets, sans bourse délier.

L'on verra des laïcs, des hommes de Cour jouir, à titre d'administrateurs de bénéfices ecclésiastiques. Il les feront desservir par des clercs appelés *Custodinos*, gardant pour eux-mêmes la plus grande partie, sinon la totalité des revenus.

C'est ainsi que, plus tard, Crillon, le brave compagnon d'Henri IV, sans avoir reçu le moindre Ordre ecclésiastique, obtiendra pour lui tout seul, les commendes de l'archevêché d'Arles, des évêchés de Dijon, Toulon, Sens, Saint-Papoul et de l'abbaye de l'Ile Barbe.

Nous ne ferons pas ressortir quelle dose de zèle et de désintéressement l'on pouvait attendre de pareils titulaires. Chez eux, le respect des lois de la justice et de la probité vulgaires en ce qui concernait leurs rapports avec leurs commendatés ne se présentait plus qu'à l'état de rare exception et ce qu'il y a de plus triste, c'est qu'en agissant de la sorte, ils s'imaginaient user d'un droit incontestable. Heureux encore, lorsqu'ils se bornaient à gaspiller les revenus des bénéfices à eux concédés. Trop souvent, il leur arrivait d'aliéner à leur profit les biens des monastères. Quant à la réforme de la discipline ou simplement de l'administration, l'intérêt le plus évident du titulaire était de ne même pas y songer.

Quoi qu'il en soit, le monastère de Soligny, après s'être, pendant la guerre de Cent ans, si vaillamment défendu contre le relâchement qui commençait à envahir tant de maisons religieuses du même ordre, va être un de ceux où les abus du nouveau système séviront, on le verra tout à l'heure, de la façon la plus désastreuse.

### § 2. Martin Hennequin, vingtième abbé. — Pénurie de documents sur son règne.

XX. MARTIN II HENNEQUIN, Conseiller au Parlement de Paris reçoit à son tour, en 1538, c'est-à-dire peu de temps après la démission de Du Bellay, la commende de la Trappe qu'il garda dix ans. Nous savons peu de chose de son administration, aussi bien du reste que de celle de ses successeurs, pendant près d'un siècle. L'histoire s'est montrée à bon droit dédaigneuse pour ces hommes qui, la plupart du temps, se rappelaient si peu leur devoir de supérieurs monastiques.

Néanmoins, les archives de l'Orne conservent deux actes contemporains du règne de cet abbé. Le premier, à la date de 1544, consiste en un certificat donné par Jean Hus, sergent de Tillères, de l'exploit d'un mandement de délivrance émanant de Thomas de Guincestre, sous-sénéchal de Bourth, à la requête de Martin Hennequin, abbé de la Trappe (1).

Quant au second, plus récent de deux années, et remontant en conséquence à 1546, c'est un bail à ferme rédigé par Guillaume Thiboust, chanoine de Mortagne et grand vicaire de la Trappe (2).

### § 3. François Rousserie ou Roussière, vingt-unième abbé. — Il est nommé par les religieux de la Trappe. — Le roi refuse de ratifier son élection.

XXI. L'année même de la mort d'Hennequin, nous voyons les infortunés Trappistes tenter un dernier effort pour réagir contre

---

(1) M. L. Duval, *Inventaire sommaire*, t. Ier, p. 361.
(2) Ibid, p. 364.

le relâchement qui les envahissait. Le 21 janvier 1548, ils élisent pour abbé François Rousserie ou Roussière, prieur de la communauté. Le roi Henri II refuse de ratifier le choix des religieux et désigne un abbé commendataire. La décadence va dès lors suivre sa marche paisiblement et sans interruption.

§ 4. **Alexandre Goëvrot, vingt-deuxième abbé.** — **Réunion temporaire du Perche à la Couronne de France.** — **Lettres patentes d'Henri II confirmant les droits d'usage des Trappistes dans plusieurs forêts avoisinantes.**

XXII. ALEXANDRE GOËVROT (1548-1555), imposé par le monarque, tient la Trappe en commende pendant sept longues années. Les religieux, absolument découragés et perdant toute espérance de voir l'antique discipline jamais rétablie, renoncent à une résistance désormais sans objet. N'est-ce pas le cas de répéter ici le *Jusque datum sceleri* du poète latin? Imbus de maximes du vieux droit Romain, nos rois très chrétiens tendent chaque jour davantage à se transformer en véritables Césars. L'autorité temporelle ne leur suffit plus et, trop souvent, nous les verrons sacrifier à leur ambition les droits de l'Eglise et le bien spirituel de leurs sujets.

Après la mort de Marguerite de Navarre, sœur de François Iᵉʳ, le Perche et, par suite, le monastère de la Trappe fut réuni à la Couronne de France, par lettres patentes en date de janvier 1550, mais ce ne fut que pour peu d'années (1).

A partir de ce moment et jusqu'à la grande réforme du XVIIᵉ siècle, les annales de la Trappe ne consisteront plus qu'en une sèche nomenclature d'abbés commendataires et les indications chronologiques elles-mêmes feront souvent défaut. Ne point avoir d'histoire constitue, à la fois, le lot des peuples heureux et des monastères où manque l'esprit de ferveur.

C'est pendant le règne d'Alexandre Goëvrot que furent expédiées des lettres patentes du roi Henri II datées de Saint-Germain-en-Laye, mai 1553. Elles contiennent confirmation des droits d'usage possédés par les Trappistes dans les forêts du Perche, de Bellême, Breteuil, Mahéru et Bonsmoulins (2).

(1) Abbé Fret, *Antiquités et Chroniques Percheronnes*, t. II, p. 602.
(1) Ibid, t. III, p. 368.

§ 5. Denis de Brèvedent, vingt-troisième abbé. — Accord du monastère avec noble homme de Mallart, sieur de Mahéru, au sujet d'un échange de biens-fonds. — Le Comté du Perche donné en apanage d'abord à Catherine de Médicis, puis à François, frère du roi de France.

XXIII. DENIS I DE BRÈVEDENT et non BRÉDEVENT, comme l'écrit par erreur, l'abbé Fret, régna de 1555 au 21 juillet 1573, époque de sa mort. Il était chanoine de Rouen et fut inhumé dans cette ville même, en l'église Saint-Sauveur.

De son temps, les Trappistes rendirent hommage à Jean Le Veneur, chevalier, seigneur de Tilières et de Bourth, pour le fief du Chesnai, tenu pour un quart de fief de Haubert (1560).

Un peu plus tard (avril 1573), nous les verrons s'assembler capitulairement et consentir à un accord entre Denis de Brèvedent, abbé de la Trappe et noble homme François Mallart, sieur de Mahéru. Il eut pour effet de ratifier l'échange d'un pré sis à Mahéru contre un autre nommé le Val-Josse (1).

Quoiqu'il en soit, le Comté du Perche avait été encore, à la date du 20 décembre 1559, détaché de la Couronne. Le roi François II en accordait la jouissance à Catherine de Médicis, sa mère, comme supplément de douaire. Charles IX désirant constituer l'apanage de son frère François, obtint de cette dernière, cession à la fois du duché d'Alençon et du comté du Perche. François en reçoit l'investiture par lettres patentes à la date du 8 février 1567 (2). Ajoutons, par parenthèse, que le frère du roi les conserva jusqu'en 1584, année de sa mort. Alors eut lieu une nouvelle réunion à la Couronne de France.

§ 6. — Jean de Bartha, vingt-quatrième abbé. — Donne presque immédiatement sa démission.

XXIV. JEAN DE BARTHA, désigné par le roi Charles IX, ne fait, pour ainsi dire, que passer. Il donna sa démission en faveur de l'Abbé dont le nom suit.

(1) M. L. Duval, *Inventaire sommaire*, p. 364.
(2) *Géographie du Perche*, du v<sup>te</sup> de Romanet, p. 92.

§ 7. **Michel de Seurre, vingt-cinquième abbé.** — Le Pape refuse à trois reprises différentes de ratifier sa nomination. — Une lettre de François, fils de France et duc d'Alençon, concernant les affaires de la Trappe, pourrait bien dater de son règne.

XXV. MICHEL DE SEURRE, chevalier de Malte et grand prieur, semble n'avoir guère droit de figurer au nombre des abbés. Tout ce que nous savons de lui, en effet, c'est qu'il demanda à trois reprises différentes, la commende de la Trappe au Pape Grégoire XIII. Ce dernier crut devoir la lui refuser autant de fois en janvier, mars et avril 1582.

Comment et par qui fut administré le monastère depuis le milieu de 1573 jusqu'aux débuts de cette même année 1582? C'est ce qu'il ne sera pas aisé de déterminer, les éléments pour la solution du problème faisant absolument défaut.

Nous pouvons citer comme datant de cette période obscure, une lettre de François, fils de France, frère unique du roi et duc d'Alençon, du 9 juin 1580. Elle annule l'acte d'échange dont nous avons parlé comme datant d'avril 1573 et qu'avait consenti Denis de Brèvedent, alors abbé de la Trappe (1).

Ajoutons à cette pièce, l'acte de ratification fait en 1581 par Dom Jean Domer, prieur de la Trappe et les autres religieux d'un accord avec Fr. Mallart.

§ 8. **Jacques le Fendeur, vingt-sixième abbé.** — Nous ne savons à peu près rien sur les détails de son administration.

XXVI. JACQUES LE FENDEUR fut nommé par Henri III, vraisemblablement dans le cours de cette année 1582, pour remplacer Michel de Seurre, dont il devenait, sur le refus persistant du Saint Siège, impossible de faire un abbé. On ignore combien de temps Jacques resta en fonctions.

§ 9. **Denis Hurault, vingt-septième abbé.** — Nombreuses fonctions dont il fut chargé.

XXVII. Son successeur DENIS HURAULT (appelé Denis II), se trouvait en même temps, abbé du Breuil-Benoit, de Pélice, de Painpont et Evêque d'Orléans. C'était on en conviendra, bien des fonctions et, spécialement; bien des abbayes pour un seul homme.

---

(1) M. L. Duval, *Inventaire sommaire*, p. 361.

On ne nous dit pas en quelle année débuta son règne ni combien il dura.

### § 10. Nicolas Le Bourgeois, vingt-huitième abbé. — On ne connait guère d'autre acte de lui que sa démission de supérieur de la Trappe.

XXVIII. NICOLAS II BOURGEOIS semble avoir, lui aussi, occupé fort peu de temps le trône abbatial. Il démissionne bientôt en faveur de son successeur.

### § 11. Antoine Séguier, Conseiller au Parlement, vingt-neuvième abbé — Peut-être bien est-ce de son temps que Denis Largentier, abbé de Clairvaux, entreprit de réformer l'ordre de Cîteaux. — Pourquoi cette réforme échoue. — Lettres patentes de différents rois de France confirmant les droits et privilèges dont jouissait le monastère.

XXIX. Celui-ci ne fut autre qu'ANTOINE SÉGUIER, aumônier de Louis XIII, Conseiller au parlement de Paris, chanoine de l'église de Paris, abbé de St-Jean-d'Amiens joignit à ses autres titres celui d'abbé commendataire de la Trappe. S'il a possédé autant de vertus que de dignités, c'était, convenons-en, un homme accompli. Tout ce que nous savons relativement à la chronologie de son règne, c'est qu'il mourut le 19 août 1635.

C'est vraisemblablement pendant la durée de son administration qu'eut lieu une importante tentative de réforme de l'ordre cistercien. Elle servait, pour ainsi dire, de prélude à celle que devait inaugurer, quarante ans plus tard, le plus illustre représentant de la famille Le Bouthillier.

En effet, Denis Largentier, 44e abbé de Clairvaux, venait de faire, suivant sa coutume, une prière après matines au tombeau de Saint-Bernard. Réfléchissant au contraste qui existait entre l'ancienne régularité et le relâchement actuel, il se sentit effrayé du contraste. *O Abbas et Abbas!* s'écria-t-il dans sa stupeur, puis s'adressant au grand serviteur de Dieu dont il occupait le siège, « que nous sert, mon saint père, d'avoir l'honneur de posséder « ici votre corps, si nous n'avons pas le bonheur de posséder « votre esprit, et pouvez-vous reconnaître pour vos enfants ceux « qui mènent une vie si différente de la vôtre ? »

Décidé à couper le mal dans sa racine, Denis s'entendit avec Octave Arnolphini et Etienne Maugis, abbés de la filiation, l'un au monastère de Châtillon et l'autre à celui de l'Aumône. Tous les trois jurèrent, devant le tombeau de Bernard, le 9 mai 1506, de rétablir l'ancienne ferveur dans leurs communautés (1).

Trois ans ne s'étaient point encore écoulés qu'ils virent huit autres abbés suivre leur exemple. Malheureusement, les évêques les plus pieux, le Saint-Siège lui-même avaient beau témoigner leurs sympathies pour la réforme, la majorité des abbés dans les chapitres généraux fit tous ses efforts pour en empêcher les progrès.

L'on a conservé un certain nombre de pièces remontant à la période comprise entre 1582 et 1635. Sans pouvoir déterminer au juste sous quel abbé elles furent rédigées, nous devons les tenir pour postérieures au règne plus ou moins nominal de Michel de Seurre et antérieures à l'avènement du successeur d'Antoine Séguier.

Il convient de citer tout d'abord les confirmations des droits de propriété et privilèges, dont jouissait la Trappe, émanant des rois Henri III (1583) — Henri IV (1594) -- Louis XIII (1615) (2).

Mentionnons ensuite, par ordre chronologique des pièces de 1587 relatives à l'acquisition par les religieux des terres de la Motte et du Moulin de Clopin. — Une quittance de 1588 concernant la rente que doit faire chaque année la forge de Randonnai au monastère de Soligny. — Divers baux à ferme de 1593 à 1611. — Une sentence rendue en 1600, en faveur des Trappistes par Jacques de Saint-Denis, lieutenant général du baillage d'Alençon, contre Marie d'Ambray, baronne de Laigle. — Une transaction entre les religieux de Soligny et les habitants de Burres, au sujet de certains droits d'usage et chauffage, en date de 1629, etc., etc. (3).

### § 12 — Dominique Séguier, trentième abbé. — Le gouvernement de la Trappe tend à devenir, pour ainsi dire, une manière d'apanage au profit de certaines familles.

XXX. A Antoine Séguier, succède son neveu, DOMINIQUE SÉGUIER, conseiller comme lui au parlement et en outre, chanoine et doyen de l'église de Paris, évêque d'Auxerre et ensuite de Meaux. On ne nous fait pas savoir d'ailleurs la date de son avènement ni la durée de son règne. La Trappe tend ainsi à devenir une sorte d'apanage dont les membres d'une même famille se transmettent le gouvernement.

(1) *Annales de l'Abbaye d'Aiguebelle*, t. II; chap. Ier, pages 31 et suivantes (Valence, 1863).
(2) Abbé Fret, *Antiquité et Chronique Percheronnes*. t. III, p. 368.
(3) M. L. Duval, *Inventaire sommaire*, pages 359 et 370.

§ 13. — Victor le Bouthillier, trente-unième abbé, inaugure en quelque sorte, une nouvelle dynastie de supérieurs de la maison de Soligny. — Il abdique en faveur de son neveu.

XXXI. Avec VICTOR LE BOUTHILIER, nous assistons, pour ainsi dire, à un changement de dynastie. Ce dernier personnage avait d'abord débuté par être évêque de Boulogne pour devenir ensuite coadjuteur de Tours et abbé commendataire de la Trappe. Il ne tarda pas d'ailleurs à donner sa démission de cette fonction en faveur de son neveu.

§ 14. — François-Denis le Bouthillier de Rancé, trente-deuxième abbé, abdique, à son tour, en faveur d'Armand de Rancé, le célèbre réformateur. — Examen de quelques difficultés relatives à la Chronologie des abbés de la Trappe.

XXXII. On ne nous indique pas en quelle année FRANÇOIS DENIS DE RANCÉ remplace son oncle dans le gouvernement de la maison de Soligny. Nous savons seulement qu'il était aumônier du roi, chanoine de l'église de Paris, abbé de Saint-Symphorien, de Sainte-Marie du Val et qu'il mourut en 1636.

Signalons la rapidité avec laquelle se succèdent alors les abbés commendataires. Nous en comptons sept, rien que pour un intervalle d'un peu plus d'un demi-siècle (1582-1636).

Somme toute, le fait le plus remarquable de l'administration de François-Denis, c'est sans doute, d'avoir transmis les fonctions abbatiales à celui qui devait devenir, un jour, le réformateur de la Trappe et y faire refleurir les vertus des anciens jours.

Mais avant de clore ce chapitre, un mot au sujet de la chronologie des abbés de la Trappe depuis l'entrée en fonctions d'Albold (1140) jusqu'à la dite année 1636. Nous nous trouvons en présence d'une période de quatre cent quatre-vingt-seize ans remplie, on vient de le voir, par trente-deux abbés consécutifs. Cela fait environ quinze ans et un tiers pour la durée de chaque règne. Rien en ceci qui doive beaucoup nous surprendre. L'abbaye de Thiron de 1116 à 1790, c'est-à-dire pendant une durée de six cent soixante-quatorze ans a eu quarante-trois supérieurs, id est un par période de quinze ans et demi. Les choses se sont passées à peu près de même pour l'Abbaye de femmes des Clairets ; en cinq cent cinquante-neuf ans, nous dit l'abbé Fret, l'on y compte trente-sept supérieures ; chacune d'elles ayant, en moyenne, gouverné au moins une quinzaine d'années. Les résultats ne seraient même pas très différents, si l'on étudie la chronologie des Abbés d'Aiguebelle. Partons du gouvernement de Guillaume Ier, restaurateur de ce monastère en 1134 pour ne nous arrêter qu'à la mort de l'avant-dernier supérieur commendataire (1763). Chacun d'eux aurait conservé, l'un dans l'autre, l'administration pendant près de treize ans.

Par exemple, là où les difficultés commencent à surgir, c'est lorsque nous voulons examiner à part la période s'étendant du temps d'Albold à l'élection de Julien des Noës (1140-1527). Dix-sept abbés seulement se seraient succédé pendant un laps de temps de trois cent quatre-vingt-sept ans. Il faudrait donc attribuer au gouvernement de chacun d'eux, une durée de vingt deux années et neuf mois environ. Cela semble, à première vue, exorbitant.

Inutile de rappeler ici la plaisanterie de l'abbé Fret, attribuant la longévité des Percherons au soin qu'ils prennent d'éviter toute émotion violente. D'abord, la grande majorité des abbés de la Trappe n'avait pas vu le jour dans le Perche, et puis pour les autres périodes de l'histoire du monastère, la durée des règnes reste notablement plus courte. Le meilleur moyen de se tirer d'affaire ne consisterait-il pas tout simplement à admettre que lors de la guerre de Cent ans, les registres du monastère n'ayant point été tenus avec assez d'exactitude, plusieurs abbés ont bien pu régner un temps plus ou moins long, sans que ni leur nom ni leur souvenir soient parvenus jusqu'à nous?

Au contraire, pour la période qui va de la démission du cardinal du Bellay jusqu'à la mort de François-Denis Le Bouthilier de Rancé (1538-1636) et dure par conséquent quatre-vingt-dix-huit ans, le nombre des abbés apparaît bien considérable, puisqu'il s'élève jusqu'à treize. Cela donne environ sept années et demie de règne pour chacun. Cette particularité s'explique facilement par le fait que des supérieurs commendataires ne s'attachant point à leur monastère avec autant de zèle que l'eussent fait des abbés réguliers, démissionnaient pour des raisons de peu d'importance ou même simplement pour faciliter certains arrangements de famille. Du reste, il est assez remarquable que les annales de l'abbaye d'Aiguebelle depuis l'année 1137 jusqu'à l'avènement de Dom Guillaume de Raymond (1356) ne comptent que vingt-quatre abbés, c'est-à-dire en moyenne, un par neuf ans plus une fraction Cela semble singulièrement court et toutefois, le régime de la commende n'y est évidemment pour rien.

# LIVRE DEUXIÈME

## DEPUIS L'AVÈNEMENT DE L'ABBÉ DE RANCÉ

### JUSQU'A CELUI DE L'ABBÉ DE LESTRANGES

(1638-1790)

## CHAPITRE PREMIER

### FAMILLE ET DÉBUTS DE L'ABBÉ DE RANCÉ

§ 1. *Origines de la famille Le Bouthillier.* — *Elle quitte la Bretagne à la suite du mariage de la duchesse Anne.*
§ 2. *Denis et Armand-Denis de Rancé.*
§ 3. *Premières années du réformateur de la Trappe.*
§ 4. *Ses brillants succès scolaires.*
§ 5. *Mort de Denis de Rancé.* — *Vie dissipée d'Armand.*
§ 6. *Il est ordonné prêtre.* — *Débuts du Jansénisme.* — *Ses progrès.*
§ 7. *Rôle joué par Rancé dans l'assemblée de 1655.* — *Il encourt la disgrâce de Mazarin.*

§ 1. **Origines de la famille Le Bouthillier.** — **Elle quitte la Bretagne à la suite du mariage de la duchesse Anne.**

XXXIII. La période dans laquelle nous entrons, beaucoup plus courte que la précédente, l'emporte singulièrement en importance, au point de vue de l'histoire de notre monastère. Jusqu'alors satellite assez obscur de la maison-mère de Clairvaux, il va devenir le point de départ d'une réforme célèbre dans les annales de l'Eglise et dont les conséquences se feront sentir pendant bien longtemps. Tout cela fut, avec l'assistance de Dieu, l'œuvre d'un

(1) M. L. Duval, *Inventaire sommaire*, pages 359 à 370.

seul homme, du pénitent héroïque connu sous le nom d'abbé de Rancé ; mais avant d'aller plus loin, disons quelques mots de sa famille et des années de sa jeunesse (1).

Les Bouthillier dont descend le restaurateur de la Trappe sont d'origine bretonne et d'antique noblesse. Il est question d'eux dès les débuts du xi° siècle, sous le règne d'Alain Barbe-Torte, premier duc de Bretagne. Un panégyriste trop zélé va même jusqu'à les rattacher à la lignée de ce puissant seigneur, mais ne donne de son allégation aucune preuve sérieuse

Les mariages successifs de la duchesse Anne avec les rois Charles VIII et Louis XII décidèrent nombre de Bretons à s'établir en diverses provinces et il y en eut bientôt dans toute la France. C'est ainsi que nous voyons Sébastien Le Bouthillier abandonner son pays et venir se fixer à Angoulême. Il était même conseiller et échevin de cette ville vers 1458.

### § 2. Denis et Armand-Denis de Rancé.

Denis Le Bouthillier, son fils, remplissait à quatorze ans, les fonctions de lieutenant d'ordonnance dans la compagnie de M de la Bourdaisière. Il ne tarda point à abandonner la carrière des armes pour celle du barreau. C'était, affirme-t-on, l'un des hommes de son époque les plus forts en fait de droit ecclésiastique, et l'on venait de très loin le consulter. Les habitants d'Angoulême désirant le garder au milieu d'eux, lui avaient offert les fonctions de conseiller au présidial, mais Denis préféra se rendre à Paris.

Sa réputation d'éminent jurisconsulte décida le roi Henri III à lui offrir la charge importante d'Avocat Général au Parlement. Notre Breton refusa, aimant mieux ses modestes fonctions d'avocat consultant. Il était néanmoins Conseiller d'Etat en 1608, époque de sa mort. On l'inhuma dans l'église Saint-Cosme sa paroisse et de nombreuses épitaphes furent composées en son honneur par les poètes de ce temps-là. Ses armes consistaient en un fond d'azur, symbole de loyauté et de justice, avec trois fusées d'or, emblèmes de foi et de constance. Elles avaient pour cimier, une tête de lion d'or et, pour supports, deux lions de même. La devise était un nœud gordien soutenu d'une foi représentée par deux mains qui s'empoignent, avec ces mots *Marte invito*.

De son mariage avec Claudine de Macheco, Denis avait eu neuf

---

(1) La plupart des renseignements ici donnés sur la famille du célèbre cénobite, sa vie et son œuvre sont tirés de l'excellent ouvrage de M. l'abbé Dubois, *Histoire de l'abbé de Rancé et de sa réforme*, 2 vol. in-8° ; Paris 1869.

enfants, dont cinq filles, lesquelles, à l'exception d'une seule, entrèrent toutes au couvent et quatre fils, à savoir :

1° Claude, l'aîné de ses frères, qui prit le titre de marquis de Pont-sur-Seine. Il fut successivement secrétaire des Commandements de la reine Marie de Médicis et Secrétaire d'Etat. De son mariage avec Marie de Bragelonne, naquit Léon, comte de Chavigny, auteur de la branche du même nom. Elle compte parmi ses membres, François de Chavigny, évêque de Troyes, qui tint une place distinguée dans les conseils de la régence, ainsi que Denis de Chavigny, son neveu, lequel fut archevêque de Sens.

2° Sébastien qui embrassa l'état ecclésiastique.

3° Victor, lequel entra également dans les ordres. Grâce à la faveur du Cardinal de Richelieu, il reçut un nombre considérable de bénéfices. Cet enfant de Denis était à la fois, chanoine de l'église de Paris, abbé commendataire d'Oigny (ordre de Saint-Augustin) et d'Aigue-Vives en Touraine. Le 1er décembre 1626, dit M. l'abbé Dubois, Louis XIII le présenta pour l'évêché de Boulogne et il fut sacré en cette qualité, le 9 avril 1628 dans l'oratoire des carmélites du fauxbourg Saint-Jacques, par François de Gondi, archevêque de Paris. L'année d'après il reçut la prébende du monastère de la Trappe, et nous l'avons mentionné à la fin du précédent chapitre comme en ayant été le 32e abbé.

4° Denis, le plus jeune, portait, comme on le voit, le même nom de baptême que son père. Afin de se distinguer de son frère aîné il prit le surnom de Rancé, d'une terre dont il était seigneur. Encore avocat au parlement de Dijon, il avait épousé Charlotte Joly d'une noble et ancienne famille bourguignonne, personne aussi distinguée par son extrême beauté que par sa vertu. Le 12 juin 1630, nous voyons Denis Le Bouthillier pourvu de la charge de Président au parlement de cette même ville. Ayant été, quelques mois plus tard, nommé Conseiller d'Etat, il résilie ses fonctions et vient se fixer à Paris avec sa jeune épouse. Le roi le dote d'une pension de huit mille livres et joint à ce traitement, la dignité de vice-amiral et lieutenant-général du commerce et de la navigation de France en Picardie, Calaisis, Boulonnais et Pays Reconquis. Les lettres-patentes à lui adressées portent en substance « que Sa « Majesté veut et entend que ledit sieur de Rancé serve pendant « deux quartiers et qu'il prenne séance dans le Conseil du jour « qu'il a prêté serment et devant tous ceux qui entreraient après « cette époque, quoique plus anciens par la date de leurs bre- « vets. »

Denis eût de son mariage, trois garçons et cinq filles dont trois firent profession de la vie religieuse. Des deux autres, l'une mariée à René de Faudoas d'Averton, comte de Belin, devint veuve ; elle épousa en secondes noces Gilbert-Antoine, comte d'Albon. La dernière s'unit à François de Rochemonteix, sieur de la Roche Vernassal.

L'aîné des fils de Denis de Rancé reçut le nom de Denis-François. Il entra dans les ordres. Son oncle Victor, Évêque de Boulogne ayant renoncé en sa faveur, comme il a été dit plus haut, au gouvernement de la Trappe, Denis François devint à son tour, abbé de monastère.

Quant au plus jeune des frères de celui-ci, à savoir Philippe-Charles, il fut chevalier de Malte et parvint au grade de second lieutenant-général des Galères.

Au second des fils de Denis, était réservé l'honneur de faire briller le nom de Rancé d'un éclat incomparable. Saluons en lui, l'une des lumières de l'Église et le restaurateur de la discipline cistercienne non seulement en France, mais dans le monde entier.

### § 8. Premières années du réformateur de la Trappe.

Quoi qu'il en soit, ce futur cénobite naquit le 9 janvier 1626, et fut ondoyé le même jour dans la maison paternelle. La famille Le Bouthilier et celle du Plessis, à laquelle appartenait le célèbre cardinal de Richelieu, avaient jadis été l'une vis-à-vis de l'autre sur un pied d'intimité assez étroite. Denis songea à tirer parti de cette circonstance et pria la redoutable éminence de vouloir bien servir de parrain à son fils. Le cardinal daigna y consentir et tint le nouveau-né sur les fonts en compagnie de Marie de Fourcy, marquise d'Effiat, laquelle remplissait le rôle de marraine. L'époux de cette dernière, déjà chevalier des Ordres du roi et surintendant des finances, fut nommé plus tard, on le sait, maréchal de France.

Nous pouvons juger par là, à quel point ce père prévoyant songeait à l'avenir de ses enfants. Dès leur entrée dans le monde, le voilà qui s'occupe à leur assurer, pour plus tard, de puissants protecteurs. La cérémonie du baptême eut lieu le 30 mai 1627 en l'église de Saint-Côme et de Saint-Damien avec tout le luxe et l'apparat imaginables. Suivant l'usage alors répandu, Richelieu transmit ainsi à son filleul son propre prénom d'Armand.

A peine en état d'échanger quelques paroles, le futur cénobite se signalait déjà par sa grâce et sa gentillesse, sa mine éveillée et sa précoce intelligence. Mais bientôt ses parents faillirent le perdre. Dans le cours de sa quatrième année, une attaque d'hydropisie le conduisit aux portes du tombeau. Sa guérison imprévue ne surprit, dit-on, personne autant que les médecins qui le soignaient.

Sitôt rétabli, nous le voyons commencer ses études élémentaires. Il apprend à lire et à écrire avec une facilité extraordinaire. Aussitôt après, son père s'occupe de lui faire donner l'éducation la plus complète que pût recevoir un gentilhomme de ce temps-là.

Le sage et pieux abbé Favier, de Thiers en Auvergne, fut chargé de l'instruction religieuse et de la direction du petit Armand. On confia à un érudit consommé dont le nom même exhale un étrange parfum d'Hellénisme, M. de Bellérophon, le soin de l'initier aux beautés de la langue d'Homère. Enfin, c'était un professeur du collège d'Harcourt, mais dont le nom nous reste inconnu, qui venait lui donner des leçons de latin.

Les événements qui se produisirent alors à la Cour nous obligent à interrompre, pour un instant, la suite de notre récit. En sa qualité de secrétaire et de conseiller de Marie de Médicis, veuve de Henri IV, Denis de Rancé s'employait avec un zèle et une patience vraiment méritoire à calmer les dissentiments qui s'élevaient sans cesse entre la reine douairière et sa belle-fille, Anne d'Autriche.

Après la mort du duc de Luynes, son ennemi personnel et son persécuteur, Marie de Médécis se mit à la tête du Conseil et, pour mieux affermir son autorité, y fit entrer avec elle le cardinal de Richelieu, son favori. Telle est, toutefois, la dégradation de notre nature que trop souvent, l'on rencontre la supériorité du génie jointe au caractère le moins estimable. Parvenu à ce poste éminent, l'ambitieux prélat affecte de ne témoigner que dédain pour une bienfaitrice dont il n'avait plus grand chose à attendre. Celle-ci, indignée, le renvoie du ministère. Mais Richelieu se trouvait déjà trop ancré dans la confiance du roi pour que son crédit fût ébranlé par une disgrâce passagère. Bientôt nous voyons Louis XIII auquel l'énergie avait manqué pour le défendre, par un second acte de faiblesse plus impardonnable que le premier, lui sacrifier sa mère d'une façon absolue.

Le cardinal redevient ministre et Marie, contrainte à l'exil, quitte la France. Cette épouse et mère de rois, cette belle-mère de trois souverains, y meurt un peu plus tard à Cologne dans un état voisin de l'indigence.

Denis de Rancé, mû par un sentiment de chevaleresque dévouement, ne veut pas abandonner sa protectrice, renonçant ainsi, afin de lui rester fidèle, aux brillantes perspectives par lui rêvées pour ses enfants. Une telle preuve d'attachement semblera bien peu digne d'un esprit pratique à bon nombre de nos contemporains, mais ne faut-il point passer quelque chose à la naïveté des hommes de ce temps-là, pauvres gens imbus de toutes sortes de sots

Pagination incorrecte — date incorrecte

**NF Z 43**-120-12

préjugés, y compris celui de l'honneur? D'ailleurs le respect, nous dirions presque la superstition, dont la majesté royale était alors l'objet, ennoblissait jusqu'à la servitude elle-même, permettant à nos aïeux, suivant la belle expression de Tocqueville, de garder leur âme très fière au sein de la plus étroite dépendance.

Marie de Médicis refuse le sacrifice que voulait s'imposer son loyal serviteur et lui ordonne de rester dans ses foyers. Elle se contente de remettre à Rancé ses papiers et sa cassette, puis quitte la France, accompagnée de quelques personnes d'importance secondaire et qui n'avaient pas grand chose à perdre en s'expatriant.

Richelieu dont la politique n'était guère gênée par aucune sorte de scrupules, a, tour à tour, recours aux promesses et aux menaces pour obtenir de Rancé la remise de son précieux dépôt. Saurons-nous gré à l'astucieux cardinal de s'en être tenu là, de n'avoir pas employé la force ouverte? On peut croire, sans témérité, que ce n'est pas l'envie qui lui en manqua, mais l'esprit public savait exiger alors d'une autorité despotique à tant d'égards, certain respect des convenances et de la dignité humaine. A une époque de prétendue liberté, comme on en a vu depuis, sans doute le pouvoir n'y eut pas mis tant de façons.

Inutile d'ajouter que le secrétaire de la reine douairière demeura inébranlable. Richelieu eut recours pour se venger à un procédé réellement assez original. C'était de combler le frère et le neveu de Rancé de faveurs, tandis qu'il le laissait, lui personnellement, dans la disgrâce. Ainsi, nous voyons Claude Le Bouthillier promu, avec le sieur de Bullion, à la surintendance des finances, place restée vacante par suite de la mort du maréchal d'Effiat. Le fils de ce dernier qui, à peine âgé de 20 ans, était déjà Conseiller au Parlement, devint successivement secrétaire d'Etat et grand trésorier de l'ordre du Saint-Esprit, avec la décoration du cordon bleu et la capitainerie du bois de Vincennes.

Incapable du moindre sentiment d'envie, Denis de Rancé ne professait pas cependant pour les biens de ce monde, le superbe dédain d'un ascète. Ce n'est point, vraisemblablement, sans un cruel déchirement de cœur qu'il sacrifia si noblement à son devoir son intérêt propre et celui de ses enfants. La perte de sa charge de secrétaire auprès de la reine douairière diminuait beaucoup ses revenus. A la tête d'une famille de huit enfants, il lui restait à peine de quoi soutenir son rang.

Ses parents ayant vainement tenté de lui rendre la faveur du cardinal, Denis résolut de rentrer dans la vie privée et d'aller habiter sa terre de Veretz. Il destinait d'ailleurs son fils aîné à l'Église, le jeune Armand à être chevalier de Malte ; pour le dernier des garçons, il devait rester dans le monde. Le cloître enfin devenait le partage de la plupart de ses filles.

Nous devons, sans doute, reconnaître à l'honneur de ces temps-là, à quel point les unions y étaient fécondes. Mais aussi l'on avait pour se débarrasser d'une progéniture trop nombreuse, des débouchés lesquels, Dieu merci, à l'heure présente, nous font à peu près complètement défaut. Le Seigneur recevait comme don, tout ce qui aurait été d'un placement trop laborieux dans le siècle. Ainsi les cloîtres, canonicats, évêchés, se peuplaient de sujets laissant parfois fort à désirer sous le rapport de la vocation. Aujourd'hui l'on a recours à d'autres procédés pour se tirer d'affaire. C'est que les abus sont plus aisés à changer qu'à détruire.

Cependant, Anne d'Autriche apprit, par hasard, un service important à elle rendu par Denis de Rancé. Etant secrétaire de Marie de Médicis, il avait décidé la veuve de Henri IV à supprimer une lettre au roi, injurieuse pour sa belle fille. Mue par un sentiment de reconnaissance, l'épouse de Louis XIII fit venir Rancé et l'assura de sa protection. En dépit de l'opposition plus ou moins sourde du cardinal, nous voyons son premier fils, Denis-François, pourvu d'un canonicat à l'église cathédrale de Paris et de plusieurs abbayes résignées en sa faveur, par son oncle, l'évêque de Boulogne. Quant à sa fille aînée, la reine se l'attacha comme demoiselle d'honneur et, en la mariant plus tard à René de Faudoas, lui fit présent de dix mille écus, dot considérable pour l'époque.

Destiné à l'ordre de Malte, notre futur réformateur, sans renoncer à ses études littéraires, s'initie à l'escrime, à l'équitation, en un mot, à tout ce qu'il importait à un homme de guerre de connaître. Son père remarqua, non sans un sentiment de profonde satisfaction, que son fils ne montrait pas une moindre aptitude pour les exercices du corps que pour ceux de l'esprit.

Cependant le frère aîné qui avait eu les bénéfices en partage tombe grièvement malade. Il ne lui reste plus que quelques jours à vivre. En homme avisé, Denis n'hésite pas. Il s'agit, avant tout, de conserver huit ou dix mille livres de rentes en biens ecclésiastiques, dans la famille. Armand était destiné au service militaire. On va, tout d'un trait, l'affecter à celui des autels. Avant même que le moribond eût rendu le dernier soupir, le 21 décembre 1635, son jeune frère reçoit la tonsure des mains de l'Evêque de Paris. Un peu plus tard, Armand succède à tous les bénéfices du défunt, comme par droit d'héritage.

A peine âgé de onze ans et demi, il va se trouver promu au rang de chanoine *in minoribus*. On désignait par ce mot des enfants ou jeunes gens munis de bénéfices canoniaux. Ils faisaient ou, du moins, étaient censés faire leurs études. Ce prétexte les dispensait de l'obligation de la résidence et de l'assistance. Tout ce qu'on exigeait d'eux, c'était la communion aux quatre principales fêtes de l'année, en l'église de Notre-Dame. Encore exempte-t-on, pendant quelque temps, le jeune Rancé de ce devoir, en raison de sa santé délicate.

Ainsi, voilà un enfant, hors d'état de rendre le moindre service à l'Église et, heureusement pour lui, même de comprendre tout ce qu'avait de condamnable cette réunion, sur une seule tête, de plusieurs bénéfices et qui déjà touchait par an, seize mille livres de biens d'Église. Et combien d'autres fils de gentilshommes se trouvaient dans le même cas? D'ailleurs, jusqu'à la majorité d'Armand, c'était son père qui jouissait pour son compte personnel de tous les revenus, les faisant toucher par des économes établis sur les lieux. Certes, il fallait que la vieille France trouvât en elle de bien puissants éléments de vitalité, pour avoir pu résister près de trois siècles à de pareils abus !

Un cruel malheur vint frapper notre jeune cénobite à ce moment même où son âme commençait à pouvoir en goûter toute l'amertume. Il était encore dans sa douzième année, lorsque sa vertueuse mère lui fut enlevée. Celle-ci mourut le 14 octobre 1638, laissant sept orphelins dont le plus jeune n'avait point encore huit ans.

### § 4. Ses brillants succès scolaires. — Il est ordonné prêtre.

La profonde douleur ressentie par le petit Armand ne l'empêcha pas de continuer ses humanités. Sa vive intelligence jointe, phénomène assez rare, à une grande ardeur pour le travail, lui permit de faire en peu de temps de merveilleux progrès. Il cultiva surtout le grec avec une prédilection toute spéciale et sa connaissance précoce de cet idiome lui eût sans doute mérité d'être embrassé avec effusion par tout ce que le monde renfermait alors de Bélises et autres femmes savantes. Chose à peine croyable, sa treizième année n'était pas révolue, qu'il se trouve en état de donner une édition d'Anacréon avec traduction et commentaire. Les savants les plus distingués de France, d'Allemagne et d'Italie parlèrent avec éloge de cet ouvrage et il valut à son auteur d'être cité dans le livre des *enfants célèbres* de Baillet et la *bibliothèque des érudits précoces* de Klefeker. L'on a supposé, mais sans preuve suffisante, que M. de Bellérophon n'avait pas été étranger à ce tour de force, qu'il donna à son studieux élève l'aide de ses conseils et de sa vieille expérience. Son rôle, à cet égard, ne put être que tout à fait secondaire et sans importance véritable. C'est ce qu'établit clairement une lettre écrite par Rancé, dans le cours de sa soixante-huitième année, alors qu'il était depuis longtemps revenu de toutes les vanités du monde. Il s'y déclare l'auteur de l'édition du chantre de Théos dont nous venons de parler. Peut-être, toutefois, aurait-on quelque lieu d'être surpris du poëte choisi par le jeune abbé, comme objet de ses recherches et de ses travaux.

Denis, toujours délaissé par le cardinal, jugea l'occasion favorable pour rentrer définitivement en faveur. Redirons-nous les prétentions littéraires de Richelieu et qu'il s'estimait un écrivain hors ligne pour avoir commis une tragédie ridicule ? C'est qu'une haute intelligence elle-même n'est pas toujours un préservatif suffisant contre la vanité, que le côté faible de bien des gens de haute valeur, c'est de vouloir être universels, de se supposer des aptitudes spéciales, précisément pour les choses auxquelles ils n'entendent goutte.

Toutefois, un mérite qu'on ne saurait refuser à l'illustre homme d'État, c'était d'être un généreux Mécène. S'il se permit parfois des tracasseries de mauvais goût vis-à-vis des princes du Parnasse dont la gloire excitait sa jalousie, du moins nombre de talents naissants trouvèrent en lui un protecteur éclairé et sympathique.

Il fut résolu que le précoce helléniste ferait hommage de son œuvre au cardinal. Dans sa dédicace, Armand déclare avoir pris le lyrique grec comme objet de ses études, non en raison de sa morale, laquelle n'est rien moins que sévère, mais bien à cause de l'élégance de son style et de la pureté de son langage. Il y témoigne d'ailleurs, à l'égard de son puissant parrain, des plus vifs sentiments d'admiration et de dévouement.

Toutefois, le résultat de cette démarche se réduisit à peu de chose. Il fut question, pour le petit prodige, d'un bénéfice important qui, du reste, finit par n'être pas accordé. Le Père Caussin, confesseur du roi, ayant tenu à interroger lui-même le brillant helléniste, se retira stupéfait de sa science et de la pénétration de son esprit.

Voici, cependant, le jeune Rancé parvenu à sa dix-septième année. Force lui est de se séparer de MM. l'abbé Favier et de Bellérophon et d'aller faire sa philosophie au collège d'Harcourt. Il garda, toute sa vie, pour ses dignes éducateurs, un souvenir aussi tendre que reconnaissant. Je ne sache rien de plus touchant qu'une lettre du réformateur de la Trappe, alors âgé de soixante-sept ans à son vieux professeur de grec qui en avait quatre-vingt-trois. Un auteur, tout en citant cette missive, juge avec raison qu'elle fait encore plus d'honneur à l'homme qui l'a écrite, qu'à celui qui méritait de la recevoir.

Armand apporte à l'étude des œuvres d'Aristote, l'ardeur qu'il mettait en toutes choses. Cependant l'expérience, sinon le zèle, lui faisait encore défaut. Aussi, le voyons-nous donner dans les rêveries des astrologues et alchimistes. C'était, pour ainsi dire, la folie universelle. Bien des gens appartenant aux classes non seulement les plus élevées, mais encore les plus instruites, s'en montraient entichés, n'ayant point cependant, comme Rancé, l'excuse de la grande jeunesse. Son père, remarquant qu'il commence à s'entourer d'alambics et de cornues pour procéder à la confection du grand œuvre, l'arrête naturellement dans de pareilles recherches, lui prescrit de renoncer à tout le reste pour se mettre en état de passer ses thèses le plus tôt possible.

Deux événements se produisent alors qui impressionnent notre élève philosophe à des degrés différents, mais sans interrompre le cours de ses études. Le premier, c'est la mort de Richelieu, survenue le 4 décembre 1642. Quand au second, il n'est autre que le trépas de son beau-frère, le comte de Belin, lequel succombe aux coups d'un assassin. Tout en sentant qu'il n'avait peut-être pas beaucoup à attendre d'une prolongation des jours du terrible cardinal, Rancé ne pouvait se défendre de quelque sympathie pour celui qui l'avait tenu sur les fonds baptismaux. Quant à la mort de l'époux de sa sœur, elle parait l'avoir affecté bien profondément. A en juger par une de ses lettres, sans son respect pour le saint habit qu'il portait, l'adolescent au sang généreux eût certainement essayé de venger le crime dans le sang du meurtrier.

C'est sans doute dans les premiers jours d'août 1643, qu'Armand fut admis à soutenir sa thèse. Il y trouva l'occasion d'un vrai triomphe, malgré l'acharnement et les dispositions presque malveillantes de certains examinateurs. A cette occasion un incident se produisit qui peint bien l'époque.

La situation du candidat semblait critique, puisqu'à l'une de ses propositions, l'on opposa l'autorité d'Aristote. L'admettre comme conforme à la réalité des faits, c'était s'avouer vaincu; d'autre part, la rejeter, aux yeux des érudits d'alors, c'était commettre un crime de lèse-philosophie et se brouiller avec la Faculté qui ne jurait encore que par l'illustre Stagyrite.

Rancé s'en tire en homme d'esprit. « Je n'ai jamais lu, dit-il, « Aristote qu'en grec et ne l'entends pas autrement. Qu'on m'ap-« porte le texte tel qu'il est et je répondrai. » L'examinateur ne savait pas un mot de cette langue et l'interrogé n'eut pas de peine à démontrer inexacte la traduction contre lui alléguée.

Cependant, Mazarin venait de saisir les rênes du gouvernement.

Afin de mieux asseoir son autorité, il prenait plaisir à briser tout ce qui avait pu paraître inféodé à son redoutable prédécesseur. La famille le Bouthillier reçut sa part de disgrâces. Ainsi, un mois à peine après la mort du roi, Claude, marquis de Ponce et oncle du jeune de Rancé, non seulement se vit enlever la surintendance des finances, mais encore reçut l'ordre de se retirer dans ses terres. Son fils Louis de Chavigny, prévoyant pour lui-même semblable fortune, s'était hâté, quelques jours plus tard, de résigner ses fonctions de Secrétaire d'Etat.

Au milieu de ce désarroi, les Rancé ne pouvaient plus espérer qu'en Anne d'Autriche. Elle devenait leur seule ressource et unique protectrice. Aussi, d'après les Conseils paternels, Armand s'empresse de lui dédier sa thèse. Celle-ci qui n'avait jamais cessé de ressentir, à la fois, de l'estime et de la gratitude pour le père du jeune candidat, s'excusa sur son deuil de ne pouvoir assister à la soutenance. Elle daigna toutefois s'y faire représenter par son premier aumônier, M. de Maupas du Tour, évêque du Puy.

A peine gradué en Arts, Armand commence ses études théologiques. Denis, instruit par l'expérience du collège d'Harcourt, craignait pour son fils l'assistance quotidienne aux cours publics. Il obtint donc la permission de le faire instruire à domicile par deux docteurs qui venaient lui donner des leçons, l'une le matin et l'autre le soir. Le jeune Rancé fut seulement astreint à aller de temps en temps, conformément à l'usage, disputer en Sorbonne ; d'ailleurs il ne cessait de montrer la même ardeur pour le travail, doublant chaque jour la tâche à lui imposée.

Toutefois, ces études ne suffisaient pas à épuiser l'activité de son intelligence. Obtenir un évêché, tel était alors le rêve des jeunes clercs de condition. Précisément, pas de meilleur moyen d'y parvenir que la prédication. La Bruyère le déclare formellement : « Le sermonneur est plutôt évêque que le plus solide écri-« vain n'est revêtu d'un prieuré simple. » Aussi, voyons-nous notre héros, en compagnie de trois intimes de son âge et de son rang, à savoir l'abbé de Champvallon ; François de Harlay, fils d'Achille de Harlay et l'abbé François de Clermont-Tonnerre, consacrer une partie de ses journées et, au besoin, de ses nuits à la déclamation et à se perfectionner dans l'éloquence de la Chaire.

A ces occupations s'en joignaient d'autres, d'un caractère infiniment moins sacerdotal, par exemple, la chasse dont il raffolait et l'escrime par lui cultivée avec grand succès.

Deux années s'écouleront dans ce mélange d'exercices profanes et sacrés. Mais voici le moment venu d'affronter le baccalauréat.

Rancé eût à soutenir un examen assez épineux sur la Grâce. Il s'en tire tout à fait à son honneur, ayant eu l'adresse de ne point faire connaître son opinion personnelle en matière si délicate. Quant à sa thèse précédée d'une dédicace, vrai chef-d'œuvre de style et d'habileté, elle fut, cette fois-ci encore, dédiée à Anne d'Autriche. L'on eût dit, du reste, que c'était lui qui faisait passer un examen aux interrogateurs, tant il émerveilla l'assistance par sa profonde connaissance des Pères de l'Eglise, tant grecs que latins.

Mais Rancé n'était pas homme à s'endormir sur ses lauriers. Après avoir eu soin de faire part de ses succès à MM. de Bellérophon et l'abbé Favier, il obtient la permission de prêcher. On se rappela notamment plus tard, le second de ses sermons sur la conversion de Saint Paul. En retraçant l'histoire de l'apôtre des nations, notre abbé semblait avoir prédit sa propre destinée.

C'est que, pour ses débuts, notre jeune abbé venait de s'élever au rang des prédicateurs de haute marque. Son éloquence véhémente et pathétique rappelait surtout celle de Bourdaloue, mais avec quelque chose de plus touchant. Au dire des contemporains, il l'emportait notamment sur cette gloire de la chaire française par son débit et la clarté de sa prononciation.

Tout cela n'empêchait pas Rancé de se montrer fidèle disciple de Saint Hubert, beaucoup plus même qu'il n'eût été à propos. On connaît sa réponse à M. l'abbé de Champvallon, l'interrogeant sur l'emploi de sa journée. « Je vais, ce matin, dit-il, prêcher « comme un ange et, ce soir, chasser comme un diable. » On le voyait, après avoir fait la guerre au gibier pendant quatre ou cinq heures, accourir de fort loin, en poste, pour soutenir une thèse en Sorbonne ou donner un sermon. D'autres fois, notre homme d'Eglise passait toute la nuit à l'affût, tête nue, dans les bois. A ce beau régime, il attrapa une sciatique, laquelle faillit l'emporter. Il ne faut pas croire, en effet, que Rancé fut d'un tempérament très robuste, bien loin de là, mais sa jeunesse et son énergie le soutenaient, du moins momentanément.

En définitive, nos aïeux du début du XVIIe siècle, s'ils cédaient volontiers à l'attrait du plaisir, savaient ne guère s'écouter eux-mêmes. Ils apportaient dans leurs plus simple samusements une fougue et une ardeur merveilleuses. A cet égard, le futur cenobite se faisait remarquer, même parmi ses contemporains et nul ne se montra, à l'occasion, aussi dur pour lui-même. Un peu plus tard seulement commence ce règne du confort, ce culte énervant du bien-être qui rend les hommes également incapables de grands efforts et de grandes passions.

Cependant l'existence dissipée que menait notre héros n'avait pas étouffé en lui un sentiment très vif de la dignité de l'état ecclésiastique et des devoirs qu'il impose. Déjà promu à la tonsure, il n'aurait pas mieux demandé que d'en rester là. Son maintien dans les ordres mineurs lui interdisait, cela va sans dire, l'accès aux hautes fonctions sacerdotales, mais lui eut permis, en revanche, de continuer cette vie d'abbé séculier, si charmante à ses yeux. Les instances de sa famille, plus sans doute, que l'impulsion de la Grâce, le firent enfin changer d'avis. Ajoutons à la gloire du jeune ecclésiastique, que ce ne fut pas sans de longues hésitations de sa part. Son oncle, l'archevêque de Tours, voulait, à toute force, l'avoir comme coadjuteur. Mais précisément, cette charge ne pouvait être confiée qu'à un homme irrévocablement engagé dans les Ordres sacrés. On représenta à Rancé que le prélat en question, infirme et d'une mauvaise santé, était menacé de disparaître d'un instant à l'autre. Il n'y avait pas de temps à perdre, une prompte acceptation de sa part pouvant seule lui assurer la succession à l'un des sièges épiscopaux les plus importants. Notre futur cénobite se résigne plutôt qu'il ne se décide à recevoir la prêtrise. Mais ce ne devait pas être pour tout de suite, il lui fallait auparavant traverser les Ordres inférieurs.

L'archevêché de Paris se trouvait alors occupé par François de Gondi, que son grand âge rendait incapable de vaquer à l'administration du diocèse. Pour des motifs trop connus et qui n'offraient rien de bien édifiant, le coadjuteur, son neveu, s'en mêlait encore moins. Tout le poids des affaires retombait donc sur M. du Saussay, auteur du *Martyrologe de France*, alors official et grand-vicaire de Paris, mais qui plus tard, devint évêque de Toul. Force fut de s'adresser à lui pour obtenir les *démissions* dont avait besoin le futur Lévite. L'acte en date du 27 juin 1648, permet à l'abbé de Rancé de se faire ordonner par tel évêque qu'il lui plairait, le dispensant d'ailleurs des *interstices* et autres formalités, généralement observées en pareille circonstance.

Cependant le fils de Denis, balancé par les sentiments les plus opposés, ressentait en lui-même quelque chose de fort analogue à cette guerre cruelle dont parle le poète chrétien. Renoncer à ses habitudes mondaines lui semblait un bien dur sacrifice. D'autre part, sa foi était trop sincère, son âme trop noble pour qu'il consentît à entrer dans la milice sacrée sans en accepter à l'avance toutes les obligations.

Vincent de Paul habitait alors Saint Lazare, réunissant autour de lui une élite de jeunes prêtres désireux de se former, sous un tel maître, à la pratique des vertus de perfection. Au nombre de ses disciples figurait Bossuet, dont les premiers essais oratoires annonçaient déjà le futur maître de l'éloquence sacrée.

Rancé ne tarda pas à se joindre à cette sainte cohorte et, pendant tout le temps qu'il resta auprès du grand apôtre de la charité, se soumit sans réserve à sa direction. Serait-il téméraire de voir, en quelque sorte, dans la conversion prochaine de l'abbé de Rancé, une récompense de la docilité dont il fit preuve en ce moment? Quoi qu'il en soit, c'est vers la fin de l'année 1648 que le fils de Denis fut promu au sous-diaconat et diaconat par l'entremise du coadjuteur.

Il entre en licence à peu près un an plus tard. Le travail incessant que cette épreuve exigeait du candidat, le contraint à retrancher beaucoup de ses amusements mondains, sans que cependant sa vie prenne encore le sérieux, cette gravité qui conviennent à un ecclésiastique. Il avait résolu, d'ailleurs, de préparer en quatorze mois un examen que la plupart des étudiants osaient affronter seulement après y avoir consacré presque le double de ce temps.

En attendant, il reçoit la prêtrise. C'est l'archevêque de Tours qui, sur la sollicitation de sa famille, vient la lui conférer, le 22 janvier 1651. Rancé avait alors 25 ans révolus. Quelques jours plus tard, il célèbre sa première messe en l'église des Annonciades où il avait une sœur religieuse. La maison du Seigneur fût ornée de la façon la plus brillante et, au dire des témoins, l'on vit rarement cérémonie aussi magnifique. Tout ce que la Cour et la ville comptaient de personnages en renom tinrent à y assister.

Peut-être plus fervent au fond qu'il ne l'était en apparence, Rancé s'éclipse aussitôt et va faire une retraite aux Chartreux afin d'offrir à Dieu, les prémices de son sacerdoce. Quelques jours se passèrent avant que les siens n'eussent appris le motif de son absence.

Une anecdote, dont l'authenticité ne peut guère être révoquée en doute, nous permet de juger ce que valait notre héros. Causant un jour avec ses amis, les abbés de Champvallon et de Clermont-Tonnerre, de l'héroïque constance déployée par les martyrs et spécialement du supplice de Saint Laurent, il leur propose de mettre leur courage à l'essai. L'on apporte une bougie allumée à la flamme de laquelle chacun expose un doigt. Les deux compagnons de Rancé ne soutiennent pas longtemps l'épreuve et se déclarent vaincus. Lui, cependant, persiste à se laisser brûler. Il fallut que ceux-ci, reconnaissant à l'altération de ses traits, la violence qu'il se faisait à lui-même, l'arrachassent à cette torture volontaire. Pareil trait, croyons-nous, jette un jour tout particulier sur le caractère du jeune prêtre.

Aidée du secours de la Grâce, jusqu'où ne s'élèvera point cette nature si exceptionnellement et si fortement trempée?

Rancé, aussi bien que Bossuet, passa sa sorbonique dans les commencements de l'année 1652. Une tendre amitié contractée sur les bancs de l'école et qui ne se démentit jamais, unissait ces deux grands cœurs.

Le futur évêque de Meaux que ses collègues ont élu paranymphe, prononce, en cette qualité, devant l'Université réunie, la harangue réglementaire. Un mot devait y être consacré à chacun des candidats. L'orateur, on peut le croire, n'y dit pas trop de mal d'un rival, objet de sa plus chaude amitié. Cette cérémonie est suivie de la collation des grades. Notre abbé est reçu en tête de la liste, ce qui ne surprend personne. On est étonné de ne voir arriver Bossuet qu'au troisième rang et littéralement stupéfait en apprenant que c'est maître Gaston de Chamillart, prieur en Sorbonne, qui l'a distancé. Peut-être y eut-il là une de ces erreurs d'examen dont, malheureusement, les exemples ne sont rares en aucun temps.

### § 5. Mort de Denis de Rancé. — Vie dissipée d'Armand.

Vers cette époque, des malheurs de plus d'une sorte viennent fondre sur la famille du jeune prêtre. Son oncle Claude Le Bouthilier, meurt à Paris, le 13 mars 1652, dans sa 71ᵉ année, complètement disgracié. Son cousin, Léon de Chavigny, emprisonné un instant, à l'occasion des troubles de la Fronde, reçoit l'ordre de se retirer dans ses terres et termine ses jours à Pont-sur-Seine, le 11 octobre 1652. Agé de 41 ans, il laisse une veuve et treize enfants. Sa fortune était bien modique pour soutenir une si nombreuse postérité. Elle n'avait d'ailleurs rien à attendre de Mazarin, lequel s'était toujours montré d'une singulière malveillance à l'égard des Le Bouthilier. Aussi s'explique-t-on sans peine l'éloignement que ressentit toujours notre futur cénobite pour l'astucieux cardinal.

Léon de Chavigny, peu avant de rendre le dernier soupir, avait fait remettre à M. Singlin, directeur de Port-Royal ainsi qu'à M. du Gué de Bagnols, tous deux attachés à la doctrine des Jansénistes, des effets s'élevant à la valeur de plus d'un million. Au nom de l'intérêt des siens, Mᵐᵉ de Chavigny demande que le tout lui soit remis. On discute longuement, on a recours à de vaines tentatives d'arbitrage. Ces messieurs arguent de restitutions à eux recommandées pour ne point se dessaisir du dépôt. Toutefois, n'ayant pu justifier leur dire, ils sont obligés de lâcher prise. Qui avait tort, qui avait raison? C'est ce que l'on aurait bien de la peine à démêler aujourd'hui. En tous cas, cette affaire ne fit point honneur aux Jansénistes et les adversaires de Port-Royal ne manquèrent pas de leur attribuer le rôle le plus odieux.

Du reste, on eut dit que le Ciel lui-même se plaisait à venir au secours de la veuve de Chavigny. Ses fils finissent tous par occuper des positions brillantes et Léon, son aîné, contracta notamment avec Elisabeth Bossuet, proche parente de l'illustre Evêque, une union qui lui fut avantageuse à tous égards.

Cependant, une épreuve bien plus cruelle que les précédentes était encore réservée au jeune Armand. A peine de retour à sa terre de Vérets, dès les premiers jours de février 1653, son père Denis y ressent les premières atteintes d'une maladie qui bientôt ne laisse plus d'espoir. Aussitôt, Rancé, en compagnie de son jeune frère, le chevalier, se rend auprès du moribond et s'empresse de lui administrer les derniers sacrements. Denis de Rancé s'était, toute sa vie, montré chrétien fervent et les alternatives de faveurs et de disgrâces dont il avait tour à tour été l'objet, en lui ouvrant les yeux sur la vanité des choses de ce bas monde, avaient, si nous osons employer cette expression, achevé de le mûrir pour le ciel. Dans les dernières paroles par lui adressées à ses enfants, il leur recommande de *toujours préférer la conscience et l'honneur à ce que la fortune offre de plus séduisant.* Ce véritable homme de bien, dont tout le monde vantait la droiture, la fidélité à ses amis et l'incorruptible probité, fut enseveli à côté de son épouse, dans la chapelle Saint-Albert, en l'église des Carmes déchaussés.

Pendant toute une année, l'abbé de Rancé dut laisser de côté l'étude de la théologie, retenu qu'il était par ses fonctions d'exécuteur testamentaire. Ce n'est qu'aux débuts de 1654 qu'il se décide à affronter l'épreuve du doctorat. Toutefois, un incident bizarre se produit qui faillit arrêter notre candidat en chemin. Rapportons-le ici tout au long. Peut-être semblera-t-il, comme l'on dit volontiers aujourd'hui, éminemment suggestif. En tout cas, rien de plus propre à faire ressortir l'esprit étroit et mesquin, sous le rapport des droits et privilèges corporatifs, d'une époque si grande par tant d'autres côtés. Il s'agissait de savoir sous quel habit notre abbé recevrait le bonnet de docteur. Les chanoines de Notre-Dame, ses collègues, n'entendent pas voir le récipiendaire se présenter aux regards du public, autrement accoutré qu'ils n'étaient eux-mêmes. D'autre part, la Faculté tient *mordicus* pour le vêtement ordinaire des candidats promus au doctorat. La discussion dura longtemps. Enfin les chanoines, reconnaissant qu'ils n'auraient point leur docteur, s'ils persistaient dans de pareilles exigeances, finissent par céder. L'admission de Rancé eut lieu avec l'appareil réellement grandiose, bien que peut-être un peu théâtral, alors en vigueur.

Voilà donc notre abbé devenu, par la mort de son père, propriétaire de la magnifique terre de Véretz, sur les bords du Chevet et d'un château non moins splendide dont il reste à peine aujourd'hui quelques vestiges. Ses revenus s'élevaient à plus de cinquante mille livres, ce qui équivaudrait aujourd'hui à environ trois fois cette somme. Non moins gâté par la nature que par la fortune, il avait une physionomie des plus gracieuses et des plus avenantes, malgré quelques légères traces de petite vérole. Un port noble et majestueux rehaussait en lui l'éclat de la jeunesse. Nul ne savait causer avec autant d'esprit et de tact que lui, ne possédait au même degré cet art charmant de la conversation, si heureusement cultivé par nos pères, si délaissé de leurs descendants.

A tant de qualités séduisantes, notre héros joignait ces vertus naturelles qui conquièrent pour ainsi dire l'estime générale. Sans parler de sa science si étendue pour un homme de son âge, l'on retrouvait en lui toute la générosité, la loyauté paternelle, mais avec quelque chose de plus vif et de plus ardent. Déjà il se montrait sinon un vénérable émule des ascètes d'autrefois, du moins un digne fils des anciens preux.

Si la justice la plus stricte demande à être tempérée de quelque indulgence, excusons un peu Armand de son trop d'attachement pour ce monde où il était si naturellement destiné à briller?

Et de fait, ayant laissé jusqu'à nouvel ordre ses études de côté, il ne se gênait plus pour mener la vie large et somptueuse d'un opulent patricien. Le luxe de sa toilette, surtout, fut porté jusqu'au plus extrême raffinement. L'on vantait la magnificence de ses équipages, de son ameublement et sa table toujours si délicatement servie. Ce n'était d'ailleurs, chaque jour, à Véretz, que joyeuses réunions, parties de chasse ou de plaisirs de toute sorte.

Pour la plupart des gens de Cour, et peut-être même pour un certain nombre d'ecclésiastiques, notre abbé devenait un objet à la fois d'admiration et d'envie. Sans doute, il en prenait bien à son aise avec les obligations de son état. Mais combien de riches bénéficiaires faisaient de même, sans qu'on songeât à le leur reprocher ?

*Carpe diem* s'écrie le poète païen, résumant en ces mots la sagesse de son époque. Et ne se montrait-il pas vraiment avisé, vraiment homme d'esprit, ce lévite qui, à la fleur de l'âge, savait si bien employer à se divertir le temps irréparable de la jeunesse, tout en évitant, néanmoins, de donner du scandale ?

Quelques personnes, d'humeur plus sérieuse et surtout d'une vertu éprouvée, se permettaient seules de penser autrement.

Comptons parmi elles Mgr Félix Vialart de la Herse, le vénérable évêque de Châlons, qui professait pour Rancé une sincère amitié. Il ne rencontrait guère ce dernier sans lui adresser de ces compliments qui peuvent passer pour de tendres reproches, l'exhortant sans cesse à renoncer aux futilités du siècle et à consacrer plus entièrement à Dieu les dons nombreux qu'il avait reçus de lui.

Vers cette époque, notre héros, en compagnie de deux ou trois de ses amis, forme un dessein digne de Don Quichotte en personne. Il s'agissait de mettre de côté une somme de trente mille livres et de courir le monde à la recherche des aventures jusqu'à ce qu'elle fût épuisée. Diverses circonstances empêchèrent nos chevaliers-errants de donner suite à ce beau projet.

La famille de Rancé craignant de voir son avenir compromis par de semblables équipées, se préoccupe surtout de l'éloigner de Paris. L'archevêque de Tours qui partageait ces sentiments, offre au mondain ecclésiastique, les fonctions d'archidiacre avec promesse de le prendre comme coadjuteur le plus tôt possible. Selon les usages du temps, c'était de la part du prélat, assurer à son neveu, la succession à l'un des sièges ecclésiastiques les plus convoités de France. Rancé accepte, mais au lieu de se fixer à Tours, continue à recevoir brillante société dans son château de Véretz.

### § 6. Débuts du Jansénisme. — Ses progrès.

Cependant, une contradiction profonde se manifestait alors entre les mœurs dissipées, pour ne rien dire de plus, des hautes classes ainsi que du clergé supérieur et l'esprit de foi demeuré encore vif et sincère au sein de la société française. De là, certaines aspirations vers une réforme religieuse reconnue indispensable et une tendance vers le rigorisme doctrinal. D'autre part, le protestantisme n'avait pas été sans déposer un levain d'insubordination, une soif de libre-examen dans le cœur de plusieurs catholiques, même fervents. C'est précisément ce double courant de sentiments et d'idées qui nous explique le succès de la secte Janséniste. Comme la plupart des réactions, le Jansénisme dépassait, sur bien des points, le but à atteindre tout en restant en deçà, à plus d'un égard.

L'ouvrage posthume de l'évêque d'Yprès, fût, à toute autre époque, demeuré profondément ignoré du public que n'intéressent guère les subtilités théologiques, et la condamnation du Saint-Siège qu'il venait de s'attirer, n'aurait, sans doute, pas suffi à le préserver de l'oubli. Mais, arrivant à son heure, trouvant le terrain préparé, le voilà au contraire, qui commence à faire du bruit et à troubler les cervelles.

Les étranges et désolantes théories de Cornélius Jansen, on le sait, sous prétexte de combattre le pélagianisme et d'en revenir à la pure doctrine de Saint Augustin, niaient la liberté humaine, faisant de Dieu, non plus un père infiniment miséricordieux, mais bien, de tous les maîtres, le plus sévère et le plus capricieux. Elles n'en parurent pas moins séduisantes, à nombre de soi-disants beaux esprits, tant à la Cour qu'à la ville.

Le gouvernement royal ne pouvait voir d'un bon œil, se répandre des opinions si peu conformes, visiblement, à l'enseignement général de l'Eglise. D'ailleurs, certains désordres s'étaient produits dans le diocèse de Paris, alors privé de son pasteur, le cardinal de Retz. Ces différents motifs décident Louis XIV à convoquer une assemblée générale du clergé de France, vers la fin de 1655.

En bon parent, l'archevêque de Tours saisit l'occasion à lui offerte de faire valoir le jeune Rancé. Il se hâte d'obtenir sa nomination comme député du second ordre. Mais nous l'allons voir tout à l'heure, ce qui devait être pour le jeune archidiacre, l'occasion d'un notable accroissement d'influence, lui devint une cause de disgrâce, et cela sans qu'il y eût de sa faute, bien au contraire.

Grande était, d'ailleurs, la réputation de Rancé comme helléniste. Elle lui valut d'être chargé, avec trois autres membres de l'assemblée d'examiner des ouvrages que se préparait à publier Henri de Valois, par ordre du clergé. Nous voulons parler d'une nouvelle édition de l'histoire ecclésiastique d'Eusèbe, ainsi que des œuvres de Socrate et de Sozomène, le tout en grec, conformément au texte original, mais avec traduction latine.

Quoi qu'il en soit, une affaire de nature fort délicate ne tarde pas à surgir. L'usage était alors de prescrire par lettre de cachet, aux évêques en disgrâce, la résidence dans leur diocèse. Si l'on n'osait pas les embastiller comme de simples grands seigneurs, du moins se permettait-on de leur infliger, à titre de punition grave, ce qu'en d'autres temps, ils auraient considéré comme le strict accomplissement d'un devoir d'état.

Précisément, M⁺ Fr. de Harlay, le nouvel archevêque de Rouen venait d'être l'objet d'une mesure de ce genre. La cause, c'était le mauvais vouloir de Mazarin et plus encore peut-être, la haine d'un suffragant, l'évêque de Coutances. Effectivement, en qualité de métropolitain, M⁺ de Rouen lui avait très sévèrement, mais justement, reproché une usurpation de pouvoirs. Blessé dans son orgueil et d'ailleurs soutenu par le cardinal, M⁺ de Coutances n'avait naturellement pas laissé passer cette occasion de se venger.

Le temps marqué pour la réunion des députations des provinces étant enfin arrivé, Mgr de Harlay convoque celle de Normandie en son château de Gaillon. Sans doute, sur l'instigation de Mazarin, tous ses suffragants et leur clergé, sauf Mgr d'Evreux, lui faussent compagnie et vont se réunir à Vernon, chez l'évêque de Coutances.

Froissé, à juste titre, d'un pareil procédé, l'archevêque de Rouen prononce la dissolution de l'assemblée. Cette sentence est déclarée nulle et cassée par le roi. Des élections ont lieu de part et d'autre et l'on propose d'invalider celle de Vernon. Aussitôt arrive un ordre de Sa Majesté prescrivant de les ratifier toutes, sauf l'élection de Gaillon. On peut juger par là, du degré de dépendance auquel l'autorité royale se plaisait à réduire le clergé. Et, cependant, au sein de l'assujetissement universel, il n'y avait plus guère que les réunions ecclésiastiques où l'esprit de liberté et d'indépendance continuât un peu à se faire jour. L'assemblée, tout en cédant, déclare qu'elle n'entend pas porter atteinte à l'ordonnance de Mgr de Rouen, ni approuver l'arrêt du Conseil du roi.

Bien plus, sur les instances de l'abbé de Rancé, ami, comme nous savons, de François de Harlay, l'on nomme une délégation qui doit solliciter la révocation des lettres de cachet lancées contre ce dernier. Après de nombreuses démarches, les délégués au nombre desquels figure notre héros, obtiennent enfin gain de cause. Mais Mazarin ne se rendit, assure-t-on, qu'à contre-cœur. Il se sent vaincu par le jeune archidiacre et commence à nourrir des sentiments peu bienveillants à son égard.

Mais voici que de nouvelles difficultés se présentent. Le duc de Liancourt, homme de piété éminente, avait été entraîné par son épouse, Jeanne de Schomberg à partager les idées de Port-Royal. Son confesseur, qui était sulpicien, demande quelques explications sur la façon dont il doit en user vis-à-vis de son pénitent. Là-dessus, Liancourt commence à récriminer avec autant d'amertume que d'injustice. Ces messieurs de Saint Sulpice, dit-il, lui refusent l'absolution. Arnauld écrit aussitôt en faveur du duc, deux lettres dont celui-ci, sans doute, ne tarda pas à regretter la publication. Dans la seconde de ces missives, l'auteur parle des cinq fameuses propositions, comme ne se trouvant pas dans le livre de Jansénius.

Aussitôt: réunion des docteurs de la Sorbonne, condamnation de l'écrit d'Arnauld, à la majorité des deux tiers des voix. Rancé se trouve dans la minorité, non, à coup sûr, qu'il partageât les opinions de Port-royal, mais bien en raison de certaines irrégularités de procédure sur lesquelles nous n'avons pas à nous étendre ici. Notre abbé jugeait impossible, en conscience, d'approuver une décision violant, à la fois, et les droits de la défense et les privilèges de la Faculté. Comment douter que tel n'ait été le vrai mobile de sa conduite, lorsqu'à quelque temps de là, on le voit souscrire spontanément et sans réserve aucune, comme le fait observer M. l'abbé Dubois, aux actes condamnant le plus formellement le Jansénisme, tels que la lettre du clergé de France au Pape Alexandre VII, la bulle de ce pontife et enfin le formulaire?

Cependant, les occasions ne manquaient point à notre abbé, de manifester, chaque jour davantage, ses hautes qualités et son habileté de négociateur. Elles brillèrent notamment d'un vif éclat, dans l'affaire de l'archevêché de Paris.

Cette ville était restée, inutile de le rappeler, jusqu'aux débuts du XVIIe siècle, simple siège épiscopal. C'était peu pour la capitale d'un puissant royaume. Quoi de plus choquant que l'état d'infériorité où la grande cité se trouvait de ce chef, vis-à-vis de tant d'autres localités d'importance souvent médiocre? Dès l'année 1622, Henri de Gondy avait obtenu de Grégoire XV, une bulle érigeant son siège en archevêché aux dépens de celui de Sens. On enlevait à ce dernier, les trois suffragants de Chartres, Meaux et Orléans pour les placer sous la direction du nouvel archevêque. Naturellement, Mgr de Gondrin, prélat de Sens, goûte peu l'arrangement en question et vient porter ses plaintes devant l'assemblée. Des commissaires sont aussitôt nommés pour essayer d'arriver à un accord. Parmi eux, citons Rancé. L'affaire, on en conviendra, ne pouvait être remise en meilleures mains. Nous le voyons, multipliant efforts et démarches, obtenir enfin du prélat lésé, un acquiescement au nouvel ordre de choses, moyennant compensation pécuniaire.

Tout cela fit le plus grand honneur à notre abbé. Sans son intervention, Dieu sait quand l'on aurait vu la fin d'une querelle qui durait depuis plus de trente ans et menaçait, à vrai dire, de s'éterniser longtemps encore. Aussi, ne sera-t-on pas surpris qu'à quelque temps de là (5 juin 1656), Monsieur, duc d'Orléans, se soit, sur les instances de Mgr de Tours, décidé à prendre Rancé pour aumônier.

### § 7. Rôle joué par Rancé dans l'assemblée de 1655. Il encourt la disgrâce de Mazarin.

Mais le ciel qui voulait, sans doute, récompenser au centuple les vertus naturelles de notre héros, lui ménage une de ces épreuves qu'au point de vue chrétien, on ne saurait considérer que comme de vrais coups de la grâce. Il perd tout à fait la faveur de Mazarin et voici à quelle occasion :

L'astucieux cardinal avait ceci de commun avec certain abbé immortalisé par Boileau, qu'il n'aimait pas la critique et traitait volontiers en ennemi de l'État, quiconque faisait de l'opposition à son administration.

> Qui méprise Cotin, n'estime pas son roi
> Et n'a, selon Cotin, ni Dieu, ni foi ni loi.

C'est ce que ne tarda pas à éprouver le cardinal de Retz, archevêque de Paris.

Son humeur caustique et frondeuse, non moins que l'attachement par lui professé au parti des grands, l'avait rendu un objet d'horreur pour Mazarin. Cardinal depuis huit mois à peine, de Retz est arrêté sur les ordres du tout-puissant ministre, conduit à Vincennes et, finalement, interné au château de Nantes.

Le captif parvient à s'évader en plein jour. Grâce à la connivence du duc de Brissac, il commence par se retirer en lieu sûr, puis passe de là à Rome où rien n'était plus à craindre pour sa personne. Il n'en fut pas de même pour les biens du prélat. Saisie est ordonnée de son temporel et l'on destitue les vicaires par lui nommés. Ces actes étaient d'autant plus attentatoires aux droits de l'Église, qu'en définitive, de Retz n'avait été ni entendu ni même condamné par défaut.

Rancé se trouvait lié à la fugitive Éminence, tout ensemble, par les liens d'une vive affection et par ceux de la reconnaissance. N'était-ce pas ce cardinal, en effet, qui lui avait conféré tous les ordres, à l'exception de la prêtrise, devenant ainsi son vrai père spirituel? N'avait-il même pas été l'objet d'une ordination particulière, privilège accordé à peu de personnes et qui lui imposait la gratitude comme le premier des devoirs? Enfin, notre héros, sans s'être compromis, en quoi que ce soit, dans les troubles de la Fronde, ne se trouvait pas moins en relations avec les chefs de ce mouvement.

Rien de plus naturel, par suite, que l'ardeur avec laquelle il plaida la cause d'un ami, au sein de l'assemblée. On décida qu'une commission dont notre abbé faisait partie, aussi bien que l'archevêque de Bordeaux, irait faire quelques observations à Mazarin. Peu soucieux d'imiter Athanase et de montrer au monde, *ce que c'est qu'un évêque*, le pontife Bordelais, une fois en présence du vainqueur de la Fronde, perd la tête, et trahissant son mandat, tient le langage d'un courtisan.

Justement indigné de tant de couardise, Armand prend la parole à son tour et dans un discours éloquent, justifie la conduite de l'archevêque. Mazarin, peu habitué à se voir interpellé de la sorte ne trouve que ceci à répondre : « Si l'on voulait en croire l'abbé « de Rancé, il faudrait aller avec la croix et la bannière au-devant « du cardinal de Retz. » Craignant les effets d'une telle harangue, quelques amis de l'orateur lui proposent d'aller se justifier devant le cardinal. Inutile d'ajouter que Rancé repousse l'idée d'une telle démarche comme injurieuse pour lui-même.

Mazarin avait beau se montrer le plus fin des diplomates : il ne se rendait guère compte de ce qu'est un homme d'honneur et un caractère loyal. Nous le voyons tenter une dernière démarche auprès de Rancé pour l'amener à ses vues et, surtout, le détacher de Mgr de Paris. Deux amis de notre abbé le viennent trouver au cloître Saint-Paul, porteurs de magnifiques promesses de la part du cardinal, pourvu que l'on consente à se montrer complaisant. Naturellement, Rancé ayant refusé d'en entendre plus long, se trouve disgracié sans retour. Une réponse accablante est faite à l'archevêque de Tours, lequel voulait résigner ses fonctions en faveur de son neveu.

On a, et à juste titre, beaucoup loué Rancé de son attitude en la circonstance, témoigné une légitime admiration pour tout ce que sa conduite offrait de noble et de désintéressé. Franchement, la multitude des éloges à lui prodigués nous semble surtout établir une chose, c'est à quel point étonnait déjà les contemporains, ce spectacle d'un personnage en quelque sorte public et qui cependant ne se montrait pas un intrigant. Le fils de Denis s'était borné, en définitive, à obéir à la voix de la conscience et du devoir. Se comporter autrement, c'eût été de sa part, bien réellement, forfaire à l'honneur non moins qu'à l'amitié, et un moraliste sévère pourrait, à la rigueur, soutenir que ce qu'accomplit le jeune ecclésiastique mérite encore plus de passer pour bien que pour absolument beau. N'importe, sa conduite parut aux yeux des contemporains, tenir du prodige. Reconnaissons tout ce qu'il peut y avoir de vrai dans une telle appréciation et combien Rancé s'écartait de la voie ordinaire. Certes, si lorsqu'on voit la plupart des hommes commettre une vilenie, on a quelque droit peut-être de se sentir affligé, ce n'est que lorsqu'on les voit s'en abstenir qu'on a lieu d'être surpris.

Et puis les siècles de l'antique chevalerie sont depuis bien longtemps passés. L'ère des caractères droits et énergiques une fois close, celle des courtisans commence.

Loin de se sentir accablé de sa mésaventure, comme l'ont prétendu quelques-uns, le digne fils de Denis n'en est ni surpris ni ému. Le calme par lui montré en cette circonstance, tout en diminuant, à vrai dire, le prix de son sacrifice ne fait que ressortir davantage sa grandeur d'âme et sa probité rigide. Le rusé cardinal, cherchant à intimider celui qu'il ne put séduire, fait miroiter aux yeux de Rancé la perspective d'une lettre de cachet à lui personnellement adressée. Notre abbé sent qu'il n'est plus à sa place au sein d'une assemblée dont les délibérations ont cessé d'être indépendantes. Il démissionne, mais continue néanmoins ses relations avec Mgr de Paris. Ce dernier revient clandestinement à Paris et, Mazarin une fois mort, fait enfin sa paix avec la Cour.

## CHAPITRE II

## CONVERSION DE RANCÉ
### (1657-1664)

1. *Armand retourne à sa terre de Véretz. — Il est appelé au lit de mort de Madame de Montbazon. — Romans imaginés à propos de leur liaison.*

§ 2. *Débuts de la conversion de Rancé. — Son voyage au monastère de la Visitation de Tours. — Il s'adresse aux pères de l'Oratoire. — Ses perplexités sur ce qu'il a à faire. — Tentatives inutiles de son oncle, archevêque de Tours, pour lui ménager une situation brillante dans le monde ecclésiastique. — Retraite de Rancé à Port-Royal.*

§ 3. *Maladie de M. de Rochefort. — Mort édifiante de Gaston d'Orléans. — Voyage du futur réformateur au château de la Groirie. — Rentré chez lui, il s'occupe à évangéliser les paysans des environs.*

§ 4. *Conseils contradictoires à lui donnés — Il va consulter M<sup>gr</sup> d'Aleth, puis M<sup>gr</sup> de Pamiers. — Ce que lui proposent les Jansénistes.*

§ 5. *Rancé se dépouille de tous ses bénéfices, sauf le monastère de la Trappe et le prieuré de Boulogne. — Conduite généreuse de Louis XIV en cette circonstance. — Le futur réformateur partage sa fortune personnelle. — Ses libéralités vis-à-vis des pauvres ainsi que d'anciens serviteurs.*

§ 6. *Etat de déchéance dans lequel il trouve la maison de la Trappe. — Ses efforts pour y ramener l'observation de la règle. — Offres de M. de Saint Louis.*

§ 7. *Rancé reconnu comme abbé régulier, résigne son prieuré de Boulogne. — Son noviciat à Perseigne. — Conspiration des moines de l'abbaye de Champagne pour s'opposer à la réforme. — Rancé reçoit la bénédiction abbatiale.*

§ 1. **Armand retourne à sa terre de Véretz. — Il est appelé au lit de mort de Madame de Montbazon. — Romans imaginés à propos de leur liaison.**

Peu après, Rancé regagne sa terre de Véretz. C'était, incontestablement, ce qu'il avait de mieux à faire. Sous prétexte de lui prodiguer leurs consolations, plusieurs de ses amis viennent s'y divertir avec lui. Tout en se livrant aux amusements de la vie champêtre, notre héros ne manque pas de se livrer à d'utiles réflexions sur la difficulté qu'il y a à faire son chemin dans le monde, même pour l'homme de mérite, si, par hasard, il entend rester honnête et ne pas se prêter au rôle de complaisant. Elles contribuèrent sans doute, à donner une direction plus sérieuse à ses pensées, à préparer son changement de vie. Rappelons-nous cette fameuse conversation qu'il eut avec ses compagnons de plaisir et dans laquelle se trouve attaqué, on ne peut plus vivement, le système de la pluralité des bénéfices. De pareils propos étaient réellement édifiants dans la bouche d'un ecclésiastique si richement pourvu à cet égard.

Bientôt, nous retrouvons Rancé au chevet de la duchesse de Montbazon. Cette femme trop célèbre souffrait alors de la fièvre maligne qui allait l'emporter. Notre abbé la prépare avec une sollicitude vraiment évangélique à se réconcilier avec Dieu et faire une fin chrétienne.

La verve de certains écrivains en quête de récits extraordinaires n'a pas manqué de se donner carrière à ce sujet. Non contents de nous montrer dans le chagrin causé à Rancé par la mort de celle qu'il aurait aimée avec une passion aussi ardente que coupable, la cause exclusive de sa conversion, ils ont bâti tout un roman où le burlesque le dispute au tragique. A coup sûr, il fait plus d'honneur à la féconde imagination des inventeurs qu'à leur respect des vraisemblances. Malgré la répugnance naturelle que méritent d'inspirer des racontars aussi saugrenus, nous ne croyons pas les pouvoir tous passer sous silence. N'a-t-on pas osé soutenir que le cercueil de la défunte ayant été reconnu trop court, les gens de service ne trouvèrent rien de mieux à faire que de lui couper la tête, laquelle roula jusqu'au bas du lit mortuaire. Rancé arrivant sur ces entrefaites, ramasse ce chef sanglant dont il ne se serait jamais plus séparé. C'est devant lui, affirme-t-on, que dans la solitude de la Trappe, l'austère cénobite faisait ses méditations sur la mort et l'éternité. Il est fâcheux vraiment, pendant qu'on y était, que l'on n'ait pas songé à nous dire ce que devint plus tard le crâne de cette fameuse beauté et s'il se trouve encore visible pour les curieux.

Nous ne saurions nous rappeler, sans un vif sentiment de regret Chateaubriand, sur le déclin de l'âge, prêtant l'autorité de son génie et de son nom à de pareils récits (1).

---

(1) Châteaubriand, *Vie de Rancé*, liv. 2ᵉ, p. 437 et suiv. du T. IX des *Œuvres complètes* (Paris, 1863).

D'autres attribuent à une vision sinistre, la rupture de notre héros avec le siècle. Un buste de femme entouré de flammes aurait apparu à ses yeux. C'était son ancienne amie et complice, lui venant, en personne, faire part de sa damnation.

L'origine de ces contes à dormir debout ne reste plus, du reste, aujourd'hui un mystère. On sait par qui et à quel moment, ils ont été fabriqués. Au premier rang des mystificateurs figure, malheureusement, un compatriote et corréligionnaire, à savoir le satyrique Saint-Evremond. Citons notamment un de ses *Entretiens* mensongers, publié vers 1686. La mémoire de Rancé y est traînée dans la boue ; l'auteur du libelle parle d'ailleurs de M™ de Montbazon, morte aux débuts de 1657, comme encore existante. Pour un anachronisme, en voilà un, et, sans doute, des plus flagrants. Jugeons par là de ce que vaut le document. Aussi, nul n'oserait-il aujourd'hui le citer.

Quant à la ridicule histoire de la tête coupée, elle remonte un peu moins haut. La paternité en revient à un huguenot mal converti, Daniel de Larroque. L'auteur la rapporte, pour la première fois, dans une brochure imprimée à Cologne, presque au moment de la révocation de l'édit de Nantes, c'est-à-dire quarante ans environ après la mort de la duchesse. Jusqu'alors l'on n'en avait point entendu souffler mot. Besoin n'est pas d'ailleurs de rappeler que la cité Rhénane partagea au moins pendant un quart de siècle avec Amsterdam, le triste honneur d'être une des officines les plus actives de calomnies contre le catholicisme. C'est de là, notamment, que sortit cette fable absurde d'un prétendu mariage entre Bossuet et M¹¹ᵉ de Mauléon, souvent répétée depuis.

Larroque jouissait, au reste, d'une réputation de calomniateur des mieux établies. Elle lui attira certains désagréments, au fond bien mérités, de la part de l'administration. Nous voyons, par exemple, Lareynie, lieutenant de la police, faire interner notre publiciste dans les prisons du Châtelet d'abord, puis au château de Saumur, comme auteur d'une brochure relative à la famine de 1693 et pleine de faits mensongers.

La vérité est qu'on ne saurait rien dire de positif au sujet du plus ou moins de culpabilité, du plus ou moins de correction des rapports ayant existé entre Rancé et M™ᵉ de Montbazon. Naturellement, la volumineuse correspondance du réformateur de la Trappe ne nous fournit aucun renseignement à cet égard.

Que le futur ascète n'ait pas eu à se reprocher uniquement des fautes de dissipation, qu'aux jours de sa folle jeunesse, il lui soit arrivé de faillir gravement aux devoirs les plus essentiels de son état, la chose est possible, sans doute, mais nullement prouvée. On ne doit donc, en la matière, rien affirmer ni nier. A quoi servirait l'étude du passé, si elle ne nous apprenait à être sceptique à propos ?

Nous conviendrons, du reste, tant qu'on voudra, que le fils de Denis, éditant le prince des érotiques grecs à un âge où, d'ordinaire l'âme garde encore sa naïveté originelle, n'avait évidemment point reçu l'éducation la plus convenable à un futur lévite et que ce précoce savoir ne le prédisposait pas autrement à mener, dans la suite, une existence angélique.

Admettons même dans une certaine mesure, et dût la charité chrétienne en demeurer un peu froissée, que l'on se fasse une arme contre Rancé des austérités de sa carrière ascétique, qu'on ait le droit de dire : « Il devait avoir beaucoup à se faire « pardonner, celui qui ressentait le besoin d'une telle expiation ! »

Qu'est-ce que tout cela prouve, quant à la nature de son intimité avec la veuve d'Hercule de Rohan ? Après tout, on n'écrit pas l'histoire en s'étayant sur de simples hypothèses.

Un indice plus grave, ce serait les premières marques de conversion chez Rancé coïncidant avec la mort de la Montbazon, mais même cela n'est pas absolument prouvé. Ne ressentait-il pas, déjà quelque temps auparavant, comme nous venons de le voir, certains scrupules de conscience, signes avant-coureurs, peut-être, d'un imminent retour à Dieu ?

Faisons observer que les recherches du studieux et impartial biographe de Rancé tendraient plutôt à le disculper, au moins sur ce point. Bien loin d'être contemporaine du décès de son amie, la résolution prise par ce dernier de se vouer à la vie cénobitique ne date guère que de six ans plus tard. Et encore, dans l'intervalle, le futur ascète ne manque-t-il pas de témoigner hautement combien lui répugne l'idée de devenir ce qu'il appelle « un frocard. »

Ajoutons, comme le remarque le même abbé Dubois, qu'aucun document contemporain ne renferme la moindre allusion à un scandale donné par Rancé, pas plus avec M$^{me}$ de Montbazon qu'avec n'importe quelle autre personne. On ne saurait supposer que ses amis aient fait disparaître les pièces compromettantes, comme s'il se fut agi d'un *Panama* quelconque. Trop grand se trouvait le nombre de malveillants, lesquels eussent goûté un plaisir sans pareil à les sauver de l'oubli. Et puis, n'a-t-on pas conservé en entier, les écrits des deux plus mauvaises langues de l'époque, à savoir Bussy de Rabutin et Tallemant des Réaux, lequel détestait cordialement Rancé. Or le nom de ce dernier n'y apparaît jamais mêlé à celui de M$^{me}$ de Montbazon. Même silence dans les nombreuses chansons de cette époque, parvenues jusqu'à nous. Et Dieu sait pourtant si l'on y épargne la fameuse duchesse ! (1).

Qu'on se rappelle, enfin, la différence d'âge existant entre les deux personnages ? Madame de Montbazon était l'aînée d'au moins quinze ans. Remplissant presque le rôle de seconde mère vis-à-vis de Rancé, elle l'avait, pour ainsi dire, élevé avec ses propres enfants. Voilà, il faut l'avouer, des circonstances bien peu favorables à l'éclosion d'un roman d'amour, surtout lorsqu'il s'agit d'un homme du caractère de notre abbé (2).

Mais assez sur ce chapitre. Nous eussions été plus bref, s'il n'avait fallu répondre aux allégations et insinuations de tant d'écrivains fantaisistes ou amateurs de scandales.

§ 2. **Débuts de la conversion de Rancé.** — Son voyage au monastère de la Visitation de Tours. — Il s'adresse aux pères de l'Oratoire. — Ses perplexités sur ce qu'il a à faire. — Tentatives inutiles de son oncle, archevêque de Tours, pour lui ménager une situation brillante dans le monde ecclésistique. — Retraite de Rancé à Port-Royal.

Cependant Rancé songe à s'amender. Il entend dire adieu au monde et réparer par une conduite vraiment chrétienne, les fâcheux exemples si longtemps donnés. Déjà, on peut le prédire, rien ne sera capable d'arrêter cette âme ardente et généreuse dans la voie de perfection. Nous allons la voir s'élever rapidement à ce que nous pourrions appeler les derniers excès de la vertu et de la pénitence.

Après plusieurs mois passés dans le recueillement et la méditation au château de Véretz, le lévite repentant se décide à aller consulter une jeune religieuse du Monastère de la Visitation à Tours. C'était la Mère Louise, jadis connue dans le siècle, sous le nom de Louise Têtu le Roger de la Mardelière. Egalement distinguée par son esprit et sa beauté, elle expiait à force d'austérités, les affreux désordres de sa vie mondaine. De pareils exemples apparaissent fréquents alors.

C'est que l'esprit de foi restait plein de vie encore, malgré bien des défaillances. Aussi le XVII<sup>e</sup> siècle fut-il, en quelque sorte, tout ensemble, celui des grands pécheurs et des conversions écla-

(1) M. l'abbé Dubois, *Histoire de l'abbé de Rancé et de sa réforme*, T. I<sup>er</sup>, chap. XIX ; p. 106 et suiv. (Paris 1869.)

(2) E. de Broglie, *Mabillon et la Société de l'Abbaye*, etc. T. II ; chap. VIII. p. 101 (Paris 1888).

tantes. Louise adresse notre abbé au père Séguenot, de l'Oratoire, qui, ne se sentant pas de force à répondre sur la question des bénéfices, le renvoie à quelques confrères habitant Paris. Rancé s'y rend à peu près *incognito* et retient son logement à la retraite appelée l'*Institution*. C'était la maison-mère des Oratoriens. Son confesseur fut le père Bauchard dont on vantait à la fois la pénétration, la prudence et l'ardent esprit de charité. Ainsi que son pénitent, il avait tenu, avant de se consacrer uniquement à Dieu, une conduite médiocrement édifiante. Armand choisit comme directeur le père de Mouchy, d'une des plus nobles familles de la Picardie et renommé pour ses conférences ecclésiastiques au Séminaire de Saint-Magloire. Son zèle à former de pieux lévites ne lui permettait guère de songer à tirer parti de son crédit dans un but personnel. Il en avait beaucoup, paraît-il, auprès du chancelier Letellier. C'est ce même père qui répondit un jour avec autant de modestie chrétienne que de fierté, à des amis le déclarant en danger d'être nommé évêque : « Je ne me sens pour cela ni assez saint, ni assez méchant. » L'avis de l'éminent conférencier, c'eût été que Rancé se retirât dans quelque communauté. D'autres indiquaient à notre abbé, les missions en pays idolâtres où la palme du martyre ne se faisait guère attendre. Il semble prévenu par une voix intérieure que le ciel l'appelle à d'autres destinées et sur le conseil de sa vertueuse tante, M^me Le Bouthillier, va faire une retraite à Port-Royal où il arrive le 7 juillet 1657. Ensuite, nous le voyons retourner à Véretz.

Cependant, son oncle, l'archevêque de Tours, lui adresse deux lettres pressantes. Il s'agissait d'accompagner le prélat à Paris où de nouvelles démarches doivent être faites en faveur du jeune Rancé. L'on espérait lui pouvoir ménager une brillante situation dans le monde ecclésiastique, mais celui-ci avait rompu sans retour avec toute pensée d'ambition terrestre. Il répond à cet excellent parent de manière à lui faire sentir l'inutilité d'autres tentatives du même genre.

Dans sa retraite, notre nouveau converti suit ponctuellement un règlement de vie, tracé de la main même d'Arnauld d'Andilly, alors directeur de Port-Royal. Chaque matin, il lisait quelques pages de l'énorme in-folio publié sous le nom supposé de *Petrus Aurelius* et tout imprégné des idées gallicanes et jansénistes de son auteur véritable, l'abbé Saint-Cyran. Pour la théologie, on lui avait indiqué un nombre restreint d'ouvrages, rédigés sans exception aucune, dans l'esprit de la secte. Plus tard seulement, lorsqu'il aura secoué l'influence janséniste, nous verrons Rancé puiser aux sources véritables, se nourrir des œuvres de Saint Thomas et de Suarez.

Pour varier un peu ses occupations, Armand entreprend la traduction d'un opuscule de Saint Basile, la lettre à Patrophile, laquelle semble n'avoir été que médiocrement goûtée de MM. de Port-Royal.

C'est, vraisemblablement, vers cette époque que Jacques Testu, abbé de Belval, aumônier et prédicateur du roi, reçut l'hospitalité à Veretz. Il s'y livre à l'étude avec une ardeur si inconsidérée qu'il y perd la santé et se trouve dorénavant incapable de remonter en chaire. On a voulu rendre Rancé et la sévérité de son régime responsables de ce malheur. C'est bien à tort, sans doute. Il n'eut, en réalité, d'autre cause que l'imprudence de Testu et la faiblesse de sa constitution.

Ajoutons, par parenthèse, que cette même année 1658, un arrêt du parlement déchargea les religieux de Soligny, de l'obligation de donner aveu et dénombrement (1).

§ 8. **Maladie de M. de Rochefort.** — **Mort édifiante de Gaston d'Orléans.** — **Voyage du futur réformateur au château de la Groirie.** — **Rentré chez lui, il s'occupe à évangéliser les paysans des environs.**

Toutefois, ce qui avait attiré Rancé à Port-Royal, c'était bien plus l'austérité de ses solitaires qu'une sympathie spéciale pour leurs doctrines. Aussi, après deux pèlerinages faits en ce lieu, manifesta-t-il peu d'empressement à y reparaître. Surtout, il n'éprouvait aucun désir de s'y fixer définitivement, comme l'eût souhaité M. Arnauld.

Véretz, délaissé par les hommes de plaisir, devient le rendez-vous d'un public peu nombreux, mais avide de sujets d'édification. Certain abbé de réputation austère, dont le nom nous reste inconnu, s'y entretient longuement avec Rancé de la question des bénéfices. Signalons avec soin ces pieuses conversations. Elles pourraient bien avoir été le point de départ de la vocation monastique du fils de Denis. Son hôte, plus indulgent sur ce point que bien d'autres théologiens, ne condamnait pas, en principe, la pluralité des dits bénéfices, même tenus en commende. Cet état de choses, bien que contraire à l'institution primitive, lui paraissait légitimé par un long usage. Ce qu'il fallait toutefois, sous peine de faute grave, c'était en affecter intégralement le revenu à des œuvres pies.

(1) M. L. Duval, *Inventaire sommaire des archives départementales*, t. Ier, p. 365 (Alençon 1895.)

« D'ailleurs, ajoutait l'orateur, si vous voulez vous conformer
« d'une manière parfaite, à l'ancienne discipline qui n'admettait
« que des abbés réguliers, voici le parti à prendre : Résignez tous
« vos bénéfices, un seul excepté et faites-vous moine. » Rancé se
borne à répondre qu'il se réserve de réfléchir, que s'il y croyait
son salut éternel intéressé, rien ne le pourrait empêcher d'endosser le froc à l'instant.

Cependant, notre abbé se prépare à visiter ses bénéfices, ainsi que le lui commandaient les lois de l'Église. Il profite de ce déplacement pour aller passer quelques instants à Port-Royal et y voir M⁰ʳ Vialart de Herse, évêque de Châlons-sur-Marne, et enfin pousser jusqu'à Paris. Il était appelé dans cette ville par une grave maladie de son ami, M. de Rochefort, le même qui devint plus tard, maréchal de France. Rentré vers la fin de l'été (août 1659), dans ses foyers, Rancé reçoit comme hôte l'abbé Le Roy, son ancien collègue au chapitre de Notre-Dame de Paris. C'était un homme de mœurs fort sévères, mais tout à fait imbu des idées jansénistes. Du reste, il ne fait que passer à Véretz, une indisposition subite l'ayant contraint d'abréger son séjour.

Mais voici qu'un événement se produit, dont Rancé semble avoir été bien profondément impressionné. Gaston d'Orléans, son illustre pénitent, meurt au commencement de l'année 1660. Inutile de retracer ici l'histoire si connue de ce prince. Rappelons seulement qu'exilé dans son château de Blois, à la suite des troubles de la Fronde, Gaston sut mettre à profit la disgrâce qui le frappait si justement. Nous le voyons revenir à Dieu de tout son cœur, partageant son temps entre les bonnes œuvres et les exercices de piété. Il avait même résolu de se retirer au château de Chambord, suivi de quelques serviteurs seulement, pour y mener la vie d'un solitaire. Rancé comptait aller l'y installer pour se retirer ensuite de son côté, dans son prieuré de Boulogne. Cette maison qui appartenait à l'ordre de Grandmont se trouvait située, comme l'on sait, au milieu des bois, tout près le parc de Chambord.

En attendant, notre abbé rentre à Véretz. Effrayé à la vue du luxe et de la magnificence qui y régnaient, on l'entendit s'écrier dans un transport de ferveur : « Où suis-je, ô mon Dieu ! ou
« l'évangile nous trompe, ou cette maison est celle d'un réprouvé. »
Il apprend, à l'instant même, que le duc se trouve à toute extrémité et désire absolument le voir. Rancé accourt auprès de celui qu'il considérait autant comme un ami que comme un fils spirituel, lui administre la Communion en viatique, ainsi que l'Extrême-Onction et ne le quitte point qu'il n'ait rendu le dernier soupir. Néanmoins, notre abbé refuse d'accompagner le corps du défunt jusqu'à Saint-Denis, craignant tout ce qui aurait pu le distraire de ses graves méditations.

Afin de rester plus libre de lui-même, il a soin de ne pas retourner à Véretz et accepte l'hospitalité à lui offerte par M. de la Rivière, dans son château de la Groirie (canton de Trangé). On montra longtemps dans le parc qui l'entourait, une allée couverte où notre converti aimait à diriger ses promenades solitaires. Elle dut à cette circonstance, le nom d'*Allée de Rancé* ou *de la réforme*.

Rentré enfin chez lui, il s'occupe pendant trois ans de prêcher l'Évangile, non plus aux courtisans et hommes du monde, mais bien aux paysans des environs. Souvent, en effet, il avait eu occasion de déplorer leur ignorance en matière religieuse.

D'autre part, Rancé commence alors à mener la vie d'un véritable pénitent. L'extrême frugalité de sa table où ne figure guère que du bœuf bouilli avec des légumes grossièrement apprêtés, contrastait avec ses recherches d'autrefois. Le personnel des gens de service est considérablement diminué. On le voit s'habiller seul et sans feu, par les plus grands froids. Il vend aussi ses chevaux de luxe et sa vaisselle plate, pour en distribuer le prix aux pauvres.

### § 4. Conseils contradictoires à lui donnés. — Il va consulter M<sup>gr</sup> d'Aleth, puis M<sup>gr</sup> de Pamiers. — Ce que lui proposent les Jansénistes.

Et malgré cela, sa conscience ne jouissait pas d'une paix parfaite. Ce qui l'inquiétait surtout c'était le grand nombre de bénéfices réunis entre ses mains. Aussi notre abbé veut-il, à tout prix, s'éclairer, s'enquérir de ce qu'il y a à faire, bien décidé d'ailleurs à remplir son devoir jusqu'au bout.

Malheureusement, les donneurs d'avis, ainsi qu'il arrive d'ordinaire, sont bien loin de se trouver d'accord et fournisssent des réponses absolument contradictoires.

Au nombre des personnes consultées les premières, figurent naturellement les Oratoriens mentionnés plus haut, les RR. PP. de Mouchy et Séguenot. En dépit d'une réputation bien justifiée d'ailleurs, de vertu et de piété, leurs tendances ouvertement jansénistes, les éloignaient de toute solution un peu radicale. Le dernier de ces ecclésiastiques notamment semble n'avoir qu'un objet en vue, rassurer quand même son pénitent, lui bien faire comprendre qu'il n'est pas du tout tenu à la perfection. Dès que le pape l'autorise, conclut-il, on peut détenir en toute sûreté de conscience, n'importe quelle commende ou bien ecclésiastique. Inutile même de scruter la cause de la permission et de se demander si elle est bien fondée en réalité.

Rancé avait le cœur trop noble pour ne pas se sentir froissé d'un pareil langage. Ne revêtissait-il pas quelque chose de particulièrement choquant dans la bouche d'un prêtre d'ailleurs estimable et attaché à ses devoirs? Tout cela dut contribuer à mettre Rancé en garde contre la singulière casuistique des partisans de Jansénius et son défaut de logique.

L'évêque de Châlons interrogé à son tour, ne se montra pas d'aussi facile composition. N'osant toutefois prendre sur lui de décider en matière aussi grave, il adresse Rancé à M⁰ d'Aleth. Consulter celui-ci n'était pas une petite affaire. On ne pouvait guère traiter la question que de vive voix. D'autre part, ce prélat considérant la résidence comme un des devoirs les plus stricts de sa charge, n'eût voulu, pour rien au monde, quitter un instant le diocèse à lui confié. Il fallait donc ou l'aller voir ou renoncer à profiter de son expérience et de ses lumières.

Rancé songea, un instant, à sortir d'embarras en devenant chartreux. L'opposition faite à ce projet par ses amis et notamment son oncle, M⁰ de Tours, ne l'eussent pas, sans doute arrêté. Mais la Providence qui avait sur lui d'autres desseins fait surgir toutes sortes de difficultés et d'obstacles. Notre abbé avait d'abord à visiter plusieurs de ses monastères. Aux débuts du printemps de 1660, nous le voyons gagner la Normandie. Il se rend en premier lieu à l'abbaye de Notre-Dame-du-Val dont l'état d'abandon le peine vivement. Il somme les religieux qui l'avaient quitté d'y revenir et de reprendre l'office canonial, interrompu depuis longues années et cela au grand scandale de tout le voisinage. De là, il se rend à la Trappe de Soligny, puis à Paris. Louis XIV se préparait alors à quitter cette ville pour aller au-devant de sa fiancée, Marie-Thérèse d'Espagne.

Notre abbé après avoir passé à Paris quelques jours qui lui paraissaient des siècles, est enfin de retour à Véretz vers le 20 avril 1660. Il y reçoit la visite de M⁰ de Comminges, lequel l'exhorte à faire le voyage d'Aleth, offrant même au besoin, de lui servir de compagnon. Un sentiment de délicatesse, facile d'ailleurs à comprendre, empêche Rancé d'accepter cette dernière proposition. Effectivement, la famille du nouveau converti ne pouvait voir que d'un fort mauvais œil, la résolution par lui adoptée de finir ses jours dans la solitude. Pareille rupture avec le siècle entraînerait à peu près inévitablement, la résignation de biens ecclésiastiques considérables et regardés, d'après les idées du temps, presque comme un patrimoine. Pour peu que M⁰ de Comminges eût eu l'air de l'encourager dans cette voie, il courrait risque de se créer des ennemis à la fois acharnés et jouissant d'une certaine influence. Aussi, est-ce seulement vers la fin de juin que notre abbé se décide à partir pour le Midi et, bien entendu, il part seul.

Jugeant qu'une simple visite faite à M⁰ʳ de Comminges ne pouvait entraîner d'inconvénients, il va trouver ce prélat dans sa ville épiscopale. C'était rendre la politesse qu'on venait de lui faire à lui-même.

Le pieux évêque auquel Rancé expose son dessein de quitter le monde, tâche de l'en détourner. Il ne pouvait comprendre, en effet, que son ami eût reçu du ciel des dons précieux, uniquement pour aller les enfouir au désert.

Mais voici bientôt notre abbé auprès de M⁰ʳ d'Aleth, qu'il reconnaît, après quelque temps de séjour, plus saint encore que ne le publiait la renommée. Ce prélat, qui donnera un peu plus tard seulement, mais d'une manière si fâcheuse, dans les idées jansénistes, se montre ennemi déclaré de toute demi-mesure. Suivant lui, le premier devoir de Rancé sera de remettre à ses frères et sœurs, ce qui leur revient de l'héritage paternel. Ensuite, il lui faudra vendre le reste, en consacrer une partie à la réparation des églises par lui tenues en commende et donner l'autre à l'Hôtel-Dieu ou à l'hôpital général de Paris, lequel recevait des pauvres de toutes les provinces du royaume. Notre abbé ayant objecté le mécontentement que ne manqueraient pas d'en éprouver les siens, M⁰ʳ d'Aleth se borne à répliquer : « Je ne crois pas que vous me « demandiez avis sur ce qui peut faire plaisir à votre famille, mais « sur ce que vous êtes obligé de faire. »

Quant aux revenus de ses bénéfices, Rancé est autorisé à en garder seulement ce qui est nécessaire pour une honnête subsistance. Obligation lui incombe, par contre, de remplir scrupuleusement ces devoirs d'abbé commendataire qu'on mettait si volontiers en oubli.

Restait, enfin, la question de la vie solitaire à laquelle désirait se vouer notre généreux converti. M⁰ʳ d'Aleth ne s'en montrait pas trop partisan. A ses yeux, Rancé devait rendre plus de services à l'Église dans un ministère actif. Toutefois, il ne désapprouvait pas une retraite temporaire, comme celle de Saint-Augustin qui avait ainsi couronné sa conversion et appris à rompre avec les idées et impressions du siècle.

M⁰ʳ de Pamiers, ami particulier du pontife d'Aleth, que le futur réformateur va ensuite consulter se montre particulièrement réservé en ce qui concerne la question des commendes. Il les considère comme plus irrégulières encore que la pluralité des bénéfices. Déplorant d'avoir été lui-même promu aux honneurs de l'épiscopat, il presse vivement le nouveau converti de ne garder qu'un bénéfice et de devenir abbé régulier. « Moi, me faire frocard ! » s'écrie Rancé qui éprouvait autant d'attrait pour la solitude que d'aversion pour l'état monastique. L'évêque de Pamiers répond que ce qu'il propose lui paraît devoir être d'une grande édification, mais qu'il n'entend pas l'ériger en précepte.

Cependant, notre abbé que la Providence semble appeler d'une façon de plus en plus marquée à la vie claustrale, ne rentre chez lui que vers la fin de 1660. Sa famille prévenue des résolutions par lui prises, ne manque pas d'y faire l'opposition la plus vive. D'autres obstacles, nous le verrons tout à l'heure, étaient suscités de la part de la Cour. Un projet de vente de la terre de Véretz au comte d'Albon, le beau-frère de Rancé, n'ayant pu aboutir, certain ami de notre abbé qui était dans les idées de Port-Royal, lui propose l'expédient suivant : Garder ses bénéfices et en distribuer le revenu aux jansénistes persécutés. Le fils de Denis ne laissa pas que d'être stupéfait d'une pareille ouverture. Elle témoignait, à son avis, d'un assez médiocre détachement des biens de ce monde de la part de gens qui se targuaient tant d'austérité.

§ 5. **Rancé se dépouille de tous ses bénéfices, sauf le monastère de la Trappe et le prieuré de Boulogne. — Conduite généreuse de Louis XIV en cette circonstance. — Le futur réformateur partage sa fortune personnelle. — Ses libéralités vis-à-vis des pauvres ainsi que d'anciens serviteurs.**

Après une absence de quelques mois, nous allons voir Rancé préluder à cette vie de renoncement qui sera désormais la sienne. Il se dépouille en faveur de M. Favier, son ancien précepteur, de l'abbaye de Saint Symphorien, laquelle rapportait environ quatre mille livres de revenu. Le pouvoir civil se relâchant pour la circonstance, de ses exigences ordinaires, laisse faire.

Les projets de Rancé ne pouvant rester davantage un mystère pour son oncle, l'archevêque de Tours, il va voir ce prélat et lui parle avec tant de fermeté que ce dernier dut se résigner, non sans regrets, et laisser notre pénitent libre d'agir comme il le voudra.

Rancé ne trouve, cependant, guère moins de difficultés à se dépouiller de ses biens que d'autres n'en eussent rencontré à les acquérir. En matière de bénéfices, la Cour n'admettait que les démissions pures et simples. Il fallait donc, ou que Rancé gardât son abbaye de Notre-Dame du Val ou qu'il en remît au roi, l'entière disposition.

Heureusement, Louis XIV possédait, à un degré éminent, deux des qualités qui font les grands monarques. Il se connaissait en hommes et appréciant la vertu sans se mettre toujours trop en peine de la pratiquer, aimait à favoriser les gens de bien. Rancé ne tarde pas à en faire l'épreuve. Le fils d'Anne d'Autriche abandonne généreusement ce qu'il considérait comme l'une des prérogatives les plus importantes de sa couronne et permet à notre abbé de désigner lui-même son successeur. Armand se décide en faveur d'un saint prêtre appelé Nicolas Druel. C'était un gentilhomme qui, avant d'entrer dans les ordres, avait vécu quelque temps à la Cour. Impossible de faire un meilleur choix et de remettre l'abbaye du Val en de plus dignes mains.

En ce qui concerne le prieuré de Saint-Clémentin, lequel dépendait entièrement de lui, aussi bien que de l'Abbaye de Boulogne, Rancé n'avait de compte à rendre à personne. Il investit du dit prieuré, un vertueux ecclésiastique de ses amis, Pierre Félibien des Avaux, d'une famille de gentilshommes chartrains et bachelier en théologie de la faculté de Paris. De tous ses bénéfices, Rancé n'a plus que les abbayes de Boulogne et de la Trappe. C'était encore un de trop, mais notre héros ne savait encore lequel des deux choisir pour s'y retirer définitivement.

Il lui restait, il est vrai, une fortune patrimoniale assez considérable pour l'époque et dont, naturellement il ne tarde pas de se dessaisir. Sans entrer dans plus de détails, rappelons qu'aux débuts de 1662, l'abbé d'Effiat se rendit acquéreur du splendide château de Véretz pour une somme d'environ soixante-dix mille livres, ce qui ferait, au bas mot, deux cent vingt à deux-cent trente mille francs d'aujourd'hui.

Peu après, Rancé donne à l'Hôtel-Dieu de Paris, dont il devient ainsi bienfaiteur insigne, deux immeubles par lui possédés dans cette ville et qui valaient chacun plus de soixante mille francs. Il ne fait pas, d'ailleurs, preuve d'une générosité moindre à l'égard des siens, de ses domestiques, de nombreux indigents ou pour mieux dire, il les comble de ses bienfaits. Notre abbé ne se réserve que les trois mille livres de la mense abbatiale de la Trappe. C'est qu'il en a besoin, non pas pour lui, mais pour des réparations urgentes à effectuer dans les bâtiments de ce monastère.

§ 6. Etat de déchéance dans lequel il trouve la Trappe. — Ses efforts pour y ramener l'observation de la règle. — Offres de M. de Saint-Louis.

En effet, Rancé dépouillé de tout, et bien décidé, suivant le conseil de l'Imitation à suivre nu J. C. nu, se rend sans retard au couvent de Soligny. Général, pour ainsi dire, dans l'armée du Très Haut, il venait prendre possession de son champ de bataille, mais quel champ désolé, grand Dieu ! L'état de dégradation matérielle de la maison n'était, à vrai dire, qu'une faible image de l'affreuse misère morale où se trouvaient réduits ses habitants. Trop souvent, sans doute, l'on vit le relâchement s'introduire dans des communautés religieuses, mais d'ordinaire les cénobites, même peu fidèles à leur règle primitive, continuaient à mener une vie que l'on eût jugée édifiante, non seulement chez des laïcs, mais encore chez des membres du clergé séculier. La décadence était bien autrement profonde à la Trappe. Au lieu du minimum de douze moines que devait normalement contenir l'abbaye, il n'y en avait plus que sept, et fort peu dignes d'un titre si auguste. Livrés à toutes sortes d'excès, insoucieux même de leur devoir de chrétiens, ils ne prenaient plus la peine d'assister aux offices ni de porter l'habit de leur ordre. La chasse dans les bois du voisinage constituait leur principale occupation. Quand à la clôture, il ne pouvait plus en être question. Homme ou femme, entrait qui voulait et quand il le voulait dans le couvent en ruines. Le dortoir devenu absolument inhabitable, était complètement abandonné et chaque frère allait coucher où bon lui semblait. A la vérité, le réfectoire continuait à servir quelquefois de centre de réunion. On y venait jouer à la boule, lorsque le temps ne permettait pas de s'amuser dehors. Nous ne parlons pas de la Chapelle. Elle avait cessé d'être consacrée au culte et son délabrement dépassait tout ce que l'on peut imaginer.

Tel était le fruit naturel du régime inauguré par François 1er. Et encore, rappelons-nous-le, Rancé ne méritait pas de passer pour un trop mauvais abbé commendataire. Du moins, l'on en eût rencontré sans peine, bon nombre d'aussi négligents. Homme d'honneur, animé de sentiments généreux, même au milieu des dissipations de sa vie mondaine, certainement, on l'aurait vu prendre à cœur la réforme d'un pareil état de choses, si seulement il avait songé à s'en rendre compte. Mais quels maux n'entraîne pas le défaut de surveillance chez ceux qui détiennent l'autorité !

La première préoccupation de celui que nous pouvons, dès à présent, qualifier de saint abbé, ce fut de ramener dans la bonne voie, à force d'exhortations, de remontrances paternelles, ses brebis égarées. Celles-ci, naturellement, opposent une résistance des plus vives. Le mot de réforme, surtout, avait le don de les exaspérer. Bref, ces religieux peu édifiants en viennent à menacer leur supérieur de le poignarder ou de le jeter dans un étang du voisinage, s'il continue à les fatiguer de ses observations.

A sept ou huit lieues du monastère, se trouvait alors en congé dans ses foyers, M. de St-Louis, brave capitaine de cavalerie et fort estimé de Turenne. Ayant eu vent de ce qui se passait, ce guerrier aussi loyal qu'ami de la dicipline va trouver Rancé. En digne fils des anciens preux que l'on trouvait toujours disposés à convertir Maures et Sarrasins à grands coups d'épée, il proposa d'intervenir lui-même, et s'il le fallait *manu militari*, pour mettre les mutins à la raison. Notre abbé, touché de voir les pouvoirs terrestres prendre aussi chaudement la défense de l'Eglise, remercie de tout son cœur, mais ne croit pas devoir accepter une proposition conçue en pareils termes.

Une ressource, toutefois, lui reste encore, qu'il se garde de négliger. Dans ce temps-là, le sentiment monarchique était en France à son apogée. Bien des gens redoutaient profondément la colère royale, qui n'eussent guère craint les jugements de Dieu. Rancé menace les rebelles de signaler leur conduite à Louis XIV, sachant à quel point le souverain se montrait sévère pour les scandales des religieux. Ceux-ci effrayés, sinon convertis, baissent enfin la tête et promettent de faire tout ce que voudra Monsieur l'abbé.

Rancé se met aussitôt en relation avec deux des supérieurs de l'Etroite Observance, à savoir les Abbés de Barbery, visiteur de la province et de Prières, vicaire général de l'ordre.

En vertu d'un concordat homologué au Parlement de Paris, le 16 février 1663, les anciens religieux, au nombre de dix, reçoivent une pension annuelle de 400 livres. On les laisse libres, soit de rester au monastère, soit de se retirer où ils voudraient. Cinq ou six moines de Perseigne sont ramenés à la Trappe de Soligny pour inaugurer la réforme et remettre les bâtiments en état. A la vue du délabrement de ce monastère, de l'impossibilité où l'on se trouve d'y célébrer décemment l'office divin, ces bons moines sont sur le point de demander à s'en retourner. Rancé les reconforte, ranime leur zèle. Comme preuve de son bon vouloir à l'égard de la maison de Soligny, il consent à ce que la terre de Nuisement passe pour toujours de la mense abbatiale à la mense conventuelle.

Voici que nos cénobites se remettent à l'œuvre avec un nouveau courage. Les travaux sont poussés avec tant d'ardeur que le 20 août, jour de la fête de St-Bernard, l'on peut célébrer le service divin dans l'église conventuelle. A partir de ce moment les religieux recommencent à se lever la nuit pour vaquer à leurs exercices de piété.

Après quelques jours d'absence consacrés à la visite du prieuré de Boulogne, Rancé revient à la Trappe. Un puissant motif de consolation lui est offert par la conversion de Dom Joseph Bernier, moine réfractaire, lequel fit depuis lors l'édification de toute la communauté. Il trouve d'ailleurs d'autres motifs de joie dans les sentiments d'affection et de confiance que ne cessent de lui manifester ses nouveaux fils spirituels. Un de ces derniers va jusqu'à annoncer que certainement la Trappe aura, sous peu, le bonheur de posséder Rancé comme abbé, non plus commendataire, mais régulier.

Celui-ci néanmoins, tout en partageant avec tant de courage, les austérités et labeurs de ses religieux, se demandait humblement s'il était doué d'assez de vertu pour devenir, lui aussi, un moine. Mais, dès à présent, le projet de se retirer à la maison de Soligny apparaît chez lui plus arrêté sans doute qu'il ne se le figurait lui-même. Nous le voyons léguer à celle-ci, par testament, sa bibliothèque estimée à une valeur de plus de six mille francs, ainsi que son mobilier qu'il y avait fait transporter quelque temps auparavant.

Cependant, Rancé avait une nièce, Louise-Henriette d'Albon qu'il aimait d'une tendresse vraiment paternelle. La nouvelle lui parvient que cette enfant, malgré sa santé extrêmement délicate, entre comme novice à la Visitation. Notre réformateur y trouve un nouveau motif de persévérance dans les résolutions déjà formées. « Ce que peut faire, se dit-il, une faible jeune fille, serai-je donc incapable de l'accomplir ? » Mais ce qui acheva de le décider, ce fut, assure-t-on, ces paroles du psalmiste qu'il entendit chanter par les moines, pendant l'office du chœur : « *Qui confidunt in Domino, sicut mons Sion ; non commovebitur in æternum qui habitat in Jerusalem ;* (1) « Ceux qui se confient dans le Seigneur sont comme la montagne de Sion : il ne sera jamais ébranlé, celui qui habite Jerusalem. » Dès lors, sa décision est irrévocable. Il vivra et mourra à la Trappe.

Partant aussitôt pour Paris, notre pénitent va trouver Jean-Jouand, abbé de Prières, lui demandant comme une grâce sans pareille, d'être admis à endosser le froc. L'abbé de Prières trace à Rancé, un tableau fidèle des austérités de la vie cénobitique et l'invite à ne prendre parti qu'après mûre réflexion. Enfin, vaincu par les insistances de son interlocuteur, et persuadé que Dieu a sur lui des intentions particulières, il lui promet de l'aider de tout son pouvoir. Ainsi commença, entre ces belles âmes, une amitié qui ne se démentit jamais.

### § 7. Rancé, reconnu comme abbé régulier, résigne son prieuré de Boulogne. — Son noviciat à Perseigne. — Conspiration des moines de Champagne pour s'opposer à la réforme. — Rancé reçoit la bénédiction abattiale.

Bien des difficultés, toutefois, restent à aplanir. Rancé retourne à Paris et sollicite l'autorisation de tenir en règle son abbaye de

---

(1) Psaume CXXIV.

la Trappe. Le conseil se montre assez mal disposé. Si tous les abbés commendataires, dit-on, s'avisent de faire pareille demande comment les satisfaire sans que les droits de la Couronne aient grandement à en souffrir? Le régime de la commende n'offre-t-il pas au roi un moyen précieux de récompenser les services rendus et sans qu'il en coûte rien à l'Etat? Si on le supprimait, par quoi le remplacer? Sur les instances de l'abbé de Prières et du père Anet, confesseur de Louis XIV, la reine-mère obtient enfin de son fils une réponse favorable. C'est le 10 mai 1663 que parvient à Rancé, son bref d'abbé régulier. Toutefois il est bien entendu que ce dernier venant à mourir ou à démissioner, le monastère retournerait en commende.

Notre cénobite, au comble de ses vœux, va rendre visite à M⁰ʳ de Comminges. Le prélat ne peut croire réalisable le projet de réforme qu'il lui expose. Ensuite, Rancé résigne son prieuré de Boulogne entre les mains de l'abbé Barrillon. Cet ecclésiastique, tout jeune encore, s'était déjà signalé par son ardente piété et une entente des affaires fort au-dessus de son âge. « Quoiqu'il fut de mes meilleurs amis, disait notre héros à son sujet, si j'en avais trouvé un plus vertueux, je l'aurais préféré. »

De retour à la Trappe, Rancé écrit à une de ses sœurs, religieuse, et qui demandait à être renseignée sur ses projets, puis il se rend au monastère de Perseigne, en qualité de novice, mais n'y arrive pas seul. Deux futurs cénobites ont réclamé, comme faveur insigne, la permission de l'y accompagner. C'étaient Dom Bernier dont nous avons déjà raconté la conversion et le fidèle serviteur Antoine qui avait vu d'abord, avec un si vif chagrin, son maître prendre, comme il disait, le *chemin de l'hôpital*. C'est qu'il faut être véritablement saint pour rester un grand homme aux yeux de ses domestiques.

Aussitôt commencent les épreuves habituelles. Rancé accepte avec allégresse les humbles fonctions de valet de chambre. N'était-ce pas l'occasion de mettre en pratique une de ses maximes favorites : « Plus on est au-dessus des autres par le principe d'autorité, plus on doit s'abaisser vers eux par le principe de charité ? » La prise d'habit qui eut lieu, le 13 Juin 1663 devint le signal d'un déchaînement de la part de sa famille. Il faut s'attendre à être blâmé du monde, prétend un moraliste, surtout pour ce que l'on fait de bien. Tant que Rancé avait mené une vie frivole et dissipée, on n'avait guère songé à lui en faire de reproches. Aujourd'hui qu'il vient de se consacrer au Seigneur par un sacrifice héroïque, on le traite sans façon d'extravagant, d'esprit bizarre et exagéré. L'Evêque de Séez, M⁰ʳ Rouxel de Médavy lui-même qui avait été circonvenu, ne se gêne pas pour le critiquer d'une façon passablement acerbe. Toutes ces clameurs laissent naturellement, notre abbé assez froid ; mais un contre-temps plus fâcheux lui était réservé. Voilà que ses forces le trahissent et au cinquième mois de son noviciat, il se trouve frappé d'une indisposition sérieuse, conséquence naturelle, affirme-t-on dans le monde, d'austérités auxquelles il n'était pas encore habitué. Cependant, Rancé n'entend rien retrancher de ses mortifications quotidiennes. Enfin, le mal empirant, on crut devoir le transporter à la Trappe. Les médecins lui prescrivirent impérieusement la cessation d'un genre de vie incompatible avec la faiblesse de son tempérament. Notre pénitent déclare qu'à ce prix, la prolongation de ses jours lui semblerait achetée trop cher. Il se rétablit enfin, en dépit de la faculté. La marquise de Tourouvre et quelques autres dames de qualité du voisinage lui offrent vainement pour aider à sa convalescence, des aliments plus recherchés. Rancé refuse, se contentant de ce que la règle accorde aux malades.

Vers les premiers jours de 1664, notre réformateur se trouve assez bien pour retourner à Perseigne, mais ne tarde pas à être dérangé de nouveau, et voici à quelle occasion.

Chaque jour, la réforme cistercienne faisait des progrès. Afin d'éviter toute cause de querelles, toute occasion de discorde, on décide que les religieux de la stricte observance ne seront installés que dans les couvents où on les aura expressément réclamés.

Tel avait été le cas pour le monastère de Champagne, près du Mans. Toutefois, les moines qui l'habitaient ne tardent pas à regretter la démarche par eux faite. Ils décident de renvoyer les nouveaux venus, afin de pouvoir reprendre, sans entraves, le genre de vie auquel ils étaient habitués.

Pour assurer la réusite de ce beau projet, ils s'adressent au marquis de Vassé. Ce dernier devait, de concert avec quelques amis non moins écervelés que lui-même, venir expulser les gêneurs. Prévenu de ce qui se tramait, le prieur de Perseigne ne croit pouvoir mieux faire que d'expédier Rancé. A peine celui-ci arrivé au monastère, la cour se trouve envahie par une troupe de vingt-cinq cavaliers bien armés. A leur tête marchait le turbulent marquis. On le prévient que M. de Rancé demande instamment à lui parler. Reconnaissant sous le froc, l'homme dont, à la Cour, il avait reçu plus d'un service, notre jeune fou se sent touché de repentir. Les larmes aux yeux, il congédie ses compagnons et déclare à Rancé qu'il se met tout à sa disposition.

Ce succès obtenu, le fils de Denis reste quelques jours encore à Champagne, puis avant de regagner Perseigne, passe par la Trappe. Il voulait faire connaître aux habitants de cette maison, les dispositions testamentaires prises en sa faveur. Elles consistaient, nous l'avons déjà dit, dans le don fait par Rancé de ses livres et meubles. Le prieur accepte le tout en faveur de la communauté et acte en est dressé, le 12 mars 1664.

Voici notre abbé attendant à Perseigne, son noviciat terminé, les bulles qui doivent venir de Rome. Elles arrivent effectivement, le 16 Juin de la même année. Avant de s'engager d'une manière irrévocable, il croit, néamoins, devoir tenir les supérieurs de l'ordre au courant de ses intentions.

La réforme inaugurée par Denis Largentier ne lui paraissant pas assez complète, il compte en introduire à la Trappe une autre plus sévère et, par suite, plus conforme au primitif esprit de Citeaux. L'abbé de Perseigne était tout à fait opposé à ces projets. L'abbé de Prières se contentait, lui, de les juger à peu près irréalisables. Toutefois, sa profonde sympathie pour Rancé le décida à laisser celui-ci libre d'agir comme il l'entendrait.

Rien n'arrête plus désormais notre pénitent. Il prononce ses vœux, le 28 Juin, entre les mains de Michel Guitton, prieur de Perseigne. Deux novices, l'un de Séez, l'autre de Paris firent profession en même temps que lui, et sous son obédience. Dès le lendemain, nous le voyons expédier des lettres à Félibien des Avaux, chanoine de Chartres, auquel il avait déjà résigné le prieuré de St-Clémentin, pour qu'il allât, en son nom, prendre possession du monastère de la Trappe.

Mû par un sentiment d'humilité véritablement chrétien et craignant d'attirer une trop grande foule de visiteurs, le fils de Denis n'entend point y recevoir cette bénédiction qui va l'investir du gouvernement ecclésiastique. Elle lui est conférée dans l'abbaye de St-Martin de Séez par Mgr Patrice Plunket, évêque d'Arda en Irlande. Mgr de Séez, alors absent, avait chargé ce dernier, de remplir à sa place les fonctions épiscopales. Le lendemain, voici notre abbé installé à la Trappe. Il n'y trouve que six religieux et un novice. Joignez-y les deux qui avaient fait profession avec lui et le frère Antoine, son ancien valet de chambre, lequel fut aussi son premier profès. Ce groupe imperceptible s'apprête à inaugurer une réforme monastique des plus importantes. N'est-ce pas le cas de redire avec le Grand-Prêtre.

« Voilà donc quels vengeurs s'arment pour ta querelle ! »

« Des enfants, des vieillards, ô sagesse éternelle ! »

« Mais si tu les soutiens, qui peut les ébranler? »

Dès lors Rancé se met à lire les écrits des premiers ascètes, à étudier en détail les règles antiques dont il n'avait encore, lui-même en convient, qu'une connaissance assez superficielle.

Il s'occupe surtout de les faire observer autour de lui, aussi bien que de les pratiquer pour son propre compte. Évitant néanmoins de faire sentir sa légitime autorité, il ne veut rien devoir qu'à la persuasion. On le voit consulter ceux qu'il appelle ses frères sur toutes les mesures à prendre. Ajoutons qu'à cet égard, le saint réformateur rencontra d'abondantes consolations. Ses moines revenus à l'antique ferveur, le secondent de toutes leurs forces. Déjà ont disparu ces habitudes séculières, cette familiarité peu convenable dans un couvent. Les relations avec le monde sont rendues plus rares en attendant qu'elles cessent à peu près complétement. Heureux de l'obscurité à laquelle il s'est réduit, notre abbé ne demande qu'à terminer ses jours dans la mortification et la prière. Mais le ciel en a décidé autrement et voici Rancé brusquement arraché à sa chère solitude.

# CHAPITRE III

## RANCÉ ET LA COMMUNE OBSERVANCE
### (1664-1675)

§ 1. *Situation critique de la réforme cistercienne.* — Rancé est député à Rome par les Pères de l'étroite observance. — Façon vraiment merveilleuse dont il trouve les fonds nécessaires pour le voyage. — Obstacles qu'il a à surmonter.

§ 2. *Dispositions peu conciliantes de l'abbé de Citeaux. Conduite malencontreuse de Joseph Montulé.* — Retour de Rancé en France. — Il est obligé de repartir aussitôt pour l'Italie. — Générosité à son égard d'un inconnu. — Rancé voudrait amener à la réforme toutes les maisons Cisterciennes. — *Agissements de Claude Vaussin, abbé de Citeaux.* — Le Pape Alexandre VII est, au fond du cœur, favorable à la cause de la réforme. — Dissenssions promptement apaisées parmi les Trappistes. — Hésitations du Saint-Père. — Mort d'Anne d'Autriche.

§ 3. *Rancé à Clairvaux.* — Sitôt de retour à la Trappe, il s'occupe d'y consolider de la reforme. — Difficultés qu'il éprouve de recruter des novices. — Bref assez peu favorable à l'étroite observance. — Supplément ajouté à cette pièce par le Pape en personne. — Les réformés, en appellent au roi de France. — Ce qui explique leur façon d'agir en la circonstance.

§ 4. *Réunion des abbés provoquée par Claude Vaussin.* — Rancé estime que ses collègues d'opinion y doivent assister. — Il déclare que l'on est tenu en conscience de se soumettre aux dispositions contenues dans le document pontifical. — Calomnies répandues contre Rancé. — Les novices commencent à affluer à la Trappe. — Rancé s'occupe à introduire l'étroite observance dans divers monastères tant d'hommes que de femmes. — Mort de l'archevêque de Tours. — Arrêt du Conseil en faveur des Trappistes.

§ 5. *Décès de Claude Vaussin.* — Jugements trop sévères portés sur son compte. — Tentative d'assassinat sur la personne de Jean Petit, son successeur. — Condamnation et supplice du coupable. — Opposition acharnée du nouvel abbé de Citeaux à la réforme. — Relation du voyage à la Trappe par Félibien des Avaux. — Récit concernant Dom Arsène.

§ 6. *Nouveau bref, peu favorable à la réforme, du pape Clément X. — Protestation de l'abbé de Cadouin. — Rancé et l'abbesse de Gif. — Rôle que prétend jouer M^me de Montespan. — Défaite apparente de l'étroite observance. — L'avenir lui appartient.*

§ 7. *Dernier voyage de Rancé à Paris, sa visite à M^lle de la Vallière et chez les Annonciades Célestes. — Renouvellement des vœux à la Trappe. — Les populations souffrent de la famine. — Sacrifices que s'imposent les religieux pour leur venir en aide.*

§ 1. **Situation critique de la réforme cistercienne. — Rancé est député à Rome par les Pères de l'étroite observance. — Façon vraiment merveilleuse dont il trouve les fonds nécessaires pour le voyage. — Obstacles qu'il a à surmonter.**

Les circonstances ne laissent pas que de se montrer bien défavorables pour les partisans d'un retour aux anciennes règles. A l'instigation de l'abbé de Citeaux, Alexandre VII vient, on le sait, de casser les règlements établis par Larochefoucauld et Richelieu. Claude Vaussin s'était, effectivement, rendu auprès du Saint-Père pour entraver tout essai de réforme. C'en était donc fait de l'étroite observance, si l'on ne se hâtait d'aviser. Aussi, l'assemblée des Pères qui en faisaient partie, se réunit-elle, le 1^er septembre 1764 au collège des Bernardins. Elle décide d'envoyer des députés à Rome; Rancé est, en dépit de ses protestations, élu à l'unanimité, pour la représenter auprès du Saint-Siège. On lui adjoint comme second, l'abbé du Val-Richer, homme de vertu éminente et qui, comme son collègue, de commendataire s'était fait moine.

N'oublions pas que la réforme se trouvait dans une situation fort précaire, au point de vue financier. Le fameux procès suscité par les mitigés et qui durait depuis plus d'un demi siècle avait si bien épuisé ses ressources qu'elle ne savait comment défrayer ses délégués. Les Pères, ignorant, de leur côté, à quel point de dépouillement évangélique Rancé s'était volontairement réduit, lui demandent de se charger des frais du voyage. Celui-ci, par égard pour l'indigence de l'Ordre et, d'ailleurs, plein de confiance dans la providence, donne son consentement :

Effectivement, le ciel semble se complaire à lui venir en aide. Avant de se rendre en Italie, notre abbé était, de nouveau, retourné à la Trappe, n'estimant rien de plus pressé que de prendre part aux travaux de la communauté.

L'on s'occupait alors de défrichements. Au premier coup de bêche que Rancé donne dans la terre inculte, une résistance se fait sentir. C'est qu'il vient de mettre au jour un trésor enfoui là, suivant toute apparence, au temps de la guerre des Anglais, et d'une valeur d'environ cinq cent livres. Dans la soirée du même jour, le cellerier apporte une somme égale, recueillie chez les fermiers du monastère. Les obstacles au voyage de Rancé ainsi aplanis, celui-ci fait de touchants adieux à ses moines, leur adresse des recommandations empreintes de la plus tendre sollicitude, puis se rend à Paris. Des lettres destinées soit au Saint-Père en personne, soit aux principaux personnages de la cour, lui sont remises par la reine-mère Anne d'Autriche, la duchesse d'Orléans, le prince de Conti, etc. Toutes témoignaient du profond intérêt porté par le Royaume très chrétien aux défenseurs de l'étroite observance. Plus de trente prélats donnèrent des attestations aussi élogieuses pour les deux délégués que favorables à leur cause. Quelques esprits pointilleux reprochent à Rancé d'avoir recherché la protection du cardinal de Retz. Ce prélat qui jouissait ou plutôt se figurait jouir d'un grand crédit à Rome, ne passait guère en effet pour un personnage édifiant. Mais n'est-ce pas là pousser bien loin le rigorisme? Et quel plus grand acte de charité exercer vis-à-vis d'un méchant homme que de l'obliger, ne fût-ce qu'une fois par hasard, à faire le bien?

Nous ne nous arrêterons pas aux préparatifs du voyage. Nos pélerins traversent les Alpes vers la mi-octobre. Pour cette région escarpée, c'est la saison des tempêtes et des ouragans et l'on n'avait pas alors la ressource de faire confortablement le trajet en chemin de fer. Jeté une fois à bas de son cheval par la violence du vent, tout près d'un précipice, Rancé n'échappe, pour ainsi dire, à la mort que par miracle. Lui et son compagnon sont reçus avec force marques d'honneur et d'estime par le duc Charles-Emmanuel. C'est que la maison de Savoie se piquait alors de donner l'exemple au monde chrétien.

§ 2. **Dispositions peu conciliantes de l'abbé de Cîteaux.** — Conduite malencontreuse de Joseph Montulé. — Retour de Rancé en France. — Il est obligé de repartir pour l'Italie. — Générosité à son égard d'un inconnu. — Rancé voudrait amener à la réforme toutes les maisons cisterciennes. — Agissements de Claude Vaussin, abbé de Cîteaux. — Le Pape Alexandre VII est, au fond du cœur, favorable à la réforme. — Dissensions promptement apaisées parmi les Trappistes. — Hésitations du Saint-Père. — Mort d'Anne d'Autriche.

A son tour, le duc de Toscane va combler nos voyageurs de prévenances. Il s'efforce de leur faire accepter des provisions de bouche, les plus délicates qui se puissent imaginer. Décidés à ne point adoucir l'austérité de leur ordinaire, Rancé et l'abbé du Val-Dieu acceptent le cadeau, mais pour le faire porter à l'hôpital. Ils procurent, de la sorte, une bonne aubaine aux malades pauvres.

Arrivé à Rome, notre abbé rencontre, presque partout, un accueil des plus froids. C'était le résultat des démarches faites, depuis plus d'un mois, par la commune observance. L'on faisait valoir que, seule, la reine-mère protégeait les réformés. Elle disparue, ces derniers seraient infailliblement abandonnés de toute la Cour. D'ailleurs, ajoutent les adversaires de Rancé, aucun des supérieurs des pays étrangers ne veut entendre parler de l'étroite observance. Ils iront infailliblement jusqu'à rompre avec l'abbé de Citeaux, si celui-ci menace de l'accepter. Le père de Bona, promu plus tard aux honneurs du cardinalat, reçut, il est vrai, les voyageurs avec beaucoup de cordialité. C'était bien naturel. N'appartenait-il pas lui-même à cet ordre des Feuillants, séparé de la famille cistercienne, précisément, pour les mêmes motifs qui faisaient agir les promoteurs de la réforme? Il expose à Rancé les obstacles contre lesquels il aura à lutter, l'assurant, en même temps, des bonnes dispositions du Pape, tant à son égard qu'à celui de l'étroite observance. Malgré cela, il est vrai, le Saint-Père ne pouvait se défendre d'une certaine sympathie, tout au moins, pour la personne de Claude Vaussin. Ce personnage effectivement, quoique inférieur, sans doute, sous bien des rapports à Rancé, ne se recommandait pas moins par sa capacité que par sa vertu. Tout son tort, si tort il y a, c'était de ne pas partager la manière de voir de l'abbé de Rancé. Il soutenait à la fois ses prérogatives légitimes et un état de choses défectueux peut-être, mais sanctionné tout au moins par un long usage. Enfin, ce qui ne gâtait rien à son affaire, c'était l'appui de protecteurs haut placés. Le prince de Condé, gouverneur de Bourgogne et un certain nombre de grands seigneurs dont les cadets peuplaient les monastères mitigés s'entendaient pour soutenir Vaussin de toutes leurs forces. Obtenir quoique que ce soit contre le consentement de l'abbé de Citeaux devenait donc chose fort difficile.

Rancé se décide à avoir un entretien avec ce dernier, mais ne le trouve pas dans des dispositions bien conciliantes. Vaussin se flattant d'avoir gagné le Saint-Père à sa cause, ne juge guère à propos d'entrer dans la voie des accomodements. « Au point où en sont les choses, disait-il, un jugement en règle est inévitable. »

Admis, enfin, à l'audience du souverain pontife, ainsi que l'abbé du Val-Richer, Rancé prend la parole en latin. Le pape se trouvait tant soit peu prévenu, sinon contre la réforme elle-même, du moins contre ses promoteurs, et ce n'était pas, à vrai dire, sans quelqu'apparence de raison. On avait vu d'un fort mauvais œil à Rome cet appel au Parlement dont il a été question plus haut. Des esprits ombrageux avaient représenté un tel acte presque comme injurieux pour le Saint-Siége et attentatoire à ses droits. Enfin, notre abbé expose les faits sous leur vrai jour et parvient à se disculper. Les mitigés en ayant appelé comme d'abus de sentences apostoliques en faveur des réformés, force avait bien été à ceux-ci de comparaître devant le Parlement. Le rôle de ce tribunal s'était borné d'ailleurs à déclarer qu'il n'y avait pas abus. Satisfait de ces explications, le Saint-Père congédie Rancé en lui prodiguant des marques réitérées de considération et d'estime, tant pour lui-même que pour la cause par lui défendue.

C'est le propre des Italiens, on le sait, d'être rarement pressés. Le premier acte de la commission nommée pour l'examen de cette affaire, fut de s'octroyer un congé à propos des fêtes de Noël. Rancé en profite pour aller visiter Subiaco avec son compagnon de voyage. Ils se prosternent devant le *Sacro Speco*, antique retraite de St-Benoit, au début de sa pénitence.

Les commissaires, avouons-le d'ailleurs, se trouvaient fort embarrassés; peut-être plusieurs ne se rendaient-ils pas suffisament compte de la gravité des questions soulevées. Ils n'y voyaient en tout cas qu'une discussion sur une pointe d'aiguille, qu'un ennuyeux débat à trancher d'une manière quelconque. Certains, prétendant réduire la querelle à une simple question de maigre, proposaient pour en finir, de permettre à tous les Cisterciens, l'usage de la viande. N'était-ce pas, en vérité, prendre les choses par le petit côté? Parmi les membres de la commission, il s'en trouvait même d'ouvertement hostiles à Rancé. Ajoutons toutefois, à l'honneur des cardinaux, que pleins de sympathie pour la personne de l'abbé de la Trappe, on ne les voyait guère repousser son plan de réforme que parcequ'ils le jugeaient impraticable. L'esprit de relâchement qui régnait presque partout alors, ne les autorisait-il par un peu à penser de la sorte? S'il leur avait été donné de pénétrer l'avenir, sans doute, ces nouveaux Saint-Thomas eussent, de bon cœur, cessé de se montrer incrédules.

Quoi qu'il en soit, aucun accord n'ayant pu s'établir entre les deux partis, force était d'attendre la décision suprême.

Alors survint un incident qui faillit tout compromettre. Dom Joseph Montulé, profès de Persaigne et bachelier venait de soutenir sa thèse. La question de l'autorité du pape et du concile s'y trouvait résolue dans le sens le plus gallican. Immédiatement, le nonce adresse ses plaintes à l'abbé de Citeaux. Celui-ci déclare que si les supérieurs de l'étroite observance n'ont point réprimé et flétri l'insolence du candidat, c'est que, sans doute, ils partagent ses erreurs. Quand à lui, il n'eût jamais toléré chose pareille. Ces reproches n'étaient pas, il est vrai, absolument justifiés et nous sommes disposés à reconnaître que sur ce point, Claude Vaussin se laissa entraîner trop loin. Qu'au pis aller, les examinateurs aient commis un acte de négligence en laissant Montulé soutenir des proposition si scabreuses, cela se peut, mais était-il juste de rendre toute une corporation responsable des erreurs soutenues par n'importe lequel de ses membres? Rancé aura beau protester, essayer de se défendre, le coup n'en est pas moins porté. Voici Claude Vaussin reconnu comme le défenseur des droits du Saint-Siège contre les attaques des réformés. L'abbé de la Trappe trouve, cette fois encore, appui et consolation auprès du Père de Bona. « En dépit des apparences contraires, affirme ce dernier, le Saint-Père est très certainement favorable à votre cause. » Cela n'empêchera pas qu'une audience sollicitée par notre abbé, ne lui soit refusée. On allègue comme motif, le mauvais état de santé d'Alexandre VII, lequel va chaque jour s'affaiblissant. Rancé est invité à s'adresser à la congrégation dont il connaissait les sentiments peu sympathiques à son égard.

Sur ces entrefaites, arrive une lettre de l'abbé de Prières. Il y exhorte Armand à continuer les démarches commencées. La missive se termine par cette déclaration quelque peu comminatoire qu'« en cas d'échec rien ne pourra empêcher le cours de la justice du royaume, laquelle se portera toujours à maintenir la réforme en la manière qu'elle a été établie par l'autorité du Saint-Siège. »

Le lecteur trouvera sans doute cette déclaration un peu bien acerbe dans la forme. Elle pouvait, cependant, avoir un bon résultat, c'était de prouver aux cardinaux, l'intérêt que portait le gouvernement français aux religieux réformés. Les princes de la maison de Bourbon s'efforçaient ainsi par leur zèle, de réparer une partie du mal qu'avait causé à la religion le concordat de François Ier. Ils n'allaient pas toutefois, ce qui eût été le remède le plus efficace, jusqu'à en demander la résiliation.

Cependant un bref venait d'être donné, défavorable à la cause de l'étroite observance. Les examinateurs craignant de s'attirer des affaires sur les bras, décidèrent d'user d'atermoiements. Le bref en question sera tenu secret jusqu'à la mort de la Reine-mère. Celle-ci se trouvait, en effet, dans un état de santé des plus inquiétants. Sans doute, Anne d'Autriche était un des principaux soutiens de la réforme, mais nos Romains se rendaient fort inexactement compte des choses, en croyant qu'elle disparue, c'en serait fait pour toujours de ses protégés.

Ne jugeant plus sa présence utile sur les bords du Tibre, Rancé revient en France. A peine arrivé à Lyon, une lettre de l'abbé de

Prières lui est remise, par laquelle on lui demande de retourner à Rome sans retard. En matière aussi grave, faisait très justement observer le vicaire général, on ne peut réussir qu'à force de persévérance. Notre abbé ne demandait pas mieux que d'entreprendre un second voyage en Italie, mais l'argent lui faisait défaut, et il n'osait en demander à ses collègues dont il connaissait le dénuement. Cette fois-ci encore, la providence lui vient en aide d'une façon toute imprévue. Au moment où il se trouvait le plus perplexe, un inconnu demande à le voir et lui remet une bourse contenant quarante louis d'or. Rancé ne voulait d'abord recevoir cette somme qu'à titre de prêt, mais on insiste si vivement qu'il se décide à accepter purement et simplement. Plus tard seulement, l'on apprit que cet argent avait été expédié de Paris, par un ami généreux, soupçonnant l'état de gêne auquel était réduit notre cénobite.

Dès le lendemain, Rancé se remet en route et, malgré les neiges qui l'encombrent, traverse sans retard la chaîne des Alpes. Nous le voyons arriver à Rome, le 1er Avril. Avec beaucoup de joie et de surprise, en même temps, il constate, au sein du sacré collège, des dispositions sensiblement plus favorables que par le passé. L'abbé de la Trappe en profite pour donner connaissance aux cardinaux, des missives écrites par les évêques français et dans lesquelles la cause de l'étroite observance se trouve chaudement soutenue. Pour simplifier les choses, Rancé rédige un mémoire où ses demandes sont réduites à cinq chefs seulement.

1° Abstinence générale de la viande dans tout l'ordre de Cîteaux, puisqu'elle se trouve prescrite par la règle de St-Benoît et les constitutions de Cîteaux et que le St-Siège n'a jamais accordé sur ce point, que des dispenses partielles ou temporaires,

2° Droit pour la réforme d'être gouvernée directement par un vicaire général.

3° Election dudit vicaire par les réformés avec simple confirmation de l'abbé de Cîteaux.

4° Faculté pour l'étroite observance de tenir des assemblées particulières, afin d'assurer le maintien de la régularité.

5° Permission à elle accordée également d'introduire la réforme dans les monastères mitigés et cela, sous certaines conditions au sujet desquelles l'accord se ferait aisément.

Notre pénitent, on le voit, ne se contentait pas de la liberté laissée aux sectateurs de la règle primitive. Il voulait encore amener à leur genre de vie, toutes les communautés cisterciennes, chose bien difficile à obtenir. Par là s'explique l'insuccès ultérieur de beaucoup de tentatives faites par Rancé. Mais qui oserait l'en blâmer ? N'était-ce pas le zèle pour la maison de Dieu, qui seul le poussait à entreprendre même l'impossible. Mais reprenons le cours de notre récit.

A peine de retour en France, Claude Vaussin va partout déclarant qu'il a reçu du Pape une pièce décisive, laquelle tranche le débat en faveur des mitigés. Il en citait même les principaux articles, mais sans produire aucun texte authentique. Vraisemblablement, l'abbé de Citeaux s'illusionnait lui-même, prenant un peu à la légère, ses désirs pour des réalités. Rancé se croit obligé en conscience de démentir de pareilles allégations. N'avait-on pas lieu de craindre que, trop volontiers accueillies d'un public mal renseigné, elles ne pesassent, d'un manière fâcheuse, sur la décision à prendre?

Voici, du reste, qu'un auxiliaire inattendu arrive au secours de l'abbé de la Trappe. Le cardinal de Retz se rend à Rome sur les entrefaites et remet à Rancé, une lettre de la part du vicaire général. L'abbé de Prières y exortait notre pénitent à modérer ses austérités, à réserver ses forces pour les nombreuses démarches qui lui restaient à faire, ajoutant que, par surcroît de précaution, il lui donnait comme directeur, son compagnon de route, l'abbé de Val-Richer. De Retz confirme à Rancé, la vérité de tout ce qu'on racontait au sujet de la malencontreuse thèse de Joseph Montulé. C'est bien elle qui a indisposé la Cour de Rome contre la réforme et ses partisans. Dans une audience accordée au Cardinal, Alexandre VII n'en témoigne pas moins, tout comme par le passé, de sentiments on ne peut plus bienveillants, à l'égard de l'étroite observance.

Toutefois, un nouveau crève-cœur était encore réservé à Rancé, et, circonstance aggravante, il lui venait de ses chers trappistes. Rien n'ayant été réglé, jusqu'alors, par rapport à l'usage des œufs et du poisson, certains religieux se le permettaient et pas les autres. De là, des discussions dans lesquelles la charité avait parfois, semble-t-il, quelque peu à souffrir, et des querelles sans cesse renaissantes. On en avait appelé au vicaire général de la réforme, lequel, naturellement, remit la décision à prendre au père abbé. Un simple mot de ce dernier suffit pour ramener le calme dans les esprits et la paix au sein de la communauté.

Certaines questions d'intérêt attirent alors à Rancé de sanglants reproches de la part de sa famille. Il s'en inquiète peu, ou plutôt, y voit une occasion favorable de pratiquer l'humilité chrétienne. Ce qui le touche bien davantage, c'est l'insuccès de ses négociations. Après avoir rêvé la réforme générale de l'ordre Cistercien, il se trouve réduit à ne pouvoir assurer le maintien de l'étroite observance, même au sein des maisons qui la réclament.

En effet, un bruit se répand, c'est que le bref attendu depuis si longtemps vient d'être rédigé et qu'il contient plusieurs dispositions défavorables aux réformés. Rancé consulte différentes personnes sages et expérimentées, lesquelles ne voient d'autre remède à la situation qu'une nouvelle audience du St-Père. De Retz l'obtient et remet au pape une missive d'Anne d'Autriche. La pieuse princesse s'y déclare, autant que par le passé, favorable à la cause de l'Etroite Observance. Toutefois, le Saint-Père, peut-être un peu influencé à son insu par les propos malveillants des adversaires de notre abbé, se montre hésitant. En dépit de ses sentiments personnels de sympathie pour ce dernier, le Souverain-Pontife met en doute l'opportunité d'une réforme destinée à sombrer infailliblement après le décès de la Reine-Mère. En vain, le Cardinal s'efforce-t-il de faire valoir que la réforme se trouve beaucoup plus soutenue en France qu'on ne le suppose, ayant pour elle le roi, le parlement et la plupart des évêques. Peut-être était-ce, au fond, lui donner une certaine couleur de gallicanisme, peu appréciée à la Cour romaine. Le pape, auquel son mauvais état de santé interdit toute discussion un peu prolongée, n'en veut pas entendre davantage et renvoie notre ambassadeur devant la congrégation.

Pour comble de disgrâce, on apprend la mort d'Anne d'Autriche. Rancé obtient, en désespoir de cause, un bref de translation à la Grande-Chartreuse; mais il ne lui sera permis d'en user qu'autant que les exigences des mitigés lui rendraient la vie impossible à la Trappe. Notre abbé n'en manifeste pas moins l'intention d'y rétablir, dans son intégrité primitive, l'antique règle bénédictine.

Le R. P. de Bona ne manque pas de rassurer Rancé sur l'avenir de son œuvre. En effet le bref lui ayant été communiqué par ordre même du Pape, Bona était parvenu à y faire insérer certaines clauses favorables à la réforme, notamment la permission de recevoir des novices, indépendamment des supérieurs de la Commune Observance. Si cela suffisait à tranquilliser le Révérend Père, avouons qu'il n'était pas trop difficile à contenter.

Avant de quitter la ville éternelle, Rancé se trouve une dernière fois admis à l'audience du Saint-Père. C'était une faveur singulière, car Alexandre VII de plus en plus malade ne recevait presque personne. A la vérité, l'on ajoute cette clause désagréable que, pendant tout l'entretien, il ne sera pas soufflé mot de la question de réforme.

Si le Pape ne parle guère aux deux visiteurs des affaires de France, il les interroge beaucoup sur ce qui se passait à Rome, leur demande de prier Dieu pour lui, afin qu'Il le remplisse de ses lumières. Le lendemain, par ordre du St-Père, l'abbé de Porphyre offre à Rancé et à l'abbé de Val-Richer, un riche cadeau de médailles indulgenciées et de reliques. Lors de son retour en France, l'abbé de la Trappe fit connaissance du chanoine Nicaise, de Dijon. A la fois érudit et lettré, cet ecclésiastique consacrait les revenus d'une riche prébende à satisfaire, par de nombreux voyages, sa passion pour l'archéologie. Lui aussi revenait de Rome dont il avait admiré les monuments et fréquenté les artistes.

Quoi qu'il en soit, Citeaux s'était constamment défendu contre les projets de réforme soutenus par Rancé. A en juger par les événements qui suivront, on peut se demander s'il ne s'était pas enlevé par là toute espérance d'un avenir ininterrompu. Les jours approchent où la Providence semblera ne vouloir laisser subsister que les monastères dont les austérités constitueront une suffisante réparation pour le relâchement et les infidélités du siècle.

La tourmente révolutionnaire va emporter Citeaux, qui ne renaîtra de ses cendres, après plus d'un siècle d'abandon, qu'à la faveur de la réforme inaugurée par Rancé.

§ 8. **Rancé à Clairvaux.** — Sitôt de retour à la Trappe, il s'occupe d'y consolider la réforme. — Difficultés qu'il éprouve de recruter des novices. — Bref assez peu favorable à l'étroite observance. — Supplément ajouté à cette pièce par le Pape en personne. — Les réformés en appellent au roi de France. — Ce qui explique leur façon d'agir en la circonstance.

Toutefois, avant de regagner son monastère, celui-ci passe par Clairvaux et fait une longue oraison au tombeau de Saint-Bernard. L'idée se présente alors à son esprit de chercher asile dans l'ermitage appelé le Petit-Saint-Bernard et qui avait été le berceau de Clairvaux. Là il pourrait vivre en paix dans la solitude et la mortification, puisque les supérieurs de l'Ordre repoussaient tout projet de réforme. Rancé offrait même de réparer et d'entretenir à ses frais ce misérable réduit, comptant sur la bienveillance du ciel pour lui procurer les ressources nécessaires. Celle-ci qui avait de toutes autres vues sur notre pénitent, ne lui permet pas de réussir dans sa tentative.

A peine de retour au monastère, Rancé s'occupe d'y faire revivre les pratiques suivies par les Pères de Citeaux, à l'époque de leur plus grande ferveur. Les moines de Soligny animés de son esprit, transportés par son éloquence, le secondent de tous leurs efforts.

L'on réduit le nombre des conférences à trois par semaine. L'usage des œufs et, surtout, celui de la viande ne seront tolérés qu'en cas d'infirmité ou de maladie. Le père abbé ayant interdit l'emploi du beurre dans les mets qu'on lui servait, tous s'empressent de suivre cet exemple. Cependant deux cénobites plus délicats de santé ou moins énergiques se retirent dans une autre maison. Il ne restait plus à la Trappe que dix religieux.

Toutes ces nouveautés qui, en définitive, ne constituaient guère que des retours à la règle primitive, avaient indisposé contre Rancé une portion notable du monde ecclésiastique tout aussi bien que de la société laïque. Aussi le recrutement des Trappistes ne s'opérait-il encore qu'avec une certaine difficulté. Notre abbé écrit donc à celui de Prières, afin qu'il voulût bien lui envoyer des novices. Celui-ci répond avec beaucoup de justesse que ses moines n'ont pas fait vœu de s'astreindre à une règle aussi austère. Par suite, il ne se croit pas en droit de leur intimer d'ordre à cet égard. Rancé n'aurait donc à compter que sur ceux qu'une vocation spéciale amènerait dans sa communauté. Quelque peu encourageante que fut une pareille réplique, notre réformateur ne continue pas moins à se reposer sur la Providence pour le succès de son entreprise.

L'on annonce enfin que le bref si longtemps attendu vient d'être porté en France, qu'il a été remis par le nonce à S. M. Louis XIV. Les abbés de l'Etroite Observance réunis à Paris, parviennent à se procurer une copie de cette pièce. Qu'elle était loin de répondre à leurs désirs et à leurs espérances! D'abord, l'ancienne discipline se trouve aussi adoucie que possible. L'on permet, dans certaines conditions, les cellules séparées. Pour la première fois, l'usage de la viande est autorisé d'une manière générale à certains jours de la semaine. L'ordre des veilles nocturnes est changé, etc., etc.

Ces modifications, toutefois, concernant les seuls monastères mitigés, aucun changement n'était apporté aux pratiques en vigueur à la Trappe. Ce qu'il y avait de plus grave, c'était l'assujetissement dans une large mesure, de l'Etroite Observance à la Commune.

On lui enlève le droit d'élire un vicaire général, de tenir des assemblées particulières. Les monastères devront être divisés en deux ou trois provinces à chacune desquelles le chapitre général assignera un visiteur choisi au sein de la réforme.

Sitôt le travail de la Congrégation soumis au Pape, celui-ci reconnait à quel point la teneur s'en accorde peu avec les promesses par lui faites à l'abbé de Rancé. Toutefois, il pousse la condescendance jusqu'à ne pas exiger une nouvelle rédaction, se bornant à y joindre un supplément. Dans cette nouvelle pièce, Sa Sainteté proteste d'un inaltérable attachement à la cause de l'Etroite Observance et enjoint, de la façon la plus formelle, à l'abbé de Citeaux, de la protéger de tout son pouvoir. Le R. P. de Bona y fait insérer la clause concernant les novices à recevoir, dont nous avons parlé plus haut. Le Bref, enfin, approuve les actes et contrats passés jusqu'à ce jour et statue que parmi les vingt définiteurs assistant au chapitre, il y en aura dix de l'Étroite Observance.

Les dispositions prises par le Saint-Père avaient été inspirées par un désir évident de conciliation. Malgré cela, Claude Vaussin, protecteur attitré d'une réforme qu'il avait toujours énergiquement combattue, n'inspirait qu'une confiance assez limitée à Rancé et à ses partisans. Ils redoutaient, et qui peut s'en étonner, que le supérieur de tout l'ordre de Cîteaux, sans se mettre, bien entendu, en opposition directe avec les prescriptions du Saint-Père, ne cherchât toujours à les interpréter dans un sens aussi favorable à ses idées personnelles que contraire à celles de ses adversaires. Aussi, les Pères de la réforme se décident-il à exposer au roi les inconvénients résultant de la réception de la bulle.

Pareille façon d'agir serait aujourd'hui considérée presque comme un acte de révolte, mais il ne faut pas toujours juger des choses du passé à notre point de vue d'hommes du XIX° siècle.

La conduite des protestataires trouve son explication ou, tout au moins, son excuse, dans les idées du temps et la nature des relations alors existantes entre les pouvoirs spirituel et temporel. Bien loin d'eux la prétention de tenir en échec l'autorité du St-Siège, en lui opposant celle du monarque.

Ils voulaient seulement obtenir non du Pape, que le mauvais état de sa santé éloignait des affaires, mais du moins de la Cour romaine, un plus ample examen de la question. Toutefois la commission nommée par Louis XIV et présidée par le chancelier Séguier ne se montre pas très favorable aux Trappistes. Aussi le bref ne tarde pas à être enregistré.

§ 4. **Réunion des abbés provoquée par Claude Vaussin. — Rancé estime que ses collègues d'opinion y doivent assister. — Il déclare que l'on est tenu en conscience de se soumettre aux dispositions contenues dans le bref pontifical. — Calomnies répandues contre Rancé. — Les novices commencent à affluer à la Trappe. — Rancé s'occupe à introduire l'étroite observance dans divers monastères tant d'hommes que de femmes. — Mort de l'archevêque de Tours. — Arrêt du Conseil en faveur des Trappistes.**

Restait une dernière formalité à remplir, l'enregistrement capitulaire. A cet effet, Claude Vaussin adresse aussitôt aux abbés des divers monastères force lettres de convocation. Ils devront se réunir le 9 mai 1667 pour aviser aux mesures à prendre. Tout cela ne laissait pas que de créer bien du tracas aux Pères de l'Etroite Observance. Le vicaire général était même d'avis de ne point comparaître à la réunion. « Qu'irions-nous faire là, disait-il, sinon être les témoins de notre défaite, et autoriser par notre présence, tout qui se prépare contre nous? » Rancé professait une façon de voir tout opposée et beaucoup plus juste à notre avis. L'absence des réformés ne manquerait pas, suivant lui, d'être taxée de rébellion. D'ailleurs, conclut-il, si l'assistance au Chapitre ne produit pas tout le bien désirable, à coup sûr, elle empêchera la ruine totale de l'Etroite Observance, vu le grand nombre de définiteurs attribué à cette dernière. On finit par se ranger, d'un commun accord, à l'opinion de l'abbé de la Trappe.

Sitôt les Pères réunis, on procède à la nomination des officiers. Rancé est choisi comme définiteur par l'abbé de la Ferté, Pierre Boucher. Lecture une fois donnée du bref, Claude Vaussin le baise à genoux, se déclarant prêt à user de toute son autorité pour en assurer l'exécution.

Rancé, prenant alors la parole, fait observer que certaines dispositions contenues dans cette pièce y ont été insérées malgré la volonté expresse du Souverain-Pontife, que ce dernier a été empêché par le mauvais état de sa santé d'en prendre connaissance. En conséquence, il réclame, sous le bon plaisir de sa Majesté, la liberté de se pourvoir à Rome.

Vaussin indigné de ce qu'il considérait comme un excès d'audace traite durement l'abbé de la Trappe. Revenu bientôt de son premier mouvement, il s'empresse de lui faire des excuses, l'assure de son amitié et finit par lui proposer de le nommer visiteur des provinces de Normandie, Anjou et Bretagne. Armand qui n'avait aucune ambition personnelle refuse ces offres et rentre aussitôt à la Trappe.

L'opposition des réformés est mal accueillie à Rome. On estime leur avoir fait toutes les concessions possibles, sauf celle de les organiser en congrégation indépendante. Mais c'était là une mesure dont, par un motif de prudence facile à comprendre, la Cour pontificale ne voulait, sous aucun prétexte, prendre l'initiative. D'ailleurs, la protestation des Pères de l'Etroite Observance, rédigée sous l'empire d'un vif sentiment de désappointement, pouvait sembler quelque peu critiquable au point de vue de la forme. Rancé fut le premier à le reconnaître. Bien que se permettant respectueusement certaines réserves, il déclare hautement, qu'en conscience, on est tenu d'obéir au bref. Peut-être les mitigés ne firent-ils pas preuve d'autant de soumission à l'égard d'un acte qui, cependant, comblait leurs vœux.

La période la plus aiguë de cette lutte entre les deux Observances ainsi terminée, Rancé s'occupe de remettre les vieilles règles cisterciennes en vigueur non seulement à la Trappe, mais encore dans plusieurs autres monastères tant d'hommes que de femmes. Un libelle, dont les imputations évidemment calomnieuses semblent au-dessous de toute réfutation, est publié sur les entrefaites. On y reproche à notre abbé de honteux trafics dans l'admission des postulants. Le fait est, qu'à la différence de nombre de supérieurs d'alors et d'autres époques encore, notre réformateur exigeait pour toute dot de ses novices, une sérieuse et sincère vocation. Bien au contraire, les candidats à la vie monastique qui, dans le monde, s'étaient fait remarquer par leur situation de fortune, naissance ou emplois à eux confiés, se trouvaient soumis à de plus rudes épreuves. On jugeait qu'ils avaient davantage de liens à rompre pour se consacrer entièrement à Dieu. D'ailleurs, nous verrons Rancé se séparer de sujets forts distingués et que la Trappe eut été fière de conserver, toutes les fois que le bien des âmes ou l'intérêt supérieur de la réformation monastique lui semblait l'exiger. C'est ce que fait parfaitement ressortir l'exemple de François Cornuty. Ce jeune religieux de l'abbaye de Tamié en Savoie s'était rendu comme novice, en même temps que son abbé Jean-Antoine de la Forest de Somont, aux Bernardins, à Paris. Là, se trouvaient réunis de futurs religieux des deux Observances. Cornuty ne tarde pas à reconnaître lesquels de ces novices se signalaient déjà comme les plus parfaits modèles des vertus monastiques. Aussi, après avoir soigné son abbé atteint de la petite vérole et abandonné de tous, se décide-t-il à quitter Paris en secret pour se rendre à la Trappe.

Evitant les chemins et les routes, marchant à travers champs, il arrive enfin au terme de son voyage. Cornuty y fait son noviciat. Il n'eut pas mieux demandé que de passer toute sa vie sous la gouverne de Rancé. Celui-ci qui avait constaté la piété et le talent de direction du jeune religieux n'hésite pas à l'envoyer à l'abbaye de Foucarmont où il s'agissait d'implanter la réforme.

Il ne faudrait pas s'imaginer, du reste, que le recrutement de la milice monastique à Soligny eût à souffrir de la prudente discrétion manifestée par Rancé. Depuis longtemps, on n'y avait vu pareille affluence de postulants et comme aux jours des Pacôme et des Antoine, la solitude se peuplait à l'égal d'une cité. Parmi les religieux qui entrèrent alors à la Trappe pour n'en jamais sortir, citons spécialement Dom Rigobert Levêque, ancien maître de novices à Clairvaux et prieur de Haute-Fontaine ; Pierre Lenain, chanoine régulier de Paris, frère de Sébastien Lenain de Tillemont, auteur bien connu de savants travaux sur l'histoire des premiers siècles de l'église, etc., etc.

C'est en 1668 que, sur les conseils de Rancé, Charles-Henri de Benserade se décide à introduire la réforme Trappistine dans son abbaye d'Orval, d'où elle ne tarda pas à se répandre dans d'autres monastères encore.

Un postulant, dont la présence à la Trappe dut surprendre tout le monde, ce fut le cardinal de Retz. Dans un accès de ferveur, d'ailleurs passager, ce turbulent personnage veut se consacrer à Dieu sans réserve. On eut dit qu'à force de soutenir à Rome et ailleurs la cause de la réforme, fantaisie lui était venue d'en tâter pour son propre compte, Rancé ne reconnaît pas en lui les signes d'une vraie vocation. Aussi l'engage-t-il à rentrer dans le monde, tout en réparant par une conduite plus sérieusement chrétienne, les nombreux écarts de sa vie passée.

Ainsi qu'il a été dit plus haut, la sollicitude de Rancé s'étendait aussi bien sur les communautés de femmes que sur les monastères d'hommes. Nous le voyons, vers ce temps là, prévenir le relâchement qui menaçait de s'introduire chez les Annonciades dites Célestes. Ces nonnes habitaient, on le sait, à Paris, rue Culture Ste-Catherine. Notre abbé eut à s'occuper également de l'affaire des religieuses de Notre-Dame des Champs. Il installe dans une maison particulière, plusieurs d'entre elles qui désiraient se conformer à la Stricte Observance. Du reste, l'abbesse de ce monasre, elle-même, ne tarde pas à y introduire ce que l'on pourrait appeler une réforme mitigée.

L'archevêque de Tours, oncle de Rancé et qui avait voulu lui assurer sa succession épiscopale, meurt le 12 septembre 1668. C'était, somme toute, un personnage estimable et un prélat vertueux, bien qu'un peu trop préoccupé, sans doute, des intérêts temporels de sa famille. Rancé estime que la seule manière de se rendre utile au défunt, c'est de prier beaucoup pour lui.

Ce serait en 1669, affirme l'abbé Fret, qui d'ailleurs ne donne pas de date plus précise, qu'un arrêt du Conseil confirmant ceux qui avaient déjà été rendus depuis près de trois siècles et demi au nom de plusieurs Comtes du Perche et rois de France, décharge l'Abbaye de la Trappe des taxes qui lui avaient été imposées à raison des droits qu'elle exerçait dans les forêts de Nuisement, du Perche, de Bellême, Réno, Mahéru, Breteuil, Moulins et Bon-Moulins. Serait-ce alors que les religieux cessèrent d'être soumis à l'obligation bizarre à eux imposée en échange de la faculté d'un certain droit de pacage pour tous leurs porcs, dans les terres et forêt de Nuisement ? Nous n'oserions l'affirmer.

Effectivement, ils étaient tenus chaque année, le 24 juin, d'amener tous les porcs de la terre de Nuisement à eux appartenant devant la chapelle du domaine pendant qu'on y célébrait l'office de

St-Jean-Baptiste. Le verrat devait porter un collier de fleurs au cou et un bouquet à la queue. Faute par eux de se conformer à ces prescriptions, les moines eussent perdu, *ipso facto*, toutes leurs prérogatives dans le dit domaine.

Ajoutons que des stipulations aussi singulières se rencontrent assez fréquemment dans les actes remontant au moyen-âge (1).

§ 5. **Décès de Claude Vaussin.** — Jugements trop sévères portés sur son compte. — Tentative d'assassinat sur la personne de Jean Petit, son successeur. — Condamnation et supplice du coupable. — Opposition acharnée du nouvel abbé de Citeaux à la réforme. — Relation du voyage à la Trappe par Félibien des Avaux. — Récit concernant Dom Arsène.

Citons comme événement de grande importance, la mort de Claude Vaussin, survenue le 1er février 1670. Plusieurs écrivains, et des mieux intentionnés ont tracé de lui un tableau sévère, nous ne craignons pas de le dire, jusqu'à l'injustice (2). Il n'en demeure pas moins une des grandes figures de l'ordre de Citeaux. Lui reprochera-t-on à l'occasion de s'être montré fort entier dans ses idées? Du moment qu'il les croyait justes, où est le crime ? Mais, ajoutent quelques-uns, il s'est trompé sur la route à suivre. Admettons-le. Dieu n'exige pas de nous l'infaillibilité, mais seulement la bonne foi et rien ne permet de suspecter celle de Vaussin. Rancé, tout saint qu'il était, ne se montra-t-il pas souvent ce que l'on peut rêver de plus absolu dans sa manière de voir, notamment lorsqu'il déclarait hors de la voie du salut tout cistercien repoussant une réforme au moins mitigée ? Les meilleurs esprits, les âmes les plus honnêtes pouvaient bien ne pas se sentir en parfait accord sur une question aussi délicate que celle du retour à l'ancienne règle. On ne saurait trop le répéter, la vraie source de décadence pour la vie monastique, ce fut bien moins ces mitigations presque toujours amenées par la marche du temps que le développement du système des commendes. Avec des intentions parfaitement droites, gardons-nous d'en douter, l'abbé de Citeaux a donc assumé le plus ingrat des rôles. Il combattit, avec autant de ténacité que d'énergie, une cause que le succès devait bientôt couronner. Cela lui a nui plus que de raison auprès de la

---

(1) Abbé Fret, *Chroniques Percheronnes*, t. III, p. 357 et 358 (Mortagne 1840).

(2) Gaillardin, *Hist. de la Trappe*, T. Ier, Chap. VI, p. 144 et suivante. M. l'Abbé Dubois, *Histoire de l'abbé de Rancé*. T. Ier, liv. IV, chap. V, p. 373.

postérité. Et puis, ce n'est pas sans péril pour sa réputation, que l'on est l'adversaire d'un homme aussi éminent que Rancé.

Claude Vaussin eut pour successeur Jean Petit, intronisé le 20 juin de la même année. Ce dernier se serait montré d'abord favorable aux idées du réformateur de la Trappe, mais ne tarda pas à changer radicalement d'avis, nous allons voir tout à l'heure pourquoi.

Voici bientôt Rancé en présence de nouvelles difficultés. Plusieurs religieux de l'ordre des Célestins, entraînés par le désir d'une vie plus parfaite, viennent chercher asile à la maison de Soligny. Notre abbé n'hésite pas à les admettre au rang des novices. De là plainte du Père provincial des Célestins. Il exige au moins du saint réformateur la promesse formelle de ne plus recevoir à l'avenir aucun religieux de cet ordre. Rancé, par motif de conscience, refuse de prendre un tel engagement et la Sorbonne qu'il consulte, lui donne raison. Il fallut que les supérieurs de quelques ordres tels que les Bénédictins et les Prémontrés obtinssent du Saint-Siège, un bref interdisant sous peine d'excommunication à leurs religieux de se retirer à la Trappe et à Rancé de les admettre sans permission. Cette défense surprit tout le monde. Quelques amis conseillèrent à notre abbé la résistance et le recours aux tribunaux laïques. Trop déférent vis-à-vis de l'autorité du St-Siège pour adopter un tel parti, il se borna à adresser à Rome ses plaintes respectueuses. Des réponses lui parviennent bientôt qui atténuent singulièrement la portée du bref et mettent sa conscience en repos.

Le difficile, après tout, c'était d'obtenir du pouvoir séculier qu'il consentît à se tenir tranquille dans une affaire un peu en dehors de sa compétence. Dieu, affirme l'Ecriture, n'aime rien tant que la liberté de son Eglise. Peut-être eût-il préféré pour le moment, ne pas la voir si protégée, mais l'inconvénient de ces régimes défenseurs-nés des intérêts religieux, c'est qu'avec la meilleure volonté du monde, ils arrivent, généralement, plus à les compromettre qu'à les adoucir. Et puis, s'emparer brutalement de l'encensoir a beau sembler chose sacrilège, on n'est pas fâché à la longue d'en diriger un peu les mouvements.

Les adversaires de la réforme obtiennent du roi des lettres de Petit Cachet. Elles étaient à l'adresse de moines lesquels avaient déserté leurs couvents pour se retirer à la maison de Soligny. « L'on vit, rapporte un écrivain contemporain, des exempts de « gardes arracher de la Trappe de malheureux religieux lesquels « s'en allaient en pleurant et protestant contre la violence qu'on « leur faisait. Cela se passait sous les yeux de l'abbé de Rancé et « il est facile de comprendre combien le cœur lui saignait cruel- « lement. » Du reste, ces infortunés parvenaient le plus souvent à entretenir une correspondance avec celui qu'ils regardaient toujours comme leur vrai Père spirituel, lui dévoilant les secrets de leurs cœurs, les scrupules de leurs consciences. Rien de plus navrant que la lecture de ces missives.

Ce n'est pas que le ciel, tout en éprouvant Rancé, ne lui ménageât des consolations sensibles. L'on voit, par exemple, le docte et intègre Pélisson, jadis compris dans la disgrâce de Fouquet, abjurer le protestantisme à la suite d'une retraite à la Trappe. C'est là encore que vint passer quelques jours, un huguenot converti, le président de Périgny. Au dire de certains auteurs, on n'attendait que son abjuration pour le nommer gouverneur du Dauphin. Aussi avait-il soin de la retarder d'un grand mois, jusqu'à la nomination de Bossuet. Cet homme de bien ne voulait pas que son changement de religion pût être attribué à des mobiles intéressés.

Néanmoins, les novices continuent à affluer. Citons, entre autres, Dom Aubert, de la congrégation de St-Maur, et que ses supérieurs virent s'éloigner fort à contre cœur; l'abbé Hardy, théologal et supérieur du séminaire d'Aleth, et qui d'ailleurs avait distribué aux pauvres et aux églises tout son patrimoine, s'élevant à soixante mille livres.

Cependant un attentat est dirigé contre le nouvel abbé de Citeaux, Jean Petit. Celui-ci venait d'entretenir ses religieux de projets de réforme qui furent très froidement accueillis. Parmi les auditeurs figurait certain religieux du nom de Bourrée, on ne peut moins partisan d'ailleurs des idées d'austérité. Résolu à se débarasser d'un Père spirituel, trop gênant à son goût, il introduit le 6 février 1671, de l'arsenic broyé dans un hachis de poisson servi pour le dîner de ce dernier et de quelques autres convives. Il ne paraît pas qu'aucun de ceux qui avaient goûté de ce plat soit mort empoisonné. Tous néanmoins se trouvèrent pris de coliques et de vomissements. Aussitôt, la justice d'informer. Le crime une fois établi, elle condamne le coupable, qui venait de subir la question, à avoir la tête tranchée. L'exécution eut lieu au champ de Morimont, dans la ville de Dijon. Les mitigés montrent le plus grand empressement à flétrir un tel forfait. Nul, bien entendu, ne songea à les rendre responsables, à quelque degré que ce soit, de l'acte d'un criminel isolé.

Le Parlement de Bourgogne profite de l'occasion pour signaler au roi, par l'intermédiaire de son président, la situation déplorable de plusieurs maisons Cisterciennes, « afin qu'il plaise à sa Ma-
« jesté d'apporter son autorité pour la réformation des mœurs et
« le rétablissement de la discipline es-dites Maisons. » Rancé de son côté, écrit à l'abbé de Citeaux pour le féliciter d'avoir échap-

pé à un aussi grand péril, l'engageant d'ailleurs à entreprendre une réforme non point partielle, mais aussi radicale que possible. Les circonstances y prêtaient singulièrement. L'on voyait, d'un côté, les mitigés dans la consternation, ne sachant plus littéralement où donner de la tête, et de l'autre, la Cour mieux disposée que jamais en faveur de l'Etroite Observance. Malheureusement, Jean Petit semblait n'être plus le même homme. Dorénavant, il repoussera, d'une façon absolue, toute idée de retour à la Règle. Puisse la crainte de nouvelles tentatives d'assassinat n'avoir été pour rien dans un changement si brusque et, autrement, si peu explicable !

Un incident se produit alors qui, sans doute, n'émeut pas beaucoup Rancé. Certain pèlerin que ses bonnes intentions ne justifient pas du reproche d'imprudence, ayant pris connaissance du règlement manuscrit de la Trappe, le livre à l'impression sans en rien dire à personne. Il comptait édifier les fidèles par le récit des austérités pratiquées dans la maison de Soligny. Le résultat fut bien loin de répondre à ses espérances. Des malveillants profitent de l'occasion pour diffamer notre abbé. C'est, affirment-ils, un être pétri de vanité et qui n'a autorisé cette publication que pour faire parler de lui. Rancé se borne à écrire à un de ses amis qu'il est resté absolument étranger à tout ce qui vient de se passer.

Du reste, la Providence semblait lui avoir ménagé un défenseur en la personne d'André Félibien des Avaux. Ce vénérable érudit avait profité d'une retraite à la Trappe pour visiter le monastère aussi en détail que possible. Sur les conseils de la duchesse de Liancourt (Anne de Schomberg), il se décide à publier une relation de son pèlerinage. L'ouvrage obtint un succès mérité, parvint jusqu'à la cinquième ou sixième édition et fut même traduit en anglais. C'était un vrai plaidoyer en faveur de l'œuvre du saint réformateur, et d'autant plus persuasif qu'il révélait la vérité toute entière.

Sur ces entrefaites voici les religieux de St-Symphorien, abbaye jadis tenue en commende par Rancé, entraînés par son exemple, dans la voie de la réforme. Ils lui écrivirent même à ce sujet. Notre pénitent les engage à ne pas s'arrêter à mi-chemin et à se soumettre à toutes les pratiques de l'Etroite Observance. Malheureusement, ces généreux projets ne sont guère suivis d'effet. A la suite de discussions sans cesse renouvelées entre ses habitants, le couvent finit par être abandonné. Pendant ce temps-là, un accroissement ininterrompu dans le nombre des novices se manifeste à la Trappe ; preuve que la prospérité d'une maison de ce genre tient, non à ses richesses, mais aux vertus de ceux qui y résident.

Le Ciel aurait même, ainsi qu'aux premiers jours de l'Eglise, attesté par un miracle, à quel point lui était agréable la réforme entreprise par Rancé. Un religieux du nom de Dom Arsène, après avoir longtemps édifié ses confrères par sa piété, venait de mourir subitement et sans le secours de l'Extrême-Onction, des Indulgences de l'Ordre et des dernières prières pour les mourants. Rancé craignait qu'il n'y eût eu, en tout ceci, quelque négligence de sa part et que l'âme du défunt ne se trouvât, à cause de lui, éprouvée par les feux du purgatoire. Il ne tarda pas à être rassuré. Dom Arsène ayant apparu dans une grande gloire à dom Paul Ferrand, le plus intime de ses amis, lui annonce qu'il jouissait du bonheur des élus.

### § 6. Nouveau bref peu favorable à la réforme, du Pape Clément X. — Protestation de l'abbé de Cadouin. — Rancé et l'abbesse de Gif. — Rôle que prétend jouer Mme de Montespan. — Défaite apparente de l'Etroite Observance. — L'avenir lui appartient.

Cependant, l'abbé de Citeaux se montre de plus en plus hostile. Le voici qui obtient du Pape Clément X, un bref enlevant aux réformés le meilleur de leurs moyens de défense, à savoir l'égalité dans le nombre des définiteurs. Lecture est donnée de cette pièce le 16 mai 1672 à l'ouverture du Chapitre.

Aussitôt, l'abbé de Cadouin, le plus ancien des dignitaires de l'Etroite Observance se plaint que le bref ait été rendu sans audition des parties intéressées. Obtenu, déclare l'orateur, par une véritable surprise, il ne s'est pas trouvé d'ailleurs, soumis à l'approbation du Roi. Par suite, conclut-il, on ne saurait le recevoir en France. L'élection des définisseurs devra donc se faire conformément aux dispositions du bref précédent.

Jean Petit ne juge pas à propos de tenir compte de semblables observations. Il s'enferme pendant deux heures avec les quatre premiers Pères de l'Ordre, puis rentrant au sein du Chapitre, fait annoncer que six représentants de l'Etroite Observance ont seuls été nommés. Tous les abbés réformés, au nombre de neuf, se retirent en protestant. L'abbé de la Ferté qui, cependant, ne figurait pas parmi ces derniers, refuse le serment que l'on demandait aux principaux officiers de l'Ordre. C'est qu'il ne le jugeait pas exigible, tant que le nombre des définiteurs ne serait pas au complet. Bientôt, on verra les Pères de l'Etroite Observance faire appel à l'autorité séculière.

Répétons, à ce propos, ce que nous avons déjà dit plus haut. La conduite des protestataires ne doit pas être appréciée d'après nos idées actuelles. Les juridictions spirituelles et temporelles se trouvaient alors tellement entremêlées que satisfaire, tout ensemble, à ses devoirs de fidèle sujet du roi et d'enfant dévoué de l'Église devenait parfois difficile. Quoiqu'il en soit, Jean Petit ne se laisse pas embarasser pour si peu. Composant le définitoire à sa fantaisie, il se fait décerner à lui personnellement par les abbés de son bord, toutes sortes d'honneurs et de privilèges. Rancé se hâte de refuser les fonctions de visiteur pour les provinces de Bretagne et de Normandie qui lui avaient déjà été antérieurement conférées. Il ne voulait pas paraître, d'une façon quelconque, approuver le prétendu chapitre du 16 mars.

Dès lors, le mauvais vouloir de l'abbé de Cîteaux vis-à-vis de celui de la Trappe ne connut plus de bornes. Il accuse formellement la maison de Soligny d'être un repaire de schismatiques, où l'on soutient les nouveautés les plus dangereuses. Presque tous les Pères de la réforme tiennent à exprimer, du moins par écrit, à Rancé, l'indignation que leur inspire un pareil procédé.

Toutefois la situation quelque peu anarchique dans laquelle se trouvait la famille Cistercienne ne laisse pas que d'inquiéter bien des esprits. Tel est le motif qui décide l'abbé de Clairvaux à consulter celui de la Trappe sur les modifications à apporter à l'état de choses actuel. Il lui prescrit comme à son fils spirituel de répondre en toute franchise et sans réticence aucune. La façon de voir de Rancé, à cet égard, ne pouvait être douteuse. Il insiste sur l'inefficacité radicale des dernières mesures et l'urgence d'une réforme complète. Celle-là seule, à ses yeux, pourra devenir l'objet des bénédictions célestes. Ajoutons que l'abbé de Clairvaux n'osa prendre sur lui de mettre ces conseils en pratique.

Du reste, la consolation de voir ses avis produire un effet utile ne fut pas toujours refusée à Rancé. On en peut juger par le trait suivant. La supérieure du monastère de Gif, à trois lieues de Versailles avait décidé d'abdiquer en faveur de sa nièce Anne Victoire de Montglat de Clermont. Des scrupules de conscience détournaient la pieuse jeune fille d'accepter. Elle se décide enfin à écrire à Rancé qui, dans toute cette affaire, se montre directeur de conscience vraiment incomparable. Reconnaissant en M<sup>lle</sup> de Clermont, le mérite nécessaire pour bien diriger une communauté, il répond d'une façon victorieuse à toutes les objections par elle tirées de sa santé si fragile ou même des défauts de son caractère, et conclut enfin en ces termes : « Surtout gardez-vous « d'imiter ceux qui n'ont pas assez d'humilité pour souffrir leur « faiblesse, qui pèchent par un trop grand amour de la justice et « résistent à la volonté de Dieu, pour la vouloir embrasser avec « une fidélité trop rigoureuse. » Tels sont les arguments par lesquels il triompha des hésitations de l'humble et fervente religieuse.

Quoiqu'il en soit, le premier résultat de l'appel comme d'abus formé par les Pères de l'Etroite Observance contre la bulle de Clément X, ç'avait été d'indisposer le gouvernement français. Fatigué d'aussi longs débats, il souhaitait ardemment en voir la fin. Un arrêt du Grand Conseil, rendu le 27 mars 1673, renvoie les parties devant le Saint-Siège. Quelle autorité plus compétente, en effet, pour interpréter le bref que celle-même dont il émanait ? Il va donc falloir, une fois de plus, envoyer des procureurs à Rome, plaider devant un tribunal indisposé à l'avance par ces appels précédents à la justice séculière. Et toutefois, qui le croirait ? Avant de porter l'affaire à Rome, les abbés réformés décident d'en référer de nouveau au roi. Sa Majesté recevra une double requête. la première, au nom de l'Etroite Observance, rédigée par l'abbé de Châtillon, et la seconde de la main de Rancé. Cette dernière était si éloquente que Floquet n'hésite pas à en attribuer la rédaction à Bossuet lui-même. Il est vrai que cet historien ne fournit aucun argument en faveur de son opinion. Aussi semble-t-elle peu admissible.

Louis XIV, alors occupé à visiter les frontières de l'est, accueille favorablement les deux pièces. Conformément au désir de l'abbé de la Trappe, il nomme des commissaires réputés pour l'austérité de leur vie et favorables à la réforme.

Néanmoins, cet appel au souverain en qui notre héros plaçait ses dernières espérances ne produisit pas le résultat attendu. L'affaire continuait à traîner en longueur. Un moyen infaillible de la terminer, ç'eut été de recourir à M<sup>me</sup> de Montespan. Elle jouissait, auprès du roi, d'un crédit sans bornes, inutile de rappeler ici pour quel motif. La coupable duchesse eût vivement désiré voir Rancé recourir à son intervention et elle ne se gênait pas pour le proclamer hautement. « Pourquoi, l'entendait-on répéter, l'abbé de la « Trappe ne m'écrit-il pas ; j'aurais déjà fait son affaire ? » Plusieurs des amis de Rancé l'engagent à ne pas faire tant le difficile et à accepter l'appui qu'on lui offrait. Mais celui-ci avait l'âme trop haute et la conscience trop délicate pour recourir à un semblable expédient. « Il faut pour traiter des affaires de Dieu, « répliqua-t-il très justement, que les mains soient aussi pures « que les intentions, et ne pas mettre tous les moyens en œuvres. »

Cependant, la renommée de Rancé grandissait chaque jour et sa gloire semblait rehaussée par ceux-là surtout qui nourrissaient des sentiments d'envie ou de malveillance, à son égard. C'étaient pour la plupart, des hommes qui se vengeaient en le haïssant de n'avoir pu ni s'en faire un complice ni le confondre. Les partisans de Jansénius, en stratégistes habiles, avaient tenté de tirer parti de la situation, de gagner à leur cause l'illustre pénitent. Pendant quelque temps, ce n'avait plus été de leur part, que visites à la Trappe, hommages de livres par eux composés à notre abbé. L'année 1673 vit arriver au monastère de Soligny, les principaux chefs de la secte, les Quesnel, les Nicole, les Arnauld. Rancé leur fait un accueil aussi cordial que le prescrivait les lois de la charité chrétienne, ne voulant pas paraître condamner ceux que l'Eglise n'a pas encore définitivement frappés de condamnation, mais se refuse à rien dire ou écrire qui implique le moins du monde adhésion à leurs doctrines.

Au mois de septembre de la même année, l'abbé Gourdon, du monastère de Saint-Victor à Paris, vient visiter le monastère de Soligny avec intention d'y finir ses jours. Sa santé ne lui ayant pas permis de se faire complètement au régime, il retourne dans son ancien couvent, où, au prix d'efforts incessants, il parvient à établir la réforme. Les contemporains du vénérable ecclésiastique attestent sa haute vertu, le bien considérable qu'il fit, même parmi les gens du monde et l'on a pu dire, en toute vérité, que tandis que son confrère Santeuil chantait la gloire des saints, lui s'occupait de les imiter. C'est ce même père Gourdon qui, recevant la visite de Louis XIV, pendant qu'il disait vêpres, refusa de se déranger jusqu'à ce que l'office fût terminé. Ce dernier qui avait l'esprit trop juste pour se formaliser d'un tel procédé, dit avec beaucoup d'à-propos : « Il a raison, il sert un plus « grand roi que moi. » En prenant congé du monarque, l'abbé de St-Victor promit de demander au Ciel qu'il fît de celui-ci un digne fils de St-Louis.

A peu près vers la même époque, M$^{me}$ de la Vieuville, supérieure de l'abbaye cistercienne de Leymes, au diocèse de Cahors, entend, pour la première fois, parler du bref d'Alexandre VII. L'abbé de Citeaux ne lui en avait pas encore révélé l'existence. Désireuse de remplir fidèlement les devoirs de son état, elle consulte Rancé par écrit. Celui-ci estime que les religieuses de son ordre sont tenues en conscience de suivre, tout au moins, les prescriptions de la dite bulle, bien qu'elle admette de notables adoucissements à la règle primitive. Encore n'était-ce là qu'un minimum et certainement le désir intime du St-Père était que l'on tente de s'élever plus haut, que l'on vise à un degré supérieur de perfection chrétienne. A la suite d'une longue discussion avec son visiteur, lequel soutenait d'une façon trop absolue, sans doute, la doctrine des mitigés, M$^{me}$ de la Vieuville ferme à ce dignitaire les grilles de son couvent et est enfin excommuniée par lui. L'abbé de Citeaux casse la sentence et tente vainement ce que nous pourrions appeler une réconciliation. Il prend enfin le parti d'accorder à l'abbesse tout ce qu'elle demandait et, spécialement, d'autres confesseurs et visiteurs. La réforme est alors introduite à Leymes, mais celles des religieuses qu'effraye un trop haut degré d'austérité, reçoivent la permission de s'en tenir au bref d'Alexandre VII.

Sept mois environ s'étaient écoulés depuis la nomination des commissaires et rien ne se terminait. Suivant toute apparence, il convient de voir dans ces retards le résultat de démarches faites par les représentants de la Commune Observance. Enfin, vers les derniers jours de 1674, M. de Fieubet prescrit à Rancé de lui remettre ses moyens de défense, le jugement devant être très prochainement rendu. C'est à cette occasion que notre abbé rédigea un nouveau mémoire intitulé *Éclaircissements sur l'état présent de l'Ordre de Citeaux*. Il y établit, de façon péremptoire, la nécessité pour l'Etroite Observance d'avoir des visiteurs ou vicaires généraux tirés de son sein et par elle choisis. D'un autre côté, le parti des mitigés ne perdait pas son temps. Certains d'entre eux avaient répandu à profusion, contre Rancé, des libelles diffamatoires destinés à le perdre dans l'esprit du public. Il convient, somme toute, de reconnaître dans cette manœuvre, plus de ruse que d'habileté véritable et le résultat ne répondit guère aux espérances des calomniateurs. Beaucoup de gens, tant à la Cour qu'au sein du Parlement, témoignèrent à quel point ils étaient révoltés d'un si odieux procédé.

Cependant, les Pères de l'Etroite Observance tiennent une nouvelle réunion à Paris, vers le mois de novembre 1674. Absorbé par diverses occupations, et spécialement par les soins qu'il prodiguait à un de ses religieux gravement malade, Rancé ne se souciait guère d'y prendre part. Toutefois, sur les instances de M#r de Séez, nous le voyons consentir à quitter son monastère. Encore cela ne fut-il que pour très peu de temps. L'abbé de Citeaux venait effectivement d'obtenir un sursis de quelques semaines. Du reste, notre pénitent se trouve obligé de faire encore un voyage à Paris dans les premiers jours de janvier 1675. Là, on le prévient qu'un revirement s'est opéré dans l'esprit des commissaires, qu'ils ne se montrent plus aussi favorables que jadis à la cause de la réforme. Rancé comprend alors pourquoi Jean Petit tenait tant à traîner les choses en longueur. Ce dernier s'occupait précisément à faire signer par les abbés cisterciens des pays étrangers, qui sans exception appartenaient au parti des mitigés, une protestation contre toute tentative de réforme. Ils y faisaient ressortir que s'étant rendus à l'assemblée capitulaire de 1672, la façon d'agir d'une poignée d'abbés français (c'est ainsi qu'ils désignaient les défenseurs de l'Etroite Observance), les avait vivement scandalisés.

N'avait-on pas vu ces indisciplinés, sous prétexte de retour à la règle primitive, prétendre partager l'autorité avec le Chapitre général? Qu'était-ce donc, sinon ouvrir la voie à un véritable schisme? Le manifeste ajoute que si gain de cause est donné à de pareils perturbateurs, les abbés cisterciens des vingt-cinq ou trente provinces d'Europe s'abstiendront dorénavant de paraître aux assemblées générales de l'ordre. Et qu'iraient-ils y faire, certains à l'avance de n'être point reçus avec honneur? En effet, le règlement, font-ils observer, n'admet que vingt définiteurs si l'on en attribue dix à l'imperceptible minorité des réformés, que restera-t-il pour les communautés des autres États européens?

Cette façon de raisonner ne semblera peut-être pas très sérieuse, si l'on se rappelle que les Chapitres généraux ne réunissaient presque jamais plus de huit à dix abbés étrangers. Sauf en Allemagne, il n'existait guère, en fait *d'établissements* cisterciens, que des *congrégations* particulières, lesquelles se contentaient d'envoyer chacune un député.

Du reste, quelle que fût la valeur intrinsèque de pareils arguments, reconnaissons qu'ils se trouvaient habilement présentés et propres à agir sur l'esprit du roi. Semblable à ces hommes répandus que flattent les succès mondains de leur compagne, Louis XIV voyait avec joie les étrangers affluer dans cette France qu'il avait faite si glorieuse et si belle. C'était un hommage rendu par l'univers, tout ensemble au souverain et à la nation par lui gouvernée. Songer que son royaume avait servi de berceau à une réforme aussi importante que celle de Rancé, que sous le rapport religieux comme sous celui des lettres et des arts, il marchait à la tête de la chrétienté, cela ne pouvait que flatter son légitime et patriotique orgueil, et l'Abbé de la Trappe devenait naturellement pour lui *persona grata*. Mais, d'autre part, cette menace formulée par tant d'abbés de ne plus franchir la frontière, de secouer même au besoin l'obédience de Citeaux, n'était pas sans lui causer quelque ennui. Se trouver ainsi délaissé, diminué pour ainsi dire, dans son influence extérieure lui répugnait singulièrement. Ajoutez à cela l'esprit autoritaire du grand monarque, son antipathie profonde pour tout ce qui sentait l'insubordination. Le meilleur moyen de l'indisposer contre l'Étroite Observance, c'était évidemment de lui représenter ses partisans comme des mécontents de profession, des manières de frondeurs religieux.

Instruit de ce qui se tramait, Rancé retourne à Paris, sitôt après Pâques. Le plan d'attaque se trouvant modifié, il s'empresse de changer son système de défense. Visiblement, l'abbé de Citeaux entendait rester supérieur des réformés. Le fils de Denys se berce de l'illusion qu'en lui donnant satisfaction à cet égard, il le trouvera conciliant sur le reste. Aussi propose-t-il, au nom des réformés, l'abandon des dix définiteurs, pourvu qu'on veuille bien lui accorder les points suivants :

1° L'Étroite Observance présentera deux de ses abbés au chapitre de Cîteaux, lequel en choisira un comme visiteur et vicaire général de la réforme. Les fonctions de ce dernier dureront trois ans. En cas de non réunion du Chapitre, la confirmation du dignitaire appartiendra à l'abbé de Cîteaux ;

2° Les abbés réformés présenteront au dit Chapitre, et à son défaut, aux premiers Pères, chacun dans sa filiation, les prieurs des monastères de la réforme, qui se trouveront en commende ;

3° Les réformés auront droit de s'assembler une fois l'an, pour traiter ensemble de la nomination des visiteurs et des mesures nécessaires au maintien de la discipline ;

4° En cas d'appel devant les premiers Pères, d'une sentence, rendue par les visiteurs, les dits premiers pères n'auront droit de juger de l'appel qu'avec le concours des supérieurs des monastères réformés les plus rapprochés ;

5° On ne pourra prendre pour vicaires-généraux que des Abbés de l'Étroite Observance, à moins qu'il ne s'en trouve pas de capables.

En se flattant de lui faire accepter une si équitable transaction, Rancé avait trop présumé de la bonne volonté de Jean Petit. A peine celui-ci en eut-il pris connaissance qu'il s'écria que l'on voulait ruiner son autorité et celle du Chapitre général, mais qu'il saurait bien défendre l'une et l'autre. Les commissaires, de leur côté, loin de l'approuver, rendaient pleine justice à l'esprit conciliant du supérieur des Trappistes.

Cependant l'instant du jugement était proche et il s'agissait pour les mitigés de frapper un coup décisif. Parmi les adversaires déclarés de l'Étroite Observance figurait Dom de la Forest de Somont, Abbé de Tamié, définiteur et visiteur de la Province de Savoie. On le citait comme l'un des hellénistes et des hébraïsants les plus consommés de son époque. L'abbé de Cîteaux l'envoie se jeter aux pieds du prince de Condé et y plaider la cause de ses collègues d'opinion. Gouverneur de la Bourgogne, Condé se regardait, en quelque sorte, comme le protecteur naturel de Cîteaux. Ce monastère ne faisait-il pas, en effet, partie de la province par lui administrée ? Le prince aussitôt va trouver Louis XIV, multiplie ses instances et en obtient ainsi, le 3 avril 1674, une décision favorable à la Commune Observance. Les choses sont remises précisément sur le même pied où les avait placées le dernier bref, avec cette satisfaction, bien plus apparente que réelle, accordée aux réformés de se réunir quand ils le voudront pour discuter sur les questions touchant leur Observance. Encore ne le pourront-ils faire que sous la présidence de l'Abbé de Cîteaux. Quand à celui de la Trappe, il sera, de droit, visiteur pour la Bretagne, la Normandie, l'Anjou et les provinces avoisinantes.

Tout semble donc terminé et cependant, nous l'allons voir, le triomphe des mitigés sera de courte durée. Cîteaux va se dessécher comme un tronc promis à la hache du bûcheron et finir par disparaître. De sa tige, toutefois, l'on voit s'élever un rejeton vigoureux et plein de sève, destiné à grandir au milieu des plus terribles épreuves. Nous voulons parler de la Trappe de Soligny.

Louis XIV, au second volume de ses mémoires, expose les motifs qui dictèrent sa décision. Une lecture attentive de ce document révèle que certains détails de l'affaire lui restèrent ignorés, qu'il n'avait même pas pris connaissance de la Charte de Charité. Et cependant, c'était le même monarque dont l'Europe entière admira, plus d'une fois, le jugement si sûr et la haute intelligence. Abandonné à ses propres inspirations, ce prince, si jaloux de son autorité, n'avait pas craint de sacrifier les prérogatives de sa Couronne au bien de ses peuples et à celui de la religion catholique. L'Évangile déclare plus facile à un câble de passer par le trou d'une aiguille qu'à un riche d'entrer dans le royaume des cieux. Est-il donc moins malaisé à un prince de faire justice et de connaître la vérité, lorsque tant de gens ont intérêt à la lui cacher ?

Ajoutons toutefois, à la décharge du monarque, que sans quelques imprudences et exagérations dont les réformés ne surent pas se défendre tout d'abord, l'arrêt définitif leur eût certainement été moins défavorable.

Avant de s'éloigner de Paris pour toujours, Rancé alla au monastère des Carmélites de la rue Saint-Jacques visiter M$^{me}$ de la Vallière, la nouvelle convertie ayant manifesté un vif désir de l'entretenir. Il passe également quelques instants chez les Annonciades-Célestes de la rue Couture-Sainte-Catherine. Dans leurs rangs se trouvait sa propre sœur Marie-Louise, puis le réformateur retourne s'enterrer dans la solitude de la Trappe. Là, du moins, tout ce qu'il voyait, entendait, n'était propre qu'à réjouir son cœur de pénitent. Tantôt, c'est l'exemple édifiant d'un novice qui s'est blessé le doigt et se trouve menacé de la gangrène. Le chirurgien parlant de couper le membre malade, le patient consulté par Rancé se borne à lui répondre : « Mon père, ce n'est plus mon doigt, c'est le vôtre », puis il supporte, sans donner le moindre signe de souffrance, plusieurs incisions fort douloureuses. Tantôt, c'est une protestante convertie, Louise-Marie Hollandine, princesse palatine de Bavière qui, devenue abbesse de Maubuisson, écrit à notre cénobite pour lui demander des conseils auxquels elle se conforme scrupuleusement.

L'année 1675 apporte néanmoins sa part de croix et d'épreuves. Six ou sept religieux meurent presque coup sur coup et beaucoup d'autres se trouvent exténués par suite de leurs austérités et macérations. Aussitôt, Rancé rassemble la communauté Il lui expose la situation critique à laquelle on se trouve réduit et dont les malveillants ne manqueront pas de tirer parti contre l'Etroite Observance. Il exhorte ses frères à mettre toute leur confiance en Dieu qui sait bien préserver des embûches de l'ennemi ceux qui lui restent fidèles. Gardons-nous surtout, ajouta-t-il par forme de péroraison, en suivant les conseils d'une fausse prudence de faire des concessions à la chair au dépens de l'esprit. La conduite de notre pénitent en cette circonstance, fut, nous aurons occasion de le rappeler plus loin, bien diversement appréciée par de bons esprits. Ce que l'on ne saurait contester, c'est l'effet irrésistible que produisit, sur l'assemblée, son éloquence enflammée. Tous acceptent la proposition à eux faites par le père Abbé de renouveler leurs vœux. Cette cérémonie s'accomplit le 26 juin, anniversaire du jour où Rancé s'était engagé en face des Autels à suivre la voix étroite.

Cependant les temps étaient durs pour le peuple et des bandes de mendiants ne cessaient d'assiéger les abords du monastère. Afin de leur venir en aide et subsidiairement, dans l'intention de se procurer quelques ressources pour l'achat de livres ascétiques dont les moines avaient besoin, Rancé songea à vendre sa riche bibliothèque ou plutôt celle qu'il avait donnée à la Trappe. Elle contenait beaucoup de livres de littérature, de science et des volumes richement reliés. Aussi notre pénitent la jugeait destinée à rendre plus de services chez des religieux appartenant à un ordre savant comme les Bénédictins ou les Jésuites que chez des contemplatifs comme les habitants de son monastère.

Cette aliénation ne put avoir lieu, on ne nous fait pas bien savoir pour quel motif. Rancé se dédommagea d'une façon vraiment chrétienne et digne de lui. Se contentant de son potage à chaque repas, il fit remettre sa portion de légumes à un indigent. Ajoutons que tous les Trappistes tinrent à honneur de suivre cet exemple. Grâce à cet acte si touchant de libéralité, les habitants du pays virent leur misère grandement atténuée.

# CHAPITRE IV

## RANCÉ ET LES JANSÉNISTES
### (1675-1684)

§ 1. *Rancé accusé de Jansénisme.* — **Les entretiens de l'abbé Jean et du prêtre Eusèbe.** — *Réponse de l'Abbé de la Trappe* — *Visite de Dom Henri du Tertre.* — *M<sup>gr</sup> de Caulet au monastère de Soligny.* — *Démêlés de ces évêques avec Louis XIV.* — *Correspondance avec MM. de Brancas et l'abbé Leroy.*

§ 2. *L'abbé de Somont à la Trappe.* — *Bienveillance témoignée par le Saint-Siège et le roi de France à Rancé.* — *Nouvelles discussions théologiques.* — *Lettres au Maréchal de Bellefonds.* — *Epitre de Saint-Simon.*

§ 3. *Rancé n'a pas été Janséniste de parti.* — *Il fut aussi bien que saint Vincent de Paul trompé par les sectateurs de l'évêque d'Ypres.* — *Travaux entrepris au monastère.* — *Rancé et l'abbé du Hamel.*

§ 1. **Rancé accusé de Jansénisme.** — Les entretiens de l'abbé Jean et du prêtre Eusèbe. — Réponse de l'Abbé de la Trappe. — Visite de Dom Henri du Tertre. — M<sup>gr</sup> de Caulet au monastère de Soligny. — Démêlés de ces évêques avec Louis XIV. — Correspondance avec MM. de Brancas et l'abbé Leroy.

Cependant, le monde qu'avait quitté Rancé ne pouvait se décider à le laisser en repos. Plus s'étendait sa réputation de sainteté, plus on voyait la malveillance s'acharner après lui. A cela rien d'étonnant, l'envie et l'esprit de dénigrement poussé jusqu'à la calomnie n'ont-ils pas été de tout temps les compagnons fidèles du vrai mérite ? Aux jaloux, d'ailleurs, vont se joindre ceux qu'effrayait une morale trop sévère et qui voyaient dans la façon de vivre du pieux Abbé, une critique éloquente de leur propre conduite. Ajoutez-y enfin les sectaires irrités contre l'éminent réformateur, précisément parce qu'il ne voulait ni adopter leurs idées préconçues, ni se faire l'instrument de leur coterie. L'un des moyens les plus habituellement employés pour décrier

Rancé, consistait à l'accuser de Jansénisme, à lui reprocher ses relations avec les gens de Port-Royal. Voilà à quelles manœuvres ou ne craignait pas d'avoir recours, et cela, au moment juste où certains partisans de l'évêque d'Ypres se montraient le plus froissés de n'avoir pas gagné le supérieur de la Trappe à leurs opinions. Une circonstance surtout contribua à rendre singulièrement tapageuse cette levée de boucliers, à savoir l'imprudence commise par l'abbé Lesuel. Cet ecclésiastique, d'ailleurs fort recommandable, était allé passer quelques instants à la Trappe où il nourrissait l'arrière-pensée de terminer sa carrière. Ses entretiens avec Rancé l'impressionnèrent si vivement qu'il en rédigea un résumé. Le réformateur lui permit d'emporter le manuscrit, mais sous promesse formelle de ne pas le livrer à la publicité. A peine de retour dans son presbytère, le bon curé s'empresse d'en donner connaissance à plusieurs amis, lesquels insistent pour une impression immédiate. L'abbé Lesuel a la faiblesse, pour mieux dire, l'indiscrétion d'y consentir, se jugeant, sans doute, délié à l'avance de ses engagements par le caractère édifiant de l'ouvrage et le profit spirituel que ne manqueraient pas d'en tirer les lecteurs. Voici le fameux manuscrit lancé dans la circulation sous le titre d' « Entretiens de l'abbé Jean et du prêtre Eusèbe ». Tout le monde reconnut, sans hésitation, Rancé sous le pseudonyme de Jean. Aussitôt, les malintentionnés vont répétant à satiété que le supérieur de la Trappe recourt à des complaisants pour se faire prôner à tout propos et occuper le monde entier de sa personne. On mettait d'autant plus d'acharnement à répandre ces bruits, qu'ils étaient moins fondés en réalité. Les choses en arrivèrent à ce point que l'abbé Favier croit devoir mettre Rancé au courant de ce qui se passait.

Ce dernier n'était pas homme à beaucoup s'émouvoir de tels incidents. Dans sa réponse à l'abbé de Saint-Symphorien, il se borne à établir la fausseté des allégations dirigées contre lui, déclarant n'avoir fait aucune visite, lors de son dernier voyage à Paris, mais en avoir reçu quantité, dont il se serait bien passé. Parmi ceux qui sont venus entretenir Rancé et dont il cite les noms, fort peu appartiennent à l'école de Jansénius. Surtout, le pieux réformateur affirme avoir d'autant moins autorisé l'impression des *Entretiens* que ses discours n'y sont pas très fidèlement reproduits, que souvent on lui fait dire tout autre chose que ce qu'il pensait en réalité. Du reste, Rancé se console, à sa façon, de ce léger contre-temps en rendant la clôture de ses moines plus sévère, en rétablissant l'usage des lectures communes suivi par les religieux des premiers âges, aussi bien que par les premiers Cisterciens.

Voici que vient frapper à la porte de la Trappe, Dom Henri du Tertre, nouvel abbé de Prières et devenu, par suite du refus de Rancé, visiteur pour les provinces du Nord-Ouest. Imbu de préventions aussi vives que peu fondées, il s'attend à trouver des moines cruellement opprimés et soupirant après l'heure de la délivrance. Aussi entend-il bien, non seulement, les tirer d'esclavage, mais encore traiter leur odieux tyran suivant ses mérites. Une fois face à face avec la réalité, du Tertre ne peut en croire ni ses yeux ni ses oreilles. Après une minutieuse enquête, force lui est de se rendre à l'évidence. Nulle part, il le constate avec étonnement, on n'eût rencontré de gouvernement plus paternel, des religieux plus contents de leur sort et plus affectionnés à leur saint Abbé. Une profonde admiration succède, dans l'âme de l'honnête mais trop crédule inquisiteur, à ses dispositions peu bienveillantes. Sa carte de visite renfermera un hommage pompeux à la fois et mérité de tout ce qu'il a vu et entendu au monastère de Soligny.

Vers la même époque, arrive au couvent, pour y passer quelques jours, M⁰ʳ de Caulet, l'évêque de Pamiers dont il a déjà été parlé antérieurement. C'était, on le sait, un prélat fort austère.

Il n'y avait guères à reprendre en lui qu'un peu trop de complaisance pour les idées de Jansénius. Seul, parmi tous les pontifes français, il s'était courageusement opposé à l'introduction, dans son diocèse, de la régale, la jugeant, non sans motifs sérieux, contraire aux droits de l'Église. Frappé en raison de ce fait, par ordre du roi, d'une suppression complète de traitement, le vénérable pasteur se voyait réduit à compter pour vivre sur la charité des fidèles. Un de ses amis, M. Le Pelletier des Touches, s'empresse de lui faire tenir quelque argent. Là-dessus, conseil fut adressé à Louis XIV de lancer une lettre de cachet contre ce fauteur de révolte. Mais ce n'est pas en vain que coulait dans les veines du monarque français le sang de dix rois, les plus illustres de la chrétienté. Le Prince pouvait bien se laisser aller dans un moment d'irritation à châtier tel ou tel de ses sujets pour s'être montré trop attaché à un devoir, non pour être resté fidèle à l'honneur. Certaine grandeur d'âme qui était en lui ne permit jamais qu'entre ses mains un despotisme même excessif dégénérât en tyrannie. Le fils d'Anne d'Autriche se contente de répondre au malencontreux donneur d'avis : « Il ne sera pas dit que, sous mon « règne, quelqu'un ait été puni pour avoir fait l'aumône. »

On a mené grand bruit à propos d'une lettre écrite en 1676, par Rancé à M. de Brancas, gentilhomme qu'il appréciait beaucoup. L'auteur, disait-on, incline visiblement vers les idées Jansénistes. Rien de moins fondé, à coup sûr. L'illustre Pénitent se borne à y blâmer les molinistes, partisans, comme on sait, d'une morale un peu trop accommodante. Est-ce là chose qu'on puisse équitablement lui reprocher ?

De tout temps, l'on a vu des moines écrire les biographies de leurs confrères dans un but d'édification. Ils se plaisaient à transmettre aux générations à venir, avec le récit de leur vie et de leur mort, ce que nous pourrions appeler le parfum de leurs vertus. Le pieux réformateur, fidèle aux leçons de l'antiquité, entend suivre cet exemple. Il rédige quelques notices sur plusieurs religieux décédés à la Trappe en odeur de sainteté. A force d'instances, les amis de Rancé en obtiennent communication, mais sous la réserve expresse que rien ne sera publié. Ainsi qu'il venait déjà d'arriver en pareille occurrence, l'engagement n'est pas tenu et bientôt l'on voit circuler une édition, vite épuisée d'ailleurs, du livre de l'Abbé de la Trappe.

Ce que celui-ci appréhendait ne tarda pas, d'ailleurs, à se produire. La malice de ses ennemis se déchaîne, à ce propos, d'une façon si violente que, pendant longtemps, il refuse de rien communiquer à personne, concernant ses fils spirituels. Mais notre pénitent n'en avait pas encore fini avec les ennuis résultant de publications faites contre son gré. Depuis trois ou quatre ans, il entretenait une correspondance suivie avec l'abbé Leroy au sujet des humiliations monastiques. Ce dernier s'en montre adversaire déclaré, tandis que Rancé s'efforce d'établir leur incontestable utilité. Quelques copies, fort inexactes d'ailleurs, de la réponse par lui faite aux observations de son contradicteur, commencent à se répandre dans le monde. Le savant Félibien des Avaux craignant qu'elles ne fissent tort à son ami, se décide à imprimer ladite réponse d'après un manuscrit correct

Ce qui contrarie le plus Rancé dans cette publication, c'est qu'elle pouvait n'être pas très agréable à l'abbé Leroy. De suite, il écrit à ce dernier se déclarant absolument étranger à tout ce qui vient de se passer. Effectivement, ce n'était point, alors, une petite affaire que d'avoir contre soi un homme considéré comme le digne émule des anciens Pères du désert. D'ailleurs, la lecture de ce que nous pourrions appeler les pièces du procès mettait dorénavant le public à même de reconnaître aisément de quel côté était la vérité et le respect de la tradition monastique. Malheureusement, l'amour-propre empêche l'abbé Leroy de s'avouer vaincu.

Instrument entre les mains des Jansénistes, ce dernier avait d'ailleurs aliéné sa liberté et, à parler franchement, ne s'appartenait plus. On le voit se laisser aller à répondre par des paroles aigres, blessantes, presque injurieuses aux observations de Rancé. La querelle menaçant de s'éterniser, il fallut, de guerre lasse, que Bossuet lui-même intervînt pour donner raison à son ami, l'Abbé de la Trappe.

### § 2. L'abbé de Somont à la Trappe. — Bienveillance témoignée par le Saint-Siège et le roi de France à Rancé. — Nouvelles discussions théologiques. — Lettres au Maréchal de Bellefonds. Epitre de Saint-Simon.

Cependant un événement bien imprévu se produit et dans lequel on ne saurait méconnaître l'action directe de la Providence. De Somont, le fameux Abbé de Tamié, dont nous avons déjà raconté l'hostilité contre la réforme et qui ne pouvait souffrir que l'on prononçât devant lui le nom de la Trappe, se présente à la porte de ce monastère. Gracieusement reçu par Rancé, il visite le couvent en détail et assiste aux exercices qui y sont pratiqués. Tout lui devient un sujet d'édification, l'austérité des religieux, leur silence perpétuel, la gravité avec laquelle on célèbre l'office divin. Profitant des bonnes dispositions où il le voit, Rancé lui fait, avec autant de douceur que d'autorité, quelques observations sur sa conduite passée. De Somont n'avait jamais été soupçonné de timidité et cependant le voilà si déconcerté qu'il ne trouve pas un mot à répondre. On constate qu'une fois retiré dans sa cellule, il avait passé toute la nuit à pleurer et à gémir. Le lendemain matin, Rancé entend frapper à sa porte. C'était l'Abbé de Tamié qui venait se jeter à ses pieds en les arrosant de larmes, comme jadis la Madeleine aux pieds du Christ.

Le saint réformateur lui représente alors la gravité de la faute commise. Son langage est tellement persuasif que Somont se décide à le prendre pour guide et se propose, une fois rentré dans son monastère, d'y introduire la réforme; mais pour venir à bout d'une telle entreprise, le concours de son ancien ami, Dom Cornuty, alors maître des novices à Foucarmont, lui apparaît nécessaire. L'Abbé de la Trappe, ravi des sentiments que manifeste le nouveau converti, écrit aussitôt à Cornuty, l'invitant à se tenir à la disposition de Somont. Celui-ci, voulant que son repentir fut aussi public que l'avait été sa faute, laisse à Rancé, en partant, une lettre signée de sa main. Il y réitère, sous serment, la promesse de faire refleurir l'antique discipline dans son couvent. C'est ce qui eut lieu, en effet; Tamié ne tardera pas à retrouver sa prospérité des anciens jours et sa solitude sera bientôt peuplée de novices qui viennent y servir Dieu par la prière et la mortification. Cet heureux état de choses va durer près d'un siècle. Enfin, chassés de leurs foyers par la grande Révolution, les religieux de ce monastère se retirent à Asti, en Piémont. C'est là que les rencontre plus tard Napoléon. L'illustre capitaine ne manque pas d'être frappé des services que peuvent rendre, même au point de vue purement temporel, ces hommes voués à une vie de travail et d'abnégation. Aussi, par un décret en date de ventôse an IX, déclare-t-il leur confier la garde d'hospices à établir sur le Simplon et le Mont-Cenis, à l'imitation de ceux du Grand-Saint-Bernard.

Cependant, l'état de santé de Rancé ne laisse pas que d'inquiéter ses amis. La fièvre ne l'abandonne, pour ainsi dire, ni jour ni nuit. Il ne peut, sans une fatigue extrême, se livrer à la moindre occupation, à la moindre contention d'esprit. Certes, la perspective d'une mort prochaine n'était pas pour l'effrayer. Ce qui lui causait de cruelles inquiétudes, c'était l'avenir de sa communauté. L'œuvre de la réforme n'allait-elle pas rester inachevée ? Dans son angoisse, le pieux cénobite se décide à adresser une supplique au Saint-Père, à solliciter un indult en faveur de ses religieux. Il réclame pour eux, au cas où le monastère retomberait en commende, l'autorisation d'élire un supérieur qui pût les guider dans la voie de l'Etroite Observance. Un bref favorable lui est accordé à la date du 2 août 1677. De son côté, Louis XIV daigne le faire enregistrer en Grand Conseil et prescrit d'expédier des lettres patentes qui en assureront l'exécution.

Le succès de cette première démarche encourage Rancé à en tenter une seconde. Il réclame l'extension du bref à perpétuité, demandant, en outre, que le prieur, nommé pour trois ans, puisse être réélu, qu'il ait le droit de recevoir des religieux à profession, en un mot de gouverner à la façon d'un véritable abbé. Cette requête se trouve accompagnée d'une longue lettre où le cœur du réformateur de la Trappe s'exhale en accents pleins de tendresse et de sollicitude. Elle rappelle par le pathétique les adieux de Moïse à son peuple d'Israël.

Afin de mieux assurer la réussite d'une affaire d'importance si capitale à ses yeux, Rancé avait écrit à Mgr Favoriti, prélat en Cour de Rome, le priant d'être son appui auprès du Saint-Siège et de présenter lui-même sa supplique. Plein de sympathie pour la personne de Rancé et l'œuvre qu'il avait entreprise, Innocent XI accorde immédiatement tout ce qu'il demande. Le Souverain Pontife charge même le cardinal Cibo de l'assurer de la protection du chef de l'Eglise. Rancé voit ainsi se réaliser son désir le plus ardent. La cause de la réforme triomphe, sinon dans tout Cîteaux, du moins à la Trappe et dans les maisons affiliées.

La santé de l'illustre pénitent n'en allait pas mieux pour cela. Quelques amis jugeant impossible de le décider à prendre les soins nécessaires, s'avisent du stratagème suivant. Depuis plus d'une vingtaine d'années vivait à Port-Royal le pieux et savant médecin Hamon, dont le temps se trouvait partagé entre la prière, l'étude et le soin des malades. L'accomplissement d'un vœu l'appelait à Saint-Martin de Tours, au printemps de l'année 1678. Il fut convenu que le digne docteur irait en passant faire une petite visite à la Trappe et tâcherait de rencontrer Rancé. Après l'avoir questionné adroitement et s'être rendu compte de l'état exact de sa santé, il parviendrait, espérait-on, à le persuader de suivre un traitement. Notre pénitent, suivant son habitude, reçoit le nouveau venu avec politesse. Ayant toutefois, après quelques mots d'entretien, deviné de quoi il s'agissait, il arrange les choses de façon que le docteur ne puisse ni manger au réfectoire ni paraître en communauté.

Rancé ne faisait ainsi que témoigner de sa soumission à la règle. Il avait trop l'esprit de son saint état pour admettre un seul instant que la dignité abbatiale dont il était revêtu, la rendît moins obligatoire pour lui que pour n'importe quel de ses religieux. Aussi, en fait de remèdes, l'austère pénitent ne tolérait guère que la rhubarbe, abondante dans les jardins de la Trappe, et quelques herbes communes. Ne fallait-il pas que des moines, vraiment dignes de ce nom, missent toute leur espérance en Dieu et nullement dans les secours de la médecine? Ayant appris la tentative faite par un frère convers de monter une pharmacie ou, comme on disait alors, une apothicairerie, Rancé lui ordonne de comparaître devant lui, et, après l'avoir relevé de ses fonctions, l'affecte au service des pauvres, pour qu'il eût, disait-il, à qui distribuer ses remèdes. Là encore, on doit le reconnaître, Rancé demeurait fidèle aux plus anciennes traditions de l'Ordre ; rappelons-nous saint Bernard conseillant aux cénobites malades *une bonne potion d'humilité et de patience*, attendu qu'il fallait *aux hommes spirituels des remèdes de même nature*.

Dom Hervé du Tertre étant venu, dans le cours de septembre, visiter une seconde fois la Trappe, trouve les religieux inquiets au sujet de leur Père Abbé. Aussi invite-t-il par sa carte réglementaire, et au nom de l'obéissance chrétienne, ce dernier à se soigner et à ménager le peu de forces qui lui restent. Le cellerier est chargé de veiller à la santé de son supérieur. Celui-ci se soumet respectueusement à l'ordre donné, mais à quelque temps de là, se jugeant suffisamment rétabli, il reprend son train de vie ordinaire.

La guérison n'était, sans doute, pas complète, car peu après nous voyons Rancé pris d'une maladie très grave et qui, en une douzaine de jours, le réduit à toute extrémité. Les derniers

Sacrements venaient de lui être administrés et on le croyait perdu sans ressource, lorsqu'un des religieux, Dom Marteau, favorisé d'une révélation céleste, lui annonce sa prochaine guérison. Effectivement, au bout de trois mois, le vénérable pénitent se sent assez fort pour reparaître en communauté. Ce n'est toutefois pas pour longtemps. Sa vie ne consistera plus dorénavant qu'en une souffrance continuelle, à peine entrecoupée de quelques intervalles de mieux. L'hiver, une toux opiniâtre va lui déchirer la poitrine. Il se trouvera, en été, tourmenté par une violente inflammation d'entrailles. Vers Pâques 1679, Rancé se sent atteint d'une fièvre tierce dont il a, coup sur coup, plus de quarante accès. Et malgré cela, à peine rétabli, il se remet à remplir ses fonctions d'Abbé avec une ardeur infatigable, passant du service divin à l'inspection de sa maison, recevant les hôtes, se rendant compte de tout par lui-même. En un mot, le mal qu'il se donnait eût suffi à fatiguer l'homme le plus robuste et le mieux portant.

Cependant, les querelles religieuses s'enveniment de plus en plus et Rancé s'y trouve engagé bien malgré lui. On ne pouvait lui pardonner son désir de rester en dehors des questions du jour et de ne vouloir prendre ostensiblement parti pour personne. Des reproches d'une révoltante injustice lui sont prodigués non seulement par les gens du monde, mais encore par des prélats auxquels leur caractère sacerdotal eût dû inspirer plus de charité. Il ne manque pas de diffamateurs pour soutenir que *sa foi n'est pas catholique*, que sa maison ne constitue qu'un repaire de Jansénistes.

Notre Abbé refuse tout d'abord de prêter l'oreille à ces bruits, comptant bien que leur absurdité même ne tarderait pas à les faire tomber. Mais de quoi n'est pas capable l'esprit de faction ? Plus on allait, plus on voyait les attaques se multiplier, la calomnie revêtir davantage un caractère d'odieux acharnement.

Les amis de Rancé croient lui devoir exposer le tort que pourrait causer à la communauté tout entière son silence prolongé. Il se rend d'autant plus volontiers à leur avis qu'une étude personnelle et approfondie par lui faite de la secte Janséniste, l'obligeait à porter sur elle un jugement sévère. Il avait été scandalisé, notamment, du peu d'humilité de ses adeptes, du ton arrogant par eux pris vis-à-vis d'Evêques défavorables à leurs idées et surtout du manque absolu de délicatesse, on pourrait presque dire de probité dont ils venaient de faire preuve à l'égard de certain évêque dont le nom ne nous est pas parvenu. Ce prélat se trouvant à la dernière extrémité, les Jansénistes l'avaient invité à écrire une lettre au roi. Comme il se trouvait trop malade pour le faire, on composa la missive en son nom. Son style habituel et sa manière de s'exprimer avaient été, si nous osons nous servir de cette expression, pastichés le plus adroitement du monde. Seul, le retour du moribond à la santé empêcha l'envoi de la pièce, mais l'intention condamnable n'en restait pas moins évidente.

Rancé s'explique donc avec autant de clarté que de détail dans un long mémoire par lui adressé à son intime, le maréchal de Bellefonds. D'un caractère aussi loyal que difficile à vivre, le valeureux guerrier était allé deux fois déjà à la Trappe se consoler de ses disgrâces. Celles-ci, du reste, s'expliquaient sans peine. N'est-ce pas surtout pour ceux qui ont le cœur droit qu'une humeur trop cassante devient chose dangereuse ? Notre Abbé commence par déclarer qu'il n'a jamais été d'un autre parti que de celui de Jésus-Christ et de son Église. Toutes ces querelles doctrinales l'affligent profondément. Il gémit au pied des autels de voir ainsi des enfants occupés à déchirer le sein de leur mère. « J'ai toujours cru, ajoute-t-il, devoir me soumettre à ceux que « Dieu m'avait donnés pour supérieurs et pour pères, j'entends le « Pape et mon Évêque. J'ai toujours fait ce qu'ils ont désiré de « moi et j'ai signé le formulaire condamnant les propositions de « Jansénius sans restriction et sans réserve ». L'auteur continue en déclarant que les discussions théologiques ne sont pas du tout son affaire, qu'il tient plus à mériter la grâce de Dieu qu'à en parler savamment, mais que d'ailleurs si l'on veut absolument connaître son opinion, il n'en a point de particulière et se range à celle de saint Thomas. Toujours prêt à embrasser avec une soumission parfaite les ordres du Pape et les décisions de l'Église, Rancé estime qu'on doit en morale se préserver de deux excès également dangereux, de « *porter les choses au point où personne ne puisse les atteindre,* et, en même temps, par un excès opposé, *d'élargir les chemins au-delà des bornes que N.-S. a prescrites, de donner le nom de bien à ce qui est mal.* »

Dans la pensée de son auteur, cette pièce n'était pas destinée à une publicité absolue. Communication en devait seulement être faite, lorsque l'occasion le requérerait. Sur l'avis conforme de Bossuet, le maréchal de Bellefonds n'hésite point à la livrer *in-extenso* à l'impression et nous ne croyons pas, qu'en bonne conscience, son zèle puisse être jugé indiscret. Modèle de saine raison et de rigoureuse orthodoxie, l'ouvrage en question blâmait à la fois et avec justesse, d'une part les Jansénistes à cause de leur esprit insubordonné et de l'évidente exagération de plusieurs de leurs maximes, et de l'autre, certains de leurs adversaires en raison de leur morale relâchée. Il ne pouvait donc être qu'un sujet d'édification pour les catholiques sincères et éclairés. C'est assez dire qu'il produisit un effet opposé sur les autres, lesquels ne se trouvaient point en petit nombre. On sait l'histoire de Louis IX choisi comme arbitre à la fois par le roi d'Angleterre et ses barons et ensuite vilipendé par les deux parties, attendu qu'il prescrivait à chacune d'elles de réparer les fautes commises. Ce fut précisément ce qui arriva à Rancé. Il semble en définitive qu'intriguer et se quereller constitue le premier besoin des hommes réunis en société et pour parvenir à ce double but, tous les moyens sont bons. La religion tendant malheureusement alors à devenir pour bien des gens ce que, plus tard, sera trop souvent la politique, c'est-à-dire non plus une affaire de conviction, mais bien de coterie, l'on voyait alors les opinions revêtir un caractère d'intransigeance d'autant plus prononcée qu'elles n'étaient pas d'une sincérité absolue ni parfaitement désintéressées.

Ajoutons que cette habitude toujours répréhensible chez les laïcs et gens du monde d'aborder ainsi, sans préparation suffisante, les questions de foi les plus délicates, devait avoir une conséquence particulièrement funeste, c'était d'ébranler les croyances, de conduire au mépris de ce dogme catholique sur lequel on pérorait tant sans le connaître à fond. Fait indéniable, ces discussions perpétuelles entre partisans et adversaires de Jansénius, en inspirant au public un véritable dégoût pour tout ce qui sentait la théologie, contribuèrent puissamment à ouvrir la voie aux philosophes incrédules du siècle suivant. C'est ainsi que les querelles religieuses des contemporains de Cromwell et de Charles Ier avaient préparé le terrain à ce scepticisme si fort à la mode, en Angleterre, sous les derniers Stuarts.

Les plus modérés parmi les défenseurs de Port-Royal blâmaient son écrit comme inopportun ou lui reprochaient d'avoir empiété sur les droits du Saint-Siège en condamnant les Jansénistes non encore condamnés en Cour de Rome. Mais quel opportunisme plus admissible que celui qui consiste à se défendre lorsqu'on est attaqué ?

Quelques-uns eurent l'aplomb de représenter l'Abbé de la Trappe comme ayant agi dans toute cette affaire, moins d'après les inspirations de sa conscience que d'après des considérations de pure politique. C'était gentiment imaginé et surtout d'une vraisemblance prodigieuse. Un homme volontairement séparé du monde, tel que Rancé, avait sans aucun doute tant à gagner en flattant l'opinion en vogue ! Mais cette même opinion, ne la contredisait-il pas assez en se déclarant de l'avis de Saint-Thomas et l'ennemi de la morale relâchée ? Un tel argument, il est vrai, pouvait paraître de peu de portée aux yeux des gens d'alors.

Combien parmi eux avaient songé à étudier les enseignements de l'Ange de l'Ecole ?

Dans le camp opposé, notre Pénitent ne se trouvait guère plus épargné. Ces mêmes hommes, dont bon nombre sans doute avaient, au moment de la lutte des deux Observances, pris parti contre la réforme, se sentaient sérieusement révoltés à la pensée que Rancé ait pu user de certains ménagements vis-à-vis de leurs adversaires. Ils lui reprochaient une réserve excessive, une fausse charité qui se contentait de simples déclarations de principes, alors que faire à l'erreur une guerre sans merci eût été chose nécessaire.

Ce fut sur les instances réitérées de la Duchesse de Guise, fille de Gaston d'Orléans et de Marguerite de Lorraine, dont il était le directeur, que Rancé se décida à prendre la plume une fois encore. Parmi les pamphlets nouvellement éclos, il en choisit un pour objet de sa réplique, qui pouvait passer pour le résumé de beaucoup d'autres. On y demandait, sans façon, à notre Abbé, *si un solitaire, après le concile de Nicée, eût été admis à dire simplement :* « J'accepte le concile ; mais pour la dispute entre « Athanase et les Ariens, je n'y entre pas, je me tiens à l'écart, « de peur de troubler le repos de ma solitude ». Rancé fait observer très justement qu'en principe un cénobite n'a point à se mêler de polémique. Son devoir est rempli toutes les fois que dans les contestations en matière de foi, on le voit se ranger ostensiblement du côté du Pape et de son Evêque. Pour que son intervention dans des controverses religieuses devienne légitime, il faut qu'elle lui ait été prescrite par ses supérieurs. Notre cénobite cite, à ce propos, l'exemple de saint Auxent, sorti malgré lui de son désert pour maintenir les décisions du concile de Chalcédoine et répétant à qui voulait l'entendre « qu'il n'appar- « tenait point aux solitaires de traiter des matières de la foi, à « moins que l'Eglise ne leur ouvre la bouche et ne leur mette les « armes à la main pour la défendre. »

Rancé crut devoir s'en tenir là pour le moment. Ce n'est qu'au bout de plusieurs années et afin de contenter certains esprits un peu méticuleux qu'il crut devoir encore donner par écrit de nouvelles explications. Il déclare avoir « signé simplement les « constitutions des Papes touchant la condamnation du livre de « Jansénius, sans distinguer ni séparer les matières. J'ai cru, « dit-il, et je crois encore que les propositions qu'ils ont con- « damnées sont dans les ouvrages de cet auteur et dans son sens, « non pour le savoir par mon expérience, ni pour les avoir vues « de mes propres yeux, puisque je n'ai jamais lu les propositions « de cet auteur, mais parce que les Souverains Pontifes l'ont « défini de la sorte et que j'estime que le chef de l'Eglise reçoit

« de la part de Dieu une assistance, une lumière et une particu-
« lière protection, non seulement dans la décision des dogmes,
« mais encore dans les choses qui ont rapport à l'édification de
« la Foi et concernent la direction des peuples et le gouvernement
« de l'Eglise ». Il ajoute que tout en suivant, en ce qui concerne
la Grâce, les principes Thomistes, les opinions contraires à la
sienne ne lui semblent nullement condamnables, autant du moins
que l'Eglise en permet l'enseignement.

Tout ceci semble bien clair et un tel langage n'est pas du tout
celui d'un sectaire Il ne manqua pas cependant de gens pour
continuer à accuser Rancé de Jansénisme. En tous cas, ce qui, à
notre avis, achève de le disculper entièrement sur ce point, c'est
la fameuse lettre de Saint-Simon écrite peu après la mort du
saint Abbé et dont nous croyons opportun de reproduire ici la
plus grande partie.

« Il est juste, Monsieur, de satisfaire votre curiosité sur ce
« qui s'est passé entre le saint Abbé, réformateur de l'Abbaye de
« la Trappe et moi, touchant le Jansénisme...

« Je ne cachais rien à M. l'Abbé de la Trappe. Dans un voyage
« que je fis auprès de lui, je lui découvris ce qui se passait en
« moi et je le suppliais de m'éclaircir, de me décider, de me
« conduire.

« Il me demande le secret jusqu'à sa mort, par des raisons
« dignes de sa charité et de sa prudence... Il me recommande de
« me garder de me laisser prendre aux apparences extérieures...

« Il ajouta qu'il en avait vu autrefois (des Jansénistes) qu'il avait
« cru des Saints et qu'il avait trouvé n'avoir que des dehors et
« être de très grands pécheurs. Il s'étendit sur cela avec con-
« fiance pour mon instruction, quoique avec sa prudence et sa
« charité accoutumées, d'une manière à me laisser convaincre que
« ce qui m'avait le plus touché n'en était que plus séducteur et
« plus périlleux.

« Il m'assura que le Jansénisme était existant (sic), condamné,
« opposé, rebelle, dangereux à l'Église et même à l'Etat et me
« conjura de me souvenir toujours de cette conversation et de
« bien rendre grâces à Dieu de n'avoir pas permis que je tombasse
« dans un si pernicieux écueil.

« Il ajouta qu'il avait été fort uni avec les principaux de ceux
« qui avaient passé pour Jansénistes et qu'il en avait consulté
« plusieurs avant sa retraite, mais qu'il ne s'était pas arrêté à
« ceux qui lui avaient paru l'être en effet.. Qu'à l'égard de
« M⁰ʳ d'Aleth, ce grand évêque était très éloigné, très opposé
« même au Jansénisme, lorsqu'il fut le consulter jusque chez lui...

« Il m'assura qu'il n'y avait ni charité, ni paix, ni soumission,

« chez les vrais Jansénistes, point de vérité ni de bonne foi sur
« leur doctrine, beaucoup de dureté, de hauteur et de domination
« dans leur conduite; qu'il l'avait expérimenté lui-même en quan-
« tité de choses; qu'il savait de grands hommes de bien qui
« s'étaient retirés d'eux par cette expérience ; que, lui-même en
« avait détaché plusieurs, entre autres, un célèbre, qu'il me cita,
« desquels, les uns avaient persévéré avec actions de grâces,
« d'autres s'étaient laissé relâcher par des vues humaines, dont il
« en étaient morts dans le repentir, d'autres étaient redevenus de
« grands pécheurs; que nombre de leurs plus considérables te-
« naient à eux par des liens de considération, de réputation, de
« figure, qu'il lui était passé tant de choses et de gens par les
« mains et qu'il me pouvait dire qu'il avait été également instruit
« à fond, surpris et affligé, même étrangement, que pour lui, il
« avait constamment et de tout son cœur évité les contestations
« et les disputes et qu'il n'avait eu que celles dont il n'avait pu
« se passer, sur les choses monastiques, pour l'instruction de ses
« frères; que son état, son goût et son choix étaient le silence,
« que c'était là ce qui l'avait rendu si circonspect sur les matières
« appelées *du temps*, que ces matières étaient si jalouses que,
« pour peu qu'on laissât échapper quelque chose, l'un des partis,
« du moins, entreprenait les gens et les forçait d'entrer en lice ;
« que cette crainte l'avait toujours retenu d'y donner le moindre
« lieu, voyant la bonne cause si fortement appuyée et soutenue,
« sans que ceux-là qui, comme lui, n'étaient pas maîtres en
« Israël, eussent de nécessité de s'y ingérer, mais qu'il n'avait
« pas voulu, pour cela, que ses sentiments pussent être incer-
« tains, et qu'on trouverait, après sa mort, des écrits qui les
« marqueraient dans toute leur étendue sur ces matières, et qu'il
« les avait faits et conservés à ce dessein et pour préserver sa
« maison de tout venin.

« ..... Après la mort de M. de la Trappe, le parti Janséniste
« se donna des soins infatigables pour faire croire que M. de la
« Trappe en était, ou, tout à le moins, pour se parer d'une
« manière équivoque d'un homme si savant, si austère, si sublime,
« et dont le poids était si grand, pour ou contre ces messieurs. »

Saint-Simon raconte ensuite les démarches par lui faites afin
d'obtenir ces papiers inédits et l'opposition qu'il rencontra chez
les Jansénistes. Le grand écrivain conclut en ces termes :

« Tout leur semblait permis (aux partisans de Jansénius),
« pourvu que les papiers demeurassent à la Trappe et je vous
« laisse à penser si c'était en intention de les faire paraître ou de
« les supprimer (1) ».

(1) *Mémoires de Saint-Simon*, t. V; *Appendice*, XV; p. 592 et suiv.,

Voilà qui semble bien clair et ne laisse aucune place au doute. Si, en effet, l'impartialité ne constitue pas la qualité dominante chez Saint-Simon, sa loyauté, sa bonne foi ne sauraient être contestées et on peut l'en croire lorsqu'il affirme avoir vu ou entendu quelque chose.

§ 3. — **Rancé n'a pas été Janséniste de parti.** — Il fut aussi bien que saint Vincent de Paul trompé par les sectateurs de l'évêque d'Ypres. — Travaux entrepris au monastère. — Rancé et l'abbé du Hamel.

Cependant un travail a paru, ces dernières années, où le réformateur de la Trappe se trouve bien sévèrement jugé en raison de ses attaches à la secte des Pascal et des Saint-Cyran. Le caractère même de la revue où il fut inséré nous décide à en dire ici quelques mots.

Si Rancé ne fut pas, affirme-t-on, Janséniste de doctrine, il le fut de parti, chose plus dangereuse encore. Sa tactique de toujours se dérober, lorsqu'il s'agissait d'attaquer et de confondre Port-Royal suffirait seule, ajoute notre biographe, à l'empêcher d'être promu aux honneurs de la béatification. Enfin, l'on ne saurait disculper complètement Rancé du reproche d'amour-propre exagéré et d'un médiocre dévouement aux intérêts de l'Eglise.

Voici, en résumé, sur quels arguments l'auteur appuie sa thèse.

Déjà, dans des lettres écrites en 1643, 44 et 46, à l'époque où il préparait ses examens, le futur abbé de la Trappe aurait manifesté des tendances bien significatives. Les Jansénistes, on le sait, avaient toujours à la bouche le nom de saint Augustin et s'abritaient derrière son autorité. Précisément, Rancé se déclare partisan des idées de l'évêque d'Hippone sur la Grâce et, par suite, opposé à celles de saint Thomas.

Un peu plus tard, nous le voyons colporter dans les salons plusieurs lettres provinciales de Pascal, le plus illustre représentant, comme l'on sait, du parti de l'évêque d'Ypres, et, par suite, le principal adversaire de la Compagnie de Jésus.

S'agit-il de nommer un curé à Saint-Christophe en la Cité, qui dépendait de la prébende de Notre-Dame, Rancé a bien soin de choisir Thomas Fortin, homme notoirement hostile aux Molinistes.

Voici que se tient cette assemblée de 1650 où Rancé aurait, par

---

édités par M. de Boislile (Paris, 1836), dans la collection *Les grands écrivains de la Science*, de M. A. Régnier.

sa faute, brisé le brillant avenir ouvert devant lui. Il refuse de signer le décret de la Sorbonne condamnant Arnauld; mais pourquoi ? On a mis en avant sa répugnance à sanctionner certaines illégalités et défauts de procédure. Impossible d'admettre pareil motif. Un examen plus approfondi de la question conduit à déclarer ces prétendues irrégularités pour le moins fort problématiques. La vraie cause de son abstention, le futur cénobite va nous la révéler lui-même dans un billet que reproduit M. l'abbé Dubois. Cartésien décidé, comme tous les Jansénistes, Rancé ne voulait attester que ce qui lui semblait évident. Or, en dépit des déclarations papales, il se permettait de tenir pour douteuse la culpabilité d'Arnauld.

Lorsque le remords commence à pénétrer dans son âme, qu'est-ce qui le trouble tout d'abord ? Le souvenir de sa jeunesse dissipée ? Non pas, mais bien la possession de bénéfices et de commendes, si fort blâmée, et non sans raison d'ailleurs, par MM. de Port-Royal.

Les premiers pas de Rancé dans la voie de la conversion sont guidés par des Jansénistes, tels que les PP. Séguenot et de Mouchy. C'est Arnauld, alors directeur de Port-Royal, qui lui trace de sa propre main un plan de lecture et un règlement de vie.

L'entrée du réformateur à la Trappe ne fait point cesser ses relations avec les partisans de l'Evêque d'Ypres. Nous le voyons affirmer dans ses lettres que *les doctrines de Jansénius ne sont pas mauvaises*. Autant il les ménage, autant il se montre souvent dur pour leurs adversaires, Jésuites ou Molinistes. L'esprit de charité ne suffit évidemment pas à rendre compte d'une façon d'agir si contradictoire avec elle-même. On ne pourra jamais d'ailleurs obtenir de Rancé une condamnation en règle des erreurs de la secte, ce qui néanmoins eût puissamment contribué au rétablissement de la paix dans l'Église. Le motif d'une si excessive rigueur n'offrirait d'ailleurs rien de particulièrement édifiant. Lui-même avoue involontairement que l'amour-propre y avait grande part. En prenant parti dans le débat, il se serait exposé aux attaques et critiques des Molinistes qu'il semble avoir particulièrement redoutées.

S'il admettait l'infaillibilité du Saint-Siège en matière de dogme, il ne l'aurait pas étendue, suivant toute apparence, jusqu'aux faits dogmatiques. Aussi, tout en signant la déclaration pour son compte personnel, paraît-il avoir admis que même les prêtres et religieux n'étaient point obligés, en conscience, de suivre son exemple, s'ils ne croyaient pas les cinq propositions répréhensibles contenues dans le livre de Jansénius. Voilà précisément pourquoi il n'aurait pas exigé la signature de plusieurs religieux par lui admis à la Trappe. Aussi, l'influence Janséniste continuat-elle à se faire sentir dans le monastère, même après la mort de Rancé (1).

Les allégations du R. P. Lelasseur ont-elles bien toute la portée qu'il leur attribue ? Devons-nous voir dans Rancé, surtout depuis sa conversion, un homme dont l'orthodoxie laissât quelque peu à désirer ? Cela nous semble, il faut l'avouer, fort contestable.

C'est un vrai procès de tendance que le R. P. fait au réformateur de la Trappe et rien de plus scabreux. Qui pourrait se flatter d'en sortir indemne ? Avec un peu d'imagination et de bonne volonté, n'arriverait-on pas à constater au besoin chez les Pères du désert, certaines aspirations incontestablement Jansénistes ?

Et tout d'abord ce serait, il faut en convenir, un singulier suppôt de l'Evêque d'Ypres, celui qui adhère à la condamnation de ce dernier en protestant d'une docilité absolue aux enseignements du Saint-Siège, qui, laissant de côté toutes les distinctions si chères à MM. de la secte, déclare dans sa correspondance n'avoir jamais lu les livres de Jansénius.

Comment supposer chez le pieux ascète beaucoup d'engouement pour la morale d'une école dont il répudie si catégoriquement les doctrines ? Voir dans ce catholique si soumis un fauteur inconscient d'hérésie ! Rancé Janséniste ! Mais ce serait plus fort que le cas de saint Grégoire le Grand, déclaré par le ministre Jurieu, antéchrist commençant, et, par suite, très saint et très zélé défenseur de Jésus-Christ et de son Eglise (2).

Que dans sa jeunesse surtout, Rancé se soit montré légèrement imbu des idées de saint Augustin et du Cartésianisme, cela prouve assez peu de chose quant à la question qui nous occupe. C'étaient, en quelque sorte, les opinions à la mode et plus d'un Moliniste avéré en faisait profession.

Dans le cours du siècle suivant, Voltaire ne reprochera-t-il pas, avec son injustice habituelle, même aux disciples de Loyola, leur admiration exclusive pour l'évêque d'Hippone, leur habitude de le citer à tout propos ? D'ailleurs, nous l'avons déjà vu, le réformateur de la Trappe ne tarda pas à redevenir Thomiste en ce qui concerne la question de la Grâce.

Le fait d'avoir colporté de salon en salon les pamphlets de Pascal semble non point celui d'un sectaire, mais bien d'un mondain, friand de petits scandales, tel que l'était sans doute alors Rancé. Il faut avoir des yeux terriblement perçants pour découvrir là une manifestation d'opinions philosophiques ou religieuses.

(1) Le R. P. Lelasseur, *L'abbé de Rancé et le Jansénisme*, dans les numéros de Septembre et Octobre 1876 des *Etudes religieuses* (Tome X•).
(2) Bossuet, *Histoire des variations des églises protestantes*, liv. XIII, t. II•; p. 310 (Versailles, 1817).

Ce qui aurait plus de portée, ce sont les appréciations, jugements, remarques que, dès cette époque, le futur réformateur se permettait à l'égard de MM. de Port-Royal. Elles n'auraient pas été d'une bienveillance absolue, tant s'en faut. Lui-même le regrette de la façon la plus positive dans une missive de 1678 et s'accuse d'avoir gravement manqué de ce chef aux principes de la charité chrétienne. Voici, du reste, les expressions mêmes dont il se sert :

« Il n'y a rien de moins vray que ce que vous savez que l'on
« a dit que je faisais pénitence d'avoir signé le formulaire, puisque
« je le signeray toutes les fois que mes supérieurs le désireront
« et que je suis persuadé qu'en cela mon sentiment est le véri-
« table, mais je ne nie point que dans le nombre presque infiny
« de crimes et de maux dont je me sens redevable à la justice de
« Dieu, celuy d'avoir imputé aux personnes que l'on appelle
« Jansénistes des opinions et des erreurs dont j'ay reconnu, dans
« la suite, qu'ils n'estaient point coupables, n'y puisse être com-
« pris. Estant encore dans le monde, avant que je ne pensasse
« sérieusement à mon salut, je me suis expliqué contre eux, en
« toutes rencontres, et me suis donné sur cela une entière liberté
« croyant que je le pouvais faire sur la relation de gens qui
« avaient de la piété et de la doctrine. Cependant, je me suis
« mécompté et ce ne sera pas une excuse pour moi, au juge-
« ment de Dieu, d'avoir cru et d'avoir parlé sur le rapport et sur
« la foi des autres. Cela, Monsieur, m'a fait prendre deux réso-
« lutions que j'espère garder inviolablement avec la grâce de
« Dieu. L'une est de ne croire jamais de mal de personne, quelle
« que soit la piété de ceux qui me le diront, à moins qu'ils ne me
« fassent voir une évidence, l'autre est de ne rien dire jamais
« à moins qu'avec l'évidence, je m'y voie engagé par une néces-
« sité indispensable... (1) »

Suivons maintenant le fils de Denis dans les actes les plus importants de sa vie, à commencer par son refus de souscrire au jugement porté contre Arnauld. Qu'est-ce qui établit que le Jansénisme fut pour rien dans l'affaire? Des scrupules de légalité, la crainte de voir les droits de la défense compromis, voilà suivant toute apparence, on l'a déjà dit, ce qui décida son verdict. Qu'en matière aussi délicate, Rancé vit juste ou qu'il se trompât, la chose importe peu. Dès qu'un doute subsistait dans son esprit, ne pas condamner devenait pour lui le plus impérieux des devoirs.

---

(1) *Lettre de M. de Rancé à M. le comte de Brancas*, 1678 (1207). *Collection de la Bibliothèque Nationale* dans la *Bibliographie et Iconographie de la Trappe*, par M. Henri Tournoüer, figurant à la collection « Documents sur la Province du Perche », Mortagne, 1894.

Il a nommé Thomas Fortin curé de Saint-Christophe. Etait-ce en raison des opinions anti-molinistes de ce dernier ou parce qu'il le jugeait préférable aux autres candidats ? Comment, après plus de deux siècles écoulés, se rendre un compte suffisant des raisons qui le décidèrent ?

Etait-ce, d'ailleurs, une si lourde faute pour lui d'avoir aux débuts de sa conversion, subi l'influence de Port-Royal ? Mais alors il cherchait sa voie et devait se trouver bien embarrassé pour le choix d'un directeur. A mesure qu'il s'éclaire, qu'il prend de l'expérience, nous voyons ses relations avec les partisans de la secte se relâcher et devenir de moins en moins fréquentes.

Ira-t-on, comme preuve du Jansénisme, au moins latent, de Rancé, invoquer certains jugements assez sévères par lui portés contre les Molinistes ? Ceux qu'il porte à l'occasion contre les gens de la secte l'étaient-ils moins ? Tirons de ce fait sa seule conséquence logique, c'est que le grand ascète ne se rattachait à aucun des deux partis.

Nous admettrions même à la rigueur que Rancé, sans être en aucune façon Janséniste, éprouvât un peu moins d'éloignement pour quelques-uns des disciples de l'évêque d'Ypres que pour bon nombre de leurs adversaires. Un pénitent tel que lui ne devait pas juger avec la même rigueur des hommes qui errant, cela est vrai, au point de vue doctrinal, se recommandaient néanmoins par l'austérité de leur genre de vie, et d'autres qui, sans être beaucoup plus sûrs sous le rapport dogmatique, laissaient tant à désirer sous celui de la conduite.

En définitive, tout n'était pas absolument à reprendre chez ces Messieurs de Port-Royal, qu'un grand Pape avait déclarés à la fois « purs comme des anges et têtus comme des mulets ». Bien des prétendus catholiques orthodoxes n'auraient-ils pas pu répéter à leur sujet ce qu'un prince de l'église, le cardinal Barberin, propre neveu du Pape Urbain VIII, aux jours de la Renaissance, disait non sans quelque exagération, sans doute, de Marc-Aurèle ? « Mon visage devient plus rouge que ma pourpre, au spectacle des vertus de ce gentil ! » (1) Ajoutons que Rancé semble avoir surtout réservé ses condamnations pour les *laxistes* justement blâmés par l'Eglise, aussi bien que pour les moines de la commune observance. C'est qu'en définitive, il jugeait, par une appréciation peut-être un peu bien sévère, de tels religieux hors de la voie du salut. Enfin, on ne citerait pas de lui un seul mot désobligeant à l'égard des enfants de saint Ignace, dont il admirait, cela va sans dire, le zèle et la ferveur.

---

(1) V. Duruy, *Histoire Romaine* (Préface, p. xxvii) ; Paris, 1848.

Le saint abbé prend soin d'ailleurs de nous révéler les vrais motifs de son abstention dans les polémiques soulevées par Port-Royal. A ses yeux, le cénobite confiné dans la prière et la méditation, n'a point à se mêler des querelles du monde. Une telle façon de voir semblera-t-elle trop rigoriste ? En tous cas, c'était celle de Rancé et nul n'a droit de s'étonner qu'il y ait conformé sa conduite.

Signalons maintenant la sollicitude avec laquelle il veillait sur l'intégrité de la Foi chez ses fils spirituels. Malgré une vertu et un mérite éprouvés, plusieurs postulants se virent éconduits en raison de leurs attaches aux idées de Port-Royal. Tel fut le cas, par exemple, pour Godefroy Herment qui lui avait fait hommage de ses œuvres, aussi bien que pour un autre novice chaudement recommandé par Arnaud.

Il ne souffre pas d'ailleurs que ses moines lisent un livre traitant des matières contestées et prend grand soin de leur inculquer qu'ils ont pour devoir essentiel la docilité et la soumission. Enfin qui choisit-il pour son successeur ? Précisément Dom Gervaise dont les opinions, au su de tout le monde, n'étaient rien moins que favorables à Jansénius.

L'illustre cénobite reçoit, il est vrai, à profession, quelques hommes ayant jadis donné dans les erreurs de la secte. Lors même que les documents contemporains restent muets, nous pouvons être sûrs à l'avance que nul d'entre eux ne se trouva admis à la légère et sans enquête suffisante. Rancé put, à la vérité, être quelquefois trompé. Qui ne l'a jamais été ? Et puis, la charité n'a-t-elle pas ses droits à faire valoir, tout comme la prudence ? Comment, voilà un postulant qui se présente ! Son esprit de ferveur n'est pas douteux et l'on a lieu de lui croire une vocation sérieuse. Suivant toute apparence, il fera plus aisément son salut sous l'habit monastique que dans le monde. Ira-t-on lui fermer les portes du cloître et peut-être celles du Ciel pour quelques opinions, sinon formellement hérétiques, du moins réputées dangereuses, mais que, sans doute, un examen plus approfondi le décidera à abandonner ?

Avant que le Gallicanisme n'eût été formellement condamné, jamais un candidat d'ailleurs satisfaisant ne se serait vu repoussé par cela seul qu'il manifestait des tendances peu en harmonie avec la doctrine ultramontaine.

Ajoutons que le fameux *cas de conscience* où la distinction du fait et du droit se trouve si nettement posée ne parut qu'après la mort de Rancé. Cependant quarante docteurs de Paris s'y laissèrent prendre et donnèrent leur signature. Les déclarera-t-on *ipso facto* Jansénistes ? Non, sans doute, puisque leur réponse une fois condamnée, tous se soumirent, sauf un. D'ailleurs, le grand Vincent de Paul ne tomba-t-il un instant, à cet égard, dans le piège que lui tendaient les Jansénistes, et cela, à coup sûr, n'a pas nui à sa réputation de sainteté? Reconnaissons-le une fois pour toutes, Rancé ne voulut pas traiter en ennemis de l'Eglise ceux que Rome n'avait pas encore déclaré tels. C'est en ce sens seulement qu'il estime que *leurs opinions ne sont pas mauvaises.*

Essaierons-nous maintenant de disculper le saint réformateur en ce qui concerne les motifs bas et intéressés à lui attribués par l'écrivain des *Études*. Franchement, nous ne nous en sentons pas le courage. La vie entière de Rancé proteste suffisamment contre de pareilles allégations, et ce qui a été dit plus haut à ce sujet nous dispense tout à fait d'y revenir ici.

Mais il est temps de clore cette trop longue digression. Résumons-nous par cette double conclusion :

1° Si Rancé avait eu les tendances Jansénistes qu'on lui prête, infailliblement, elles se seraient manifestées par des symptômes plus probants.

2° Pour que les inculpations du R. P. Lelasseur dirigées contre Rancé comme partisan de Port-Royal, en raison même de son refus de le combattre, pussent être concluantes, il faudrait prétendre que c'est juste la même chose de s'abstenir dans une dispute ou de prendre parti.

Quoi qu'il en soit, Rancé, tout heureux d'en avoir fini avec ces interminables discussions, va pouvoir enfin vivre cette vie de pénitent à laquelle le Ciel l'appelait. Chacune de ses journées se trouvera remplie à la fois par l'accomplissement de ses devoirs de Père Abbé et l'exercice de ses fonctions de directeur. Beaucoup de gens du monde, en effet, tenaient à l'avoir pour guide et conseil spirituel. C'est à la fin de 1679 ou aux débuts de 1680 que se présente à la Trappe le marquis de Nocey, jeune officier appartenant à une des meilleures familles du Perche. Il venait solliciter du Père Abbé un asile, non pas dans son monastère, mais bien au fond des bois qui l'environnent. Là il se construit une misérable hutte de terre et de branchages, où sa vie se passait, loin du contact des hommes, en prières et en mortifications de toutes sortes. Rancé était la seule personne avec laquelle le nouvel ermite continuât à entretenir des relations. Bref, le guerrier pénitent faisait revivre en plein XVII° siècle les jours des Paul et des Antoine, de même que le réformateur de la Trappe ceux des Benoît et des Bernard.

Toutefois, malgré la bienveillance du Saint-Siège, il y avait à craindre que le monastère de Soligny ne cessât, Rancé une fois mort, de rester en règle. Le pieux abbé n'avait rien tant à cœur que de prévenir ce malheur. C'était, à ses yeux, le plus grand dont pussent être frappés des cénobites. Il fait faire par ses amis toutes les démarches nécessaires. On lui annonce enfin le consentement royal à ce que la Trappe demeure à tout jamais communauté régulière. Mais il faudra qu'une autre communauté, payant rançon pour elle, passe du régime de la règle à celui de la commende. Rancé ne croit pas pouvoir donner son assentiment à une pareille combinaison. On n'a pas le droit, dit-il, de commettre un mal, même pour obtenir un bien. Louis XIV se montre touché de sentiments aussi délicats. S'il ne va pas jusqu'à mettre définitivement la Trappe en règle, du moins verrons-nous adopté le parti de toujours lui accorder des abbés non seulement réguliers, mais encore attachés à la cause de la réforme, pour remplacer ceux qui viendraient à mourir ou à démissionner. Il en sera ainsi jusqu'au moment de la Révolution.

Néanmoins, le retour à l'état de commende n'était empêché que par un acte essentiellement révocable de la bonne volonté royale. Il continuait à rester possible, du moins en principe. Rancé cherche, au cas où cet événement si fâcheux se produirait, à en atténuer, dans la mesure la plus large, les pernicieux effets. Le meilleur moyen pour y parvenir, c'était de rendre les rapports aussi rares que difficiles entre l'abbé commendataire et les religieux réformés. Voici comment il s'y prend pour résoudre le problème. Vers la fin de juin 1680, au sortir d'une de ces indispositions devenues, pour ainsi dire, son état normal, le Réformateur fait commencer dans la première cour, loin de l'enceinte régulière, la construction d'une grande et belle maison. Le supérieur nommé par le roi, bien que n'appartenant pas à la réforme, s'y trouvera logé confortablement sans avoir à déranger ceux qui habitent dans le cloître.

Mais bientôt Rancé s'aperçoit que des réparations sont devenues urgentes, spécialement au sanctuaire et au maître autel de l'Église. Il fait remplacer le tabernacle et les figures grotesques qui l'accompagnaient par un groupe représentant la Vierge et l'Enfant Jésus. On ne manque pas de crier à la nouveauté, presque au scandale, parce que la mère de Dieu tenait dans sa main droite le saint Ciboire recouvert d'un pavillon. Tout au plus, aurait-on pu taxer le Père abbé d'archaïsme, l'usage constant jusqu'au XVe siècle ayant été de mettre la Sainte Eucharistie dans une suspension, de façon qu'elle parût planer entre ciel et terre.

On s'occupa ensuite de la restauration du clocher pour laquelle deux frères convers remplacèrent les ouvriers ordinaires. Deux chapelles furent également érigées, l'une en l'honneur de Saint-Jean-Climaque, l'autre dédiée à Sainte-Marie l'Égyptienne.

Il serait difficile de se faire une idée de la persistance avec laquelle certains membres du clergé prétendaient s'immiscer dans le règlement intérieur de la Trappe et le mitiger suivant leurs idées personnelles. On fit même intervenir auprès de Rancé quelques-uns de ses amis les plus intimes, les Évêques de Séez et de Tournay. C'était d'ordinaire, reconnaissons-le, à fort bonne intention que l'on agissait de la sorte et pour faire affluer un plus grand nombre de novices au monastère de Soligny. Un Évêque qui, visiblement, avait pratiqué surtout les religieux de la commune observance, exhortait Rancé à améliorer un peu le régime alimentaire de ses disciples, à leur accorder un demi-setier de vin et un couple d'œufs pour chaque repas, à y ajouter même quelques petits poissons aux quatre bonnes fêtes.

Le zèle ardent du pieux cénobite, son amour de la mortification le détournent de se rendre à de tels avis. Sa réponse est qu'il ne comprend pas « qu'on affaiblisse une observance dans le but de « la faire durer davantage » et il continue le cours de ses austérités.

Arnauld qui, malgré ses attaches avec Port-Royal, professait une vive admiration pour Rancé et sa réforme, fit paraître, vers cette époque, une brochure intitulée *De l'apologie des catholiques*, etc. Elle avait pour but de répondre à l'ouvrage du ministre protestant Jurieu, *De la politique du clergé de France*. L'auteur Janséniste cite comme preuve de la divinité du catholicisme sa perpétuelle fécondité, sa fidélité à suivre les leçons de la primitive Eglise. L'œuvre de Rancé y est mentionnée comme continuant de la façon la plus irréfragable celle des anciens ascètes et Pères du désert.

C'est que l'on commençait dans les polémiques contre les protestants à alléguer l'exemple des Cisterciens réformés. Tout cela met Jurieu de fort méchante humeur. Dans un nouveau pamphlet, l'irascible huguenot expose que, si le protestantisme n'était pas d'un naturel foncièrement modeste, il pourrait opposer avantageusement les Labadistes aux moines de Soligny. L'exemple, on doit en convenir, ne semblait pas fort heureusement choisi. Labadie, le fondateur de ces émules des Trappistes, n'était autre qu'un moine défroqué, ayant successivement habité Genève et Middelbourg, après s'être fait chasser de France. Ses mœurs qui, paraît-il, laissaient fort à désirer, non moins que l'étrangeté de sa doctrine, décidèrent le Synode de Dordrecht à le déposer de ses fonctions pastorales. Les disciples de l'ex-cénobite, regardés comme schismatiques par les autres sectes réformées, vivaient, il est vrai, en communauté, mais tout en conservant la liberté de se marier. Ce ne sont donc pas plus des moines, dans le vrai sens du mot, que les diaconesses protestantes, souvent si zélées, si pleines de dévouement dans les soins par elles donnés aux malades et infirmes, ne sont cependant des Religieuses.

Détail assez piquant, l'Église trouve, à ce propos, un défenseur tout à fait inattendu dans la personne du fameux Bayle. C'est ce huguenot libre-penseur qui se charge de réfuter les allégations de Jurieu.

L'abbé Henri du Hamel se rend à la Trappe un peu tard, au cours de l'année 1683 et dans des circonstances assez dramatiques. Gagné aux doctrines Jansénistes, ce jeune ecclésiastique fut successivement chargé des paroisses de Saint-Maurice, au diocèse de Séez, et de Saint-Méry, à Paris. Sur les conseils d'Arnauld, il essaie de ramener ses ouailles à l'usage des pénitences publiques. Les catéchismes et conférences attiraient un nombre prodigieux d'auditeurs et en particulier de femmes. Quelques-unes se laissèrent aller à de tels excès de zèle que l'on vit surgir parmi elles une nouvelle secte de flagellants. Dès lors, les gens sages commencent à s'effrayer, songeant aux désordres que ne manqueraient pas d'amener de telles manifestations.

Frappé de disgrâce pendant quelque temps, du Hamel obtient enfin de revenir dans son ancienne cure de Saint-Maurice. Il commence à faire de sérieuses réflexions sur sa conduite passée et se demande si elle a été bien conforme aux vues de la Providence.

L'exemple de l'abbé Cordon, son ancien vicaire, dans la paroisse de Saint-Méry, le décide à faire une retraite au monastère de Soligny. Tout ce qu'il y remarque l'impressionne profondément et le décide à abandonner ses anciennes opinions, les reconnaissant erronées. Cependant le nouveau converti souffrait d'une fièvre violente. Le mal ayant fait de rapides progrès, il ne tarda pas à se trouver réduit à la dernière extrémité. Rancé, convaincu qu'un homme prêt à paraître devant le souverain Juge ne songera guère à céler la vérité, s'approche de son lit et lui demande sa façon de voir touchant les Jansénistes. Le moribond réplique qu'il bénissait Dieu de l'avoir enfin détaché de leur secte ; puis il ajoute : « Appartient-il à des docteurs particuliers
« de s'opposer au Souverain Pontife, de rendre inutile, par des
« distinctions frivoles, la condamnation d'un homme qu'il a jugé
« coupable des erreurs qu'on lui avait imputées, au lieu de res-
« pecter ses décisions et de s'y soumettre ? » Cet aveu à la plus vive impression sur l'esprit de l'abbé de la Trappe. Aussi déclare-t-il dans sa lettre à Tillemont que « c'était une des
« raisons qui avaient le plus contribué à le détacher entièrement du Jansénisme. »

Ajoutons que l'abbé du Hamel se rétablit contre toute espérance et retourna à sa paroisse de Saint-Maurice. Sa vie se prolongea seize mois encore. Les sentiments de haute piété dans lesquels il mourut nous autorisent à croire, bien qu'on ait souvent prétendu le contraire, que dans les scandales de Saint-Méry il ne pécha que par excès de zèle.

# CHAPITRE V

## PREMIÈRES RELATIONS DE RANCÉ ET DE MABILLON

(1683-1689)

§ 1. *Sentiments d'estime de l'Abbé de Rancé pour Mabillon. — Une question d'histoire ecclésiastique les met en correspondance suivie, l'un avec l'autre. — Les lettres et sermons ordinairement attribués à saint Bernard doivent-ils être tous tenus pour authentiques ?*

§ 2. *Sur les instances de Bossuet, Rancé se décide à publier son livre* De la sainteté et des devoirs de l'état monastique *dont il avait d'abord voulu détruire le manuscrit. — Notes manuscrites de Mabillon où sont contestés plusieurs des principes proclamés dans cet ouvrage. — L'Abbé de Rancé publie à ce propos l'opuscule intitulé* Explications. *— Il est induit en erreur sur les agissements de quelques disciples de saint Benoît.*

§ 3. *La santé de Rancé devenant de plus en plus mauvaise, on lui prescrit de se ménager. — Pélerinages au monastère de Soligny. — Infortunes du duc de Mazarin. — Entretiens de Philandre et de Timocrate. — M. de Saint-Louis à la Trappe. — Traduction en français des* Instructions de saint Dorothée. *— Conversion de M. de Charmel et de M<sup>lle</sup> de Lafayette. — La duchesse de Guise à la Trappe. — Histoire du jeune Teniers des Genettes. — Opinion de Rancé sur les soins que peuvent prendre ses religieux malades. — Explication de la règle de Saint-Benoît. — Aventures et conversion de Dom Muce. — Reliques de saint Benoît envoyées à la Trappe. — Réforme du monastère de Perrecy. — Rancé et la question des Sourciers. — Apparition de la Sainte-Vierge à Alan. — Église bâtie en son honneur. — Le R. P. Chaumont et l'Abbé de la Trappe. — Relations de Rancé avec les beaux esprits du temps. — Le poète Santeuil et la refonte des liturgies. — Les chanoines de Beauvais ainsi que les moines de Soligny inculpés de conspiration. — Châtiment du calomniateur.*

**§ 1. Sentiments d'estime de l'Abbé de Rancé pour Mabillon. —
Une question d'histoire ecclésiastique les met en correspondance suivie, l'un avec l'autre. — Les lettres et sermons ordinairement attribués à saint Bernard doivent-ils être tous tenus pour authentiques ?**

Préciser à quel moment juste remontent les premières relations de Rancé et de Mabillon semble chose assez délicate. Une lettre du 11 septembre 1679, où l'Abbé de la Trappe invite de la façon la plus aimable et la plus pressante l'illustre Bénédictin à venir faire un pélerinage à la maison de Soligny, prouve assez en quelle estime il tenait ce dernier (1).

C'est néanmoins à peu près trois ans plus tard, c'est-à-dire dans le cours de l'année 1683, que nous voyons les rapports entre les deux éminents personnages devenir plus fréquents. Ce fut tout d'abord l'étude d'un point d'histoire ecclésiastique qui paraît les avoir mis en correspondance suivie l'un avec l'autre.

En fait, si l'Abbé de la Trappe ne se trouvait évidemment pas à la hauteur du docte bénédictin en ce qui concerne la diplomatique et l'archéologie, du moins était-il, à n'en pas douter, plus fort que lui relativement à la connaissance approfondie des œuvres de saint Bernard. Personne sur ce point, qui pût être comparé au célèbre réformateur. Nul ne les avait plus profondément étudiées, scrutées plus en détail.

Avec une modestie méritoire chez un érudit de sa valeur, Mabillon n'hésite pas à s'adresser à Rancé. Il s'agissait de savoir si les sermons de l'abbé de Clairvaux ont été écrits tels qu'il les prononça et si toutes les lettres à lui généralement attribuées méritent d'être déclarées authentiques. L'Abbé de la Trappe se montre très réservé dans la réponse par lui faite à la première de ces questions. Les tournures et manières de s'exprimer qu'emploie saint Bernard donneraient pleinement l'idée d'un homme qui parle. D'autre part, les convers faisant partie de son auditoire étaient des gens simples et ignorants auxquels les règlements les plus formels interdisent d'apprendre autre chose que le *Pater*, l'*Ave* et quelques autres prières. Il y aurait donc lieu d'admettre une traduction postérieure en latin des discours à eux adressés en langue vulgaire, à moins, ajoute Rancé, qu'on ne suppose l'usage du latin si répandu en ce temps-là que tout le monde l'aurait compris.

(1) Duc E. de Broglie, *Mabillon et la Société de l'Abbaye*, etc., t. II; chap. VIII, p. 113 (Paris, 1888).

Mabillon se refuse à croire, et à juste titre, sans doute, que le nombre des latinistes fût alors tellement considérable. Force est bien, dès lors, d'en revenir à l'hypothèse d'une traduction du Roman.

Par exemple, pour le second point, celui qui concerne les lettres de saint Bernard, il convient, suivant toute apparence, de donner absolument raison à l'Abbé de la Trappe. Les arguments par lui invoqués contre l'authenticité, tout au moins, d'une partie de la soixante-dixième lettre attribuée au supérieur de Clairvaux peuvent être tenus pour irréfutables.

§ 2. Sur les instances de Bossuet, Rancé se décide à publier son livre *De la sainteté et des devoirs de l'état monastique* dont il avait d'abord voulu détruire le manuscrit. — Notes manuscrites de Mabillon où sont contestés plusieurs des principes proclamés dans cet ouvrage. — L'Abbé de Rancé publie à ce propos l'opuscule intitulé *Explications*. — Il est induit en erreur sur les agissements de quelques disciples de saint Benoît.

Mais avant de continuer, demandons permission au lecteur, pour la clarté du récit, de remonter à plusieurs années en arrière. Un pieux et savant religieux, Claude Lemaître, venait d'être nommé abbé de Châtillon (16 octobre 1669). En attendant qu'il entrât en fonctions, le nouveau titulaire voulut faire un voyage à la Trappe et y prendre, en quelque sorte, une leçon de vertus monastiques. Les instructions adressées par le Père Abbé à ses frères dans le chapitre le transportent d'admiration, et il exprime son regret que des discours si édifiants, si pleins d'onction, ne soient pas encore publiés. Rancé estimant que l'on n'avait déjà que trop livré de ses œuvres à l'impression, refuse de lui en communiquer même un simple résumé.

Plus tard, Dom Rigobert, secrétaire de l'Abbé de la Trappe et prieur de la communauté, se trouvant avec son supérieur à l'infirmerie, le supplie de déférer au désir de l'abbé de Châtillon. Il fait observer à Rancé que sa santé, de plus en plus chancelante, ne tarderait pas à lui interdire tout sermon, tout discours public. Il fallait donc se hâter de consigner ses leçons par écrit. De la sorte, les religieux ne seraient pas privés du bonheur d'en profiter à l'avenir et d'entendre, pour ainsi dire, leur père les entretenir, même après sa mort.

Cette considération décida Rancé. Toutefois, le cadre de ses improvisations avait été fixé un peu au hasard de la plume, sur de petits carrés de papiers enfouis sans ordre dans des cartons. Les classer devenait une affaire si considérable, que notre cénobite fut sur le point d'y renoncer. Heureusement, un de ses religieux, pour son usage personnel, avait recueilli beaucoup de notes. Il les apporte aussitôt, et, par ce moyen, Rancé peut dicter une nouvelle rédaction à son secrétaire.

Le manuscrit ne tarde pas à circuler dans plusieurs communautés. L'enthousiasme, par lui suscité, faillit en amener la destruction, et voici comment. L'abbé Favier, cet ancien précepteur de l'Abbé de la Trappe, avait, malgré son grand âge, fait plusieurs pèlerinages à ce monastère. Sur ses prières réitérées, Rancé consent à lui prêter ledit ouvrage, mais sous la condition expresse qu'il ne le communiquerait ni n'en parlerait à personne. Interrompu dans sa lecture par la cloche, le vénérable ecclésiastique se rend au réfectoire, laissant le livre ouvert sur la table de la chambre des hôtes.

Précisément, de Bonnefoy, brasseur de Caen, avait été mandé à la Trappe pour y monter une brasserie; c'était un huguenot, mais non dépourvu d'instruction. Cédant à un mouvement de curiosité, il pénètre dans la pièce que venait de quitter l'abbé Favier et se met à parcourir le manuscrit. Il n'aperçoit pas Rancé qui attendait son hôte, et, se croyant seul, il s'écrie : « *O le beau livre sur la sainteté des moines et contre leurs dérèglements.* » Enfin, ayant aperçu l'Abbé de la Trappe, il lui dit sans se déconcerter : « *Je n'ai jamais rien lu de si beau et de si admirable! Le livre de l'Imitation n'est pas plus touchant.* » Ce compliment, bien loin de flatter l'amour-propre de l'auteur, ne fait que lui inspirer de l'inquiétude. Ne va-t-on pas encore parler sans discernement de son ouvrage dans le monde? le représenter lui-même comme voulant s'ériger en censeur des autres communautés, alors qu'il n'a cherché qu'à édifier ses frères? Aussi son parti est vite pris; jetant le manuscrit au feu, il pose le pied dessus, afin que pas un feuillet ne puisse échapper. L'abbé Favier revient sur ces entrefaites. Il devine ce qui se passe et en reste un instant frappé de stupeur. Revenant bientôt à lui, il se précipite pour arracher le précieux manuscrit aux flammes et tance Rancé avec une brusquerie largement justifiée par sa tendre affection pour celui qui avait été son élève : « Voilà, s'écrie-t-il, une belle action que vous « faites-là! monsieur l'Abbé, n'avez-vous point honte?... Vous « venez de céder à une tentation dont vous devriez rougir, et vous « en riez; vous devriez en faire pénitence, puisque vous réjouissez « l'enfer; ce sera une tache éternelle à votre vie, si vous ne la « réparez au plus tôt! » Cette fois-ci encore Rancé céda. Non seulement l'on put sauver de l'incendie une centaine de feuillets pénible à lui causée aussi bien par la publication du *Traité des Études*, que par le bon accueil qu'il rencontrait jusque dans le monde monastique. Le mécontentement du saint réformateur se manifeste d'autant plus vif que l'amour-propre n'y était visiblement pour rien. Mais un plan de réformes, seul conforme, dans sa pensée, à la volonté de Dieu, s'y trouve directement attaqué. Et puis le mérite même du controversiste ne rend-il pas ses idées plus dangereuses ? N'a-t-on pas lieu de craindre qu'il ne contribue au triomphe de ces principes des mitigés si incompatibles, aux yeux de Rancé, avec la perfection de la vie religieuse ?

Aussi le voyons-nous, dans une lettre par lui adressée à l'abbé Nicole, s'exprimer en ces termes : « Je voudrais bien qu'il « (Mabillon) eût employé son temps et sa plume à quelque autre « chose. On ne manquera d'user mal de ce qu'il a dit. » L'Abbé de la Trappe se plaint également, et non sans quelque amertume, de l'attitude prise en la circonstance par l'aumônier de la duchesse de Guise, à savoir l'abbé Dubois.

Grand partisan de l'auteur de la Diplomatique et jouissant d'ailleurs d'une certaine réputation, cet ecclésiastique ne craignit point d'appliquer aux proscripteurs des études monastiques une phrase assez dure de saint Grégoire de Nazianze. L'illustre personnage s'était, en effet, toujours montré favorable à la culture des sciences et des lettres. On voit, en tout cas, par là, que la querelle pendante entre Trappistes et Bénédictins n'offrait rien de bien nouveau. Elle remontait, pour ainsi dire, aux jours de la primitive Église, et chacun des deux camps adverses avait compté dans son sein bon nombre d'hommes également recommandables par leur profonde piété et leur intelligence.

Enfin, dans sa correspondance avec l'abbé Nicaise, Rancé revient encore sur cette question avec la même énergie. « Que « l'on fasse, dit-il, ce que l'on voudra pour confondre la condition « des moines avec celle des ecclésiastiques, elles sont distinctes « et séparées dans l'ordre de Dieu et dans l'institution première. « Je n'ai jamais pu comprendre que les moines, solitaires de « profession, fussent destinés pour prêcher et pour instruire les « peuples, et, s'ils se sont trouvés quelquefois dans ces deux « sortes de fonctions, ç'a été par une vocation extraordinaire. »

Cependant saint Maur se figurait bien avoir cause gagnée, n'imaginant guère que l'Abbé de la Trappe trouvât rien à répliquer. Ce n'est cependant pas l'envie qui en manquait à ce dernier, comme le prouve certaine lettre de lui au curé de Saint-Jacques du Hautpas, et qu'un auteur contemporain a reproduite tout au long (1). Un sentiment d'humilité, l'amour de la paix retenaient

(1) M. l'abbé Dubois, *Vie de Rancé*, T. II, chap. III, p. 303 et suiv.

encore Rancé, mais l'abbé de Val-Richer, vicaire général de la réforme, aussi bien que le R. P. Jourdan, du monastère de Saint-Victor, lui font un devoir de répondre sans retard. Ils allèguent, notamment, l'impatience avec laquelle plus de vingt supérieurs de monastères attendent ses instructions. D'ailleurs, il devient urgent d'établir, une fois pour toutes, les vrais principes de la vie cénobitique. Voilà donc le saint réformateur, de nouveau, la plume à la main. Il travaille seul; personne ne l'aide, mais sa prodigieuse activité saura suffire à tout. Il passe des nuits entières à compulser des textes et à les interpréter, à dépouiller des in-folio. Enfin, le manuscrit définitivement rédigé, la permission d'imprimer arrive le 17 janvier 1692. Sur les instances du chancelier Boucherot, c'est l'Archevêque de Paris qui se charge de recevoir les premières feuilles.

A peine l'Abbé de la Trappe se trouve-t-il détourné de sa besogne par le décès du marquis de Nocey, lequel, après avoir mené la vie d'un solitaire de la Thébaïde, meurt en odeur de sainteté. De son côté Mabillon, prévenu de ce que prépare son éminent contradicteur, prend la chose avec beaucoup de calme et de tranquillité. « M. de la Trappe, écrit-il à Estiennot, répond « à notre livre, c'est beaucoup d'honneur qu'il me fait. » Il donnera d'ailleurs plus tard une preuve nouvelle de la droiture de son âme et de son amour de la justice en défendant Rancé, faussement accusé d'avoir rédigé un véritable roman, à propos de sa vie de Dom Muce.

Enfin, la *Réponse au Traité des Études monastiques* paraît vers la première quinzaine de 1692, c'est-à-dire moins de huit mois après la publication de l'ouvrage de Mabillon. C'est vraisemblablement de tous les écrits de Rancé, le plus remarquable au point de vue du style. En nulle autre circonstance, son talent ne s'est révélé avec autant de force et d'éclat. On sent que la cause défendue par l'auteur était sacrée à ses yeux et qu'il agit en loyal soldat de la justice et de la vérité. Ajoutons qu'en dépit de l'ardeur par lui apportée dans cette lutte, nous ne le voyons pas s'écarter, si peu que ce soit, des lois imposées par la charité chrétienne. Son début surtout est d'une vivacité singulière. Le saint Abbé déclare n'avoir rédigé sa réponse que pour l'usage de ses frères de la Trappe, auxquels il vient, par précaution, d'interdire la lecture du livre de Mabillon. « Ce qui, ajoute-t-il, me fait le plus de
« peine dans l'obligation où je suis de vous expliquer mes pensées,
« afin de vous préserver d'une opinion qui m'a paru si dange-
« reuse, c'est que j'estime et que je considère celui qui a composé
« cet ouvrage, et qu'il s'attire une recommandation spéciale par
« sa vertu, comme par sa doctrine ».

Il continue en exposant que Notre Seigneur s'en prendra aux pasteurs s'il ne trouve pas, dans le troupeau à eux confié, toute l'utilité qu'il en avait espérée, qu'il « recherchera dans la main « des supérieurs, le sang des âmes dont il leur a donné la direc- « tion et la charge ». Toute autre considération doit donc céder pour lui au devoir pressant où il se trouve de prémunir des fils spirituels contre « le dommage et préjudice » qui pourraient leur revenir du livre de Mabillon, si jamais il tombait entre leurs mains.

Le reste de l'ouvrage est consacré à une réfutation, pour ainsi dire phrase par phrase, des assertions du religieux de Saint-Maur.

Rancé s'appuie spécialement sur les pratiques et enseignements de l'antiquité. La règle de saint Benoît, fait-il observer, interdit suffisamment les recherches d'érudition, puisque dans l'emploi du temps qui s'y trouve fixé, aucun moment n'est laissé pour ces dernières. Que prouve d'ailleurs la liste de docteurs et de savants qui ont brillé dans le cloître? Ainsi qu'il a déjà été remarqué, qu'est-ce que les quarante ou cinquante noms dont elle se compose, comparés aux milliers, peut-être aux millions de cénobites qui ont passé leur vie dans l'obscurité, ne cultivant d'autre science que celle de Jésus crucifié? Tout ce que l'on en peut conclure, c'est que dans certains cas tout à fait exceptionnels, une dérogation à la loi commune reste admissible. Mais encore ne faut-il pas laisser ces exceptions se multiplier. En effet, elles ne vont pas sans l'exemption de certaines occupations réglementaires, et celle-ci ne doit point être accordée à moins de nécessité bien établie.

Mais alors, si tout moyen d'élargir le cercle de ses connaissances est défendu au religieux, faudra-t-il qu'il renonce à approfondir les Écritures? Non, sans doute, répond Rancé, d'accord sur ce point avec Cassien. La parole de Dieu ne nous a pas été donnée pour n'être ni connue ni entendue. Toutefois, ce qu'il faut pour la comprendre d'une manière profitable, ce ne sont pas de subtils commentaires, mais beaucoup de vertu et de piété. Seules, nos passions nous en dérobent le sens. La dissertation de l'Abbé de la Trappe sur ce point semble une simple paraphrase du passage de l'Imitation: « Un cœur pur pénètre le ciel et l'enfer » (1). Enfin, bon nombre des livres que Mabillon entend placer sur les rayons d'une bibliothèque conventuelle sont déclarés par son contradicteur, dangereux ou, tout au moins, inutiles. Il propose, à son tour, un autre catalogue ne contenant guère que des ouvrages ascétiques.

Tout le monde, cela va sans dire, fut d'accord pour admirer le

(1) *De Imitatione Christi*, lib. II; cap. IV; verset 2.

mérite transcendant de l'écrivain et la beauté littéraire de son œuvre. Mais comment, d'un autre côté, ne pas se sentir frappé du désaccord si manifeste entre la façon de voir de Rancé et l'exemple par lui donné? Jamais on n'eut imaginé tant de trésors d'érudition prodigués pour établir qu'un bon cénobite doit, avant tout, éviter de s'instruire.

L'Abbé de la Trappe, qui jugeait indispensable la diffusion de son mémoire et se flattait peut-être par là de convertir le public à ses opinions, en distribua force exemplaires. Toutefois, sauf dans les couvents cisterciens de la réforme, ses théories ne furent généralement acceptées que sous certaines réserves. Laïcs et clercs s'accordaient à leur trouver un caractère un peu trop absolu. Tel fut notamment l'avis de Bossuet, qui était cependant pour Rancé, en quelque sorte, un ami intime. « Quoique j'aie « approuvé, dit-il dans sa correspondance, le livre de M. de la « Trappe, ce n'est pas à dire pour cela que j'approuve toutes ses « pensées comme nécessaires; il suffit qu'elles soient utiles pour « donner lieu à l'approbation. »

Le cardinal Casanata, ami de Mabillon dont il avait fort vanté le *Traité des Études*, n'en reçoit pas moins, avec courtoisie, la réfutation.

Il écrit au saint réformateur une lettre très élogieuse, mais cela avant d'avoir lu son livre. C'était une manière comme une autre de ne pas trop engager sa responsabilité. Le protestant Leibnitz, l'esprit peut-être le plus universel du xviie siècle, avait, bien entendu, trop le culte du savoir pour se ranger à l'opinion de l'Abbé de la Trappe. Tout en attaquant celle-ci, le docte Allemand trouve moyen, dans sa lettre à Magliabecchi, de rendre un hommage aussi éclatant que mérité aux moines érudits et écrivains du moyen-âge. « Il est constant, en effet, dit-il, que les livres et les « lettres ont été conservés dans les monastères. »

Décider qui des deux, de Mabillon ou de Rancé, se trouvait plus dans le vrai semble chose fort délicate. En tout cas la solution de cette difficile question dépasse de beaucoup la compétence d'un simple laïc. S'il nous était permis toutefois d'avoir, au moins, a ce sujet, une opinion, nous nous demanderions volontiers si chacun des deux adversaires, quoique soutenant des thèses absolument opposées, n'avaient pas l'un et l'autre raison à son point de vue particulier, mais à celui-là uniquement.

Une seule préoccupation dominait l'Abbé de la Trappe, le retour à l'antique discipline. C'est vers ce but que convergent tous ses efforts et sous le rapport de la fidélité, son interprétation de la règle bénédictine reste inattaquable. Aussi l'estimerons-nous on ne peut plus conséquent avec lui-même, lorsqu'il interdit à ses fils spirituels la culture de l'esprit et fait revivre la pratique des humiliations claustrales. N'ira-t-on, d'autre part, que l'ardeur de son zèle ne l'entraîne trop loin, quand il prétend assujetir toutes les communautés monastiques aux mêmes règles et refuse, pour ainsi dire, d'admettre qu'on puisse être bon cénobite, à moins de vivre en trappiste ?

Que dire maintenant de l'auteur de la Diplomatique? Sa profonde érudition l'a-t-elle empêché de remplir d'une façon très édifiante les devoirs de son état?

Qu'avons-nous à nous inquiéter de savoir, si douze siècles après la mort de saint Benoît, la règle suivie au couvent de Saint-Maur restait encore absolument identique à celle du Mont-Cassin? Ç'aurait été, vraiment, grand dommage pour la postérité, que lui et bon nombre de ses confrères s'en fussent tenus au travail manuel et à la méditation. Sur un seul point, l'on aurait, croyons-nous, quelque droit de chercher chicane à Mabillon. De ce que certaines observances eussent, dans une maison de Bénédictins proprement dits, présenté beaucoup moins d'avantages que d'inconvénients, s'ensuit-il qu'elles fussent pour cela ou inutiles ou blâmables? Elles pouvaient avoir leur raison à la Trappe, mais à la Trappe seule et non ailleurs.

Un mot, maintenant, avant de terminer cette digression, sur ce qu'on appelle d'ordinaire le relâchement des Ordres religieux. Se maintenir dans leur primitif esprit de ferveur semble parfois, pour eux, chose difficile. Au zèle ardent qui animait le fondateur, ainsi que ses compagnons immédiats, succède le plus souvent, dès la seconde génération de cénobites, une tendance vers la pratique de vertus moins transcendantes. C'est ce que nous pourrions appeler la période humaine succédant à celle de Dieu. Bref, la communauté continue à se maintenir dans cette situation d'héroïsme mitigé jusqu'à que ce sonne l'heure, soit de la décadence ou de la suppression violente, soit d'une réforme plus ou moins radicale. Pareille évolution apparaît très marquée dans l'histoire des ordres mendiants. Sitôt François d'Assise mort, une pensée surtout guidera ses enfants, c'est de savoir comment s'y prendre pour adoucir la règle. Bien malvenus, bien maltraités même seront, au besoin, ces rigoristes désireux de suivre trop scrupuleusement les traditions du saint amant de la pauvreté. C'est qu'elles sont rares les congrégations comme celles de Bruno et d'Ignace de Loyola qui, toujours fidèles à leurs débuts, n'ont point connu de défaillance.

Et puis, à côté de la question de mitigation, n'y en a-t-il pas une seconde, notablement distincte, celle des modifications incessantes amenées par la marche du temps? Rien de ce qui est humain n'échappe à son action, pas plus règles monastiques que le reste. Au milieu des révolutions incessantes qui bouleversent les sociétés, l'esprit de charité, le désir de se rendre utiles à leurs contemporains ne condamnent-ils pas, en quelque sorte, les ordres les plus fervents à se transformer ou, tout au moins, à se prêter, dans une large mesure, aux besoins de leur époque ? Pour nous en tenir à l'exemple le plus connu et le plus souvent cité, blâmera-t-on les moines copistes des IX et X° siècles, vivant à une période de barbarie et d'ignorance presque universelles d'avoir un peu délaissé les travaux agricoles, seuls conformes pourtant à leur institution primitive, pour exercer le métier de scribes ? Ne rendaient-ils pas, somme toute, infiniment plus de services à la cause de la civilisation en nous conservant les chefs-d'œuvre de la littérature antique que s'ils s'étaient bornés à mettre en valeur quelques arpents de terre (1) ?

D'ailleurs ne pouvons-nous pas citer, à ce propos, l'autorité même du Saint-Siège, rappeler les brefs de Grégoire XV et d'Urbain VIII qui reconnaissent les études utiles à la cause de l'Église et les recommandent, en quelque sorte, à tous les Ordres religieux sans exception, même à ceux dont l'objectif n'est pas la culture des lettres. N'est-ce pas enfin de ces principes que s'est inspiré le Pape actuel Léon XIII, dans une circonstance que l'on n'a pas à rappeler ici ?

Mais revenons un instant à ce qui se passe dans l'intérieur du monastère.

Vers ce temps-là expire un religieux dont la conduite, bien qu'imprudente, atteste du moins les profonds sentiments d'affection que savait inspirer le Père Abbé. Nous voulons parler du frère Joseph, jadis connu sous le nom d'Arnaud de la Filiolie. Capitaine d'infanterie et en voie d'avancement rapide, il avait démissionné pour se retirer à la Trappe. Malgré son instruction peu étendue, on le reçoit en qualité de frère de chœur. Rien de plus passionné que son attachement pour Rancé. Celui-ci étant tombé gravement malade, Frère Joseph veut mourir avec lui. Pour atteindre plus sûrement son but, le voilà qui, pendant une semaine, se prive presque entièrement de sommeil et de nourriture.

(1) Même réflexion peut être faite à propos des moines de la N<sup>lle</sup> Espagne qui, dans le silence du cloitre, se sont plu à copier un certain nombre de manuscrits des anciens Mexicains. Nous y trouvons, aujourd'hui encore, une mine inépuisable de renseignements pour l'étude des croyances et mœurs de la race indigène. Pendant ce temps, Zumarita, le premier évêque de Mexico, faisait brûler, par milliers, ces précieux documents, de peur qu'ils ne contribuassent à entretenir l'idolâtrie. Le patient labeur du cénobite a ainsi eu pour effet de réparer, dans une assez large mesure, le tort fait à la science par le zèle peu éclairé du clergé séculier.

Frappé de l'altération de ses traits, le saint réformateur, désireux d'en pénétrer la cause, finit par lui arracher son secret. L'humble frère est aussitôt réprimandé d'un si grand excès de zèle. Du reste, il ne tarde pas à rendre le dernier soupir, victime à la fois de sa mauvaise santé et de ses rigoureuses austérités. Encore se plaignait-il en mourant de n'avoir rien souffert.

Cependant la discussion allait reprendre plus vive que jamais entre les solitaires de Saint-Maur et l'Abbé de la Trappe. Chacun des adversaires était trop persuadé de l'excellence de sa cause pour consentir à s'avouer vaincu. D'ailleurs, la véhémence déployée par Rancé dans son dernier ouvrage, ses attaques passablement virulentes dirigées contre ses contradicteurs n'étaient pas précisément de nature à calmer les susceptibilités bénédictines. Ses collègues chargent donc une fois encore Mabillon d'être le champion de la cause des lettres et des sciences. Ce dernier relevait à peine d'une grave pleurésie, laquelle avait failli l'emporter. Malgré son état de faiblesse, il se met aussitôt à l'œuvre.

Rancé, tenu au courant de tout se déclare peiné d'avoir pu causer de l'ennui à ceux-là même dont il combattait les idées et particulièrement à Mabillon. L'Abbé de la Trappe réitère l'expression de ses sentiments d'estime pour ce dernier et affirme, en tout cas, n'avoir jamais eu d'intention blessante pour sa personne.

Enfin, en admettant même, ajoute-t-il, que quelques vivacités de plume puissent çà et là être relevées dans la réponse au *Traité des Études*, ne se trouvent-elles donc pas, en quelque sorte, nécessitées par les reproches que lui adressa l'auteur de la Diplomatique ? Est-ce qu'il n'a pas été, lui-même, traité de novateur, de professeur d'idées erronées, alors que sa seule préoccupation fut toujours de rester fidèle à la tradition, de s'appuyer sur l'autorité des pères de la vie cénobitique ?

Toutefois, le désir de bon nombre d'amis de Rancé eût été que l'ouvrage préparé par le docte Bénédictin ne parût pas. Au premier rang parmi ces derniers figurait, nous l'avons vu, Madame de Guise. Un peu portée par caractère à jouer le rôle de Mère de l'Église, elle ne ménagera pas ses efforts pour arriver au résultat souhaité. Tout d'abord, la fougueuse duchesse fait comparaître en sa présence les supérieurs de Saint-Maur, ainsi que Mabillon lui-même. Elle les exhorte à laisser sans réponse le dernier livre de l'Abbé de la Trappe.

C'était visiblement trop demander à des gens aussi convaincus, et qui, d'ailleurs, estimaient avoir à défendre l'honneur de leur Ordre. Un refus catégorique, bien que, sans doute, enveloppé des formes les plus polies, lui est naturellement opposé. La petite fille de Henri IV se rabat alors sur une entrevue à ménager entre les deux controversistes. Le pieux enfant de Saint-Maur n'aura, ajoute-t-elle, qu'à se louer de son séjour à la Trappe. Les Bénédictins écartent cette nouvelle proposition par des réponses évasives. Toutefois, avant de prendre congé de M<sup>me</sup> de Guise, ils lui prodiguent tant de marques de déférence que celle-ci se figure avoir cause à demi-gagnée. Elle écrit dans ce sens à Rancé. La réponse de ce dernier le montre plus que jamais attaché à sa manière de voir.

Enfin, la duchesse se décide à venir en personne à Soligny. Elle amène avec elle le R. P. Dom François Lamy, bénédictin, afin qu'il avise, en collaboration avec le saint réformateur, aux moyens de mettre tout le monde d'accord. Lamy n'eût pas demandé mieux que d'esquiver l'entrevue. Ce n'est, pour ainsi dire, que contraint et forcé qu'il se résigne à ce qu'on exige de lui.

Nous devons au fils de saint Benoît un récit assez piquant de l'audience à lui accordée par le Père Abbé et où M<sup>me</sup> de Guise se trouvait présente. L'extrême réserve de Rancé dans la conversation contrastait avec l'ardeur dont il faisait preuve, la plume une fois à la main. Le saint Abbé semblait même disposé à admettre, dans l'application de ses idées, quelques tempéraments qui eussent un peu rapproché sa thèse de celle des adversaires.

Au grand regret de la pieuse duchesse, le résultat de ce colloque reste nul. Mabillon ne croit devoir ni renoncer au travail commencé, ni se rendre à la Trappe.

Sur les entrefaites, un nouvel aliment vient s'offrir à la malignité des ennemis de Rancé. Le sieur Maupas, prêtre du diocèse de Pamiers, dont on connaissait les opinions jansénistes, pour ne pas dire ouvertement hérétiques, s'était gravement compromis dans les affaires du défunt évêque, M<sup>gr</sup> de Caulet. Il avait eu, en conséquence, à subir plusieurs années de cachot. A peine rendu à la liberté, on lui impose pour résidence le collège de Narbonne où il s'ennuyait fort. Sur sa demande expresse, Louis XIV lui prescrit de se rendre à la Trappe. Le Père Abbé voyant, tout de suite, à qui il avait affaire, supplie Sa Majesté de le délivrer d'un pareil pensionnaire. S'il ouvrait sans répugnance, nous l'avons vu, les portes de son monastère aux pécheurs, encore exigeait-il qu'ils fussent repentants. Le Roi consent volontiers à ce qu'on lui demande. Maupas congédié sans que Rancé ait consenti à lui adresser la parole, reçoit dès le lendemain une lettre de cachet lui assignant Limoges comme séjour. Le parti janséniste ne manque pas de taxer notre réformateur d'effroyable dureté. Instruit par l'expérience, ce dernier ne faisait que se montrer prudent. La confiance lui avait si bien réussi avec frère Candide !

Nous ne saurions passer sous silence le virulent pamphlet publié en Hollande, dans le cours du mois de juin 1692, sous le titre de : *Quatre Lettres à M. de la Trappe où l'on examine sa réponse au Traité des Études monastiques*, etc , etc. Rancé s'y trouve pris à partie, tant sous le rapport de sa personne que de ses ouvrages, et l'on ne néglige rien pour le ridiculiser. Bientôt, ce factum sera suivi d'un autre intitulé: *Cinquième Lettre*, etc. L'auteur, toutefois, est loin d'atteindre le but par lui visé. Son style vif et alerte ne peut faire oublier ce que ses attaques offrent de trop violent. Aussi, la première curiosité une fois satisfaite, se voit-il blâmé à peu près par tout le monde. Les plus contrariés de cet incident ne sont, sans doute, pas les enfants de saint Benoît ni leurs partisans. Un pareil auxiliaire se montrait, à vrai dire, bien compromettant pour la cause qu'il défendait. Rancé ne répond à cet écrit que par quelques paroles de dédain. « Dieu, dit-il, m'a donné un cœur d'airain à l'égard de ces sortes « de libelles. »

M<sup>me</sup> de Guise était d'un naturel trop ardent pour prendre les choses avec tant de philosophie. A tout prix, elle entend démasquer et punir l'audacieux qui a osé ainsi faire du saint Abbé de la Trappe un objet de raillerie. Les soupçons ne tardent pas à se porter sur le prieur de Saint-Julien de Tours, le R. P. Denis de Sainte-Marthe. En dépit des dénégations qu'il fit entendre, on est d'accord aujourd'hui pour lui attribuer la paternité des mémoires incriminés. C'est vraiment chose pénible que de voir un cénobite, cité parmi les plus édifiants, en venir à de tels excès de polémique. Peut-être sera-t-il permis de plaider ici, au moins, les circonstances atténuantes. Fils, petit-fils et frère d'érudits consommés; lui-même, savant de valeur, le Père de Sainte-Marthe ne devait-il pas naturellement se sentir exaspéré de tout ce blâme déversé sur la culture des lettres ? Nous verrons un peu plus loin quelle punition lui sera infligée.

Le livre de Mabillon intitulé : *Réflexions sur la réponse de M. l'Abbé de la Trappe au Traité des Études monastiques*, était déjà prêt à paraître en septembre 1692. Une seule formalité restait à accomplir avant qu'il ne fut livré à la publicité, l'*Imprimatur* du chancelier. Au dire de l'historien de cette polémique, les amis de Rancé auraient tout mis en œuvre pour qu'on le refusât, mais l'excessive partialité dont cet écrivain fait preuve vis-à-vis du docte Bénédictin rend, en la circonstance, son témoignage assez suspect.

Enfin, après avoir été soumis à un minutieux examen, l'ouvrage paraît revêtu de l'approbation de quatre ecclésiastiques, approbation plus élogieuse peut-être encore pour Rancé que pour l'auteur lui-même.

Nous n'entreprendrons pas de donner une analyse détaillée de cet ouvrage. Bornons-nous à dire que si Mabillon reproduit bon nombre des arguments dont il s'était déjà servi, c'est à la condition de les présenter sous une forme nouvelle et plus saisissante. On le voit se disculper d'un reproche que certains esprits malveillants n'avaient, sans doute, pas manqué de lui adresser d'une façon plus ou moins dissimulée, à savoir d'écrire contre ses convictions. Il annonce, en outre, que les Trappistes seront un jour obligés de faire la part plus large aux travaux intellectuels, et l'on doit reconnaître qu'à ce point de vue, le docte Bénédictin n'a pas été mauvais prophète. Il finit même par déclarer les idées de l'Abbé de la Trappe moins opposées aux siennes qu'on ne le pense d'ordinaire. Peut-être aurions-nous sur ce point certaines réserves à faire. Mabillon ne manifestait-il pas ainsi quelque tendance à prendre ses désirs pour des réalités?

Rappelons qu'ici le style du Père de Saint-Maur diffère sensiblement de ce qu'il est dans ses autres ouvrages. Il se distingue par une chaleur, une éloquence vraiment inaccoutumées. On a même prétendu retrouver, dans sa vivacité tant soit peu agressive, beaucoup de la manière des Jansénistes Nicole et Arnaud que Mabillon n'aurait pas craint de consulter. Mais pourquoi recourir à l'hypothèse d'une influence étrangère? Tout ne s'explique-t-il pas très naturellement par l'émotion que lui causait cette guerre incessante faite à ses chères études? Elle a fort bien pu suffire, en quelque sorte, à l'élever au-dessus de lui-même, à inspirer au patient érudit ce qu'au point de vue littéraire on doit considérer comme son chef-d'œuvre.

Le docte écrivain ne se fait pas scrupule d'envoyer à la duchesse de Guise son ouvrage, accompagné d'une lettre destinée à justifier sa conduite en toute cette affaire. Celle-ci était trop absolument dévouée à Rancé pour ne pas en vouloir un peu à Mabillon. Elle le lui fait bien entendre dans sa réponse. La première, nous lui voyons émettre l'idée que certains passages des *Réflexions* ne sont pas de la main du savant Bénédictin, « On n'y sent pas, dit-elle, l'esprit de bienveillance et de charité chrétienne habituel à l'auteur. »

L'Abbé de la Trappe avait, une fois de plus, par son attitude à l'occasion des *Quatres Lettres*, démontré combien les critiques adressées à sa personne l'émouvaient peu. Il ne pouvait garder la même impassibilité quand il croyait le bien des âmes ou la régularité de la vie monastique en jeu. Aussi la nouvelle publication de son adversaire le tourmentait-elle fort. D'abord, il prend le parti de ne plus répondre et, sans même avoir lu l'ouvrage de ce dernier, se borne à écrire, sur l'avis d'un homme jugé compétent, au Curé de Saint-Jacques du Haut-Pas que Mabillon lui a tout l'air de « battre la campagne ». Bientôt, ses inquiétudes devenant plus vives, il reprend la plume et prépare un nouveau mémoire. Toutefois, des incidents surgissent, dont nous allons parler à l'instant, qui le décident à ne pas publier sa réponse et mettent fin à la discussion sur les études monastiques.

# CHAPITRE VII

## DERNIERS JOURS DU GOUVERNEMENT DE RANCÉ

### (1691-1695)

§ 1. *Conseils de spiritualité et d'hygiène donnés par l'Abbé de la Trappe à M<sup>lle</sup> des Vertus. — Publication de l'opuscule « La Satire du Grenadier ». — Libelle de l'Abbé Thiers. — Conversion et mort édifiante de M<sup>me</sup> de la Sablière. — Destitution du R. P. Denis de Sainte-Marthe.*

§ 2. *Mabillon à la Trappe. — Son entretien avec Rancé. — Fin de la controverse sur les études. — Caractère sérieux du XVII<sup>e</sup> siècle. — Combien supérieur à cet égard au XVIII<sup>e</sup>. — Lettres patentes envoyées sur arrêt du Conseil d'Etat. — Elles autorisent les Trappistes à aliéner les fiefs dépendant du monastère. — Arrêt rendu en faveur de ces religieux au sujet des droits d'usage dans la forêt de Mahéru.*

§ 3. *Visites au couvent de Soligny du duc d'Orléans, frère du roi, du cardinal de Bouillon et de Jacques II. — Mauvais état de la santé de Rancé. — Mensonges répandus au sujet du comte de Santéna. — Mort d'Arnaud. — Jugement de Rancé sur ce personnage. — Pamphlet du Père Quesnel. — Réponse des Courtisans. — Conduite pusillanime de l'Abbé Nicaise. — L'Abbé de la Trappe et l'ouvrage du P. Lamy. — Vente du fief de Mahéru.*

§ 4. *Apostasie de Frère Climaque. — Indigne conduite de Frère Arsène. — Renouvellement des vœux au monastère de la Trappe. — Réponse au Père Quesnel. — Esprit de mortification de Santéna. — Dernier voyage à Soligny et mort du maréchal de Bellefonds. — Vie scandaleuse et conversion de l'Abbé Beuynier.*

§ 5. *Rancé de plus en plus malade songe à se démettre. — Sa supplique relative au choix d'un nouvel Abbé. — Condescendance de Louis XIV. — Retraite définitive du saint réformateur. — Envoi gratuit des bulles à son successeur.*

§ 1. **Conseils de spiritualité et d'hygiène donnés par l'Abbé de la Trappe à M^lle des Vertus.** — **Publication de l'opuscule « La Satire du Grenadier ».** — **Libelle de l'Abbé Thiers.** — **Conversion et mort édifiante de M^me de la Sablière.** — **Destitution du R. P. Denis de Saint-Maur.**

L'on a déjà vu avec quelle fidélité inviolable Rancé entendait que les vœux monastiques fussent gardés et qu'il interdisait absolument aux religieux malades tout remède, tout soulagement même dont l'emploi se fût trouvé contraire à la règle. Partir de là pour le représenter comme un homme impitoyable et sans entrailles serait parfaitement injuste. Il savait, dans une large mesure, compatir aux souffrances du prochain, et nous le verrons remplir, en quelque sorte, tout à l'heure, le rôle de professeur d'hygiène.

La fameuse M^me de Montbazon avait eu cinq sœurs non mariées, et qui, revenues à Dieu, après quelques égarements de jeunesse, trouvèrent dans Rancé un guide aussi sûr que dévoué. Parmi elles, citons M^lle des Vertus, laquelle, délaissée de bonne heure par sa mère, s'attache successivement à plusieurs dames de haute naissance. A partir de 1675, elle vient chercher asile à Port-Royal qui restera sa résidence ordinaire. Les infirmités et malaises, compagnons habituels de la vieillesse, étant venus s'abattre sur elle, l'Abbé de la Trappe lui prescrit comme un devoir de conscience de se bien soigner, puis la remet entre les mains du docteur Hamon, également renommé pour sa science et sa piété. Il ne craint pas d'entrer dans les détails les plus minutieux concernant la santé de la demoiselle et de calmer tous ses scrupules. Mêlant ensemble les conseils médicaux et ceux de spiritualité, il lui écrit en ces termes : « Le *Caphé* (sic) est un soulagement si
« commun que vous pourrez en user sans façon... Comme votre
« peu de santé met des limites à votre pénitence extérieure, n'en
« mettez pas à celle de votre cœur, je veux dire à vos désirs.
« Plus vos œuvres sont petites, plus il faut que vos intentions
« soient grandes. »

Par moments, M^lle des Vertus tombait dans de tels états de faiblesse, que la prière même lui devenait excessivement pénible. Rancé l'exhorte à prier mentalement, si elle ne le peut de bouche. Le vrai chrétien, dit-il, doit se tenir dans une disposition telle que si « Dieu échappe à son esprit, il n'échappe pas à son cœur ». Le sage directeur se garde bien d'ailleurs d'entretenir la malade dans une sécurité illusoire. Il lui montre dans les attaques auxquelles elle se trouvait si sujette, autant d'avertissements que le ciel lui envoyait dans sa bonté, pour qu'elle se tînt prête au grand départ.

L'Abbé de la Trappe n'ignorait pas d'ailleurs le véritable acharnement des Jansénistes au milieu desquels se trouvait la sœur de M^me de Montbazon, à détourner les fidèles de la communion fréquente. Aussi apporte-t-il un soin tout particulier à la prémunir, sur ce point, contre leurs perfides conseils. Ajoutons que la malade expire le 21 octobre 1692, à l'âge de soixante-quinze ans, dans des sentiments de fervente piété.

Pour qu'il ne fut pas dit que la haine des ennemis de Rancé lui ait laissé un instant de repos, un nouveau pamphlet est lancé dans la circulation vers la fin de cette même année, sous le titre : *La Satire du Grenadier*. On y présente comme un tissu de faussetés, la relation de la vie de Dom Muce par l'Abbé de la Trappe. Il n'est pas exact, soutient l'auteur de la *Satire*, que jamais ce militaire converti se soit trouvé en danger d'avoir maille à partir avec la justice. Cette fois-ci encore l'aversion du saint réformateur pour les polémiques ne l'exempte pas de la nécessité de se défendre. L'honneur de son ordre s'y trouvait engagé, non moins que le sien propre. Il dut produire la copie certifiée conforme d'une pièce conservée au greffe de Montélimar. L'on y lisait, en substance, que « Dom Muce, mort religieux à la Trappe, ..... a « eu divers procès criminels intentés contre lui par divers parti- « culiers, etc. ».

La visite de M. de Somont, l'abbé de Tamié dont nous avons déjà raconté la conversion, vient, sans doute, consoler un instant Rancé de ses ennuis. Bientôt il lui en arrive de nouveaux, et cela, de la part même de l'un de ses défenseurs. L'abbé Thiers, à la fois littérateur et savant distingué, avait composé une réfutation des *Quatre Lettres*. Il en envoie, sans se nommer, le manuscrit au pieux cénobite. Celui-ci se sent peiné des intempérances de langage que se permettait l'auteur. Estimant que discuter sur ce ton, c'était manquer à la charité chrétienne et par trop emprunter à l'adversaire ses propres armes, il fait toutes les démarches possibles pour savoir de qui est le libelle. On ne tarde pas à le renseigner à cet égard. Aussitôt Rancé écrit à l'abbé Thiers, le conjurant de ne rien faire paraître. Ce fut peine perdue. Néanmoins, notre polémiste se tenant assuré à l'avance qu'il n'obtiendrait pas la permission de publier, s'adresse à un imprimeur complaisant, Plaignard, de Lyon. Ce dernier prépare une édition clandestine. Le secret ayant fini par transpirer, l'intendant de la ville, sur les ordres du chancelier Boucherat, fait cerner l'imprimerie, saisir et brûler les épreuves. Rancé, tout en plaignant l'auteur de ce contre-temps, n'était pas, au fond, fâché du résultat. Toutefois, l'abbé Thiers ne voulut pas en avoir le démenti. Deux années plus tard, il parvient à faire paraître son libelle, mais sans nom d'auteur ni d'imprimeur et sans indication de date.

Nous devons reconnaître que, criticable, à coup sûr, dans la forme, cet ouvrage n'en était pas moins très sérieusement rédigé. Les arguments donnés en faveur de l'Abbé de la Trappe apparaissent irréfutables.

Enfin, cette même année 1692, meurt, d'un cancer au sein, M<sup>me</sup> de la Sablière dont Rancé était, depuis cinq ans au moins, le directeur attitré. Très recherchée pour sa beauté, son esprit et même sa rare instruction, cette dame, après son veuvage, mena une conduite réellement scandaleuse. Ayant constaté que le marquis de la Farre qu'elle aimait d'un amour aussi profond que coupable, la trahissait pour une actrice, elle se décide, non seulement à ne plus jamais revoir l'infidèle, mais encore à revenir à Dieu de tout son cœur et à vivre dans la pénitence. Entrée sur les conseils de l'Abbé de la Trappe, comme hospitalière laïque aux incurables, nous la voyons désormais partager son temps entre la prière et le soin des malades les plus repoussants. Tout cela n'empêchait pas La Fontaine, son commensal et, pour ainsi dire, son fils adoptif, de venir s'asseoir à la table de l'hôtel abandonné par sa protectrice. La nouvelle Madeleine témoignait d'ailleurs à Rancé une confiance absolue, le consultant à peu près sur tout. Ainsi, lorsqu'elle eût perdu un petit oiseau qui était, en quelque sorte, son dernier ami, demanda-t-elle à l'Abbé de la Trappe la permission de le remplacer. Celui-ci répond : « Il n'y « a aucun inconvénient, la perdrix de saint Jean vous autorise ». Nous ne saurions dépeindre la résignation ou pour mieux dire la joie avec laquelle cette pécheresse convertie supportait les douleurs dont ses derniers jours furent abreuvés.

« Je n'ose pas, déclarait-elle, demander d'être déjà séparée de
« mon corps, puisqu'il m'est une perpétuelle pratique de péni-
« tence. » Une autre fois, on l'entendra s'écrier : « Si les gens
« du monde pouvaient concevoir la satisfaction et la paix qui est
« dans la souffrance rapportée à Jésus-Christ,.... ils n'envieraient
« que cette félicité ».

§ 2. Mabillon à la Trappe. — Son entretien avec Rancé. — Fin de la controverse sur les études. — Caractère sérieux du xvii° siècle. — Combien supérieur à cet égard au xviii°. — Lettres-patentes envoyées par arrêt du Conseil d'Etat. — Elles autorisent les Trappistes à aliéner les fiefs dépendant du monastère. — Arrêt rendu en faveur de ces religieux au sujet du droit d'usage dans la forêt de Mahéru.

Mais il va nous falloir, une dernière fois, en revenir à la controverse sur les études monastiques. Déjà Rancé, qui avait achevé sa réplique au dernier ouvrage de Mabillon, s'apprêtait à la publier. Il en est empêché par la raison suivante.

Mabillon a dû assister dans le cours de cette année 1693, dans laquelle nous sommes déjà entrés, au Chapitre Général de la congrégation de Saint-Maur, lequel se tient à Marmoutiers. Il y est question de la décision à prendre relativement au Père Denis de Sainte-Marthe. On le soupçonnait notamment, nous le savons, d'être l'auteur du pamphlet intitulé les *Quatre Lettres* dont il a été parlé plus haut. Jugé répréhensible d'avoir rédigé un pareil factum, il est déposé de sa charge de prieur et confiné dans les fonctions de bibliothécaire à Saint-Germain-des-Prés. La duchesse de Guise, observe Dom Thuillier, ne manqua pas de trouver le châtiment beaucoup trop doux, « y ayant bien des « supérieurs qui quitteraient volontiers leur place pour en avoir « une de simple religieux dans cette place. »

Ajoutons, par parenthèse, que le R. P. de Sainte-Marthe, reconnaissant enfin ses torts, vint un peu plus tard à la Trappe se réconcilier avec le Père Abbé. Il sera ensuite appelé à la charge de supérieur général, qu'il n'accepte, d'ailleurs, qu'à son corps défendant. Son nom reste également attaché à la réforme générale du célèbre ouvrage la *Gallia Christiana*, réforme que la mort ne lui permit pas de continuer.

C'est en Touraine que se trouve le monastère de Marmoutiers. Mabillon n'avait donc, si nous osons nous servir de cette expression, qu'un léger crochet à faire au retour, pour se rendre à Alençon. M^me de Guise y résidant pendant l'été, tenait une petite cour dans cette ville. La descendante d'Henri IV, ainsi que nous l'apprend Saint-Simon, « régentait l'intendant comme un petit « compagnon et l'Evêque de Séez, son diocèse, à peu près de « même, qu'elle tenait debout des heures entières, elle dans son rendu depuis tant de services, n'était point encore connu. Rancé supporte ces affreuses opérations avec tant d'insensibilité apparente que l'homme de l'art le croit atteint de gangrène. Pour s'en assurer, il demande au patient si les coups de bistouri ne lui ont pas fait de mal? Celui-ci répond qu'il a bien ressenti quelque chose, mais que ce n'était pas la peine de s'en plaindre.

Nous ne ferons que mentionner le voyage alors entrepris par Bossuet à la Trappe, où il n'avait pu mettre le pied depuis quatre ans, et dont Rancé se sentit tout réconforté, ainsi que la mort édifiante du frère Zénon de Montbel. C'était un ancien capitaine du régiment du roi, longtemps connu par sa vie désordonnée. Après avoir presque entièrement gaspillé en folles dépenses un patrimoine considérable, il achève de se ruiner par le jeu. Effrayée à bon droit, la famille de ce militaire obtint son licenciement pour quelques mois. La bataille de Steinkerque ayant été livrée à ce moment, Montbel apprend que trente-cinq capitaines, ses intimes et, pour la plupart, compagnons de ses débauches, y ont péri. Ce fut pour lui un coup de foudre. Il se sent tout ému et se redit à chaque instant : « Si tu étais mort avec eux, où serais-tu en ce moment ? » Décidé à terminer ses jours dans la pénitence, il frappe successivement à la porte des capucins, des chartreux et de plusieurs autres ordres. On le repousse de partout, dit la relation, *comme un vaurien, un bandit incorrigible*. Alors lui revint en mémoire la prédiction d'un de ses amis, qu'il finirait ses jours à la Trappe. C'est là que nous le voyons diriger ses pas. Fidèle aux principes qu'il avait toujours soutenus, Rancé consent à admettre le nouvel arrivé au noviciat, après quelques jours d'épreuves. N'était-il pas juste que ce monastère, théâtre de toutes les austérités, fût, en même temps, l'asile de tous les repentirs? Ajoutons que Montbel reste, jusqu'à la fin, un parfait modèle de mortification. C'est ainsi que nous le voyons solliciter l'entretien du chauffoir, ne pouvant obtenir de plus humbles fonctions. Il se plaisait à fendre lui-même le bois, à le porter sur son dos. En proie aux souffrances qui précèdent son décès, lui aussi, demande comme une faveur spéciale de ne profiter d'aucun adoucissement à ses pratiques journalières.

Un événement plus important, décisif même pour l'avenir de la communauté, ce fut la mort de Dom Zozime, survenue le 3 mars 1696, c'est-à-dire un peu plus de deux mois après son installation comme abbé. Il était alors âgé de trente-cinq ans. Quelques instants avant d'expirer, il adresse une exhortation si tendre, si touchante à ses frères, que tous les yeux se remplissent de larmes. Par ses dernières paroles, il sollicitait, comme grâce singulière, qu'on l'ensevelît dans la fosse que Rancé s'était creusée pour lui-même, auprès de la croix du cimetière. C'est là que ce dernier vint prier quelques instants sur la dépouille mortelle de son vertueux successeur.

§ 2. **Armand-François Gervaise, trente-sixième abbé. Il avait été désigné par Rancé. — Mort de la duchesse de Guise. — Nouveau pélerinage de Jacques II à la Trappe. — Récriminations du parti Janséniste. — Wallon de Beaupuis et Tillemont. — Réponse de Rancé, son jugement sur Arnauld. — Comment le duc de St-Simon s'y prend pour faire le portrait de Rancé. — Affaire du Quiétisme. Dom Gervaise et le monastère des Clairets. — Il résigne ses fonctions abbatiales. — Odieuses inculpations portées contre le successeur de Dom Zozime — St-Simon se fait l'écho de ces calomnies. — Pourquoi Louis XIV maintient la démission de Dom Gervaise. — Dernières années et mort de celui-ci.**

XXXVI. ARMAND-FRANÇOIS GERVAISE (1696-1698). Inutile de rappeler que Rancé, quoique démissionnaire et ne jouissant plus d'aucune autorité légale, continuait à diriger la communauté, qu'aux yeux de tous les religieux, y compris les supérieurs, comme à ceux du monde, il restait la personnification la plus complète de l'ordre par lui réformé. Précisément, il se trouvait alors en présence d'une difficulté terrible et l'œuvre de toute sa vie menaçait de sombrer en un instant. Si, en effet, Louis XIV, mû par un louable sentiment de piété, mettait assez volontiers en règle les monastères jusqu'alors soumis à la commende, ce n'était qu'à titre provisoire et pour y ramener l'esprit de ferveur avec le respect de la discipline. En consentant à suspendre ainsi l'exercice de son droit, Sa Majesté n'entendait nullement y renoncer. Pas d'exemple encore que trois supérieurs se fussent succédé sans intervalle à la tête d'un couvent relevant de la couronne.

On annonçait le prochain départ du roi qui allait se mettre à la tête de son armée. Le saint réformateur se hâte donc de faire choix d'un nouveau supérieur en la personne de Dom Armand-François Gervaise. Celui-ci, fils d'un ancien médecin de Paris, était né dans cette ville en 1660. Après de brillantes études faites chez les Jésuites, nous le voyons entrer aux Carmes déchaussés. On le connaissait dans cette communauté sous le nom de frère Agathange. Il s'y acquit une certaine réputation par ses talents tout à la fois de professeur en théologie et de prédicateur.

Le prieuré de Grégy, près Meaux, qu'il obtint, lui facilita les moyens d'entrer en relation avec Bossuet, évêque du diocèse. Ses supérieurs l'envoyèrent, nous apprend M. Fisquet, à Rome, pour y traiter quelques affaires de l'Ordre. A son retour, la lecture du *Traité sur la vie monastique* le décida à quitter la règle du Carmel qui ne lui paraissait pas assez sévère, pour se retirer à la Trappe. Toutefois Rancé, estimant le postulant plus utile dans le monde que dans la solitude lui fit attendre son admission quatorze ans bien comptés. Ce fut le dernier novice par lui reçu à profession. Un peu plus tard, Dom Zozime prend Gervaise comme prieur. Ce dernier s'acquitte de ses fonctions avec zèle et intelligence et gagne enfin toute la sympathie du saint réformateur tant par l'austérité, au moins apparente, de ses mœurs que par sa science théologique, et celui-ci songe à le donner comme successeur à Dom Zozime.

Bossuet, d'ailleurs, partageant absolument les idées de son ami, déclare le nouveau candidat propre à faire un supérieur accompli.

Rancé s'adresse sans retard à la duchesse de Guise, la priant d'intercéder auprès du roi pour assurer à Dom Gervaise le titre d'abbé de la Trappe. Dérogeant à sa pratique constante, Louis XIV déclare ne pouvoir rien refuser au vénérable cénobite, dût-il, par là, être contraint à abandonner ses droits régaliens. Ne jugerait-on pas Rancé doué du privilège d'inspirer le désintéressement à tous ceux qui avaient affaire à lui?

Dès le lendemain, le père Lachaise rédige un brevet, lequel est expédié sans retard au monastère de Soligny. Dom Gervaise se trouve ainsi promu à la dignité abbatiale, le 29 mars 1696. Ses bulles ayant été fulminées le 18 octobre de la même année, il reçoit, deux jours plus tard, la bénédiction de Mgr Savary, l'évêque de Séez qui avait déjà béni son prédécesseur.

Voilà donc le nouvel abbé définitivement en possession du siège qu'avait illustré Rancé. La suite du présent récit prouvera qu'en cette affaire ni ce dernier ni l'évêque de Meaux n'avaient eu, que l'on nous passe l'expression peut-être un peu triviale, la main parfaitement heureuse. Le leur reprocher ne semblerait pas toutefois trop équitable. Les apparences sont souvent bien trompeuses et il est si difficile aux malheureux mortels de prévoir l'avenir. En définitive, c'est à l'essai seulement que l'on connaît les hommes. Et puis Rancé au déclin de sa vie n'avait peut-être plus, au même degré qu'autrefois, cette sûreté de coup d'œil, cette prudence renommée dont il avait jadis donné tant de preuves. Ajoutons d'ailleurs que si le successeur de Zozime ne se montra pas toujours à la hauteur de ses délicates fonctions, cependant le bien-fondé des redoutables inculpations dirigées contre lui reste, on le verra tout à l'heure, fort loin d'être prouvé. On a droit de croire, sans excès de témérité, qu'il se montra toujours sinon le modèle des supérieurs, du moins religieux fervent et fidèle à la règle.

Tout au plus, l'histoire ultérieure du successeur de Dom Zozime pourrait-elle être alléguée comme preuve des inconvénients qu'entraînait le système des commendes, même mitigé. Elle fera, surtout, à notre avis, ressortir le grave inconvénient qu'il y a, en matière d'élection, à s'écarter de la pratique ordinaire de la règle. Celle-ci ne consiste-t-elle pas précisément dans la plus grande latitude possible laissée à la communauté, lorsqu'il s'agit d'un nouveau supérieur à élire?

Néanmoins, la joie ressentie par Rancé, en voyant assuré l'avenir de la réforme, fut ternie par un bien tragique événement, à savoir la fin, si édifiante d'ailleurs, de son infatigable protectrice, la duchesse de Guise. Le saint cénobite s'écrie à ce propos, que c'est pour lui *un coup terrible*. Nous ne croyons pas qu'il se soit jamais servi d'une expression aussi forte pour n'importe quel deuil. C'est que, nous l'avons déjà dit, une amitié aussi sainte qu'héroïque, telle que la peuvent ressentir les bienheureux au céleste séjour et quelques natures d'élite sur la terre, unissait ces deux nobles âmes dégagées d'ailleurs de toutes attaches mondaines.

Malgré quelques travers, et pour mettre les choses au pis, quelques ridicules, bien qu'un peu entichée parfois des prérogatives de son rang, la pieuse cousine du grand roi n'en était pas moins tout à fait digne d'une telle affection. On rencontrait chez elle, et à un haut degré, des qualités beaucoup moins rares, paraît-il, alors, qu'elles ne le sont devenues de nos jours.

M<sup>lle</sup> d'Alençon joignait au caractère le plus généreux un cœur passionné pour le bien. Toujours elle mit au service de Rancé et de son œuvre les trésors d'un zèle sans bornes et d'un indomptable dévouement.

En proie à une affliction aussi vive que sincère, Louis XIV voulait faire à la défunte de magnifiques funérailles, entendant qu'elle fût inhumée à S<sup>t</sup>-Denis. Après ouverture du testament de la duchesse, il dut renoncer à ce projet. Effectivement, elle demandait en grâce qu'on l'ensevelît aux carmélites de la rue S<sup>t</sup>-Jacques et sans plus de cérémonie qu'une simple religieuse. M<sup>me</sup> de Sévigné écrivit à ce propos: « Je fais la révérence à cette « sainte et modeste sépulture de M<sup>me</sup> de Guise, dont le renon- « cement à celle des rois mérite une couronne éternelle. »

Vers le mois de juin de cette année Jacques d'Angleterre et son épouse se rendent encore à la Trappe. Cette dernière a de longs entretiens avec Rancé qui remplit son cœur de consolations. Il lui fait voir dans ses infortunes terrestres, un véritable gage de prédestination, « l'effet le plus ordinaire de l'indignation du Très Haut « vis-à-vis de ceux qu'il a rejetés de son cœur étant de les « laisser vivre dans les prospérités qui ne soient jamais ni « troublées ni interrompues. » Cette royale visite fut d'ailleurs signalée par un accident qui, somme toute, donna aux spectateurs une haute idée du crédit dont notre cénobite jouissait près du Tout-Puissant. La fantaisie étant venue à l'un des officiers de la garde du prince de visiter les écuries, il y met le feu par imprudence. Déjà, les flammes menacent le dortoir des pères, lorsque le vent vient les détourner. Toutefois, comme pour rendre la situation encore plus critique, elles se trouvent portées du côté d'un grenier rempli de fagots, menaçant ainsi d'envahir le monastère tout entier. A la vue de ce danger pressant, Rancé se met en prières, son état de santé ne lui permettant pas de faire davantage. Aussitôt, sans cause appréciable, l'incendie, non seulement s'arrête, mais ne tarde pas à prendre fin. Les assistants furent unanimes pour considérer cet événement comme un véritable miracle. On constata d'ailleurs que malgré l'effroi inspiré par un si émouvant spectacle, aucun des religieux n'avait enfreint la loi du silence.

Cependant, les Jansénistes, sans pitié pour le grand âge et les infirmités de Rancé, ne cessaient de le harceler, résolus à lui arracher, coûte que coûte, quelques mots en faveur de leur parti. Le saint Abbé se croyait, de son côté, obligé, en conscience, de leur refuser pareille satisfaction. Contre toute bonne foi et en dépit de l'évidence même, on s'obstine à lui reprocher *d'avoir voulu exclure M. Arnauld du royaume des cieux.* Ce qui, d'ailleurs, amena une recrudescence dans la polémique, ce fut le voyage à la Trappe entrepris vers ce moment-là par Wallon de Beaupuis, homme entièrement inféodé aux doctrines jansénistes. Directeur pendant treize années consécutives des petites écoles, il avait eu pour élèves deux frères de grand mérite, à savoir Sébastien et Pierre Lenain. Ce dernier alla, dès l'année 1668, s'ensevelir à la Trappe, où il se signalait entre tous par sa vertu et sa régularité. Beaupuis, qui ne l'avait pas revu depuis près de vingt-huit ans, veut enfin l'embrasser avant de mourir. Il se rend à pied de Beauvais à Soligny par les plus fortes chaleurs de l'été, et se présente au monastère sur les dix heures du matin, demande à saluer Rancé et à voir Dom Lenain. Il fut logé, admis au réfectoire, mais ne put rien obtenir de plus. Après l'avoir fait longtemps attendre, on lui répond que l'ex-abbé ne sera pas visible. C'est que Louis XIV avait écrit par trois fois à Rancé, l'invitant à ne pas recevoir Beaupuis, réputé personnage dangereux. D'ailleurs notre cénobite avait trop sujet de savoir quels périls offraient les colloques avec des gens toujours prêts à interpréter le moindre mot dans le sens de leurs idées personnelles. Peut-être même y avait-il lieu de penser que l'esprit d'hospitalité l'avait quelque peu fait contrevenir aux prescriptions du monarque. Rancé ne venait-il pas, en définitive, d'héberger le vieux professeur?

Celui-ci prie alors qu'on le laisse au moins embrasser Dom Lenain; il se contentera de le voir en public et sans lui adresser une seule parole. Cette permission est encore refusée. Dès le lendemain, au lever de l'aurore, Beaupuis part, le cœur gros de douleur. Il va conter son chagrin à tous ces Messieurs de Port-Royal.

Avec des gens de ce caractère, si résolus à se sentir cruellement opprimés, toutes les fois qu'on refusait de se soumettre à leurs exigences, nous pouvons juger du scandale. Jamais Rancé n'aura été davantage invectivé, honni, et, pour ainsi dire, traîné dans la boue. Le supérieur de la Trappe devient, non plus un homme, mais une sorte de monstre farouche, un vrai tigre sous le froc.

Vers le mois d'octobre, Tillemont, qui était de la secte, se rend à la Trappe pour voir son frère Pierre Lenain dont il vient d'être question à l'instant. Rancé avait coutume de le recevoir moins comme un hôte que comme un ami de la maison. Enhardi par un si bienveillant accueil, il ne craint pas d'adresser au saint réformateur quelques observations sur sa lettre concernant Arnauld et la façon dont Beaupuis s'y trouvait traité. L'Abbé de la Trappe expose tout au long les motifs qui l'ont contraint d'agir comme il l'a fait. Tillemont, qui ne répond rien pour le moment, à peine de retour chez lui, fait tenir à Rancé une lettre restée manuscrite, mais dont il fut tiré nombre de copies. L'on y trouve résumés tous les prétendus griefs de la secte contre ce dernier. Par le fait, ils semblent bien se réduire à un seul, c'est que Rancé ne voulait pas se mettre de leur bord. Tillemont, tout d'abord, se plaint du nom de *Parti* appliqué aux Jansénistes, dont le soi-disant esprit de cabale ne serait au fond que l'application des principes évangéliques, et compare sans façon ces messieurs aux chrétiens de la primitive Église. Il pousse la charité au point de faire entendre que Rancé, en les attaquant, n'a fait qu'obéir à des calculs intéressés, à des considérations mondaines et prévoit dans la ruine prochaine de la Trappe le juste châtiment des prévarications de son supérieur. Une seule voie s'offre à ce dernier pour désarmer la colère céleste, c'est de saluer dans Arnauld, une manière de nouveau Père de l'Église.

Un plus ample examen de cette missive, qui ne laisse pas moins à désirer au point de vue du fond que de la forme, semble superflu. Cependant l'Abbé de la Trappe juge opportun de rétablir les faits, ne fût-ce que pour l'édification des générations à venir. En vain s'efforce-t-il de mettre, dans cette réponse, toute la charité possible, de rendre justice complète à la profonde érudition d'Arnauld, force lui est bien d'apprécier la conduite de ce prétendu apôtre au point de vue de l'orthodoxie et de la soumission aux décisions du Saint-Siège. Là-dessus, notre Cénobite déclare hautement ne le pouvoir approuver. Ce qui, d'ailleurs, a achevé de le séparer, lui Rancé, des Jansénistes, c'est d'abord que leurs doctrines lui ont paru peu sûres, ensuite qu'il a pu constater par son expérience personnelle, leur opiniâtreté, leur esprit de révolte, aussi bien que les variations radicales des procédés par eux inventés pour la régénération de l'univers. N'a-t-il pas souvent reconnu à quel point ils sont sujets à manquer de désintéressement, à se diriger par des vues purement humaines? Il cite même comme preuve, le conseil qu'ils lui avaient jadis donné, de garder tous ses bénéfices à charge d'en appliquer le revenu à leurs confrères persécutés.

Ajoutons que cette lettre ne fut livrée, comme on le verra tout à l'heure, que plus tard à la publicité. Sitôt après l'avoir rédigée, le pieux cénobite se borne à adresser à Tillemont une autre réfutation assez sèche d'ailleurs et beaucoup plus courte. Elle ne constitue, en quelque sorte, qu'un Résumé de l'écrit précédent.

Inutile de redire plus au long les manœuvres auxquelles, pendant un certain temps encore, les Jansénistes se livrèrent pour accaparer au profit de leur secte, l'autorité et l'influence de Rancé. Les choses en viennent à un tel point que le roi lui-même croit devoir s'en mêler. Prévenu par Mgr de Chartres, qu'un entretien avec le frère Chanvier avait mis au courant de toute cette affaire, Louis XIV prescrit à Dom Gervaise la remise immédiate de la lettre de Tillemont, aussi bien que la réponse restée manuscrite de Rancé. La publication de ces pièces ne parvint pas à faire tenir les Jansénistes tranquilles. Avec une audace inconcevable, ils persistent à soutenir que le réformateur est, ou du moins, a certainement été des leurs, que ses déclarations, si précises cependant, ne signifient pas du tout ce qu'elles ont l'air de vouloir dire ou bien doivent être considérées comme non avenues. Malgré leur évidente fausseté, ces allégations ne laissent pas cependant que de faire encore des dupes.

Mais en voici assez sur cet incident. Reprenant le fil interrompu de notre récit, racontons comment on parvint à conserver pour les siècles futurs les traits de Rancé.

Le pieux cénobite avait toujours refusé de se laisser peindre. Ses partisans et admirateurs en éprouvaient d'autant plus de regret que sa vie ne tenait plus qu'à un fil, que chaque jour, on se sentait menacé de le voir disparaître. A peine âgé de dix-neuf ans, le duc de S¹-Simon figurait déjà au nombre des familiers de la Trappe, ainsi qu'avait fait son père, décédé depuis peu. Rancé le recevait moins en hôte qu'en ami. Précisément, l'aînée des filles du duc de Beauvilliers, recherchée en mariage par le futur auteur des Mémoires, venait de signifier à ce dernier son intention de ne jamais accepter d'autre époux que Jésus-Christ. Le père de la jeune personne était lui-même trop sincèrement chrétien pour seulement songer à la détourner d'un pareil projet.

Sans doute le jeune duc, n'ayant encore jamais vu la demoiselle, ne pouvait se sentir le cœur brisé d'un pareil refus. D'autre part, on ne lui supposera pas assez de petitesse d'esprit pour en avoir conçu soit dépit soit rancune. Il n'en regrettait pas moins cette union si satisfaisante à tous égards et spécialement au point de vue de la famille. D'ailleurs, à défaut de toute autre considération, les sentiments de profonde estime et de sympathie ressenties par S¹-Simon pour le duc de Beauvilliers lui avaient inspiré le désir de devenir son gendre.

Quoi qu'il en soit, notre prétendant évincé se décide à aller passer quelques jours à la Trappe. Pour achever de se consoler, le voilà qui ourdit une conspiration avec la complicité du nouvel Abbé et de Monsieur de S¹-Louis. Il ne s'agissait de rien moins que de faire portraiturer Rancé, à son insu ; car d'obtenir le consentement du vénérable cénobite, on ne devait même pas y penser. Le jeune duc s'adresse sans retard à Rigault, l'un des peintres les plus justement appréciés du xvii⁰ siècle. Celui-ci exige mille écus pour reproduire les traits de l'Abbé démissionnaire. Il devra, en plus, être défrayé des dépenses du voyage. Enfin, une voiture de poste mise à sa disposition lui permettra d'aller et de revenir le jour même. Tout en tenant compte de la baisse considérable du prix de l'argent depuis ce temps-là, les demandes du grand artiste sembleront sans doute ridiculement modestes à plus d'un des confrères d'aujourd'hui et qui cependant n'ont point son mérite. Ils ne manqueront pas de trouver, comme on dit vulgairement, qu'il gâtait le métier. Mais, on le sait bien, ce ne sont pas les époques les plus fertiles en grands talents où ceux-ci se trouvent le plus chèrement payés.

C'est le 26 octobre de cette année 1696 que S¹-Simon et Rigault partent de concert pour la Trappe. Le jeune duc demanda à Rancé la permission de lui présenter un officier de ses amis, lequel désirait ardemment le voir. Du reste le nouveau venu ne pourra guère, à cause de son bégaiement, prendre part à la conversation. Ajouterons-nous que ce visiteur mystérieux n'était autre que Rigault en personne, chargé de retracer de mémoire les traits du réformateur, après l'avoir examiné à loisir. Le lendemain, seconde entrevue ou, pour mieux dire, pose nouvelle, obtenue non sans quelque difficulté. Le modèle, inconscient du tour qu'on était en train de lui jouer, estimait qu'un étranger fournissant si peu à la conversation l'avait déjà bien suffisamment vu comme cela. Enfin Rigault ayant encore exigé une dernière séance d'une demi-heure, Dieu sait au prix de quelles instances, de quelles sollicitations on parvint à l'arracher.

Quoi qu'il en soit, le portrait de Rancé, ainsi composé de souvenir n'en constitue pas moins l'une des principales œuvres du maître renommé. Conservé à la Trappe, il n'a jamais cessé de faire l'admiration des visiteurs (1).

Quelques légers remords ne laissaient pas de troubler le jeune duc au sujet de ce crime que, dans le fond du cœur, il se sentait enchanté d'avoir commis. Ne venait-il pas de trahir la confiance du pauvre cénobite, d'user de ruse et de subterfuge, procédés bien peu dignes d'un gentilhomme tel que lui? Maintenant d'ailleurs qu'il jouissait paisiblement du fruit de son forfait, un peu de repentir ne va-t-il pas être tout à fait de mise? Le téméraire jouvenceau prend donc le parti d'écrire à Rancé pour lui dévoiler toute l'intrigue et solliciter son pardon. Un peu plus tard, on le verra se jeter aux pieds de sa victime, la suppliant de ne point lui garder rancune. L'humble religieux, passablement contrarié de tout ce qui avait eu lieu, termine sa semonce amicale au jeune Duc par ces mots : « Vous n'ignorez pas qu'un empereur romain déclarait « aimer la trahison, mais pas les traîtres : pour moi, je « pense tout autrement, j'aime le traître, je ne peux aimer sa « trahison. »

Se figure-t-on qu'il se soit trouvé des esprits assez étroits, des âmes assez mesquines pour faire un crime à Rancé du rôle que venait de lui faire jouer son pétulant ami? Le bon père, affirmaient les grincheux, ne se sentait pas plus fâché que cela, d'avoir été peint par un des meilleurs praticiens de l'époque. Evidemment, la prétendue trahison ne manquait pas d'avoir trouvé en lui un complice et sa vanité bien connue ne pouvait que se sentir agréablement chatouillée d'une façon si charmante de passer à la postérité.

On se ferait difficilement une idée de la vogue dont jouissaient dans tout le public les *Relations* de Rancé concernant la vie et la

(1) Pour les reproductions des traits de Rancé, voyez la note F *in-fine*.

mort des religieux de la Trappe. Elles étaient plus évidemment recherchées et lues que ne le furent, en d'autres temps, le roman à la mode ou l'article à scandale. C'est ce qui décida, cette même année, l'éminent ascète à en publier une vingtaine de nouvelles. Néanmoins, d'après les lois alors en vigueur, elles ne pouvaient paraître que revêtues d'une approbation. Chargé de la donner, l'abbé Gerbais hésitait beaucoup. Craignant qu'elles ne froissassent certains moines mitigés ou personnes peu bienveillantes pour la Trappe, il exigeait plusieurs modifications que l'auteur ne jugea pas devoir faire. Il préférait laisser son œuvre manuscrite.

L'abbé Gerbais dut se résigner à approuver l'œuvre telle qu'elle se trouvait rédigée. Encore ne le fit-il que d'assez mauvaise grâce.

Rancé se trouva, vers la même époque, mêlé aux discussions concernant le *Quiétisme*, doctrine qui, de l'aveu de Bossuet, n'allait à rien moins qu'au renversement de toute la religion. Après avoir pris connaissance de l'ouvrage de Fénelon, *Explication des maximes des Saints*, le pieux cénobite écrit plusieurs lettres à Mgr de Meaux, lui déclarant partager absolument sa manière de voir et ne pouvoir s'expliquer comment un prélat, aussi éminent à tous égards que celui de Cambrai, a pu donner dans de telles erreurs. Mme de Maintenon crut nécessaire pour le bien de l'Eglise de publier ces missives. Fénelon, très peiné de se voir ainsi condamné par l'Abbé de la Trappe, écrit aussitôt, de son côté, à ce dernier. Il craint, dit-il, d'avoir été mal compris et fournira volontiers toutes les explications nécessaires. Si d'ailleurs on a des observations à faire, rien ne lui sera plus agréable que d'en profiter. Bientôt Rancé goûtera la satisfaction de voir toute cette querelle terminée au mieux des intérêts de l'Église. La généreuse rétractation de Fénelon sera pour beaucoup dans cet heureux résultat.

Cependant le nouvel Abbé commençait à rencontrer de grandes difficultés dans son administration. Une des sources les plus abondantes d'ennuis résulta sans doute pour Dom Gervaise de l'animosité d'un laïque habitant le couvent. Ce personnage, appelé Maisne ou Maine par les documents de l'époque, naquit à Châtillon-sur-Seine et fut longtemps clerc à Paris chez un avocat au Parlement. Dégoûté du monde, il vient un beau jour faire part à son patron de la résolution où il était de se retirer à la Trappe. Quelques infirmités faisant obstacle à son admission au nombre des religieux, il obtient la faveur d'être reçu en qualité de donné.

S¹-Simon trace de lui un portrait extrêmement flatteur, surtout au point de vue de l'intelligence : « Pour l'esprit, déclare l'auteur

« des Mémoires, il l'a d'une délicatesse au-dessus de tout ce
« qu'on peut dire, un sens droit et juste, beaucoup de présence
« et de facilité, des expressions vives et agréables, et un certain
« tour qui marque de l'imagination. » En effet une quinzaine de
lettres de Maine nous le révèlent comme un littérateur distingué.

L'on peut douter, malheureusement, que chez cet homme les
qualités morales fussent à la hauteur des dons d'esprit et les
événements qui vont se dérouler tendront à nous montrer en lui
un intrigant redoutable et sans scrupules. Faut-il trop s'étonner
de cela? La vie du cloître n'a-t-elle pas parfois pour effet de
rendre plus mauvais qu'ils n'eussent été dans le monde, ceux
qu'elle ne parvient point à sanctifier? Quoiqu'il en soit le pieux
réformateur, charmé par ses brillantes qualités, en fait son secrétaire. Il lui dicte les réponses aux lettres qu'il recevait, le charge
des notes à prendre à la bibliothèque, des étrangers à recevoir.
Bref, Maine ne tarde pas à devenir un personnage important,
moins en raison des emplois à lui dévolus que du crédit dont
il jouissait auprès de son supérieur, et l'accueil gracieux qu'il
savait faire aux hôtes.

Dom Gervaise, s'étant aperçu de ce que cachait ce *factotum* de
Rancé sous des dehors si séduisants, lui prescrit de quitter immédiatement le monastère. Ce n'est que sur les instances du saint
vieillard qu'il se résout à révoquer son ordre, et peut-être, sur ce
point, trouvera-t-on qu'il avait poussé loin l'esprit de condescendance. Nous verrons par la suite, quelles mesures extrêmes
prit le successeur de Dom Gervaise sitôt après la mort de Rancé
vis-à-vis de Maine. On peut en tout cas se figurer la soif de vengeance ressentie par ce dernier à l'égard du supérieur qui l'avait
si bien démasqué.

Précisément, l'esprit peu discipliné des religieuses du monastère
des Clairets lui fournit une première occasion de se satisfaire.
Transportées un instant au-dessus d'elles-mêmes, grâce à l'exemple
et aux exhortations du réformateur de la Trappe, ces nonnes
paraissent s'être laissé bien vite gagner de nouveau par leur
esprit d'orgueil et d'insoumission. A l'instigation de Maine, qui
abusait de son crédit sur l'esprit de Rancé, la supérieure fait un
accueil blessant à Dom Gervaise, affecte du dédain pour son
humble naissance et, finalement, refuse de recevoir sa carte de
visite. L'oncle de cette dernière, le cardinal de Bouillon, écrit
d'ailleurs au nouvel Abbé qu'il faut à ces dames des confesseurs
de condition, leurs âmes aristocratiques ne pouvant être décemment confiées à la direction d'aussi petites gens que les
religieux de la Trappe. Si, d'ailleurs, on ne veut pas faire droit à
leur demande, elles passeront outre, sans plus de cérémonie.

Enfin, Dom Gervaise ayant voulu retoucher quelque peu certains réglements établis aux Clairets par Rancé, les nonnes indisciplinées ne manquent pas de porter plainte au Roi. Le supérieur de la Trappe est dénoncé comme novateur, comme un présomptueux cherchant à détruire l'œuvre de son glorieux prédécesseur. Trompé par des allégations mensongères, le père Lachaise écrit une lettre passablement dure au nouvel Abbé. Celui-ci s'entend avec Rancé pour la réponse à faire et la Cour reconnaît son erreur de la meilleure grâce du monde. Communication ayant, en outre, été donnée par Dom Gervaise à Rancé de l'incroyable missive du cardinal de Bouillon, l'on décide en Chapitre général que la Trappe renonce entièrement, pour l'avenir, à la direction des Clairets.

Que, d'ailleurs, le nouvel Abbé ait parfois manqué de prudence, le fait suivant nous oblige à le reconnaître. Telle était l'affluence des religieux à la Trappe que le monastère ne suffisait pas à les loger tous. D'ailleurs, beaucoup, parmi eux, souffraient du climat froid et humide de cette région. Précisément, le supérieur des Missions étrangères offrait de donner à bail à Dom Gervaise, une maison cistercienne située à l'Estrée, près Dreux, sur les bords de la rivière d'Eure.

François Armand s'empresse d'adhérer à la proposition, et cela contre l'avis de Rancé, lequel préférait voir épurer le noviciat que d'entreprendre d'autres fondations. Il y envoie quelques religieux, mais sans s'être assuré d'une permission expresse du roi, se bornant à insérer dans le contrat, cette clause insuffisante : *Sous le bon plaisir de Sa Majesté*. Ce qui rendait cet oubli particulièrement dangereux, c'était l'extrême rigueur avec laquelle Louis XIV réprimait jusqu'à la moindre apparence d'un empiètement sur ses droits. Voici notre Abbé signalé par les amis de Maine, comme ayant voulu ériger un monastère de son autorité privée. Ordre lui est expédié d'avoir à retirer sur l'heure ses moines de leur nouveau séjour.

Dom Gervaise éprouve encore une autre disgrâce, mais sans qu'il y eût, cette fois, de sa faute. L'Évêque de Séez, qu'il avait confessé au lit de mort, voulut à toute force, et malgré les observations réitérées, léguer son argenterie à la Trappe. Ce qu'avait prévu Armand-François ne manqua pas d'arriver. La valeur du legs fut estimée à un taux fort exagéré par les héritiers. Chanoine de Metz et frère du défunt, l'abbé Savary se permet d'écrire une lettre très violente avec menace de procès. Rancé s'effraie des proportions que va prendre l'affaire. La donation ayant été expressément faite au monastère, il décide son successeur à réunir la communauté pour qu'elle fît acte de renonciation. L'abandon du legs est effectivement voté avec enthousiasme.

Cependant le nouvel Abbé ne cessait de se trouver exposé à des déboires de tous les instants. De lâches ennemis ne craignent pas de lui adresser chaque jour des lettres d'injures ou de menaces. Perdant patience à la fin, il se décide, contre l'avis de Rancé, on doit le reconnaître, à faire venir un notaire de Mortagne et lui dicte son acte de démission. Le réformateur de la Trappe le voyant si décidé, consent enfin à entrer dans ses vues. Il joint à la pièce en question une missive écrite de sa propre main et conçue dans des termes d'ailleurs bienveillants pour Dom Gervaise. Rancé y rappelle au roi que le monastère renferme bon nombre de religieux susceptibles de remplir les fonctions abbatiales. Inutile donc de chercher ailleurs un autre supérieur.

Cette retraite fut d'ailleurs très diversement appréciée. Les uns la citèrent comme un de ces actes de désintéressement, de mépris des grandeurs humaines, tels qu'on n'en voit guère qu'à la Trappe. D'autres, au contraire, affirmèrent que si Dom Gervaise avait agi de la sorte, c'est qu'il se sentait convaincu d'indignité, ajoutant que Rancé ne cessait de déplorer à chaudes larmes l'erreur par lui commise en se désignant un pareil successeur. Nous verrons tout à l'heure St-Simon se signaler d'une façon toute spéciale par son extrême malveillance et la gravité de ses inculpations à l'égard de celui-ci.

Tout ceci inspira au démissionnaire l'idée de revenir sur la décision prise. N'était-ce pas le seul moyen de faire cesser des bruits injurieux non seulement pour lui, mais encore pour la communauté? Toutefois, Louis XIV en partie, du moins, à l'instigation de St-Simon, refuse de revenir sur ce qui a été décidé et le Père Lachaise adresse à l'ex-Abbé de sévères remontrances sur sa conduite vis-à-vis de Rancé.

Dom Gervaise, sentant tout ce que ces reproches avaient d'injuste ou du moins de fort exagéré, se munit d'une attestation de son prédécesseur ainsi que d'une pièce rédigée par les anciens du couvent. On y certifie que le démissionnaire s'est toujours convenablement comporté.

Pourvu de ces documents, Dom Gervaise se rend à Fontainebleau où se trouvait alors la Cour. Le Père Lachaise, on ne peut plus satisfait de sa justification, lui offre l'abbaye de l'Étoile, de l'étroite observance de Citeaux; mais l'ex-supérieur de la Trappe ne juge pas à propos d'accepter.

Le rôle joué par St-Simon dans toute cette affaire n'est que trop conforme à ce que nous savons d'ailleurs de son caractère, partial, horriblement passionné et toujours prêt à accueillir sur le compte des gens n'ayant pas l'heur de lui plaire, les plus odieuses calomnies comme autant de vérités indiscutables. Il ne craint pas de répéter, en les aggravant encore, les accusations formulées contre Dom Gervaise par deux écrivains, aveugles instruments, suivant toute apparence, de la vengeance de Maine, à savoir Marsollier et Maupéou. Leurs allégations seraient réellement accablantes pour la mémoire du nouvel Abbé de la Trappe, si réellement il fallait y ajouter foi. Heureusement, cela n'est guère ici le cas, et nous allons voir quelles raisons on a de rester sceptique sur ce point.

Quoiqu'il en soit, le duc pamphlétaire débute en représentant l'Abbé de Rancé comme réduit par l'âge au point de n'avoir plus parfaite conscience de ses actes. Dès lors que signifie son attestation en faveur de Dom Gervaise? D'ailleurs, l'illustre pénitent a la main droite en si mauvais état qu'il ne saurait ni écrire ni signer. On peut donc charitablement supposer que la pièce en question a été, sinon complètement fabriquée, du moins retouchée en plus ou moins grande partie, par son secrétaire. Il ne faut pas douter d'ailleurs que le successeur de Rancé n'incline vers les idées de Port-Royal et que si on le laisse encore un peu de temps à la tête du monastère de la Trappe, celui-ci ne tarde à devenir une pépinière de Jansénistes. Enfin notre polémiste va jusqu'à se figurer avoir eu entre les mains une lettre chiffrée émanant de Dom Gervaise lui-même, très ordurière et remplie d'abominations. Il est vrai que les circonstances dans lesquelles cette pièce lui serait parvenue sont si extraordinaires qu'aucun historien n'a hésité à voir dans son récit un pur et inepte roman (1). Inutile d'ailleurs de faire ressortir tout ce que présente d'insoutenable, l'hypothèse de Maine, le secrétaire de Rancé, rédigeant une attestation favorable à François-Armand, son ennemi personnel.

Ajoutons par parenthèse que le fameux duc, dans ses Mémoires, renouvelle, en les amplifiant singulièrement, tous ses reproches à l'égard de Dom Gervaise. Il commence par nous l'y dépeindre comme animé d'une jalousie aussi basse que violente contre son illustre prédécesseur. Pour se venger de n'avoir pu lui ravir la confiance de ses religieux, il aurait eu soin de l'en tenir séparé. « Il fit, nous affirme le malveillant écrivain, l'Abbé avec lui plus « qu'avec tout autre et, peu à peu, se mit à le traiter avec une « hauteur et une dureté extraordinaires. »

De son côté, Rancé aurait supporté cette épreuve avec une patience vraiment angélique. Sans proférer une seule plainte, il offre à Dieu toutes les indignités, toutes les humiliations que lui faisait subir son étrange successeur.

(1) M. l'abbé Dubois, *Hist. de Rancé*, t. XI, chap. X, p. 544.

Toutefois, la conduite abominable, l'immense orgueil de ce dernier devait enfin recevoir sa juste rétribution. Dieu punira le mauvais moine comme il avait puni ces faux sages de l'antiquité que flétrit l'apôtre, et cela, en l'abandonnant à ses passions d'ignominie (1). Armand-François ayant négligé les précautions nécessaires se serait laissé surprendre dans des circonstances qui ne laissaient aucun doute sur sa culpabilité. On court aussitôt prévenir Rancé, lequel fait chercher partout Dom Gervaise. Pendant quelques instants, on croit qu'il s'était jeté dans un des étangs voisins de la Trappe, ajoutant ainsi le suicide à ses autres crimes. Enfin, on finit par le trouver, tout en pleurs, aux pieds de son crucifix, sous les voûtes de l'église. Le saint réformateur, après lui avoir représenté l'énormité de sa faute, essaie de l'exciter au repentir et termine en déclarant qu'il ne saurait rester plus longtemps à la tête de la communauté (2). Tel aurait été le vrai motif de la démission de Dom Gervaise.

Sans entrer dans plus de détails, disons que l'on a bien quelque lieu de faire remonter à Maine l'invention de cette scandaleuse histoire. Contiendrait-elle, par hasard, une parcelle de vérité, d'ailleurs singulièrement amplifiée ? Trouvait-elle, pour ainsi dire, sa raison d'être dans quelques actes de Dom Gervaise antérieurs à son entrée à la Trappe. On l'a supposé, mais sans apporter à l'appui de cette hypothèse le moindre semblant de preuve.

Qu'il nous soit permis au moins d'observer que l'auteur des Mémoires se contredit lui-même, en la circonstance, d'une façon d'autant plus flagrante qu'il n'a pas, d'ailleurs, même l'air de s'en douter. Après avoir insinué dans son exposé au roi que l'attestation de Rancé en faveur de Dom Gervaise pouvait bien constituer quelque chose de très semblable à un faux, le voilà qui reconnaît dans ses Mémoires que le saint réformateur aurait, après les scandales dont il vient d'être parlé, recommandé son successeur à Louis XIV comme réellement digne d'intérêt ! Cela suffit, croyons-nous, pour trancher la question. Quel que fût l'esprit de bienveillance, les sentiments charitables du fils de Denis, on ne saurait le soupçonner d'avoir agi de la sorte en faveur d'un homme par lui-même reconnu si coupable.

Somme toute, ce que le factum de St-Simon contenait peut-être de plus grave, de plus compromettant pour Dom Gervaise, c'était l'inculpation de Jansénisme. Bien qu'évidemment mal

---

(1) St-Paul, *Epître aux Romains*; chap. 1er, versets 22, 27 et 28.
(2) *Mémoires de St-Simon*, publiés par M. de Boislile; t. V, p. 366 et suiv. dans la collection *Les Grands Ecrivains de la France*, de M. A. Régnier (Paris, 1880).

fondée, elle paraît avoir produit de l'effet sur l'esprit du roi. Le monarque n'entendait pas raillerie à ce propos et les perpétuelles récriminations de ces messieurs de Port-Royal avaient fini par le lasser au-delà de toute mesure. Aussi le voyons-nous maintenir résolûment la démission de Dom Gervaise. D'autre part, les préventions du Père Lachaise à l'égard de Dom Malachie font écarter ce candidat, objet néanmoins des justes préférences de Rancé.

L'on finit par se décider en faveur de Jacques de la Cour (et non de la Court, comme le veut l'historien anonyme). En lui envoyant sa nomination, le 1er janvier 1699, le roi s'engage pour lui-même et pour ses successeurs à placer des Abbés réguliers à tête de la Trappe, tant que les religieux continueront à se montrer dignes de cette faveur. Mais avant de parler plus en détail de ce nouvel Abbé, consacrons quelques lignes à ce que nous pourrions appeler les aventures du supérieur démissionnaire.

Les bulles pour Dom Jacques sont fulminées sans retard et sa prise de possession fixée aux premiers jours d'avril. Dom Gervaise prétexte une indisposition pour ne pas assister à l'installation de son successeur. Puis il quitte définitivement la Trappe dans le courant du même mois. Presque aussitôt après, nous le voyons en compagnie du prieur et du procureur de ce monastère, lesquels avaient juré de ne jamais se séparer de lui, se rendre non pas à Septfonds comme on l'a prétendu à tort, mais bien au monastère de Longpont, dans le diocèse de Soissons. L'Abbé démissionnaire ne tarde guère, d'ailleurs, à abandonner cet asile pour promener pendant cinq ou six années son inconstance de couvent en couvent. Toutefois, il restait fidèle au genre de vie des Trappistes de l'étroite observance. Sur ces entrefaites, le voilà qui édite le premier volume de son *Histoire Générale de la Réforme en France*. L'ordre des Bernardins s'y trouvait, paraît-il, fort vivement attaqué. Irrité d'un tel procédé, le supérieur de ces religieux lui fait défendre, au nom du roi, de continuer sa publication. Comme Dom Gervaise prétendait toujours, nous dit St-Simon, retourner à la Trappe pour y semer le trouble, une lettre de cachet vient lui interdire d'en approcher de plus de trente lieues. On finit, enfin, par l'arrêter comme il sortait du Luxembourg et le conduire à l'Abbaye de Notre-Dame-des-Reclus, au diocèse de Troyes. Il y expira le 21 septembre 1751, à l'âge de quatre-vingt-onze ans, laissant la réputation d'un de ces hommes habiles qui parviennent à rendre odieuses les qualités les meilleures, en y mêlant les défauts de leur caractère. Somme toute, si nous persistons à croire calomnieuses les inculpations dirigées contre lui probablement par Maisne, mais colportées ensuite par des gens qui, ne pouvant atteindre Rancé, étaient heureux de s'en prendre à son successeur, l'Abbé démissionnaire n'en paraît pas moins avoir quelquefois manqué de la prudence et de la modération nécessaires à un chef de communauté. A l'occasion, il ne sut pas assez se défendre contre les suggestions de l'amour-propre. Toutefois, rappelons, à sa décharge, les difficultés presque inextricables contre lesquelles il eut à lutter. Un homme de génie doublé d'un saint aurait eu peine à s'en tirer. D'ailleurs, dans une sphère moins relevée, à la vérité, il montra de l'intelligence et de la capacité. Citons à preuve les constructions nouvelles par lui fort à propos élevées à la Trappe. Comme écrivain, Dom Gervaise n'est pas non plus sans valeur. Ses nombreux ouvrages consistent en compilations instructives et intéressantes dans lesquelles on désirerait seulement, comme le fait observer M. Fisquet, un peu plus d'ordre et un style plus châtié. L'on donnera plus loin, en note, une copie du passage consacré par cet annaliste aux livres de Dom Gervaise (1).

Ce qu'il importe de rappeler, c'est que malgré toutes ces péripéties, la Trappe ne cessa pas un instant de rester l'asile du calme et de la tranquillité. Cinq ou six religieux, au plus, s'étaient trouvés engagés dans les querelles dont on vient de rappeler le souvenir. La plupart des autres, vaquant paisiblement à l'accomplissement de leurs devoirs quotidiens, ne savaient même pas le premier mot de tout ce qui se passait.

§ 8. **Jacques de Lacour, trente-septième abbé.** — Derniers ouvrages composés par Rancé. — Rose d'Almeyras, la prétendue thaumaturge. — Mort de Rancé. — Grandeur de l'œuvre par lui entreprise. — Forbin Janson, Picaut de Ligré et Lottin de Charny à la Trappe. — Fondation d'un monastère de Trappistes en Italie. — Dom Malachie en est nommé supérieur. — Vertus héroïques de cet abbé. — Embarras financiers qui décident Jacques de la Cour à donner sa démission. — Il essaie inutilement de revenir sur sa décision et de supplanter son successeur. — Epoque de sa mort.

XXXVII. JACQUES DE LACOUR (1699-1713). Né à Soissons en 1658 et d'abord moine de Notre-Dame-du-Pin au diocèse de Soissons, fit profession à la Trappe, le 21 janvier 1686, et se trouvait, par conséquent, âgé alors de 28 ans. Il devint prieur de

(1) Voyez la note 6 *in-fine*.

l'Abbaye, puis fut nommé Abbé, le 7 décembre 1698. Son règne devait être, on le voit, notablement plus long que celui de ses deux prédécesseurs, mais sans atteindre néanmoins aux jours de celui de Rancé. En lui envoyant sa nomination, le 1er janvier 1699, Louis XIV s'engage pour lui et ses successeurs au trône à placer des Abbés réguliers à la tête de la Trappe, tant que les religieux continueront à se montrer dignes de cette faveur.

Bullé, le 16 février de la même année, Lacour prend possession le 6 avril suivant et reçoit, le 22 juin 1699, cette bénédiction abbatiale à laquelle, nous l'avons déjà dit plus haut, Dom Gervaise refuse d'assister.

C'est peu de temps après que Rancé achève son livre intitulé *Réflexions morales sur les quatre évangiles*. Il ne le publie, d'ailleurs, qu'à son corps défendant et par pure obéissance. L'année d'après, nous le voyons faire paraître son dernier ouvrage, *Traité des obligations des chrétiens*. On y peut constater que le mérite d'écrivain du saint réformateur n'avait pas trop eu à souffrir des atteintes de l'âge. Par un scrupule assez surprenant de la part d'un tel pamphlétaire, le duc de Saint-Simon adresse, vers cette époque, le manuscrit de ses mémoires à Rancé pour qu'il veuille bien prendre la peine de le corriger. Peut-être craignait-il, et non sans de bonnes raisons sans doute, d'y avoir parfois manqué à la charité. Le vénérable cénobite n'eut vraisemblablement pas le temps de parcourir ni d'annoter cet ouvrage. Sans cela, on peut être sûr qu'il ne nous serait pas parvenu dans l'état où on le possède aujourd'hui.

Un peu plus tard se présente à la Trappe une sorte d'extatique, nommée Rose d'Almeyras. En gens qui ne comptent pas avec leurs amis et partisans, les Jansénistes, dont elle partageait dans une certaine mesure les idées, lui avaient fait une réputation de thaumaturge. On avait vu, assure-t-on, la demoiselle administrer une preuve irréfragable de son pouvoir surnaturel en guérissant d'une façon humainement inexplicable Maine, propre secrétaire de Rancé. Le miraculé, convenons-en, pouvait sembler quelque peu sujet à caution. Rose s'offrait, d'ailleurs, à en user de même vis-à-vis du saint réformateur en personne. Ce dernier, auquel les allures de la prétendue sainte paraissaient fort suspectes et peu convaincu, sans doute, de la guérison surnaturelle de son secrétaire, refuse absolument de lui donner audience. La chose, en effet, eût été tout à fait irrégulière, et puis n'y avait-il pas derrière tout cela un nouveau piège de ces messieurs de la secte ? Rancé, on le conçoit, n'éprouvait nulle envie de s'y laisser prendre.

Cependant la santé du pieux vieillard, déclinant chaque jour davantage, faisait pronostiquer sa fin prochaine. L'abbé de Cîteaux d'accord, sur ce point, avec Dom Lacour, le nouvel Abbé de la Trappe, ainsi qu'avec Mgr de Séez, lui avait prescrit l'usage de la viande. Rancé se trouve ainsi réduit à ce qu'il regardait comme une bien triste extrémité pour un pénitent tel que lui. Il appelait « son persécuteur », le frère convers chargé de le soigner et de lui apporter ses repas. Pour ne point déranger les autres religieux, il se prive de boire, malgré une soif ardente occasionnée par la fièvre, s'abstient, pendant la nuit, de faire entendre aucun de ces cris, de ces plaintes, que parfois la douleur arrache aux hommes les plus énergiques. Autant que ses forces défaillantes le lui permettent encore, il veut prendre part à tous les exercices, se levant à deux heures du matin pour dire son office, allant ensuite entendre la messe à l'Eglise, avant l'aurore. Enfin, cet état déjà si inquiétant s'aggrave encore. Une fluxion de poitrine se déclare et la fièvre, intermittente jusqu'alors, devient permanente. Les soins qu'on lui prodigue n'amènent qu'un mieux momentané et bientôt il sent redoubler ses souffrances. Comme il sollicitait la permission d'assister encore à la messe, l'Abbé nouveau, sur l'autorisation de Mgr de Séez, lui déclare que, dorénavant, on la lui dira dans sa chambre. Enfin, le danger devient imminent et Dom Jacques se hâte de donner le Viatique et l'Extrême-Onction au saint malade. Rancé emploie ce qui lui reste de vie à exhorter ses frères et finit par leur donner sa bénédiction. Sur les entrefaites arrive l'Evêque de Séez, désireux de revoir une dernière fois celui qu'il aimait autant qu'il l'admirait. Après avoir fait sa confession générale au Prélat, le moribond lui demande en grâce de le bénir. Le lendemain, 27 octobre 1700, il expire dans les plus vifs sentiments de confiance en la miséricorde divine. Nous avons tout lieu de regarder comme émanant de quelque écrivain Janséniste, la prétendue relation où on nous dépeint si faussement le réformateur de la Trappe en proie, à ses derniers moments, à la crainte et à l'épouvante.

Ainsi s'est éteint, dans sa soixante-quinzième année, celui qui, à une époque presque contemporaine, fit refleurir les vertus des anciens âges et mérite d'être considéré moins comme le disciple des Saint Benoît et des Saint Bernard, que comme leur émule. Sa restauration de la règle primitive, malgré tant de difficultés et d'entraves, offre, sans doute, un spectacle digne de l'admiration tout à la fois des anges et des hommes. On lui a reproché, nous le savons, d'avoir été plutôt un pénitent qu'un ascète. Le chiffre relativement élevé de la mortalité à la Trappe, sous son administration, a été allégué comme preuve d'un excès de sévérité et d'une rigueur véritablement dignes de Port-Royal (1). Enfin, l'on a raconté plus haut les démêlés que sa manière de voir sur les études monastiques suscita entre lui et les savants religieux de Saint-Maur (2). Nous n'examinerons pas ici jusqu'à quel point chacun de ces griefs peut passer pour fondé. Bornons-nous à dire que plusieurs ne semblent guère l'être et les autres apparaissent, tout au moins, comme fort exagérés. L'on a vu ce qu'il convient de penser du jansénisme de Rancé. D'ailleurs, l'extrême ponctualité avec laquelle il fit pratiquer la règle à ses fils spirituels n'approcha jamais de l'héroïque dureté dont le pieux réformateur usait pour lui-même. Admettons même, si l'on veut, qu'en soumettant à un examen approfondi chaque détail de sa vie, on parvienne à démontrer qu'il est quelquefois tombé en erreur, qu'il alla à l'occasion un peu trop loin. Qu'importe après tout ? Les plus grands saints n'ont-ils pas été dans le même cas ? Qui donc a jamais entrepris de grandes choses sans courir risque de se trouver emporté par son ardeur au-delà des justes bornes ? Qu'il s'agisse de vertu aussi bien que d'honneur, mieux vaut, après tout, s'exposer à dépasser la limite que de rester en deçà. Nous ne saurions, en ce qui nous concerne, éprouver d'autres sentiments que ceux d'une profonde vénération pour l'homme dont le seul tort serait d'avoir quelque peu donné dans l'excès en ce qui concerne la pratique de la pénitence et le zèle pour le salut des âmes. Ajoutons, du reste, que le ciel lui-même semble s'être plu à témoigner de la sainteté de Rancé en lui accordant le don des miracles après sa mort (3) et que l'espérance de le voir un jour proposé aux hommages religieux de tout le peuple chrétien reste permise à ses admirateurs. Enfin, au lieu d'être enseveli dans la chapelle du couvent comme les autres abbés, l'illustre cénobite fut, suivant sa recommandation expresse, inhumé au cimetière commun, en compagnie des simples religieux.

Sur ce point, les vœux qu'inspirait à Rancé son esprit d'humilité ne se sont trouvés que trop exaucés, et nul ne saurait dire aujourd'hui où reposent les restes vénérables du réformateur de la Trappe (4).

Le premier soin de Dom Jacques de Lacour, sitôt après la disparition de Rancé, fut de chasser du monastère ce Maine qui avait si indignement abusé de la confiance du saint vieillard.

(1) Voyez la note F *in fine*.
(2) Voyez la note G.
(3) Voyez la note H.
(4) Voyez la note I *in fine*.

Il fut même interdit à ce malheureux, par une lettre de cachet, de jamais approcher de la Trappe.

Dès lors, la période des luttes et contradictions se trouve close pour une durée de plus de trois générations d'hommes, long répit accordé par la malice du siècle à l'œuvre de Dieu. Sous l'égide de l'autorité royale, au sein d'un monde marchant vers sa ruine et d'une société déjà en décadence, la Trappe s'élève semblable au roc que les flots battent d'un effort impuissant. Ce sera le port assuré, l'asile inviolable ouvert à l'innocence et nous y verrons, de son côté, le repentir en larmes faire surabonder la grâce là où l'iniquité avait abondé. Enfin, étendant au loin ses rameaux, comme le plus charmant des fils de Jacob, notre monastère va commencer à répandre par tout l'univers la suave odeur de la réforme monastique. Au nombre des convertis reçus sous le gouvernement de Jacques de Lacour, citons en premier lieu Forbin Janson, fameux duelliste que le meurtre d'un adversaire avait obligé pour quelque temps à quitter la France. Grièvement blessé à la bataille de la Marsaille, il fait vœu, en cas de guérison, de changer le harnais militaire contre le froc et tient parole.

N'oublions pas non plus Picaut de Ligré, dont l'histoire rappelle si étrangement celle de Dom Muce. Ses fureurs continuelles l'avaient rendu redoutable. D'ailleurs ivrogne, débauché, ne reculant ni devant le vol ni devant la calomnie, il unissait les passions les plus viles à la violence et à la férocité. Prévôt provincial de Touraine, il n'avait guère, pendant dix années, usé de ses fonctions que pour satisfaire ses appétits brutaux. Puni de tant de méfaits par trois ans de prison, il reçut l'ordre de vendre sa charge pour payer ses dettes. Le voilà ruiné du coup et enfin résolu à partir pour le Nouveau-Monde où on lui offrait un emploi. La mort de sa mère l'ayant rappelé dans ses foyers, ce fut pour lui le coup de la grâce. Cette sainte femme, qui avait tant prié pour la conversion de son fils, se trouve enfin exaucée. Quelques entretiens avec un bon prêtre ouvrant le cœur du coupable au repentir, il songe tout d'abord à se faire capucin. Mais, toutes réflexions faites, la vie de ces bons pères est encore trop mêlée à celle du monde et il lui faut une solitude plus complète. C'est ce qui le décide en faveur de la Trappe où, jusqu'à la fin de sa vie, il trouvera moyen d'être pour ses confrères un sujet d'édification.

Toutefois, la conversion qui fit davantage de bruit et où le doigt de Dieu se manifeste peut-être de la façon la plus frappante, ce fut celle de Lottin de Charny, en religion Frère François. Très apprécié dans le monde à cause de son faste, de son élégance raffinée et de sa brillante valeur, ce jeune officier avait dû, à la suite d'une affaire d'honneur, se tenir quelque temps à l'écart. Il profite de ses loisirs pour se rendre à la Trappe où tout ce qu'il voit l'impressionne vivement. Bien décidé à revenir à Dieu, notre guerrier ne songeait guère cependant à embrasser l'état monastique Tout au contraire, il compte trouver dans le mariage, un moyen de rompre avec des liens illégitimes. Sur les entrefaites, nous le voyons faire un nouveau voyage au monastère où il passe plusieurs jours. Cependant, les chevaux déjà mis à sa chaise de poste, il ne lui restait plus qu'à prendre congé de ses hôtes, lorsqu'un des religieux l'invite à entendre une dernière messe, dite exprès à son intention. Au moment de l'élévation, il sent son cœur tout bouleversé. A peine le Saint Sacrifice terminé, on le voit demander humblement d'être admis comme postulant. Une fois revêtu de l'habit monastique, ce jeune efféminé, dont rien n'égalait la mollesse et la sensualité, va étonner ses frères en religion par son esprit de mortification.

L'acte le plus important du gouvernement de Dom Jacques, ce fut certainement la fondation d'une Trappe en Italie.

Par là, suivant l'heureuse expression de Gaillardin, il rendait l'observance primitive de la règle bénédictine à la patrie même de Saint Benoît. Voici dans quelles circonstances le fait se produisit. Vers la fin de l'année 1703, un gentilhomme italien fait profession au monastère de Soligny. Le marquis Salviati, envoyé extraordinaire du grand duc de Toscane, assiste à la cérémonie et s'en trouve on ne peut plus touché. Il dit et redit au Père Abbé combien lui semble heureux le peuple qui avait de pareils exemples sans cesse sous les yeux et s'informe s'il serait possible d'introduire l'étroite observance en Toscane. Sur la réponse affirmative à lui faite, il écrit au grand duc Cosme III. Celui-ci, grand admirateur de Rancé et qui avait entretenu avec lui une correspondance très suivie, ne peut qu'être favorable à ce projet. Les permissions nécessaires sont obtenues de Rome et, d'autre part, Louis XIV encourage cette tentative, jugeant glorieuse pour le royaume l'introduction à l'étranger d'une réforme d'origine française. Jacques de Lacour confie le gouvernement de la sainte colonie à Dom Malachie de Garneyrin, d'origine savoisienne et homme d'une piété accomplie. C'était réellement un abbé suivant le cœur de Dieu et, à cause de cela, Rancé, ainsi que nous venons de le dire plus haut, l'avait proposé pour succéder à Dom Gervaise. Les moines de Tamié l'ayant choisi comme supérieur, le duc de Savoie s'était empressé de ratifier l'élection. Par humilité, Malachie refuse d'abord d'accepter les fonctions abbatiales. Mais bientôt une plus longue résistance lui devient impossible. Il s'agit d'un service signalé à rendre à la cause de la réforme

et, d'ailleurs, c'est son Abbé lui-même qui l'envoie pour diriger ses frères spirituels. Plusieurs des moines destinés à se fixer pour toujours en Italie ne sont prévenus que la veille de leur départ imminent. On se met en route le 19 janvier 1705. Le voyage des pieux cénobites, bien différent de celui qu'entreprendront leurs successeurs au temps de Lestrange, ne consiste qu'en une suite de triomphes auxquels ils font tous leurs efforts pour se soustraire. Arrivés à Paris, nos religieux auront soin de s'enfermer si bien dans la voiture qui les emmène qu'être vus ou rien voir eux-mêmes leur devienne également impossible. Marseille sera leur point d'embarquement pour Livourne où ils abordent au nombre de dix-huit personnes. Le sage et vertueux Cosme III les installe dans l'abbaye de Buonsolazzo, autrefois occupée par les Bernardins, sur le penchant du mont Senario et à quelque lieues de Florence. Le monastère prospéra si bien qu'en 1755, on y comptait cinquante religieux, les frères convers inclus. Du reste, en pouvait-il être autrement d'une œuvre si bien commencée et par un homme tel que Dom Malachie ? L'on peut dire de lui qu'il poussait jusqu'au génie l'art de la mortification. Sur la galère qui le transportait ainsi que son cher troupeau, il s'était réservé le poste le plus désagréable, près de la porte, exposé au bruit et au mouvement des allants et venants. Obligé de céder un instant cette place à un de ses religieux qui la réclamait en grâce, il la reprit avec bonheur peu après, affirmant que nulle part il ne pourrait être mieux. Obligé, par ordre du Souverain Pontife, d'aller à Florence pour subir l'interrogatoire des religieux cisterciens de la Congrégation italienne, il surprit ses juges par un savoir égal à sa modestie. Comme on le questionnait sur les devoirs d'un abbé, il répondit qu'ils consistaient plutôt à servir qu'à commander « *Prodesse magis debet quam preesse* ». Et, de fait, nous ne saurions nous faire une idée de l'humilité avec laquelle il se mettait au service de ses frères. Un des supérieurs secondaires s'étant aperçu qu'à certaines heures il se séparait du reste de la communauté, crut avec raison qu'il s'agissait de quelque œuvre d'un mérite extraordinaire. Il se met donc à épier son Abbé, non par curiosité, mais afin de trouver en cette circonstance un nouveau sujet d'édification. Il le surprend, enfin, en train de nettoyer les latrines. Un de ses religieux lui ayant fait observer par affection filiale qu'il ne se devait pas traiter plus sévèrement que ses enfants spirituels : « Vous êtes dans
« l'erreur, répond Dom Malachie ; un supérieur est obligé de
« faire double pénitence. Il est tenu, comme moine, à vivre dans
« la mortification, et comme abbé, à en donner l'exemple. Les
« dangers et les devoirs de sa charge étant plus grands que ceux
« de ses inférieurs, il se tromperait étrangement s'il adoptait

« pour lui-même la règle et la mesure que, tantôt la charité,
« tantôt la prudence le forcent d'appliquer au prochain. »

Ajoutons que ce saint Abbé se signalait spécialement par son amour de la pauvreté. Dans un moment de gêne, on le voit refuser à certain de ses moines la permission d'écrire à sa famille qui était riche, pour lui demander un secours en faveur de la Trappe. « Pouvons-nous, observa-t-il, tendre à l'esprit et à « la vérité d'un état de perfection sans savoir souffrir en paix « la privation des choses nécessaires ». Toujours fidèle à ses maximes, il s'opposera à ce que l'on sollicite rien de son généreux protecteur, le grand duc.

Mais il est temps d'en revenir au supérieur de la Trappe de Soligny. Rancé, uniquement préoccupé de faire fleurir les vertus ascétiques au sein de son troupeau, montrait une aversion véritable pour ce que l'on appelle les affaires. Jacques de Lacour, émule, tout au moins dans une assez large part, de ses vertus, ne déploya pas tant de prudence et on peut le considérer sans injustice comme ayant fait preuve d'un talent fort médiocre en qualité d'administrateur.

Le désir, légitime en soi, d'accroître les ressources de sa maison le décide à se lancer, lui aussi, dans l'industrie. On le voit non seulement affermer à quelques particuliers, pour la somme de 2,800 livres, certaines mines de fer appartenant à la Trappe, mais encore permettre l'établissement d'un fourneau non loin du couvent, afin que l'on puisse plus aisément travailler le minerai. L'exploitation, consommant beaucoup de bois, amène le dessèchement de plusieurs sources importantes. De là une diminution notable dans les revenus de la communauté. D'ailleurs, l'entreprise ayant dû être abandonnée quelque temps après, le monastère se trouve endetté pour plus de cinquante mille francs. Cette circonstance décide Lacour à donner sa démission en 1713 et à consentir, le 14 mai 1714, une procuration pour résigner. Ajoutons avec regret que, tout comme Dom Gervaise, il ne tarda pas à se repentir du parti si sagement adopté. Le voilà qui veut revenir sur son acte de résignation. Il aurait même, au dire d'écrivains sérieux, intrigué, mais fort inutilement du reste, dans le but de supplanter son successeur. Pareille conduite semblera-t-elle bien digne d'un religieux fervent et attaché à ses devoirs ? Elle est de nature à faire plus de tort à sa mémoire que ses mauvaises spéculations.

Quoi qu'il en soit, c'est environ sept ans plus tard, à savoir le 2 juin 1720 et non le 25 mai de la même année, comme le prétend la *Gallia Christiana,* que mourut Jacques de Lacour.

# CHAPITRE IX

## LA TRAPPE AU XVIII° SIÈCLE

### (1713-1790)

§ 1. — *Isidore Maximilien d'Ennetières, trente-huitième Abbé. — Il rétablit l'ordre dans les finances de la Communauté. — Mort de M. de Saint-Louis, l'ami de Rancé, en 1714.*

§ 2. — *François-Augustin Gouché, trente-neuvième Abbé. — Est béni par l'Évêque d'Evreux. — Sa mort.*

§ 3. *Zozime II Huvel, quarantième Abbé. — Procès que la Communauté de la Trappe eut à soutenir sous son règne.*

§ 4. *Malachie Brun, quarante et unième Abbé. — Il reçoit une commission de vicaire général de l'Ordre. — Mort du chevalier de Pennat.*

§ 5. *Chambon, Théodore, quarante-deuxième Abbé. — Ouvrages édifiants par lui composés, mais non livrés à l'impression. — Benoît Labre à la Trappe.*

§ 6. *Olivier, Pierre, quarante-troisième Abbé. — Les Princes d'Orléans à la Trappe. — Pèlerins venant visiter le Monastère. — Relations par eux laissées de leurs voyages.*

§ 7. *Synchronisme des Abbés de la Trappe, Évêques de Séez et Comtes du Perche, depuis la fondation du Monastère jusqu'à la mort d'Olivier Pierre.*

### § 1 Isidore-Maximilien d'Ennetières, trente-huitième Abbé. — Il rétablit l'ordre dans les finances de la Communauté. — Mort de M. de Saint-Louis, l'ami de Rancé, en 1714.

XXXVIII. ISIDORE - MAXIMILIEN D'ENNETIÈRES (1714-1727), dont l'auteur de l'*Histoire illustrée de la Trappe* ne donne que les prénoms, fut le cinquième des Abbés réformés de ce monastère. Il naquit à Tournai vers 1663. Après avoir commencé par être chanoine régulier de Sainte-Geneviève, ses sentiments de vive piété le dirigèrent vers un genre de vie plus sévère. Nous le voyons faire profession dans la maison de Soligny, le 25 mai 1698, se trouvant alors dans sa trente-septième année. C'est le 24 décembre 1713 que d'Ennetières est reconnu par le roi, supérieur de la Trappe. Préconisé et bullé, le 22 mars 1714, le nouvel Abbé prit définitivement possession de son siège le 6 novembre de la même année. Cependant, sa bénédiction se fait attendre assez longtemps, puisqu'il la reçut seulement le 26 avril 1716 des mains de M⁰ʳ Dominique de Saint-Clair, Évêque de Séez. Son règne fut donc d'environ treize ans.

Effectivement, Isidore-Maximilien, après avoir rétabli l'ordre dans les finances de la Communauté, en conserva le gouvernement jusqu'à la fin de sa vie. C'est à la Trappe qu'il mourut, le 27 juin 1727.

Cet Abbé avait prouvé son esprit de charité en faisant construire, l'an 1723, au lieu dit la Heurtaudière, une maison d'habitation au profit de Pierre Jourde de la Courbe et de son épouse. Il voulait ainsi indemniser le ménage du prix peu élevé en échange duquel avait été faite remise au couvent, douze années auparavant, de la métairie des Barres (1).

Nous ne trouvons guère à rappeler, parmi les actes qui signalèrent son administration, qu'une sentence de l'élection de Verneuil, en date de 1717. Elle réduit à douze livres la taille de la métairie des Barres, exploitée par les religieux de la Trappe, que les collecteurs avaient d'abord portée à quarante livres (2). Joignez-y un accord passé, deux ans plus tard, avec MM. de Guerpel, curé des Genettes, et Renel, curé de Lignerolles, au sujet des dîmes de la métairie des Barres (3).

Le 8 septembre 1714, et, par conséquent, un peu plus de six mois après que d'Ennetières eut reçu ses bulles, meurt à la Trappe, âgé de 85 ans, M. de Saint-Louis, ancien brigadier des armées du roi et colonel du régiment de Roussillon (4). Nous avons précédemment déjà raconté l'histoire de ce saint militaire, grand ami et admirateur de Rancé. Sans avoir fait profession de vie religieuse, il suivait, en partie du moins, la règle et les exercices du monastère.

(1) M. L. Duval, *Invent. somm. des Archives départementales*, t. Iᵉʳ, p. 359 (H. 1848).
(2) *Ibid., ibid.*, t. Iᵉʳ, p. 359 et 360 (H. 1852).
(3) *Ibid., ibid.*, t. Iᵉʳ, p. 359 (H. 1850).
(4) *Registre mortuaire de la Trappe et de la Valsainte*, p. 2 (dans les *Manuscrits pour servir à l'histoire de la Trappe*).

## § 2. François-Augustin Gouche, trente-neuvième Abbé. Est béni par l'Évêque d'Evreux. — Sa mort.

XXXIX. GOUCHE (FRANÇOIS-AUGUSTIN), né à Eu en 1682, fait profession au monastère de Soligny, le 9 novembre 1716, étant par suite âgé de trente-quatre ans. Il est élu Abbé de cette maison, le 5 septembre 1727 et confirmé par le roi Louis XV dans cette fonction, le 13 octobre de la même année. Ses bulles de provision sont du 9 novembre 1727. Enfin, il prend possession environ un mois plus tard, c'est-à-dire le 12 décembre suivant. Le siège épiscopal de Séez se trouvant vacant à cette époque, François-Augustin fut béni à la date du 21 avril 1728 par Jean Le Normand, Évêque d'Évreux, auquel le Chapitre Sagien avait donné territoire pour la cérémonie. Gouche conserve le gouvernement de la Trappe jusqu'au moment de sa mort qui eut lieu le 11 septembre 1734. Il avait donc alors cinquante-deux ans et non point quarante et un à peine, comme le veut M. Fisquet.

C'est sous son règne, le 21 mai 1731, que décède au monastère de Soligny, Etienne Lyon, ancien marchand, natif de Tours, qui s'était fixé dans cet asile depuis trente-six ans.

Un peu plus tard, c'est-à-dire le 18 mai 1733, messire Michel d'Auxbrebis, baron de Weilen, ancien capitaine de cavalerie, rend son âme à Dieu, plus chargé, nous dit l'auteur du manuscrit, de mérites que d'années. Retiré à la Trappe depuis huit à neuf années, il y remplissait les fonctions de novice de chœur (1).

## § 3. Zozime II Hurel, quarantième Abbé. — Procès que la Communauté eut à soutenir sous son règne.

XL. ZOZIME II HUREL (1735-1747), du Vexin Français, dut naître aux environs de l'année 1670 et entrer à la Trappe vers 1707. Son élection comme Abbé est du 10 novembre 1734.

Les bulles de provision contenant l'agrément royal lui parviennent vingt jours plus tard, c'est-à-dire le 30 du même mois, et sont fulminées le 5 mars de l'année suivante. Il prend possession le 12 mars 1735. Jacques Lallemant, Évêque de Séez, le bénit le lendemain.

Sous son gouvernement, la Trappe dut soutenir plusieurs procès (1743-1745) contre M. de Glapion, écuyer et sieur de

(1) *Registre mortuaire*, p. 3.

Fortel, et qui n'aurait pas été, paraît-il, d'un caractère trop accommodant. Aussi, voyons-nous ce gentilhomme débouté de ses demandes par autorité de justice (1).

Dom Zozime, âgé de 77 ans, comptait quarante ans de profession et dirigeait depuis treize ans la Communauté au moment de sa mort, qui arriva le 7 février 1747.

### § 4. Malachie Brun, quarante et unième Abbé. — Il reçoit une commission de vicaire général de l'Ordre. — Mort du chevalier de Ponnat.

XLI. MALACHIE BRUN (1747-1766) nous arrêtera un peu plus longtemps que ses deux prédécesseurs. Né vers 1669, il avait été capiscol ou chef des chantres de Saint-Agricol à Avignon ; puis, très jeune encore, nommé grand vicaire de cette ville. Il s'exerça spécialement dans les missions diocésaines. La réputation qu'il y gagne comme prédicateur ne tarde pas à effaroucher son humilité. De peur de se laisser aller à de vains sentiments de complaisance pour soi-même, le pieux ecclésiastique prend le parti d'entrer à la Trappe où il est reçu profès, le 1er juillet. Malachie y remplit successivement les fonctions de maître des novices, sous-prieur et enfin abbé régulier.

Son brevet de nomination à cette dernière fonction, datant du 26 février 1747, fut confirmé par Louis XV le 4 mars suivant. Les bulles de provision lui seront adressées le 7 de la même année et leur fulmination devra être reportée au 15 juin 1747. D'après M. Fisquet, ç'aurait été la veille, c'est-à-dire le 14, que Dom Malachie prit possession. Il fut béni le 26 du même mois par Mgr de Christot, Évêque de Séez.

L'on vantait beaucoup l'esprit vif et piquant, l'agrément dans la conversation du nouvel Abbé de la Trappe. Ces qualités, que naturellement on jugera assez superflues chez un simple religieux, pouvaient avoir leur utilité dans un supérieur. Au reste, le mérite de Dom Malachie ne resta pas confiné entre les murs du monastère. Du consentement des quatre premiers pères, l'Abbé de Cîteaux lui donna, le 22 avril 1760, une commission de vicaire général de l'Ordre.

C'est en 1744, nous ignorons quel mois, mais en tout cas sous le gouvernement du successeur de Dom Zozime II, qu'un parti-

---

(1) *Invent. somm. des Archives départementales*, t. 1er, p. 237 (H. 1882-83-84 et 85).

culier généreux, Nicolas Provost, constitua une rente de cent livres au profit des religieux de la Trappe (1).

Un autre événement contemporain du même règne, ce fut la mort de M. Alexandre de Ponnat, chevalier de Malte. Ce vertueux personnage décéda à la Trappe le 1er mars 1753, âgé de 74 ans et fort regretté des indigents qui trouvaient en lui un père véritable. Il n'était que pensionnaire de la maison de Soligny et n'avait jamais prononcé de vœux monastiques. Le 20 décembre 1721, M. de Ponnat installa, avec l'aide de deux religieux profès, les frères Apollon de Longuet et Claude Menat, une pharmacie pour les pauvres dans le monastère en question.

Nous ne croyons pas inutile de signaler ici une lettre de Dom Malachie, en date du 16 mars 1751. Adressée à une personne dont le nom nous reste inconnu, mais qui nourrissait l'intention de devenir Trappiste, elle a été publiée dans les *Documents sur la Province du Perche* et fait partie de la riche collection de M. Henry Tournoüer (2). Cette missive, aussi éloquente que pleine d'onction, peut être citée comme une preuve de la haute intelligence de son auteur.

Enfin, Dom Malachie fut lui-même frappé de mort subite, le 10 juin 1766. Agé alors de soixante-dix ans, il en avait passé trente au monastère de la Trappe.

### § 5. Chambon, Théodore, quarante-deuxième Abbé. — Ouvrages édifiants par lui composés, mais non livrés à l'impression. — Benoît Labre à la Trappe.

XLII. — CHAMBON (THÉODORE), le neuvième des Abbés réformés, gouverna depuis 1766 jusqu'en 1783, c'est-à-dire pendant dix-sept années environ. Il avait débuté par les fonctions de cellérier. Son brevet de nomination porte la date du 6 juillet 1766. Ses bulles sont du 4 août suivant. La fulmination en eut lieu le 22 septembre de la même année. Dom Théodore prend possession de sa charge le 27 de ce mois et le lendemain reçoit la bénédiction de Mgr l'Evêque de Séez. Il composa plusieurs ouvrages qui n'ont pas été imprimés, à savoir un mémoire justificatif de l'Abbé de Rancé; un autre, destiné à établir que saint Bernard avait réellement reçu mission de Dieu pour prêcher la croisade;

---

(1) *Invent. somm. des Arch. dép.*, t. 1er, p. 369 (II. 1896).
(2) *Lettre de Dom Malachie, abbé de la Trappe, à Monsieur *** qui désire embrasser la vie religieuse*, p. 10 et 11 de la *Chronique et Correspondance du Perche* (5e série des *Documents*, etc.).

enfin, un traité destiné à démontrer à quel point la communauté d'habitation des ecclésiastiques avec les personnes du sexe féminin est chose condamnable. Ce dernier forme, nous dit l'auteur anonyme, un in-folio dont une copie exécutée avec beaucoup de soin par les moines, doit aujourd'hui encore, sans doute, faire partie de la bibliothèque d'Alençon. Chambon, qui s'amusait de temps à autre, assure-t-on, à faire des vers français, forma le dessein de publier la vie de Rancé par Dom Gervaise, mais en y joignant toutefois une préface par lui-même rédigée. C'est là qu'il aurait répondu aux articles de l'encyclopédie intitulés *Rancé* et *la Trappe*. L'Abbé de Citeaux le détourna de mettre ce projet à exécution.

Un acte capitulaire datant de 1770 et en vertu duquel les religieux de la Trappe se trouvent engagés par leur Abbé, porte ratification de l'acte d'échange de la terre de Chailloué, fait entre eux et M. de Prépotin (1).

Cependant, l'année suivante, à savoir 1771, le comté du Perche se trouva, une fois de plus, distrait de la couronne, du moins à titre nominal. C'est alors que Louis XV le donne en apanage, ainsi qu'Alençon, Falaise et Orbec, à son petit-fils Louis-Henri-François-Xavier, Comte de Provence, et, depuis, roi de France, sous le nom de Louis XVIII.

Le 21 novembre 1775 meurt, à l'hospice de l'Abbaye, F. Maurice de Verclos, ancien lieutenant de grenadiers au régiment de la Marche-Prince, né à Avignon. Il ne faisait que sortir du noviciat et se trouvait âgé de 27 ans. On l'inhuma dans le cimetière de la Trappe.

Gaillardin, suivi sur ce point par l'auteur du manuscrit, fait mourir Dom Théodore le 17 septembre 1788. Suivant toute apparence, il y a là une simple coquille d'imprimeur et nous devons lire 1783. Les autres historiens sont effectivement unanimes à faire cesser son règne dans le cours de cette dernière année, et il est bien certain, d'ailleurs, que l'Abbé en question n'a jamais démissionné. Enfin, l'auteur anonyme (Louis Dubois) reporte la nomination de son successeur au 7 décembre 1783.

Quoi qu'il en soit, c'est sous le règne de Théodore Chambon que l'illustre pénitent Benoît-Joseph Labre apparaît par deux fois à la maison de Soligny et voici dans quelles circonstances.

Ayant à peine dépassé sa seizième année, le pieux adolescent ne songeait qu'à rompre avec le siècle. Déjà, il avait étudié les divers codes monastiques pour savoir lequel lui permettrait d'atteindre *la plus grande perfection sous la règle la plus austère.*

(1) *Inv. somm. des Arch. dép.*, t. Ier, p. 368 (H. 1889).

L'existence mortifiée du Trappiste lui semblait répondre d'une façon plus particulière aux aspirations de son âme. Les parents de Benoît, auxquels celui-ci s'était ouvert de ses projets, malgré leur esprit bien connu de piété, refusent absolument d'y souscrire. Ils craignent qu'en raison de sa santé délicate, leur fils ne puisse se faire à un régime si rigoureux. D'ailleurs, leur rêve était de le voir curé de campagne, tout à la fois édifiant le pays par une vie véritablement évangélique et assistant sa famille de ses sages conseils. Pendant quatre années consécutives, Benoît se soumet aux désirs de ceux qui ont autorité sur lui. Enfin, ayant accompli sa vingtième année, le 6 octobre 1767, il se présente à la chartreuse de Notre-Dame-des-Prés de Neuville où on l'admet comme postulant.

Le jeune Labre ne fait d'ailleurs qu'y passer. Bientôt, ses supérieurs reconnaissent qu'il n'est pas dans sa vocation. « Frère, lui dit le prieur, nous sommes contents de vous, mais « notre règle n'est pas faite pour la trempe de votre âme; suivez « l'inspiration de Dieu. »

Notre pénitent croit reconnaître dans ce qui vient de se produire la preuve certaine que le Ciel l'appelle à l'existence de Trappiste. Sa conviction, à cet égard, était si complète qu'il ne craignait pas de dire : « Quand mon père se coucherait en « travers de la porte pour m'arrêter, je serais contraint de « passer outre et d'obéir à l'appel de Dieu. »

En présence d'une volonté si arrêtée de la part de leur fils, les parents se résignent avec beaucoup de bonne grâce et de générosité à ne plus le retenir. Voici Benoît qui, le 25 novembre 1767, vers la tombée de la nuit, vient frapper à la porte du monastère de Soligny. Pour y arriver, il lui avait fallu faire soixante lieues à pied et par un temps épouvantable. Quelle n'est pas l'affliction du pieux voyageur en apprenant que ses vœux ne peuvent être exaucés, la règle interdisant formellement de recevoir aucun novice avant l'âge de vingt-quatre ans révolus.

Après un mois d'absence, Benoît regagne enfin ses foyers, mais dans quel état, grand Dieu ! Ses pieds sont tout déchirés, ses vêtements en lambeaux et lui-même à demi-mort de fatigue et surtout de chagrin. Ses parents le réconfortent de leur mieux et sa mère surtout lui prodigue les marques de la plus profonde tendresse.

L'on comptait bien que cette épreuve serait la dernière et que le jeune pénitent allait enfin renoncer à des projets si visiblement désapprouvés par le Ciel lui-même.

Tels n'étaient pas les sentiments de Benoît. Peut-être, se disait-il, n'ai-je pas fait assez d'instances ? Avec plus de persistance, ne serais-je pas parvenu à fléchir les rigueurs du règlement ? Le voilà donc qui fait part aux siens de l'intention où il est de se rendre de nouveau à la maison de Soligny. Sa mère, alors enceinte de son quinzième enfant, essaie vainement de le retenir par ses larmes et ses supplications. Enfin, il est convenu que Benoît retardera au moins de quelques jours son voyage dans le Perche. L'abbé Théret, vicaire d'Amettes, vient d'écrire au Prieur de la Trappe, au sujet de l'admission du pieux jeune homme comme novice. La réponse ne se fait guère attendre et elle est telle qu'on pouvait le prévoir. Benoît ne saurait être reçu tant qu'il n'aura pas atteint l'âge réglementaire.

Ajoutons qu'après être resté quelque temps au sein de sa famille à continuer ses études, le pieux jeune homme fait de nouveaux essais de vie monastique tant à la Chartreuse de Neuville qu'à la Trappe de Sept-Fonds, près Moulins, au département de l'Allier. C'est à la suite de ces péripéties que la volonté divine se manifeste à lui avec une clarté irrésistible. Nous le voyons entrer alors dans cette voie des Pélerinages qui doit le faire parvenir à un si éminent degré de sainteté (1).

### § 6. Olivier Pierre, quarante-troisième Abbé. — Les Princes d'Orléans à la Trappe. — Pèlerins qui viennent visiter le monastère. — Relations par eux laissées de leurs voyages.

XLIII. OLIVIER (PIERRE) fut à la fois le dixième Abbé de la réforme et le dernier qui ait gouverné le monastère avant sa suppression. Son règne, qui dura sept ans, va de 1783 à 1790. Élu, nous venons de le voir, à la fin de l'année 1783, Dom Pierre reçoit, le 2 janvier 1784, la bulle du Pape Pie VI dont la fulmination date du 24 mars, c'est-à-dire quatre-vingt-deux jours plus tard. Enfin, le nouvel élu prend possession de son siège le 31 de ce dernier mois. C'est le 20 avril 1786 que la mort lui enlève son prieur qui s'appelait Dom Ignace Moret.

L'Abbé Fret nous représente Pierre Olivier survivant à la suppression de la maison de Soligny par l'Assemblée Nationale et se rendant en Italie. Il serait même devenu curé à Turin et confesseur de la Reine. Avant de rendre le dernier soupir dans la capitale du Piémont, à une époque que le défaut de documents ne nous permet pas de préciser, il aurait eu le temps d'écrire

---

(1) M. l'Abbé S. Solassol, *Un mendiant français au siècle de Voltaire*, p. 27 à 59 (Paris, 1881). — *Le Saint Pèlerin d'Amettes*, vie de saint Benoît-Joseph Labre, p. 20 à 37.

un ouvrage contre la Révolution (1). D'autres préfèrent le faire mourir en Suisse.

Bien que de telles assertions aient été répétées par un certain nombre d'écrivains, tout ceci mérite, à coup sûr, de passer pour du roman ; le texte même du registre mortuaire de la Trappe, dont l'autorité, comme le remarque Gaillardin (2), ne saurait être contestée, l'établit clairement. Pierre Olivier trépassa à la maison de Soligny, le 7 février 1790, c'est-à-dire six jours juste avant le décret de la Constituante, supprimant les vœux monastiques. Le couvent avait alors pour prieur Dom Gervais Brun et Dom Jérôme Magnier comme sous-prieur. Le cellérier s'appelait Dom Timothée.

Parmi les événements qui se produisirent à la Trappe sous l'administration de Dom Olivier, citons le voyage des jeunes princes d'Orléans, à savoir les ducs de Chartres, de Penthièvre, de Montpensier, ainsi que de Madame Adélaïde, sous la conduite de Madame de Genlis. Malgré son jeune âge (il n'avait pas alors plus de 13 ans), c'était le duc de Montpensier qui tenait le carnet de voyage. Après nous avoir fait un tableau fort peu flatteur, et que pour notre part nous nous plaisons à croire médiocrement exact, de la ville de Mortagne, le narrateur raconte qu'on la quitta pour la Chartreuse du Val-Dieu. C'est de cette dernière que la pieuse caravane se rendit à la maison de Soligny. On y arriva enfin le 5 juin 1788. Le spectacle qui s'y déroula aux yeux des voyageurs fut pour eux un véritable motif d'édification et Montpensier résume leurs impressions en ces termes : *Nous sommes partis de la Trappe, touchés et pénétrés d'admiration d'avoir vu tant de vertus réunies, la piété, la concorde, l'hospitalité, la simplicité, l'obéissance, la frugalité et l'humilité* (1).

Un mot maintenant sur l'état général du Monastère pendant la période qui s'étend de 1714 à 1790. Trois cents professions eurent lieu, dont la majorité de frères convers. Toutes les classes sociales s'y trouvaient d'ailleurs représentées. Parmi les personnes désireuses de finir leurs jours à la Trappe, mais que diverses circonstances détournèrent de mettre leur projet à exécution, il convient de citer le docte P. Berthier, *de la Compagnie de Jésus*, cela est marqué dans sa vie qui est en tête de son ouvrage sur les psaumes. Le P. Berthier, Jésuite, était rédacteur du *Journal de*

(1) *Antiquités et Chroniques Percheronnes*, t. III, p. 392.
(2) G. Gaillardin, *Histoire de la Trappe*, t. Ier, p. 345 (et en note).
(3) *La Quinzaine* (no du 1er novembre 1895, p. 33 à 56). *Journal de Voyage à la Trappe du duc de Montpensier*, découvert dans les papiers de M. Barrière, par Mme Clarisse Bader. — *Chronique et Corresp. de la Province du Perche*, 5e série des *Documents*, etc., p. 14.

*Trévoux*, qui mettait au grand jour et démasquait les pièges de l'incrédulité. De là ses démêlés avec le philosophe de Ferney. Ce fut le supérieur même du Monastère qui le déconseilla de se retirer à la maison de Soligny, alléguant que le talent d'écrivain et de polémiste du candidat serait plus utilement employé dans le monde qu'au sein de la solitude.

Ayons bien soin de ne pas le confondre avec le P. Berthier, oratorien, et qui, lui, ne paraît jamais avoir rien à démêler avec Voltaire.

Mentionnons, d'un autre côté, l'Abbé Alary, fixé à la Trappe depuis son retour de Chine en 1772, mais que le Pape Clément XIV fit sortir du cloître pour le mettre à la tête des missions.

On ajoutera à la liste des pèlerins célèbres qui vinrent chercher dans notre monastère des leçons de sainteté et d'édification, le vertueux duc de Penthièvre, fils d'un bâtard légitimé de Louis XIV. Ce seigneur réparait par une ardente piété les défectuosités de son état civil. Gilbert, le poète satyrique, s'est plu à célébrer sa modestie ainsi que son esprit de bienfaisance dans les vers suivants de l'apologie :

« Sous ce modeste habit, déguisant sa naissance,
« Penthièvre, quelquefois, visite l'indigence,
« Et de trésors pieux dépouillant son palais,
« Porte, à la veuve en pleurs, de pudiques bienfaits. »

Parfois, le descendant du grand Roi amena avec lui, à la Trappe, son petit-fils le duc de Chartres, le futur roi Louis-Philippe Ier. Le monastère reçut également la visite de Charles X qui y passa plusieurs jours et dîna même au réfectoire avec les religieux.

Ajoutons qu'au sein d'une société frivole et sceptique comme celle du XVIIIe siècle, bien des idées fausses et romanesques ne pouvaient manquer de se répandre concernant notre couvent et la vie que l'on y menait. Il fut représenté comme l'asile de l'amour, du désespoir, de l'ambition déçue ou du repentir qui suit quelquefois les grands crimes. Tels sont les sentiments que nous trouvons exposés dans le *Comte de Cominge*, par la Comtesse de Tencin, le *Novice de la Trappe*, par Florian, la composition poétique de Barthe, intitulée *Lettre de l'Abbé de Rancé à un ami*, etc. Enfin, un certain nombre d'écrivains ne craignirent pas de se montrer ouvertement hostiles à la Trappe, la tournant en dérision, la proclamant un vrai lieu d'horreur, l'antre du fanatisme en délire et de la plus odieuse tyrannie. Citons à preuve la *Réponse d'un solitaire de la Trappe à la lettre de Rancé*, par Laharpe, avec une préface de Voltaire, et les *Lettres écrites à la Trappe par un novice*.

Par contre, l'auteur d'un *Voyage en vers et en prose, fait à la Trappe* et publié en 1786, mérite d'être signalé comme un de ces hommes foncièrement honnêtes qui savent sacrifier leurs préventions à l'amour de la vérité. Sur la foi de récits mensongers, il s'était représenté le Père Abbé comme une sorte de Tisiphone cruelle et vengeresse, exerçant ses fureurs sur un troupeau de criminels. Notre auteur se déclare bien détrompé par ce qu'il a vu et rend justice à la vertu des religieux, aussi bien qu'à la paix dont ils jouissent. Tout au plus garderait-il un peu rancune au monastère de la mauvaise chère qu'on y fait. Encore prend-il soin d'ajouter qu'on ne va guère chercher les recherches de table en un tel endroit (1).

Delestang, ancien sous-préfet de Mortagne, avait laissé une description manuscrite de la Trappe, telle qu'elle était avant la Révolution. Plus tard, l'abbé Fret l'a publiée dans ses chroniques (2). Renvoyons y le lecteur, car cet ouvrage ne semble guère de nature à intéresser vivement que les archéologues de profession.

### § 7. Synchronisme des Abbés de la Trappe, Évêques de Séez et Comtes du Perche depuis la fondation du Monastère jusqu'à la mort d'Olivier-Pierre (3).

1100. — Avènement de Rotrou III dit le Grand, 2ᵉ cᵗᵉ du Perche, de la dynastie des Rotrou, et fondateur de la Trappe.

1124. — Débuts de l'épiscopat de JEAN DE NEUVILLE, 33ᵉ évêque de Séez.

1140. — ALBOLDE, 1ᵉʳ abbé de la Trappe de Soligny.

1143. — Mort de Rotrou III, au siège de Rouen : son fils Rotrou IV, 3ᵉ cᵗᵉ du Perche.

1144. — Avènement de GÉRARD II, 34ᵉ évêque de Séez.

1144. — Régence d'HERVISE, veuve de Rotrou III, et de son second mari, ROBERT DE FRANCE, pendant la minorité de Rotrou IV.

1147 ou 1148. — La Trappe adopte la réforme de Cîteaux.

---

(1) *Hist. civ. relig. et litt. de la Trappe*; chap. XII; pᵉ 259 et suiv.
(2) Abbé Fret, *Antiq et Chroniq. Perche*; T. III; p. 370 et suiv.
(3) Pour le n° d'ordre des Comtes du Perche, nous adopterons celui qu'indique M. le Vᵗᵉ de Romanet, lequel fait de Rotrou dit le Grand, le troisième ayant porté ce nom.

1157. — Mort de Gérard II et avènement de FROGER, 35ᵉ évêque de Séez.

1171. — Démission d'Albolde et avènement de GERVAIS-LAMBERT, 2ᵉ abbé.

1184. — *12 septembre.* Mort de FROGER.

1188. — Élection de LISIARD, 36ᵉ évêque.

1189. — *21 avril.* Mort de Gervais-Lambert et avènement d'ADAM-GAUTHIER, 3ᵉ abbé.

1191. — *13 juillet.* Mort de Rotrou IV, au siège de Ptolémaïs, GEOFFROY IV, 4ᵉ cᵗᵉ du Perche, lui succède.

1201. — *24 septembre.* Mort de LISIARD.

1202. — *Débuts.* Mort de Geoffroy IV; avènement de THOMAS, 5ᵉ cᵗᵉ du Perche.

1202. — *25 juin.* SYLVESTRE, 37ᵉ évêque de Séez, est nommé par une bulle du pape Innocent III, donnée à Latran.

1209. — Un abbé de la Trappe, du nom de NICHOLAUS, figure, sans doute, à tort, dans une charte de cette année.

1217. — *19 mai.* Thomas est tué au siège de Lincoln, en Angleterre, GUILLAUME, évêque de Châlons, 6ᵉ cᵗᵉ du Perche et dernier de la dynastie des Rotrou, lui succède.

1220. — *26 juin.* Mort de l'évêque SYLVESTRE.

1220. — *18 juillet.* Sacre de GERVAIS Iᵉʳ, 38ᵉ évêque de Séez.

1220. — *Juin.* Mort du cᵗᵉ Guillaume, le comté du Perche réuni à la couronne de France par le roi LOUIS VIII, dit *Cœur-de-Lion.*

1228. — *28 décembre.* Mort de Gervais Iᵉʳ. HUGUES II, 39ᵉ évêque de Séez, lui succède.

1240. — *12 septembre.* Mort de HUGUES II.

1241. — Avènement de GEOFFROY DE MAYET, 40ᵉ évêque de Séez.

1243. — *7 mai.* Mort d'ADAM-GAUTHIER, 3ᵉ abbé de la Trappe.

1243. — Avènement de JEAN HERBERT, 4ᵉ abbé.

1257. — Mort de MÉLISENDE ou HÉLISENDE, veuve du cᵗᵉ Thomas, et réunion effective du comté du Perche à la couronne de France, en la personne de LOUIS IX.

1258. — *30 janvier.* Mort de GEOFFROY, évêque de Séez.

1258. — *2 juillet*. Election de Thomas d'Aunou, 41ᵉ évêque de Séez, confirmée par Eudes Rigaud, archevêque de Rouen.

1268. — *Mars*. Sᵗ Louis constitue en apanage, au profit de son fils, Pierre Iᵉʳ, 7ᵉ cᵗᵉ du Perche et premier de la famille des Capétiens, la plus grande partie du Perche et de l'Alençonnais.

1272. — *Août*. Pierre prend possession de son apanage, immédiatement après la mort de son père.

1275. — *Débuts*. Mort de Jean Herbert et avènement de Guillaume, 5ᵉ abbé de la Trappe.

1278. — *15 juin*. Mort de l'évêque Thomas d'Aunou.

1278. — *Août*. Les chanoines choisissent comme successeur de ce dernier Jean de Bernières, 42ᵉ évêque de Séez.

1279. — *20 août*. Mort de l'abbé Guillaume.

1279. — *2ᵉ semestre ou débuts de 1280*. Election de Robert Iᵉʳ, 6ᵉ abbé de la Trappe.

1283. — *Avril*. Mort de Pierre Iᵉʳ, par suite d'une blessure reçue à la *Canina* dans une rencontre avec les Siciliens révoltés. Le Perche passe entre les mains de Philippe-le-Hardi, roi de France, mort le 5 octobre 1285.

1290. — Charles Iᵉʳ, de Valois, 8ᵉ cᵗᵉ du Perche et 2ᵉ de la souche des Capétiens, reçoit le Perche et l'Alençonnais, à titre d'apanage, de la part de son frère Philippe-le-Bel, roi de France.

1294. — *15 avril*. Mort de l'évêque de Séez, Jean de Bernières.

1294. — *Date indéterminée*. Philippe le Boulanger, 43ᵉ évêque, reçoit les suffrages du chapitre de Séez.

1295. — *1ᵉʳ novembre*. Philippe est mis en possession de son évêché.

1297. — *14 août*. Mort de l'abbé Robert.

1297. — *2ᵉ semestre*. Election de Nicolas Iᵉʳ, 7ᵉ abbé.

1310. — *24 avril*. Mort de Nicolas. Richard II, 8ᵉ abbé, lui succède.

1315. — *1ᵉʳ avril*. Mort de l'évêque Philippe.

1315. — *Fin de juillet*. Richard de Sentilly, 44ᵉ évêque de Séez, prend possession de son siège.

1317 — *29 décembre.* Mort de l'abbé Richard II.

1318. — Robert II est élu supérieur de la Trappe, dont il fut le 9ᵉ abbé.

1319. — Mort de Richard de Sentilly.

1320-1321. — Guillaume Iᵉʳ Mauger devient le 45ᵉ évêque de Séez.

1325. — *16 décembre.* Mort de Charles Iᵉʳ de Valois; son fils Charles II, dit *le Magnanime*, lui succède en qualité de 9ᵉ cᵗᵉ du Perche (3ᵉ de la souche des Capétiens).

1346 — *21 juin.* Mort de l'abbé Robert II.

1346. — *Date indéterminée.* Avènement de Michel, 10ᵉ abbé.

1346. — *25 août.* Le cᵗᵉ Charles II, tué à la bataille de Crécy, laisse sa veuve Marie d'Espagne comme tutrice de ses enfants.

1347. — *Date indéterminée.* Robert de Valois, 10ᵉ cᵗᵉ du Perche et 4ᵉ de la branche Capétienne, prend possession du comté, par suite de l'abdication de son frère, Philippe d'Alençon, engagé dans les ordres.

1356. — *22 janvier.* Mort de l'évêque Guillaume Mauger.

1356. — *25 août.* Il a pour successeur Gervais de Belleau, 46ᵉ évêque de Séez.

1360. — Mort de l'abbé Michel.

1360-1361. — Élection de Martin Iᵉʳ, 11ᵉ abbé.

1363. — *Février.* Mort de l'évêque Gervais.

1363. — *28 juillet.* Guillaume II de Rances, 47ᵉ évêque de Séez, promet pour son prédécesseur à la Chambre apostolique.

1376. — *3 avril.* Mort de l'abbé Martin.

1376. — *Date inc.* Élection de Richard II, 12ᵉ abbé.

1377. — Mort de Robert de Valois; il est remplacé par Pierre II, 11ᵉ cᵗᵉ du Perche et 5ᵉ de la maison royale de France.

1370. — Mort de l'évêque Guillaume II.

1379. — *25 août.* Grégoire Langlois, 48ᵉ évêque de Séez, promet à la Chambre apostolique.

1382. — *1ᵉʳ Octobre.* Mort de l'abbé Richard II.

1382. — D'après la *Gallia Christiana*, avènement d'Olivier Parisy, 13ᵉ abbé.

1403. — *16 juin*. Une pièce à cette date, publiée par Gaignières, mentionne GUILLAUME II comme abbé de la Trappe.

1404. — *13 mai*. Mort de l'évêque GRÉGOIRE LANGLOIS.

1404. — *20 septembre*. Pierre II en mourant cède ses droits à JEAN I*er*, 12*e* c*te* du Perche et 6*e* de la famille royale.

1404. — *Date inc.* Avènement de PIERRE I*er*, BEAUBLÉ, 49*e* évêque de Séez.

1408. — *Fin de mai*. Mort de l'évêque PIERRE I*er*.

1408. — *31 octobre*. Sacre de JEAN III, 50*e* évêque de Séez.

1415. — *25 octobre*. Le c*te* Jean I*er*, tué à la bataille d'Azincourt, a pour successeur son fils JEAN II, 18*e* c*te* du Perche et 7*e* de la famille royale, lequel eut, pour tutrice, sa mère Marie d'Espagne.

1417. — *10 novembre*. Une charte de cette date, conservée à la Tour de Londres, contient un sauf-conduit accordé par Henri V, roi d'Angleterre, à JEAN III, 15*e* abbé de la Trappe.

1418. — SIMON LEGUILLOIS, religieux de la Trappe, est chargé par le roi d'Angleterre de la garde de la Trappe en lieu et place de Jean III, qui s'exile pour rester fidèle au roi de France.

1422. — Mort de l'évêque JEAN III.

1422. — *11 décembre*. ROBERT, une fois sacré évêque, quitte son diocèse, à cause de l'invasion des Anglais, et se retire à Tours.

1420-1430. — JEAN II rentre en possession de son comté du Perche, après l'expulsion des Anglais.

1433. — *4 mars*. ROBERT est transféré par le Pape Eugène IV, de l'évêché de Séez à celui de Maguelonne, où d'ailleurs ce prélat n'a jamais mis le pied.

1433. — *14 octobre*. THIBAULT LEMOINE promu au siège épiscopal de Séez par le Pape Eugène IV, passa à celui de Chartres le 14 mai 1434. Aussi ne figure-t-il pas dans la liste des Évêques Réguliers.

1434. — *21 mai*. Préconisation de JEAN IV CHEVALLIER, 51*e* évêque de Séez.

1438. — *6 août*. Mort de l'évêque JEAN IV.

1438. — *In fine*. Avènement de JEAN V DE PÉRUSSE D'ESCARS, 53*e* évêque de Séez.

1440. — René, 14e cte du Perche et 8e de la famille royale, aurait été, d'après l'abbé Fret, investi de ce comté, jadis confisqué sur son père Jean II, pour cause de conspiration, par le roi de France Charles VII.

1454. — Mort de Jean V et élection de Robert Cornegrue, 54e évêque de Séez.

1458. — Fin présumée du règne de l'abbé Jean III.

1458. — *24 juin.* Epoque désignée vraisemblablement à tort par la *Gallia Christiana* comme marquant la fin du règne d'Olivier Parisy, 13e abbé.

1458. — *30 juillet.* Robert III, dit Lavolle, 16e abbé, est béni.

1458. — *30 octobre.* Le cte Jean II est condamné à mort et à la confiscation de ses biens, pour fait de conspiration, par le roi Charles VII et par suite, le comté du Perche, alors gouverné par René, passe entre les mains de ce monarque.

1474. — *Janvier.* Le comté du Perche, à tort confisqué sur René, lui est rendu par le roi Louis XI.

1476. — Robert III ayant résigné ses fonctions abbatiales, se trouve remplacé par Henri Honart ou Hoart, lequel trouve un compétiteur en la personne d'Auger de Brie. — Mort de l'ex-comte du Perche Jean III.

1477. — Robert Cornegrue transmet son siège épiscopal à Etienne Goupillon, puis à Hugues Jacques, évêque de Sidon.

1478. — Etienne Goupillon extorque de Hugues Jacques l'aliénation de l'évêché de Séez ; Robert ayant révoqué sa délégation sur l'ordre de Louis XI, en fait une autre en faveur de Gilles de Laval, doyen de l'église du Clans.

1478. — *4 mai.* Par suite de la mort d'Hugues Jacques, Cornegrue devient évêque de Sidon (*in partibus*).

1478. — Epoque indiquée par M. Fisquet comme étant début à la fois de l'épiscopat, Etienne Goupillon et de son compétiteur, Gilles de Laval.

1478. — *8 mai.* Etienne Goupillon, 55e évêque de Séez, par suite de la cession de Robert Cornegrue.

1480. — *9 décembre.* Mort de Robert Cornegrue.

1485. — Mort de Robert III, ex-abbé de la Trappe.

1490. — 4 mai. AUGER DE BRIE est débouté de ses prétentions au gouvernement de la Trappe et condamné par le Parlement.

1492. — 1ᵉʳ novembre. Mort de René ; il est remplacé par son fils CHARLES III, 15ᵉ cᵗᵉ du Perche et 9ᵉ de la maison de France.

1493. — Mort d'ETIENNE GOUPILLON que René avait préféré à Gilles de Laval, comme évêque de Séez, afin de faire cesser la sorte de schisme amenée par les prétentions des deux compétiteurs.

1493. — GILLES DE LAVAL devient 56ᵉ évêque de Séez.

1502. — Mort de Gilles de Laval, CLAUDE Iᵉʳ DE HUSSON, 57ᵉ évêque de Séez, voit son élection confirmée.

1503. — 1ᵉʳ février. CLAUDE DE HUSSON est préconisé à Rome, dans le consistoire.

1510. — CLAUDE se démet de l'évêché de Séez pour occuper celui de Poitiers.

1511. — 26 février. Avènement de JACQUES Iᵉʳ DE TILLY comme 58ᵉ évêque de Séez.

1518. — Démission d'Henri Hohart, ROBERT IV RAVEY, 17ᵉ abbé de la Trappe, lui succède.

1520. — 10 septembre. Mort d'HENRI HOART.

1521. — Novembre. Mort de l'évêque CLAUDE DE HUSSON.

1524. — 11 avril. Mort du cᵗᵉ CHARLES III.

1526. — Arrêt confirmant la réunion du Perche à la couronne de France, malgré les réclamations des sœurs de CHARLES III.

1526. — 24 janvier. François Iᵉʳ, roi de France, rétablit le comté du Perche au profit de sa sœur MARGUERITE DE VALOIS et de l'époux de cette dernière, HENRI II D'ALBRET, roi de Navarre, 16ᵉ cᵗᵉ du Perche et 10ᵉ de la maison de France.

1527. — 4 avril. Démission de l'abbé ROBERT RAVEY.

1527. — 5 avril. JULIEN DES NOES, 18ᵉ abbé de la Trappe, est béni, mais non accepté par François Iᵉʳ.

1528. — 19 mai. JULIEN DES NOES est réélu.

1530. — 10 septembre. Mort de l'ex-abbé ROBERT RAVEY.

1531. — Époque présumée où JACQUES DU BELLAY, 19ᵉ abbé de la Trappe et 1ᵉʳ abbé commendataire, exerce ses fonctions sans compétition.

1538. — Jacques du Bellay résigne ses fonctions abbatiales; Martin Hennequin, 20° abbé et 2° commendataire, lui succède.

1539. — Mort de l'évêque Jacques de Silly.

1539. — *9 juin.* Nicolas de Dangu, 59° évêque de Séez, est préconisé.

1545. — Nicolas de Dangu, transféré à l'évêché de Mende, a pour successeur Pierre II Duval, 60° évêque de Séez.

1545. — *6 janvier.* Mort de l'abbé Martin Hennequin.

1545. — *21 janvier.* François Rousserie, choisi comme abbé par les religieux de la Trappe, voit son élection cassée par François I<sup>er</sup>. C'est le 21° supérieur de ce monastère, mais M. Fisquet ne le compte pas comme tel.

1548. — Alexandre Gœvrot, 22° abbé et 3° commendataire.

1549. — *21 décembre.* Mort de Marguerite de Valois, épouse de Henri II d'Albret.

1550. — *Janvier.* Le comté du Perche est, par lettres patentes, de nouveau réuni à la couronne.

1555. — Mort de l'abbé Gœvrot.

1555. — *25 mai.* Mort d'Henri d'Albret, mari de Marguerite de Valois.

1555-1556. — Avènement de Denys I<sup>er</sup> de Brèvedent, 23° abbé et 4° commendataire.

1559. — *20 décembre.* François I<sup>er</sup> concède la jouissance du comté du Perche à Catherine de Médicis, sa mère.

1564. — *13 octobre.* Mort de l'évêque Pierre Duval, peu après sa démission en faveur de son neveu.

1564. — *17 novembre.* Louis I<sup>er</sup> du Moulinet, 61° évêque de Séez, est préconisé et succède à son oncle Pierre Duval.

1567. — Mort de Nicolas de Dangu, ex-évêque de Séez.

1567. — *8 février.* Charles IX, roi de France, constitue, par lettres patentes, le comté du Perche en apanage pour son frère François, 17° c<sup>te</sup> du Perche et 11° de la maison de France.

1573. — *21 juillet.* Mort de l'abbé Denys de Brèvedent.

1573. — Jean III Bartha, 24° abbé et 5° commendataire, démissionne aussitôt après avoir été nommé par le roi Charles IX.

1581. — *26 janvier.* DENYS II HURAULT, préconisé à ce moment, nous apprend M. Fisquet, n'occupe qu'un peu plus tard le siège abbatial.

1582. — MICHEL DE SEURRE, 25ᵉ abbé et 6ᵒ commendataire, n'est pas accepté par le pape Grégoire XIII.

1582. — JACQUES LE FENDEUR, 26ᵉ abbé et 7ᵒ commendataire, est nommé par le roi Henri III.

1584. — *26 mars.* DENYS II HURAULT, 27ᵉ abbé et 8ᵒ commendataire, prête serment de fidélité au roi, mais il ne fut jamais sacré.

1584. — Mort du cᵗᵉ FRANÇOIS; nouvelle réunion du Perche à la couronne.

1586. — Démission de l'abbé DENYS II en faveur de Germain Vaillant de Guelli, non accepté.

1590. — NICOLAS II BOURGEOIS, 28ᵉ abbé et 9ᵒ commendataire, se démet en faveur d'Antoine Séguier; mort de Denys II.

1590-1591. — Avènement d'ANTOINE SÉGUIER, 29ᵉ abbé et 10ᵉ commendataire.

1600. — Démission de l'évêque LOUIS DU MOULINET en faveur de son neveu, Claude de Morenne.

1601. — *3 mars.* Mort de l'ex-évêque LOUIS DU MOULINET.

1601. — *29 juillet.* CLAUDE II DE MORENNE, 62ᵉ évêque de Séez, est sacré.

1601. — *16 septembre.* CLAUDE II prend possession de son église.

1606. — *2 mars.* Mort de CLAUDE II.

1607. — *26 janvier.* JEAN IV BERTHAUT, 63ᵉ évêque de Séez, reçoit ses bulles.

1607. — *1ᵉʳ juin.* JEAN IV fait prendre possession de son église par le grand chantre, Jean Gautier.

1611. — *8 juin.* Mort de JEAN IV, évêque de Séez.

1611. — *Août.* JACQUES II DE SUAREZ DE SAINTE-MARIE, 64ᵉ évêque, est désigné par le roi Louis XIII.

1611. — *Décembre.* L'évêché de Séez est préconisé pour JACQUES II, à Rome.

1612. — *4 mars.* JACQUES II DE SUAREZ est sacré évêque de Séez.

1614. — *30 mai.* Mort de Jacques II; devient titulaire de son siège, JACQUES III LE CAMUS DE PONTCARRÉ, 65ᵉ évêque de Séez.

1614. — *31 août.* Jacques Le Camus est sacré.

1616. Dominique Séguier, 30ᵉ abbé de la Trappe 11ᵉ commendataire, est choisi.

1628. — *9 avril.* Victor Le Bouthilier, 31ᵉ abbé et 12ᵉ commendataire, est sacré.

1630. — François Denys Le Bouthilier est 31ᵉ abbé et 12ᵉ commendataire.

1635. — *18 août.* Mort d'Antoine Séguier, ex-abbé de la Trappe.

1636. — Mort de François Denys Le Bouthilier, auquel succède son frère, Armand Le Bouthilier de Rancé, le célèbre réformateur.

1636-1637. — Débuts du règne d'Armand Jean Le Bouthilier de Rancé, 33ᵉ abbé et 13ᵉ en qualité de commendataire.

1650. — *4 novembre.* Mort de l'évêque Jacques III Le Camus.

1651. — François Rouxel de Médavy, 66ᵉ évêque de Séez, est désigné pour ce siège.

1651. — *Octobre.* Préconisation de François de Médavy par le pape Innocent X.

1663. — Armand de Rancé est institué abbé régulier de la Trappe.

1664. — *12 juillet.* Bénédiction d'Armand comme abbé régulier.

1670. — *12 septembre.* Mort de Victor Le Bouthilier, ex-abbé de la Trappe.

1670. — *31 octobre.* Jean VII de Forcoal, 67ᵉ évêque de Séez, est promu à ce siège par Louis XIV, en remplacement de François de Médavy, appelé au siège archiépiscopal de Rouen.

1682. — *27 février.* Mort de Jean de Forcoal.

1682. — *27 mai.* Avènement de Mathurin Savary, 68ᵉ év. de Séez.

1691. — *29 janvier.* Mort de Rouxel de Médavy, ex-évêque de Séez.

1692. — *10 mai.* Mathurin Savary est préconisé dans le consistoire de ce jour.

1692. — *24 mai.* Mathurin Savary reçoit ses bulles.

1695. — *29 mars.* Zozime Iᵉʳ est désigné par Armand de Rancé pour lui succéder.

1695. — ARMAND DE RANCÉ adresse, par acte notarié, sa démission d'abbé de la Trappe à Louis XIV.

1695. — 29 juin. RANCÉ renouvelle sa démission.

1696. — 22 mai. ZOZIME Ier, 34e abbé de la Trappe et 2e de la réforme, reçoit la bénédiction abbatiale.

1696. — 3 mars. Mort de ZOZIME Ier.

1697. — 29 mars. Avènement de FRANÇOIS-ARMAND GERVAISE, 35e abbé et 3e de la réforme.

1698. — 16 août. Mort de l'évêque MATHURIN SAVARY.

1698. — In fine. Démission de l'abbé FRANÇOIS GERVAISE.

1698. — 1er novembre. LOUIS D'AQUIN est transféré du siège épiscopal de Fréjus à celui de Séez, dont il devient ainsi le 69e titulaire.

1698. — 17 décembre. Avènement de JACQUES DE LACOUR, 36e abbé et 4e de la réforme.

1699. — 6 avril. JACQUES DE LACOUR prend possession de son siège abbatial.

1699. — 6 juin. LOUIS D'AQUIN prend possession de son nouveau siège épiscopal.

1700. — 27 octobre. Mort de l'abbé DE RANCÉ.

1710. — 17 mai. Mort de l'évêque LOUIS D'AQUIN.

1710. — 12 juillet. DOMINIQUE-BARNABÉ TURGOT DE SAINT-CLAIR, 70e évêque de Séez, est nommé par brevet.

1713. — Démission de l'abbé JACQUES LACOUR.

1713. — 24 décembre. ISIDORE-MAXIMILIEN D'ENNETIÈRES, 37e abbé et 5e de la réforme, est élu.

1714. — 22 mars. ISIDORE D'ENNETIÈRES est préconisé et bullé.

1714. — 6 novembre. ISIDORE prend possession de son siège abbatial.

1716. — 6 avril. ISIDORE reçoit la bénédiction abbatiale.

1727. — 24 juin. Mort d'ISIDORE D'ENNETIÈRES.

1727. — 5 septembre. Election de FRANÇOIS II AUGUSTIN GOUCHE, 38e abbé et 6e de la réforme.

1727. — 13 octobre. L'élection de GOUCHE est confirmée par Louis XV.

1727. — 27 novembre. GOUCHE est préconisé à Rome.

1727. — 4 décembre. GOUCHE prend possession de son siège abbatial.

1727. — *18 décembre.* Mort de l'évêque Dominique Turgot de Saint-Clair.

1728. — *27 mars.* Jacques IV Charles-Alexandre Lallemant, 71ᵉ évêque de Séez, est nommé par brevet de Louis XV.

1728. — *21 avril.* Gouche est béni par l'évêque d'Évreux, Jean Le Normand.

1728. — *10 mai.* Jacques IV Lallemant est préconisé à Rome.

1728. — *15 décembre.* Jacques IV est proposé à Rome.

1729. — *23 janvier.* Jacques IV est sacré par Louis La Vergne de Tressan, archevêque de Rouen.

1729. — *25 mars.* Jacques IV prend possession de son siège.

1734. — *4 septembre.* Mort de l'abbé François Gouche.

1734. — *10 novembre.* Élection de Zozime II Hurel, 39ᵉ abbé de la Trappe et 7ᵉ de la réforme.

1734. — *30 novembre.* L'élection de Zozime II est approuvée par Louis XV.

1735. — *7 mars.* Zozime II est approuvé à Rome comme abbé de la Trappe.

1735. — *12 mars.* Zozime II prend possession de son siège abbatial.

1735. — *13 mars.* Zozime II est béni par Jacques Lallemant, évêque de Séez.

1740. — *6 avril.* Mort de l'évêque Jacques Lallemant.

1740. — *5 mai.* Louis III François Néel de Christot, 72ᵉ évêque de Séez, est promu à ce siège par Louis XV.

1740. — *4 septembre.* Louis de Christot est préconisé.

1740. — *5 novembre.* Louis de Christot est proposé à Rome.

1740. — *11 décembre.* Louis de Christot reçoit la consécration épiscopale.

1740. — *23 décembre.* Louis de Christot prend possession de son siège.

1747. — *7 février.* Mort de l'abbé Zozime II.

1747. — *26 février.* Malachie Brun, 40ᵉ abbé de la Trappe et 8ᵉ de la réforme, est élu.

1747. — *4 mars.* L'élection de Malachie Brun est confirmée par Louis XV.

1747. — *7 avril.* Malachie reçoit ses bulles.

1747. — *14 juillet.* MALACHIE prend possession de son siège abbatial.

1747. — *26 juillet.* MALACHIE est béni par Louis de Christot, évêque de Séez.

1751. — *21 septembre.* Mort de FRANÇOIS-ARMAND GERVAISE, ex-abbé de la Trappe, âgé de 91 ans, à l'abbaye de Notre Dame des Reclus (diocèse de Troyes).

1766. — *10 juin.* Mort de l'abbé MALACHIE BRUN.

1766. — *6 juillet.* THÉODORE CHAMBON, 4e abbé et 9e de la réforme, est élu.

1766. — *4 août.* CHAMBON voit son élection confirmée à Rome par bulles.

1766. — *27 septembre.* CHAMBON prend possession de son siège abbatial.

1766. — *28 septembre.* CHAMBON est béni par Louis de Christot, évêque de Séez.

1771. — Louis XV constitue de nouveau le comté du Perche en apanage, au bénéfice de LOUIS-STANISLAS XAVIER, depuis roi sous le nom de Louis XVIII.

1775. — *10 septembre.* Mort de l'évêque LOUIS DE CHRISTOT.

1775. — *Septembre.* JEAN VIII BAPTISTE DU PLESSIS D'ARGENTRÉ, 73e évêque de Séez, est appelé à ce siège par le roi Louis XVI.

1775. — *18 décembre.* JEAN DU PLESSIS est préconisé.

1783. — Démission de l'abbé THÉODORE CHAMBON.

1783. — *7 décembre.* PIERRE OLIVIER, 42e abbé et 10e de la réforme, est nommé par brevet du roi Louis XVI.

1784. — *2 janvier.* PIERRE OLIVIER est confirmé par bulles du Pape Pie VI.

1784. — *24 mars.* OLIVIER reçoit les bulles pontificales.

1784. — *31 mars.* OLIVIER est installé.

1785. — *16 mai.* Bénédiction de PIERRE OLIVIER par Jean du Plessis, évêque de Séez.

1788. — Mort de THÉODORE CHAMBON, ex-abbé de la Trappe.

1790. — *7 février.* Mort de l'abbé PIERRE OLIVIER, quelques jours avant l'interdiction des vœux monastiques par la Constituante qui est du 13 février de la même année.

# LIVRE TROISIÈME

## DEPUIS LA SUPPRESSION DES ORDRES RELIGIEUX
### JUSQU'A LA MORT DE DOM TIMOTHÉE

(1791-1880)

---

## CHAPITRE PREMIER

### PERSÉCUTION ET DÉBUTS DE L'EXODE

#### 1791-1794

§ 1. *Un mot sur la Révolution française et ses excès.* — *Action des Sociétés secrètes.*

§ 2. *La Persécution religieuse.* — *Mesures prises contre les Trappistes.*

§ 3. *Louis-Henri de Lestrange, sa famille, ses premières années.* — *Il reçoit les ordres, puis entre à la Trappe.* — *Lestrange conseille l'expatriation aux habitants de ce Monastère, mais éprouve beaucoup de peine à faire prévaloir son avis.*

§ 4. *Départ pour la Suisse.* — *Établissement à la Val-Sainte au canton de Fribourg.* — *Difficultés avec les autorités du pays.* — *Épreuves qu'ont à subir les émigrants.*

§ 5. *Nouvelle observance trop sévère à certains égards.* — *Érection de la Val-Sainte en Abbaye par le Pape Pie VI.* — *Lestrange en est nommé supérieur.*

### § 1. Un mot sur la Révolution française et ses excès — Action des Sociétés secrètes.

Réunis à Jérusalem en une société plus angélique qu'humaine, les premiers chrétiens avaient, pour ainsi dire, fait descendre le ciel sur la terre. Heureux par la pratique de la vertu et de la charité fraternelle, ils jouissaient réellement de cette abondance de paix promise par le Psalmiste à l'homme qui sert Dieu de tout son cœur.

Aussi le cénacle, une fois dispersé, laissa-t-il de longs souvenirs, devenant pour ceux qui avaient goûté sa douceur, hélas, trop passagère, ce que fut la sainte cité pour les Hébreux captifs à Babylone, l'objet tout à la fois d'un amour sans bornes et de regrets incessants.

Nos aïeux du temps des Pierre L'Hermite et des Godefroy de Bouillon chez lesquels l'esprit de foi le plus vif s'alliait à l'amour des combats et des aventures sentent un souffle irrésistible agiter la société jusque dans ses fondements. Ils inaugurent cette lutte glorieuse qui, pendant près de trois siècles, met la croix aux prises avec l'Islam. L'on voit ainsi l'Occident tout entier, à la voix du Pape et de ses légats, s'élancer pour la délivrance du Saint-Sépulcre, ainsi qu'un fougueux étalon frémissant sous la main de son cavalier.

Combien différent, le spectacle réservé à nos Pères de la fin du xviii<sup>e</sup> siècle? Celui de l'enfer déchaîné et de jours tels que l'univers n'en avait point connus depuis le règne des Néron et des Caligula. Et encore y a-t-il un degré moindre de perversité à signaler chez les tyrans des temps païens que chez leurs émules de 1793, un allègement à faire valoir en faveur de leurs victimes. S'ils écrasent le genre humain du poids d'un despotisme sans frein, ces cruels Césars ont, du moins, la pudeur de ne pas trop se moquer de lui. On ne les entend pas, comme nos conventionnels, se poser en rénovateurs du monde, en apôtres d'un évangile de liberté. Ruisselants du sang de leurs sujets, ils savent, néanmoins, épargner à ceux-ci la suprême injure de leur rhétorique inepte et de leur hideuse philanthropie.

Et cependant, quel mouvement plus fécond en promesses que celui de 1789? Quel, accueilli avec un enthousiasme plus vif, plus général, et dans ses commencements du moins, plus désintéressé chez la grande majorité de nos concitoyens? Les diverses classes de la nation saluaient, en lui, le début d'une époque merveilleuse entre toutes, ouvrant à l'humanité les portes de l'Éden reconquis. Chaque abus allait disparaître, chaque misère, chaque souffrance se trouver soulagée et les mortels, nageant dans le bonheur n'auraient plus d'autre souci que de s'entr'aider les uns les autres.

Bien petit était le nombre de ceux qui prévoyaient la durée éphémère d'un rêve si séduisant, la fragilité d'aussi flatteuses espérances. Certes, on n'aurait guère manqué de le traiter de fou ou de misanthrope incurable, l'homme qui, refusant de partager l'engouement universel, eût annoncé comme lendemain au réveil des institutions libres, les forfaits de la Terreur et les tueries du premier Empire, brillante aurore d'une journée de carnage.

Comment en un plomb vil, l'or pur s'est-il changé ?

Quel motif alléguer à un pareil échec et pourquoi a-t-il fallu que tant de nobles aspirations aboutissent à une si lamentable banqueroute ?

Nombre de causes, et souvent des plus opposées, ont été, tour à tour, mises en avant. On a successivement allégué : l'inexpérience séculaire d'une nation depuis bien longtemps déchargée du soin de ses propres affaires ; l'assiette défectueuse de l'impôt qui en rendait le poids particulièrement lourd à la classe la moins fortunée ; l'opposition irréfléchie de certains corps privilégiés, trop récalcitrants à des réformes devenues non seulement nécessaires, mais urgentes. D'autres ont préféré mettre en avant l'engouement irréfléchi pour les héros et institutions de l'antiquité, fruit d'une éducation exclusivement classique ou bien l'esprit irrésolu, la bonté entachée de faiblesse d'un monarque doué plutôt des vertus qui font les martyrs que de l'initiative nécessaire à un chef d'État.

Ces considérations suffiraient, tout au plus, à expliquer le fait de la Révolution ou même quelques-uns de ses excès. Elles ne sauraient nous rendre compte ni de son caractère satanique, ni de l'extraordinaire résignation avec laquelle une grande nation se laissa, tant de jours, décimer par une poignée de scélérats. La raison de tout cela doit visiblement être cherchée ailleurs.

C'est qu'en définitive, si l'on veut comprendre le pourquoi de ces grands événements qui viennent de temps à autre bouleverser la face de l'univers, il convient de se placer à un point de vue plus élevé. Dieu, nous dit Bossuet, du plus haut des cieux, tient en main les rênes des empires. Son bras ne s'est pas raccourci depuis les jours du buisson ardent et la sortie d'Égypte, ni sa politique modifiée. Les promesses jadis faites à la maison d'Israël le sont actuellement encore à tout peuple chrétien. Dans son attachement plus ou moins sincère à la loi divine, son respect ou son dédain des principes de la morale, réside le secret de sa prospérité ou de sa ruine, de sa grandeur durable aussi bien que des caprices de sa fortune.

Précisément, quelle société avait davantage lassé la patience du Ciel et provoqué son courroux que celle du xviii° siècle, si sceptique à la fois et si légère. Les désordres de la Régence préparèrent la ruine de la foi au cœur de la génération suivante, et, à force de pratiquer le mal, on en était arrivé à ne plus croire le vrai. Propagatrice de l'incrédulité à travers le monde, la France, trahissant sa mission séculaire, devenait comme la grande Babylone, que l'apôtre Jean nous montre enivrant peuples et rois du vin empoisonné de sa prostitution.

D'ailleurs les nations, non plus que les individus, ne peuvent absolument se passer d'une croyance quelconque, philosophique, sociale ou religieuse. Comment attendre d'un peuple, même infidèle aux engagements de son baptême, le fatalisme inerte, la tranquille torpeur des races oubliées du Ciel, assises à l'ombre de la mort et incapables, par suite, de cette nostalgie du bien méconnu qui enfante les révolutions ? L'Évangile une fois rejeté, c'est dans les visions du plus creux humanitarisme que vont verser nos prétendus philosophes. Ce siècle de Voltaire et de Rousseau qui s'est douté de si peu de chose en ce qui concerne la science de l'homme et de Dieu, n'a surtout jamais, suivant l'expression de Joseph de Maistre, douté de rien. On rêvera de perfectibilité indéfinie, de progrès ininterrompu. Nos soi-disant sages font de ce qu'ils osent appeler la raison pure, une sorte d'idole à laquelle seule doivent sacrifier les mortels enfin arrachés au joug de la superstition.

Il n'y avait qu'une faible minorité à reconnaître que c'étaient les têtes et les cœurs qu'il fallait commencer par guérir avant de songer à retoucher les institutions. « Retire-toi de moi », avait dit la France au Très-Haut, comme jadis le Pharaon à Moïse, et Dieu allait, pour toute vengeance, combler l'aveuglement de ses vœux en l'abandonnant à son sens réprouvé.

Véritablement, force est de l'avouer, notre pauvre pays si grand, si glorieux à d'autres égards, n'a pas eu de chance en ce qui concerne le *self-governement*. Plus d'une fois, dans le cours de son histoire, nous le voyons à la veille d'y arriver et toujours les circonstances l'éloignent du but entrevu. Parmi ces dernières, citons tout d'abord les allures paternelles de l'autorité royale disposée par une tradition ininterrompue à défendre le petit, le faible contre l'oppression des grands. Les masses, chez nous, se sont trouvées dans la situation du fils de famille, trop bien sous le toit de ses parents pour user d'initiative et songer à réclamer son indépendance. On peut dire, en un certain sens, qu'un des malheurs de la France ce fut de manquer de tyrans en temps opportun et d'avoir eu trop de bons rois. Et toutefois rien, sous leur autorité, n'eût été de nature à l'empêcher de jouir sagement des droits reconquis. Aujourd'hui que la liberté politique vient s'offrir pour ainsi dire, spontanément à nos concitoyens, la perte de leurs croyances, des mâles vertus d'autrefois les empêchera d'en profiter. Ils vont donner au monde un nouvel exemple du peu que valent lois et institutions, lorsque les mœurs font défaut.

Le péril se trouve, d'ailleurs, centuplé par les agissements de sociétés secrètes et cheminant dans l'ombre. Depuis longtemps, celles-ci ont voué au catholicisme une haine inextinguible, bien décidées à ne reculer devant aucun forfait pour l'anéantir, ainsi que la société marquée de son empreinte. Déjà, la chose semble aujourd'hui bien prouvée, la mort de Louis XVI avait été décidée au couvent de Willemsbaden, à la date de 1787, en attendant que vienne le tour des autres souverains. Semblables au vautour qui guette un animal blessé pour l'achever et se repaître de sa chair, de ténébreux conspirateurs ne cessent d'épier les imprudences des gouvernements, de déblatérer à perte de vue contre des abus parfois, hélas! trop réels. Ces ennemis du genre humain se proposent ainsi d'escalader le pouvoir, de renverser avec la foi de nos aïeux, cette monarchie capétienne, malgré ses défaillances, trop imprégnée d'esprit chrétien à leurs yeux.

Ainsi, ils comptent, les insensés, sur les fautes des hommes pour détruire l'œuvre du Très-Haut, ne soupçonnant même pas que, dans ses démêlés avec la créature, le dernier mot doit nécessairement rester à Dieu. Une passion aveugle autant que violente ferme à leurs yeux le grand livre de l'histoire. Toutefois, l'exemple de la doctrine évangélique se développant au milieu de contradictions de toutes sortes, conduite, pour ainsi dire, au triomphe par ses bourreaux et ses persécuteurs, ne présageait-il pas, d'une façon infaillible, le résultat de leur folle entreprise ? Si, parfois, le Tout Puissant lâche la bride aux méchants, abandonne son Église à leurs fureurs, ce n'est en définitive que dans un but de suprême commisération, afin de purifier celle-ci et la rendre digne d'une revanche aussi prochaine qu'éclatante. Voilà ce que maint sectaire sera forcé, non sans un mortel dépit, de constater lors de la signature du Concordat.

Pour qui part de ces données, la marche des événements perdant son caractère mystérieux, semblera, au contraire, se dérouler de la façon la plus conforme aux règles d'une implacable logique. L'observateur reconnaîtra, dès lors, que le caractère dominant de la Révolution française devait rester plus encore celui d'un châtiment décrété par le Ciel que celui d'une réforme sociale, légitime d'ailleurs à plus d'un égard.

En attendant les jours de pardon et de miséricorde, assistons à ce triomphe passager de l'iniquité dont la Trappe, en particulier, eut tant à souffrir.

### § 2. La Persécution religieuse. — Mesures prises contre les Trappistes.

Déjà, le 2 novembre 1789, sur la proposition de Talleyrand-Périgord, le triste et fameux évêque d'Autun, l'Assemblée constituante met tous les biens ecclésiastiques à la disposition du gouvernement, prélude hypocrite d'une confiscation pure et simple. Trois mois plus tard, c'est le droit d'association qui va être attaqué. Une loi, en date du 13 février 1790, enlevant leur effet aux vœux monastiques, supprime, par la même occasion, les ordres et congrégations au sein desquels on les prononçait. Etrange amour, à coup sûr, professé par les émancipateurs de l'école révolutionnaire, pour la liberté. Seules, demeurent respectables, à leurs yeux, les franchises dont ils espèrent, en quelque sorte, se faire des complices pour la réalisation de leurs plans oppressifs. Attachés à ce qu'ils appellent les grands principes, ces farceurs-là! oui, sans doute, comme le repris de justice à la pince-monseigneur, instrument habituel de ses mauvais coups. Bientôt, au reste, on en arrive à la persécution ouverte, à la violation effrontée des droits de la conscience. Par la loi du 22 juillet, même année, sur la constitution civile du clergé, voici l'orthodoxie du prêtre catholique frappée comme un crime !

Cependant, les disciples de Rancé avaient rendu trop de services autour d'eux et fait trop de bien à leurs concitoyens pour que ces derniers ne conservassent pas, à leur égard, quelques sentiments de reconnaissance. En maints endroits, l'on avait vu les masses scandalisées par le relâchement des maisons religieuses ou avides de s'en partager les dépouilles, réclamer leur suppression. Tout au contraire, les municipalités de Laigle, Soligny, Verneuil, Mortagne, appuyées par une foule de conseils communaux, sollicitent de l'assemblée une exception à la loi commune en faveur des Trappistes. Enhardis, à leur tour, par cet exemple, nos religieux adressent un mémoire au Roi et à la Constituante. Ils réclament la liberté de se perpétuer par des vœux simples et d'administrer leurs biens. Nos législateurs, surpris de rencontrer des moines si populaires et désireux, peut-être, de se décharger sur autrui, de l'odieux des mesures à prendre, demandent son avis à l'assemblée départementale de l'Orne.

On porte l'affaire devant le quatrième bureau de ce Conseil. Le rapporteur, M. Barbotte, dans un langage quelque peu empreint de la sentimentalité de l'époque, plaide la cause des pauvres cénobites. Mais la commission, peu soucieuse de se conformer aux vœux du pays, prend une attitude hostile. Le nouveau rapporteur conclut contre les moines et ce, à grand renfort d'arguments non prévus, sans doute, par Aristote, lorsqu'il rédigeait son traité sur l'art de raisonner.

Les localités voisines de la maison de Soligny, observe l'orateur, lui sont favorables, mais ce n'est là qu'affaire de sentiment, question d'intérêt privé. Ceux-là n'y doivent point avoir égard qui s'inspirent de l'intérêt général et des principes constitutionnels. Les Trappistes, dit-on, se montrent très charitables, soignent les malades, hébergent les passants. Ces intrigants vont même jusqu'à recueillir et instruire des orphelins qu'ils arrachent ainsi à la vie errante. Ne serait-ce pas là ce qu'on peut appeler un encouragement à la fainéantise et au vagabondage? Admettons, si l'on veut, qu'ils rendent quelques services. Ne pourraient-ils pas aussi bien être rendus par d'autres? On vante le merveilleux parti qu'ils ont su tirer d'un sol naturellement ingrat et stérile! Prenons garde d'en croire au témoignage de nos propres yeux. Des hommes si mal nourris ne sauraient évidemment faire de bons travailleurs. Quant à la pharmarcie dépendant du monastère, au chirurgien qu'il entretient pour l'utilité du public, cela ne compte pas, puisque les dépenses en sont couvertes au moyen d'un legs spécial.

Il faut être équitable, néanmoins, pour l'assemblée. Un sentiment de vergogne la retint. Hésitant à sanctionner, d'ores et déjà, de son vote, pareille ineptie, elle charge deux de ses membres, Barbotte et le Vte Alexis Leveneur de Carrouges, d'une enquête à faire sur les lieux.

Les délégués arrivent, à l'improviste, au monastère et se livrent à un examen aussi détaillé que consciencieux. Ayant fait comparaître tous les religieux de chœur, moins deux qui étaient trop malades pour donner un avis, ils constatent le bonheur éprouvé par ces cénobites à vivre sous la règle par eux-mêmes choisie. Deux seulement seraient disposés à quitter la Trappe pour une maison moins austère. Enfin, il ne s'en trouve qu'un demandant à rentrer dans sa famille pour raison de santé. Somme toute, le procès-verbal de ces messieurs est fort élogieux pour les moines et conclut à ce que l'on fasse droit à leur requête.

Mais par quels arguments vaincre la mauvaise foi d'une majorité de charlatans? L'affaire est renvoyée à cette quatrième commission dont le verdict se trouve rendu d'avance. De nouvelles insanités, plus ridicules encore que les précédentes, vont être débitées au sujet de nos Trappistes. La longévité est assez grande parmi eux : deux religieux viennent de mourir âgés, le premier, de soixante-cinq, le second de soixante-dix ans. Plusieurs autres, bien vivants, dépassent soixante-quinze, preuve assurée que le régime de céans ne convient pas aux vieillards. Si les cénobites demandent à continuer leur genre de vie, c'est que ce sont des fanatiques ayant aliéné leur libre arbitre et ils ne méritent pas d'être écoutés, etc. Voici le résumé des mesures proposées par ladite commission.

Les Trappistes, soumis à la loi commune, ne pourront plus recevoir de novices. Ils auront droit de terminer leurs jours au monastère, mais à la condition que le règlement ne subisse aucune modification. On leur laisse l'administration des jardins et enclos par eux exploités, à l'heure présente, et cela quelqu'en soit l'étendue. Obligation toutefois leur incombe de compenser, avec les pensions qui leur seront dues, la valeur de l'excédent de cette étendue sur celle fixée par la loi.

On croira difficilement que le Conseil ne sut parfaitement de quel côté se trouvait le bon droit et la justice. Le choix même des délégués atteste une majorité assez peu sectaire, mais la faiblesse du caractère, le manque de courage ne sont, en définitive, ni moins fréquents, ni moins redoutables dans les assemblées que chez les individus. Les membres du Conseil de l'Orne prennent un biais que n'eût pas désavoué Ponce Pilate en personne. Ils décident d'en référer à la Constituante. Celle-ci, maintenant ses décisions antérieures, refuse d'admettre une exception en faveur de la Trappe.

Notre monastère, comme tant d'autres, semblait donc voué à une ruine définitive, mais le Ciel, qui en avait décidé autrement, vient de lui susciter un sauveur en la personne de Louis-Henri de Lestrange (1).

### § 8. Louis-Henri de Lestrange, sa famille, ses premières années. — Il reçoit les ordres, puis entre à la Trappe. — Lestrange conseille l'expatriation aux religieux de ce monastère, mais éprouve beaucoup de peine à faire prévaloir son avis.

Le futur cénobite, issu d'une noble et pieuse famille du Vivarais, naquit, le 10 février 1754, au château de Colombiers-le-

---

(1) La plupart des renseignements concernant la période dans laquelle l'on vient d'entrer, sont tirés de l'ouvrage intitulé : *Odyssée monastique,*

Vieux (Ardèche). Il était le quatorzième enfant de Louis-César de Lestrange, officier du Roi, sous Louis XVI. Sa mère fut Jeanne-Piérette de Lalor (et non Salor, comme ce nom se trouve parfois fautivement écrit), fille d'un gentilhomme irlandais, lequel, en 1688, suivit Jacques II exilé. Jeanne-Piérette se trouvant sur le point d'accoucher, avait été invitée par son frère, prieur de Colombiers-le-Vieux, à venir habiter sa maison. Elle s'y devait trouver plus à portée des soins qu'exigeait son état.

Telle est la raison pour laquelle Henri naquit hors du manoir paternel. On montre encore la chambre où il vint au monde. Elle fait partie du presbytère du curé de la paroisse.

Quoi qu'il en soit, Louis-César ne tarda pas à résigner ses fonctions, estimant la vie de Versailles peu compatible avec la pratique des vertus évangéliques. On peut juger, par ce seul trait, de quelle façon fut élevé le jeune de Lestrange. Consacré, dès le berceau, à la S$^{te}$ Vierge, il passe, à l'âge de sept ans, entre les mains d'un de ses parents, capitaine de vaisseau, qui se chargeait de son éducation. Le goût de l'étude s'étant développé chez le futur cénobite, il obtient la permission, en 1770, une fois ses humanités terminées, de suivre le cours de philosophie, au séminaire S$^t$-Irénée, à Lyon. Henri ne tarda pas à se sentir appelé au sacerdoce.

Ce ne sont point, sans doute, des parents aussi pieux que les siens qui songeront à le détourner de sa vocation. Le voilà, l'année suivante (1770), occupé à suivre le cours de théologie au séminaire S$^t$-Sulpice, où son ardente piété, son exactitude à s'acquitter de tous ses devoirs, lui valent le surnom de *Petit Saint*. Non moins distingué, d'ailleurs, par son intelligence que par sa vertu, il figure toujours à un rang distingué parmi ses condisciples. A peine promu au sacerdoce, il va se trouver chargé, conjointement avec l'abbé de La Myre, depuis évêque du Mans, de diriger les petits catéchismes à S$^t$-Sulpice. Il se signale par son zèle, son austérité au milieu des nombreux ecclésiastiques voués à l'administration de cette vaste paroisse.

Deux ans plus tard, M$^{gr}$ de Pompignan, archevêque de Vienne, en Dauphiné, qui lui avait conféré la tonsure, frappé de son mérite éminent, s'empresse d'en faire son grand vicaire. Ce Prélat nourrissait même le désir qui, quoi qu'on dise, ne paraît pas avoir été suivi d'effet, de nommer le jeune abbé son coadjuteur. C'était ouvrir à ce dernier la perspective de l'épiscopat. Mais la pensée d'Henri de Lestrange, avait été de dépenser sa

---

*Dom A. de Lestrange et les Trappistes pendant la Révolution.* (Grande-Trappe, 1898.) C'est à lui que nous renvoyons le lecteur, d'une façon générale.

jeunesse et ses forces à un service actif pour terminer ses jours sous le froc. Effrayé des honneurs qui menacent de fondre sur lui, il se décide à brusquer les choses, part pour la Trappe où il reçoit, à l'âge de 26 ans, l'habit de novice. C'était en 1780. Au bout d'une année, le pieux adolescent est admis, sous le nom de Dom Augustin, à prononcer des vœux solennels.

En raison de son mérite reconnu, il ne tarde pas à être chargé des fonctions si importantes de maître des novices, qu'il remplit pendant plus de neuf années. C'est, précisément alors, que l'Assemblée nationale édicte ses lois de persécution contre l'Église et les congrégations religieuses. Le Père Abbé venait de mourir, et ceux qui dirigeaient le couvent par intérim, s'obstinant à prendre leurs désirs pour des réalités, espéraient toujours désarmer leurs ennemis à force de douceur et de patience. L'Évangile ne nous signale-t-il point les enfants de lumière comme moins prudents d'ordinaire dans la gestion de leurs affaires temporelles que les enfants du siècle? Dom Augustin voyait plus juste, sentant bien que si l'on attaquait les Ordres monastiques, c'était uniquement en haine de la religion et que rien au monde ne parviendrait à calmer l'animosité des sectaires. Pour lui, la Trappe ne peut attendre son salut que d'un exil volontaire. Il ne manquera pas, sans doute, de pays décidés à lui offrir l'hospitalité.

Déjà, un seigneur Brabançon s'engage à donner asile aux religieux fugitifs. Une dame de la cour d'Allemagne, sur les instances de Lestrange, se déclare toute prête à soutenir leur cause devant l'empereur. Mais les adversaires du projet de départ ont soin d'écrire à ces personnages si bien disposés et les font changer d'avis. Le Père Prieur, Dom Gervais Brunel, qui dirigeait le monastère depuis la mort de Pierre Olivier et auquel Dom Augustin avait naturellement soumis ses vues, s'y montre franchement opposé, lui faisant une réponse décourageante, à peu près conçue en ces termes : « Il faut s'humilier sous la main de Dieu et souf« frir en silence, au lieu de songer à votre entreprise d'émigra« tion. Nous espérons d'ailleurs que la Trappe ne sera pas « comprise dans la loi de suppression. Et, pour tout dire, votre « plan n'est pas réalisable. Vous feriez bien d'y renoncer. »

Tout cela n'empêche pas les novices d'affluer au monastère. Il s'en présente jusqu'à trois dans la même journée, dont un notamment avait écrit d'Alger pour solliciter son admission. Les faudrait-il donc congédier pour obéir à d'injustes lois? Cette considération semblait à Dom Augustin lui faire un devoir de ne pas abandonner ses projets. Il continue sa correspondance avec divers personnages importants pour obtenir, par leur intermédiaire, un abri en dehors du territoire français. Le futur Abbé prend même le parti d'en référer au Pape Pie VI, et charge l'archevêque de Damas, neveu du cardinal de Bernis, alors ambassadeur à Rome, d'une lettre pour le Saint-Père. Les opposants poussent l'audace jusqu'à dissuader, par écrit, ce prélat de remplir la mission par lui acceptée. Toutefois, une autre missive adressée par notre cénobite à un visiteur des Carmélites ne peut être interceptée. Ce dernier la remet à l'Évêque de Besançon qui, à son tour, la fait parvenir à son collègue de Lausanne. Celui-ci répond que les Trappistes bannis peuvent espérer trouver asile dans le canton de Fribourg. Il faudra seulement adresser une demande en règle au suprême Sénat.

Tout allait donc s'arranger comme le désirait Dom Augustin ; mais voici que Dom Rocourt, abbé de Clairvaux, chargé, à titre de Père immédiat de la Trappe, de veiller sur cette maison jusqu'à la nomination du successeur de Dom Olivier, se laisse circonvenir par les adversaires du pieux maître des novices. Il lui interdit non seulement de correspondre au dehors, mais encore de communiquer verbalement avec ses frères en religion. Pour mieux assurer le succès de sa prohibition, Mr de Clairvaux, relevant Lestrange de son emploi, le met au rang de simple moine.

Dom Augustin se soumet de bonne grâce à cette décision. « Si « mon dessein, disait-il à ses partisans consternés, ne vient pas « d'en haut, vous devez prier qu'il demeure sans succès. Dans « le cas contraire, Dieu saura bien le faire réussir. »

C'est à ce moment (4 décembre 1790) que la Constituante, assimilant les Trappistes aux autres religieux, va tous les envelopper dans une proscription commune. Lestrange se rend aussitôt auprès du Prieur, lequel, forcé enfin d'ouvrir les yeux à l'évidence, ne sait plus où donner de la tête. Il en obtient toutes les permissions désirées. Réunissant aussitôt six autres religieux, il leur expose la situation et les décide à signer, de concert avec lui, une requête pour le Sénat de Fribourg.

Cependant le Père Prieur, un peu revenu de son effroi, tardait à remettre à notre futur pèlerin la lettre d'obédience indispensable pour sa sortie du monastère.

On eût dit, suivant l'expression de Gaillardin, qu'un véritable vent de folie soufflait sur une partie des religieux de la Trappe. Ils traitent Dom Augustin d'insensé parce qu'il voyage en costume monastique comme le prescrit la règle et recommencent à écrire à tous ceux qui avaient favorisé ses projets pour tâcher de les monter contre lui. Enfin l'on décide, après bien des hésitations, que liberté lui sera laissée de continuer son entreprise.

Lestrange commence par se diriger sur Séez pour y recevoir la bénédiction épiscopale de Mgr du Plessis d'Argentré, un peu plus tard banni de France lui aussi, et qui, comme l'on sait, mourut à Munster (Allemagne) en 1805. Le vénérable prélat, touché de cette attention, lui prodigue les paroles d'encouragement et lui remet plusieurs lettres de recommandation. De Séez, le futur Abbé se rend à Paris pour s'entretenir avec divers personnages qui l'avaient d'abord approuvé. Il les trouve aujourd'hui d'une opinion toute différente. C'était, sans doute, le résultat de rapports malveillants. Toutefois, sur leurs conseils, il se décide à aller prendre l'avis de Mr de Clairvaux, Dom Rocourt.

Ce dernier s'était montré, nous l'avons déjà dit, fort opposé aux vues de Dom Augustin. On venait même de l'inviter, par lettre, à écrire au Sénat de Fribourg pour lui faire repousser la demande de l'ex-Père-Maître. Lestrange ignorait ces détails, lorsqu'il arrive à Clairvaux. En l'absence de Dom Rocourt, on lui fait un accueil passablement froid. Cependant Dom Rocourt ne tarde pas à revenir dans son couvent et, après avoir pris connaissance des recommandations à lui adressées par divers membres éminents de l'épiscopat et autres personnes d'une haute piété, il sent ses anciennes préventions se dissiper comme par enchantement. Non content de prodiguer à Dom Augustin les marques de la plus vive sympathie, le voilà qui entre dans toutes ses vues et le charge, pour Mgr de Lausanne, à la date du 12 mars 1791, d'une lettre fort élogieuse. Le texte de ce document, publié tout au long dans l'*Odyssée monastique*, constitue la preuve la plus éclatante d'un changement radical opéré dans les sentiments du Prélat (1). D'ailleurs Dom Rocourt daigne remettre à Augustin, en même temps que cette missive, à titre de reliques insignes, une partie des chefs de St Bernard et de St Malachie.

Avant toutefois son départ définitif, Lestrange juge un voyage à Citeaux, chose indispensable. Il fallait bien qu'il montrât sa soumission vis-à-vis de l'Abbé général de l'Ordre et que l'on sût qu'il ne ferait point un pas sans être d'accord avec ses chefs hiérarchiques. Mr de Citeaux le reçoit d'une façon véritablement paternelle, encourage ses projets et lui donne, en même temps qu'une lettre pour l'Évêque de Lausanne, tous les pouvoirs nécessaires, mais ces derniers *de vive voix* seulement.

(1) *Dom A. de Lestrange et les Trappistes*, etc. Liv. Ier; Chap. Ier; p. 8 et 9.

## § 4. Départ pour la Suisse. — Établissement de la Val-Sainte au canton de Fribourg. — Difficultés avec les autorités du pays. — Épreuves qu'ont à subir les émigrants.

Rien ne retenant plus Lestrange en France, le voilà qui part pour Fribourg. Sa première visite est naturellement pour l'Évêque de cette ville. Non content de recevoir le voyageur de la manière la plus cordiale, ce prélat le fait présenter par son secrétaire chez les avoyers et plusieurs conseillers d'État.

La requête des Trappistes est ensuite soumise au suprême Sénat. Il s'en exhale un parfum de simplicité et de foi digne des premiers âges de l'Église. Après avoir rendu hommage aux sentiments catholiques des habitants du canton, restés fidèles aux croyances de leurs pères, malgré l'exemple contraire des populations voisines, notre cénobite expose sa demande. La lui accorder, observe-t-il, non seulement n'entraîne aucune charge pour le pays, cela même lui deviendra profitable. Les religieux n'ont besoin que d'un lopin de terre aussi inculte, aussi stérile qu'on voudra. Ils se chargent de le rendre fécond. Vivant exclusivement du travail de leurs mains, comme le prescrit la règle, se contentant du strict nécessaire, rien ne leur sera plus facile que de trouver encore de quoi faire quelques aumônes. Pratiquer la charité, n'est-ce pas l'esprit même de leur Ordre?

Sincèrement chrétiens, les graves magistrats ne sauraient refuser leur appui aux fugitifs. Mais, en même temps, ils se sentent trop pénétrés de l'importance de leurs fonctions pour ne pas soulever quelques difficultés. Disposés à la bienveillance, ils craindraient néanmoins de se montrer trop généreux. Leur patriotisme éclairé s'effraie d'ailleurs à la pensée des périls pouvant résulter pour les libertés publiques et l'indépendance du canton, d'une invasion de Trappistes. Sur le rapport de sa commission, le Sénat fixe à vingt-quatre seulement, Pères de chœur et convers compris, le nombre de moines auxquels on donnera asile. Il ne pourra être dépassé qu'en vertu d'une permission souveraine. Afin de rassurer tout le monde, Lestrange fait insérer dans le contrat que les religieux ne sont reçus sur le territoire de la république que *pour y vivre suivant leur règle et la suivre ponctuellement*.

Il existe, dans le canton de Fribourg, perdu, au milieu des montagnes, une gorge dite la « Val-Sainte », et distante de la ville même de Fribourg d'environ 25 kilomètres. Un torrent impétueux appelé le *Javre* ou *Jaevos* la traverse. On y jouit d'une de ces vues splendides comme il s'en rencontre tant par toute l'Helvétie, mais le sol n'en reste pas, pour cela, moins aride. Au XIII° siècle, des enfants de St Bruno, ordre essentiellement montagnard, étaient venus s'y établir, et l'on montre aujourd'hui encore leur Chartreuse, coquettement installée à plus de 1.000 mètres de hauteur. Sous l'influence, sans doute, des idées du jour, le Sénat les avait expulsés en 1778 et cela au grand désespoir des populations avoisinantes. En attendant leur retour en ces lieux où nous les retrouvons, actuellement, de nouveau installés, les malheureux proscrits se retirent dans un autre couvent de leur obédience. Ils abandonnent aux mains du gouvernement leur pauvre demeure et leurs maigres pièces de terre. Toutefois, un chapelain y reste installé qui, chaque dimanche, dira la messe aux pâtres de la région. Ce sont ces lieux que, par une sorte de bail emphytéotique, le Sénat concède aux exilés. Ils devront payer toutefois trois florins de location par an et laisser le chapelain ainsi qu'un fermier dans le logis déjà par eux occupé. Ce n'était pas, sans doute, une bien lourde charge. Ce qui était plus grave, c'était l'obligation imposée à ces émigrants, sans ressource aucune, de dédommager convenablement les deux tenanciers pour le terrain dont ils perdront ainsi la jouissance. Les religieux devront en plus entretenir les bâtiments, cellules, églises. S'ils font des réparations ou constructions nouvelles, ce sera à leurs frais. Au cas où quelque citoyen du canton se présenterait comme novice, on ne pourra exiger de lui que le simple vestiaire estimé à une valeur ne dépassant, en aucun cas, deux cents francs. Il faudra, enfin, que les Trappistes rendent chaque année aux seigneurs du Conseil privé, un compte exact de leur avoir, reçus et déboursés. Encore, à moins d'une autorisation spéciale, tout achat de biens fonds leur est interdit. N'aurait-on pas dit, en vérité, que leurs seigneuries s'inspiraient du dicton : « Pas d'argent, pas de Suisse » ?

Ajoutons que le service rendu aux proscrits, pour ne l'avoir été qu'avec une rudesse quelque peu helvétique, n'en restait pas moins considérable. Lestrange ne manque pas de témoigner sa reconnaissance à l'assemblée, puis il se prépare à revenir en France afin d'en ramener les vingt-quatre moines qui trouveront ainsi asile en terre étrangère. Nous le voyons repasser par Clairvaux, vers la mi-avril 1791, pour rendre compte à Dom Rocourt de ce qui s'était passé. Ce dernier l'approuve en tout et lui remet une missive enjoignant au Prieur de la Trappe de ne pas faire opposition au projet d'Augustin. Il lui donne, en même temps, des lettres d'obédience, avec signature en blanc, pour chacun des futurs émigrants.

Personne, du reste, parmi les religieux de Soligny, ne songeait à s'opposer aux désirs de Lestrange. Aussi est-ce avec enthousiasme qu'il va y être reçu. Ceux qui s'étaient davantage signalés par leur esprit d'opposition se montrent les plus empressés à partir et l'on ratifie par acclamation les conventions arrêtées entre Lestrange et le gouvernement de Fribourg. Malheureusement, la décision sénatoriale ne permettait pas d'emmener tout le monde. Seuls, les sept signataires de la requête aux autorités fribourgeoises seront admis à désigner, comme leurs compagnons de voyage, onze pères de chœur et six convers. Cela faisait le total de vingt-quatre religieux auxquels l'établissement, dans le canton, avait été, comme nous l'avons vu plus haut, concédé. Le 26 avril 1791, ceux-ci signent un acte par lequel ils déclarent souscrire aux mesures adoptées par le Sénat de Fribourg. Plus tard, par suite de diverses circonstances que l'on nous ne fait pas connaître, leur nombre est réduit à vingt-un (1).

Dom Louis-Marie Rocourt, en qualité de supérieur général, approuve ce qui vient d'être accompli.

Restait à nommer le supérieur de la future colonie. Réglementairement, il lui appartenait de le désigner. Vu les circonstances si difficiles que l'on traversait, les religieux, à l'unanimité, mais à titre provisoire, élirent Dom Augustin. Avec un empressement qui l'honore, Dom Rocourt ratifie ce choix par un acte en date du 3 mai 1791, instituant Lestrange supérieur du futur établissement de Fribourg, mais avec des pouvoirs presque égaux à ceux d'un abbé régulier. Deux jours plus tard, il autorise les compagnons de ce dernier à aller occuper la Val-Sainte pour y vivre, prend-il soin d'ajouter, conformément au règlement en vigueur à la Trappe.

Mais voici nos pèlerins en route ; ils partent légers de bagages et surtout d'argent à un point qu'on ne saurait imaginer. Leur trousseau se composait d'un simple sac de toile renfermant quelques hardes, livres liturgiques et un instrument de pénitence. A peine viennent-ils de faire de bien tristes adieux à la maison mère, déjà commence pour eux une série d'épreuves sans cesse renouvelées. La municipalité de l'Orne, les traitant de transfuges,

(1) L'auteur de l'*Odyssée Monastique* se plaît à faire ressortir que, par un hasard vraiment singulier, lorsque les premiers fondateurs de Citeaux sollicitèrent l'approbation du dessein par eux formé de s'établir dans la forêt de ce nom, ils étaient également au nombre de sept. Ces derniers choisissent, entre les moines de Molesmes, ceux qu'ils jugeaient les plus propres à les aider et ils se trouvèrent vingt et un en tout quand ils entreprirent l'érection du nouveau monastère.

refuse de leur verser la part échue de leur pension. D'autre part, nos religieux tiennent absolument à conserver le costume monastique, malgré tous les désagréments que cela peut leur attirer. Logés dans un grand chariot rappelant, nous dit l'auteur de *l'Odyssée Monastique*, la *Basterne* mérovingienne, ils ne négligent rien pour se conformer aux prescriptions de la règle, silence, office divin, méditation, etc. De leurs occupations habituelles, celles-là seules sont laissées de côté, qu'il devient absolument impossible de continuer. Ainsi, nous les voyons substituer la fabrication de la charpie pour les indigents de leur nouveau séjour, au travail des champs. D'ailleurs, le jeûne et l'abstinence se trouvent pratiqués aussi rigoureusement que jadis dans le monastère. Cela ne les empêche pas de payer largement les aubergistes qui leur ont fourni leur maigre repas. Ils craignent, en effet, que ces braves gens ne se soient mis en frais à leur intention. Avec cela les malheureux fugitifs trouvent encore moyen de donner aux pauvres et aux mendiants.

Sans doute, à St-Cyr, près Versailles, les Lazaristes qui occupent la maison royale de St-Louis leur font un accueil empressé, mais, d'autre part, la municipalité s'agite, accuse les Trappistes de complot et de trahison, leur reproche d'emporter avec eux des sommes d'argent considérables et bref les force à partir au plus vite. Les mêmes scènes vont se reproduire à Paris. Logés chez les Chartreux qui leur témoignent la plus exquise bienveillance, ils reçoivent la visite d'un grand nombre de séculiers avides de leur apporter le tribut de leurs hommages et de leurs respects. Quelques-uns même leur fournissent des fonds.

Parmi ces derniers figure un Anglais qui, prenant congé du supérieur, termine par ces paroles que l'on aurait pu croire prophétiques : « Je ne vous dis pas adieu, mais au revoir ».

Ne semblait-il pas annoncer le prochain établissement de Trappistes en Grande-Bretagne ? Toutefois l'administration de la capitale n'entend pas de cette oreille-là. La section du Luxembourg décrète qu'il ne sera plus permis à personne de communiquer avec eux.

Au sein de l'Assemblée nationale, les avis se trouvent partagés. On doit, suivant les uns, laisser les Trappistes partir librement, puisqu'ils n'emportent rien avec eux. D'autres, au contraire, demandent qu'on s'oppose à leur exode. Ne constitue-t-il pas en effet le blâme le plus éloquent des mesures prises par les persécuteurs ? Tandis que l'on est ainsi à délibérer, nos exilés se hâtent de remonter dans leur voiture et se dirigent vers la frontière. Une fois arrivés à Besançon, la situation des cénobites va se trouver plus critique que jamais.

d'un emploi trop incommode, vu la nature spéciale de leurs occupations. Leur robe sera blanche, puisque c'est, en quelque sorte, la couleur propre de Citeaux. Ils auront un scapulaire brun et y attacheront, sur la poitrine, un cœur d'étoffe rouge avec ces mots : *La sainte volonté de Dieu.*

D'ailleurs, le bréviaire qu'auront à dire les moines enseignants se trouvera notablement plus court que celui des Pères de chœur, à moins qu'ils ne soient engagés dans les Ordres sacrés.

Personne, enfin, ne pouvant être dégagé de l'obligation de faire pénitence, il leur sera loisible de se livrer aux mortifications autorisées par le supérieur ou le confesseur, pourvu, cependant, qu'il n'en paraisse rien au dehors.

Tout à la fois ascètes et professeurs, les membres de la nouvelle observance ont donc un double rôle à jouer. Les épreuves exigées d'eux vont précisément tendre à les y préparer. Deux années étant consacrées au noviciat, le sujet passera la première dans une communauté du Grand-Ordre, afin de s'y rompre à tous les exercices qui font le parfait cénobite, apprendre à mourir au monde, à vivre dans la pauvreté, le silence, l'humilité. Quant à la seconde année, notre futur maître la passera dans une maison du Tiers-Ordre, au sortir de laquelle il est admis à faire des vœux simples. Ce sera, pour ainsi dire, son école normale. C'est là qu'on prendra soin de l'initier à ce que nous pourrions appeler son rôle public.

Les élèves, soumis en ce qui concerne l'habitation, la nourriture et les vêtements, aux mêmes règles que les moines tertiaires, restent francs de tout engagement. Leur éducation une fois terminée, liberté entière leur est laissée par rapport au choix d'une carrière.

On a accusé Lestrange de s'être montré novateur en ce qui concerne son Tiers-Ordre. Effectivement, le code du Mont-Cassin parle uniquement d'un enseignement, assez sommaire d'ailleurs, que l'on donnait, dans l'intérieur du couvent, aux futurs cénobites. Il n'y est nullement question de professeurs, dans le sens véritable du mot. A coup sûr, si Dom Augustin s'écarte ici du texte de la règle, ce n'est que pour en mieux suivre l'esprit. Intercesseur auprès de Dieu, en faveur des hommes du siècle, l'enfant de St-Benoît ne doit négliger aucune occasion de se rendre utile à son prochain. Au besoin, il se trouvera appelé par sa vocation même à le servir autrement que par la prière et la mortification. Les moines instituteurs devenaient une nécessité pour les générations de la fin du XVIIIe siècle, de même que les moines guerriers pour celles de la période des Croisades. Nous ne concevons guère que l'on reproche à l'abbé de la Val-Sainte

Documents manquants (pages, cahiers...)

**NF Z 43**-120-13

d'avoir accompli ce que le Père des Cénobites d'Occident n'eût pas manqué de faire lui-même, s'il se fût trouvé à sa place.

Sans doute, l'on a vu depuis se multiplier les écoles de frères qui distribuent aux masses, l'enseignement primaire. De nombreux collèges se sont ouverts où les membres de divers Ordres préparent ou plutôt préparaient la jeunesse instruite à toutes sortes d'examens. Le rôle des éducateurs-Trappistes s'est trouvé ainsi perdre beaucoup de son importance. Il suffit de se reporter à l'époque où ils furent institués pour se rendre compte des immenses services par eux rendus à la société ainsi qu'à la religion.

Ajoutons enfin que puisqu'il convient, suivant la parole du Christ, de juger de l'arbre par ses fruits, l'expérience est on ne peut plus concluante en faveur de l'utilité d'une telle œuvre. L'établissement de plusieurs maisons du Tiers-Ordre ne tarda pas à être reconnue chose nécessaire. Dom Augustin prenait soin de les visiter fréquemment. La plus célèbre fut celle de Romont, petite ville du canton de Fribourg. De ces communautés sortirent non seulement un nombre considérable de laïcs également distingués par leur intelligence et leurs vertus chrétiennes, mais de saints prêtres tels que le digne abbé Rousselot, mentionné dans l'*Odyssée monastique*. Après avoir suivi les Trappistes jusque dans leur voyage en Russie, il se trouvait vicaire général à Grenoble, lors de l'apparition de Notre-Dame de la Salette.

La terrible épidémie de 1795, qui coûta la vie à tant de religieux de la Val-Sainte, ne saurait ralentir le zèle de Lestrange, ni son activité véritablement surhumaine. Dès les derniers mois de cette année, le voilà qui s'occupe de fonder un institut de religieuses trappistines.

Il ne faisait ainsi que se conformer aux traditions laissées par ses prédécesseurs. C'est que partout, en effet, nous voyons la création de chaque Ordre d'hommes avoir pour corollaire celle de couvents de femmes se rattachant à la même institution et suivant une règle identique, au moins dans ses lignes essentielles.

Par une fortune vraiment providentielle et qui se renouvellera, on va le voir tout à l'heure pour l'Abbé de la Val-Sainte, ce sont souvent les sœurs mêmes des réformateurs d'Ordre religieux qui viennent de cette façon compléter leur œuvre. Rappelerons-nous, à ce propos, sainte Scholastique s'occupant à fonder l'Ordre des Bénédictines, tandis que son frère développait la vie monastique en Occident; Humbeline décidant, par son exemple, les habitantes de Juilly à adopter le code promulgué par son frère, saint Bernard, à Citeaux ?

L'Ordre des Cisterciennes, comme tant d'autres, avait vu depuis assez longtemps un certain relâchement succéder à la ferveur des anciens jours. Dans sa haine impartiale pour tout ce qui était empreint d'un caractère chrétien, la Révolution devait étendre aux diverses communautés, sans distinction de sexe ni de règle, l'égalité de la proscription sur le territoire entier de la République. Les vierges consacrées au Seigneur sont brutalement chassées de leurs asiles. Beaucoup se retirent dans leurs familles. Elles s'y trouvent exposées à des dangers de plus d'une sorte, et dont le plus terrible n'était pas toujours la menace de l'échafaud. D'autres seront dispersées aux quatre coins de l'Europe. Quelques-unes, attirées par la réputation de Lestrange, viennent le trouver. Elles le supplient de les prendre sous sa protection, de leur indiquer la voie à suivre. Evidemment, celui-ci ne pouvait rester sourd à leurs supplications. Il s'occupe de leur trouver un asile et de les réunir sous la loi de son Ordre, comptant bien d'ailleurs les charger de remplir, auprès de la jeunesse féminine, un rôle d'éducatrices analogue à celui que les Cénobites de la Val-Sainte remplissent déjà à l'égard des garçons. Telle fut l'origine des religieuses Trappistines. Ainsi d'ailleurs que le fait remarquer Gaillardin, le nom seul sera nouveau. La fondation de cet Ordre de femmes nous reporte à plus de six siècles en arrière, c'est-à-dire aux jours même de saint Bernard. Ce sont, du reste, les dernières fondations de Dom Augustin avant son départ pour la Russie, à savoir celles du Valais qui assurèrent la réussite des projets par lui conçus à cet égard.

Il a déjà été question plus haut de l'établissement provisoire formé par Dom Gérard à Soleure. Lui et ses fils spirituels s'en étaient contentés pendant quelque temps. Ils se berçaient, en effet, de l'espoir d'un prochain retour à la Trappe de Soligny. Toutefois, les désolantes nouvelles arrivant de France prouvent assez que leurs souhaits n'étaient guères prêts à se réaliser. Dom Gérard songe donc à se procurer pour lui et les siens un asile définitif. Le canton de Valais lui accorde ce qu'il désirait. L'administration de cet Etat met à sa disposition l'établissement de Saint-Pierre des Clés, à titre définitif. Toutefois, l'endroit était si insalubre que plusieurs religieux meurent presque coup sur coup. Dom Gérard ne tarde pas lui-même à succomber dans les derniers mois de 1775. Il a le temps, toutefois, avant de rendre le dernier soupir, d'écrire à Dom Augustin et de lui faire cession de ses deux établissements. Aussitôt, ce dernier se rend à la maison du Valais, alors occupée seulement par des novices, des frères convers et deux ou trois prêtres français. Tout ce monde là était d'ailleurs plus ou moins malade. La nécessité s'imposait de chercher une résidence moins malsaine.

Dom Augustin songe à mettre à profit les bonnes dispositions des Valaisiens à son égard. Vers la fin de 1795, il se propose de demander à leur diète la permission de fonder un établissement où se puisse pratiquer la réforme adoptée à la Val-Sainte. Leurs Excellences souveraines l'autorisent gracieusement à acquérir des immeubles dans le canton et à s'y établir là où il voudrait.

Prévoyant cette réponse favorable, Dom Augustin avait fait partir dès le mois de septembre 1795, c'est-à-dire très peu de temps après la mort de Dom Gérard, un supérieur et deux religieux pour le Valais, afin de continuer l'établissement déjà existant et d'y introduire la réforme de la Val-Sainte.

Nos émigrants se fixent d'abord au-dessus de Sion, dans une maisonnette ou plutôt une cabane où ils demeurèrent jusque vers les débuts du Carême de l'année suivante. Rien n'était aménagé pour les recevoir, aussi ont-ils beaucoup à souffrir de toutes façons. A peine les religieux disposaient-ils d'un espace suffisant pour pouvoir s'étendre à terre et goûter quelques instants de repos. Presque tous les ustensiles de cuisine et le mobilier leur faisaient défaut. Aucun moyen d'ailleurs de subvenir aux nécessités de l'existence la plus modeste. Nos pèlerins se décident donc à quitter cette localité sur la fin de la première semaine de Carême et vont prendre possession d'un autre emplacement nouvellement acheté, à deux lieues de Martigny, près Saint-Brancher ou Saint-Brachier, dans le Bas-Valais, et séparé par une rivière au cours impétueux du chemin conduisant au grand Saint-Bernard. Arrivés à Martigny, ils rencontrent une colonie de religieux envoyés de la Val-Sainte.

L'emplacement nouvellement acquis joignait, à l'avantage de la salubrité, celui de posséder deux maisons qu'au moyen de quelques réparations et aménagements intérieurs il sera facile d'approprier à l'usage de monastères. Dom Augustin trouve là le moyen d'installer ses trappistines. Si l'un de ces édifices se trouve destiné, sous le nom de monastère de St-Brachier, à recevoir des émigrants de la Val-Sainte, le second, qui s'appellera dorénavant monastère de la Sainte-Volonté de Dieu, est destiné à devenir l'asile de religieuses du même Ordre. Quelques formalités restent toutefois encore à accomplir.

Le Père Abbé désirait prendre lui-même possession de cet établissement situé si près de la Val-Sainte. Il annonce sa prochaine arrivée par des lettres de recommandation de Mgr l'Évêque, alors prince temporel de la région, de Son Excellence Monsieur le grand bailli de la république et de M. le Gouverneur de Saint-

Maurice, qui avait une grande autorité dans ce district. Cependant, l'on aura à lutter contre la malveillance non dissimulée de quelques habitants de St-Brachier. Ces récalcitrants commencent par empêcher une réception des Trappistes aussi solennelle que l'aurait désiré le curé de la paroisse. Ils font ensuite courir le bruit que ces religieux veulent acquérir de vastes étendues de terrain, ce qui sera fort préjudiciable à la population, contrainte à vivre resserrée entre deux gorges de montagnes. Le Révérend Père entreprend de les rassurer par des promesses écrites et signées. Mais les opposants tenaient surtout à ne pas être rassurés. Ils s'efforcent d'ameuter le peuple contre les religieux et, au mois de mai 1796, proposent à la diète de prendre certaines mesures leur devant être préjudiciables. Toutefois, le mauvais vouloir de ces hommes animés de passions révolutionnaires, viendra se briser contre l'esprit de foi, les sentiments religieux de la majorité. L'on convient, en présence du grand bailli et du gouverneur de St-Maurice, de terminer toutes les difficultés pendantes à l'amiable et par voie d'accommodement, sous l'autorité de Leurs Excellences. Deux notables de St-Brachier, entièrement dévoués à la cause des Trappistes, sont désignés afin de les représenter auprès des personnes susnommées et l'on prend jour pour la solution de l'affaire.

Mgr le Nonce de Lucerne écrit à Son Excellence, le grand Bailli, une lettre à lire devant la diète. Sa Grandeur y remerciait chaudement les autorités valaisiennes de leur bienveillance pour les exilés de Soligny.

Quant à l'établissement de Soleure, les trois années concédées avaient pris fin à Noël 1795 et l'Etat ne se montrait pas très disposé à y héberger encore les Trappistes. Aussi Lestrange qui voulait, pour eux, non un asile provisoire, mais bien une demeure définitive, rappelle ceux de ses enfants qui y habitaient au monastère de la Val-Sainte. Ils y rentrent tous, à l'exception d'un novice et d'un profès venu de Sept-Fonts. Ce dernier était, en effet, trop vieux et trop infirme pour se faire à un nouveau genre de vie.

Lestrange se hâte de placer à la tête de la maison de St-Brachier, Dom Urbain Guillet, l'un des derniers profès du monastère de Soligny. Il y avait, en effet, prononcé ses vœux, le 17 septembre 1789. C'est à la Val-Sainte qu'il s'engage dans les Ordres sacrés. Vingt et un cénobites et six enfants l'accompagnent dans son nouveau séjour. Plus tard, nous retrouverons encore ce supérieur, tour à tour, en France et en Amérique.

Dom Urbain est, en attendant, chargé de la direction des Trappistines de la Sainte-Volonté de Dieu, lesquelles prennent possession de cette maison le 14 septembre 1796, avant même que les travaux d'appropriation fussent terminés. Les religieuses se trouvaient alors au nombre de vingt-deux et accompagnées de trois petites filles.

Lestrange sera d'ailleurs puissamment secondé dans son entreprise par plusieurs dames de grand zèle et d'une piété à toute épreuve, quelques-unes même d'une haute extraction. Nous citerons, en premier lieu, M<sup>lle</sup> Germaine de Lestrange, sa propre sœur, et qui fut la première religieuse de la *Sainte Volonté de Dieu*. Il ne cesse de trouver en elle un auxiliaire des plus précieux. Nous la voyons arriver à la Val-Sainte peu de temps après le départ de Soligny.

On ne doit pas oublier non plus M<sup>me</sup> Rosalie de Chabannes, à laquelle son énergie et son dévouement valurent le surnom de « fille aînée de Dom Augustin ». Née dans la province de Gascogne en 1770, d'une famille de riches gentilshommes, elle arrive, très peu de temps après M<sup>lle</sup> de Lestrange, se placer sous la direction de l'Abbé de la Val-Sainte. Le nom par elle porté en religion était celui de sœur Augustin. Après avoir reçu une éducation aussi brillante que solide, elle vient, dès l'âge de dix-huit ans, se consacrer à Dieu, dans l'abbaye de S<sup>t</sup>-Antoine, où jadis Rancé avait introduit la réforme. Arrachée à son monastère par la Révolution, ainsi que ses compagnes, la jeune religieuse n'échappe, sans doute, à l'échafaud que grâce au coup d'Etat du IX Thermidor (27 juillet 1794). A peine rendue à la liberté, elle vole en Suisse auprès de Lestrange auquel elle rend de si éminents services que celui-ci en fit la première supérieure des Trappistines du Valais. Après avoir suivi les Trappistes fugitifs dans toutes leurs pérégrinations et jusque dans l'empire des Czars, elle fut envoyée en Angleterre pour y fonder, en 1802, dans le Dorsetshire, le monastère de Stope-Hill. Celui-ci reste sous sa direction jusqu'en 1844.

De toutes les collaboratrices de Dom Augustin, la plus illustre par sa naissance ce fut, à coup sûr, Madame Louise-Adélaïde de Bourbon-Condé, dernière abbesse de Rémiremont, en Lorraine, et, en cette qualité, princesse de l'Empire. On ne recevait dans cette communauté que des filles de la plus haute noblesse. Chassée, elle aussi, par la Révolution, elle se retire chez les Capucines de Piémont. Bientôt, les victoires du général Bonaparte, en Italie, dans le cours de l'année 1796, l'obligent à chercher encore un autre asile. Nous la voyons arriver à la Val-Sainte vers la fin de septembre 1797, en manifestant à Dom Augustin un désir ardent de terminer ses jours sous la robe de Trappistine. Mais on n'a pas encore achevé la construction de la maison conventuelle de la Sainte Volonté de Dieu. D'ailleurs, la santé de la postulante semble bien chancelante. Ce double motif fait que l'Abbé de la Val-Sainte hésite à donner une réponse favorable. Celle-ci se rend alors à Vienne, où elle passe plusieurs mois, cherchant en vain une maison assez austère à son gré. Enfin, la voici qui reparaît chez les Trappistines du Valais, dans les derniers jours de cette année 1797. Cette fois-ci, Dom Augustin se décide à la mettre à l'épreuve, avant même les débuts de son noviciat. La clôture du couvent des Trappistines ne se trouvant point encore terminée, la princesse doit loger provisoirement chez le curé de S¹-Brancher.

Afin d'occuper ses loisirs, l'ancienne abbesse de Remiremont demande qu'on lui donne de vieux linges d'églises à raccommoder, ne connaissant pas, disait-elle, de travail plus simple. Tout en lui répondant que cette requête indiquait bien de l'amour-propre de sa part, on lui expédie une douzaine de vieilles chaussures qui avaient grand besoin d'être retapées. L'envoyeur déclare que pour peu qu'elle eût d'humilité, la plus humble des tâches la satisferait sans doute. Rendez-vous justice à vous-même, ajoutait-on, et une pareille occupation vous semblera encore fort au-dessus de vos mérites. La princesse reçoit avec joie cette remontrance et écrit à Dom Augustin, en réponse, une lettre charmante qui, malheureusement, s'est perdue.

L'Abbé de la Val-Sainte se montrait ainsi fidèle à ce principe admis par tous les maîtres de la vie ascétique qu'il faut éprouver d'autant plus un postulant qu'il a occupé une situation plus élevée dans le monde. La justesse de cette maxime semble d'ailleurs assez claire pour que nous n'ayons pas à la démontrer ici. Quoi qu'il en soit, Madame Louise de Condé, admise à *prononcer ses vœux*, prend le nom de sœur Marie-Joseph. Elle-même a dépeint de la façon la plus saisissante le bonheur par elle goûté dans son nouvel asile. « Ce lieu est saint, écrivait-elle, et Dieu est vraiment
« ici. Je l'ai trouvé en cet état religieux, dont mon cœur avait
« un profond sentiment. Ah ! on ne le connaît pas, le respectable
« Ordre des Trappistes, on ne le connaît pas tel qu'il est, ceux-là
« même qui lui rendent le plus de justice. La douceur, les charmes
« qu'on y goûte surpassent infiniment tout ce que l'on peut en
« dire. » Nous verrons plus loin sœur Marie-Joseph prendre part, elle aussi, au voyage de Russie.

Il sera question plus loin d'autres abbesses de Trappistines fondées tant en Allemagne qu'en France et en Suisse.

Bornons-nous à ajouter que le monastère de la Sainte Volonté de Dieu ne tarda pas à attirer un grand nombre de postulantes, religieuses de divers Ordres, chanoinesses et autres servantes de

Dieu, mais en vouloir parler ici plus en détail nous entraînerait trop loin.

En tout cas, il va falloir maintenant donner une règle aux Trappistines et cette question si grave ne pourrait être traitée à la légère. Les lois prescrites par Rancé aux religieuses des Clairets, et cela à une époque où le seul rétablissement des abstinences passait pour une réforme bien radicale, furent reconnues insuffisantes. D'autre part, n'y avait-il pas lieu de se demander si le rigoureux genre de vie mené par les compagnons de Lestrange serait supportable pour des femmes délicates et dont la plupart, jusqu'alors, n'avaient, pour ainsi dire, pas eu l'idée d'un régime si austère? Dom Augustin prend le parti de s'en rapporter aux leçons de l'expérience. Pendant un temps déterminé, les exercices de la Val-Sainte seront suivis par les habitantes de la maison du Valais. Cette période préparatoire terminée, on verra s'il y a lieu ou non d'y apporter des changements. Quel ne fut pas l'étonnement du père Abbé en apprenant que ces saintes nonnes, bien loin de trouver la réforme trop dure, s'ingénient au contraire à en augmenter la sévérité, et qu'elles s'imposent des pénitences de surérogation! Il interdit ces pieux excès, mais maintient pour elles l'intégrité de la règle. On se borne à supprimer quelques chapitres ne pouvant, en aucune façon, convenir à une communauté de femmes, ceux, par exemple, qui se rapportent aux fonctions de l'église ou à la réception des hôtes. Il est bien clair, en effet, que les religieuses n'ont point à pratiquer l'hospitalité, obligatoire dans les couvents d'hommes. Il fallut également ajouter certains articles, par exemple en ce qui concerne le vêtement ou la clôture, naturellement plus stricts pour les vierges consacrées au Seigneur que pour leurs frères en pénitence.

### § 4. Organisation définitive de la Val-Sainte. — Lestrange en est proclamé supérieur par acclamation de toute la communauté. — Le Monastère est érigé en Abbaye par le Saint-Siège et l'élection de l'Abbé confirmée. — Vaines attaques dirigées contre ce dernier.

En attendant, notre Abbé ne laissait pas que de mettre le temps à profit. La Val-Sainte, grâce à la haute réputation dont jouissait déjà son supérieur, continuait à attirer beaucoup de vocations. Personne d'ailleurs n'était éconduit pour raison de pauvreté. Lestrange ne demandait aux postulants que de la bonne volonté, se fiant à Dieu, comme il le disait lui-même, afin de pourvoir au reste.

Il était tout naturel, dès lors, que le Saint-Siège n'hésitât plus à réaliser le projet déjà formé, nous l'avons vu, plusieurs années auparavant, de donner une organisation régulière à la Val-Sainte. Il y a même lieu de croire que sans les hésitations mesquines et la résistance plus ou moins avouée du Sénat de Fribourg, c'eût été chose faite depuis plusieurs années déjà.

C'est au 30 septembre 1794 qu'est formulé le bref dans lequel Pie VI, après avoir rendu justice aux vertus de nos religieux, charge de l'érection de leur monastère en abbaye et chef-lieu de congrégation, le nouveau nonce apostolique auprès des cantons suisses, à savoir Mgr de Gravina, archevêque de Nicée.

Atteint par la maladie, dès son arrivée en Suisse, le représentant du Saint-Siège se trouve dans l'impossibilité de présider à l'élection du premier Abbé de la Val-Sainte. Il délègue pour le remplacer Mgr de Lausanne, lequel, empêché lui-même par son grand âge, subdélègue le Grand Prévôt du Chapitre, M. Joseph de Schiller. L'élection a lieu le 29 novembre 1794.

Abdiquant toute supériorité pour la circonstance, Dom Augustin avait repris pour le vote son rang d'ancienneté. Au fond, désireux de redevenir simple frère convers, il avait postulé, comme l'on sait, cette condition auprès du Saint-Siège. On allait procéder au scrutin, lorsque l'un des électeurs ayant demandé la parole, s'exprime en ces termes : « Mes frères, à mon humble avis,
« notre choix n'est plus à faire, il est tout fait. Eh, qui pourrions-
« nous choisir, si ce n'est celui qui s'est tant dépensé pour nous
« procurer un établissement et qui, au prix de tant de peines et
« de labeurs, nous a conservé notre saint état ? » Aussitôt, tous, d'une voix unanime, se rangent à cet avis par acclamation. Dom Augustin, ému jusqu'aux larmes, se rend au vœu exprimé par ses frères, mais avec cette réserve qu'il lui sera permis de se démettre, une fois sa présence comme Abbé devenue moins nécessaire.

Enfin, le bref définitif sera formulé par le Nonce, à la date du 8 décembre 1794. Les vertus des Cénobites y font l'objet de louanges méritées. On y fait ressortir leur admirable patience au milieu d'épreuves de toute sorte, leur attachement inébranlable à la règle de St-Benoît.

« En conséquence, ajoute le représentant du Souverain Pon-
« tife, pour répondre à la confiance de Sa Sainteté, la Val-Dieu
« est érigée en abbaye de l'Ordre de la Congrégation de la
« Trappe, avec tous et chacun des privilèges, honneurs, grâces,
« indults dont usent, jouissent et profitent les autres abbayes de
« l'Ordre..... » L'élection de Lestrange est reconnue valable, confirmée et approuvée « comme légitime et canonique ». Cet

abbé reçoit donc « tous les pouvoirs et toute l'autorité qui lui « reviennent par la nature même de sa charge, conformément « aux constitutions très saintes dudit Ordre ». Mais assurer l'avenir du couvent fribourgeois ne suffisait pas. Il fallait encore y rattacher, par les liens de l'unité, les fondations qui pourraient être faites par lui en différentes contrées. Aussi le Nonce y ajoute-t-il aussitôt cette clause : « Nous voulons que l'autorité du « nouvel Abbé s'exerce non seulement sur l'abbaye de la Val-« Sainte, mais encore sur toutes les colonies sorties de ce monas-« tère et établies dans quelque partie de l'univers que ce soit, de « telle sorte que l'Abbé de la Val-Sainte soit regardé comme le « père immédiat de ces colonies ou de ces religieux, et qu'il ait « toute puissance pour les gouverner saintement et toute celle « que les constitutions de l'Ordre accordent aux pères immé-« diats. » Les religieux, de leur côté, sont paternellement exhortés à se montrer dociles aux avis d'un Abbé si méritant et qui les dirige avec tant de zèle dans la voie de la perfection.

Pie VI, désireux de donner encore plus de solennité à cet acte, charge le cardinal de Zélada d'écrire au nonce pour le « féliciter « de son exactitude et de l'usage convenable qu'il avait fait du « bref papal ». En même temps, Sa Sainteté exprime combien elle a été heureuse de l'unanimité des suffrages obtenue par Lestrange. « C'est un sujet bien digne, disait-elle, par l'intermédiaire « de son secrétaire, d'être à la tête d'une communauté religieuse « dont l'institut est si exemplaire. »

L'appui donné à son Ordre par le Souverain Pontife comble Lestrange de joie. En chef prévoyant, il s'empresse de prendre certaines mesures propres, évidemment, à en assurer d'une façon encore plus efficace la perpétuité. Alors, comme au temps de St-Benoît, à celui de Rancé, plus le Ciel semblait se plaire à combler de ses bénédictions les propagateurs de la vie cénobitique, plus aussi ces derniers se trouveront en butte aux attaques de la malveillance.

Des bruits injurieux commencent à courir sur Lestrange. On l'accuse hautement d'imprévoyance, de rigueur excessive et même d'hérésie. Un prêtre apostat répand dans le canton de Fribourg des pamphlets remplis de calomnies sur son compte. Dom Augustin n'aurait su, prétend-on, que se faire exécrer de ses religieux. Quelqu'indifférent qu'il pût être, par caractère, à de pareilles attaques, le vénérable Abbé se croit tenu en conscience de couper court à ce scandale. Aussi, le jour même de l'élection, tient-il à réunir tous ses confrères pour les prévenir de ce qui se passe et les prier de vouloir faire connaître publiquement leurs sentiments. A l'unanimité, cette fois encore, ils s'empressent de signer une déclaration attestant leur amour pour le genre de vie par eux librement choisi et leur attachement au supérieur qu'ils viennent de se donner.

Plusieurs religieux, il est bon de ne pas l'oublier, prennent soin de rappeler que les pénitences en vigueur à la Val-Sainte ne constituent nullement des innovations. Elles ne sont que la mise en pratique de règles établies par saint Benoît et ses successeurs.

La déclaration de Dom Augustin renferme un éloge aussi chaleureux que mérité du zèle de ses fils spirituels. « Ils me don-
« nent, dit-il, tant de consolations que je suis forcé de m'esti-
« mer indigne de vivre avec eux, que je crains que ce bonheur
« ne soit toute ma récompense et que le Seigneur, dans sa re-
« doutable justice, ne me fasse faire mon paradis ici-bas. »

Ces pièces sont immédiatement remises entre les mains du vicaire général qui les fait passer sous les yeux du Souverain Pontife. Celui-ci exprime toute la satisfaction que lui a causée leur lecture. N'oublions pas d'ailleurs de le signaler, l'usage de déclarations de cette nature fut adopté dans les diverses colonies monastiques que la Trappe enverra en Espagne, en Belgique, en Allemagne, etc., etc.

# CHAPITRE III

## LES TRAPPISTES EN FRANCE PENDANT LA RÉVOLUTION

§ 1er. *Dispersion des religieux. — Dévastation de la Trappe. — Le dernier des Cénobites décédé au monastère de Soligny.*

§ 2 *Conduite médiocrement édifiante de Frère Ambroise. — Ce que l'on en raconte mérite-t-il de passer pour bien authentique? — Héroïsme et souffrances des autres religieux. — M. Lebreton, ancien trappiste, massacré aux Carmes. — Histoire de Michel Allain et de Philippe Fontaine. — Exécution des Frères Jean-Antoine Bourret et de Joseph Prud'homme. — Dom Jérôme déporté à la Guyane ainsi qu'Alexandre Gros. — Le Père Marie Bernard en Angleterre.*

§ 3. *Histoire de trois religieux de la Trappe à partir de 1793. — Leur arrestation et condamnation. — Épreuves à eux infligées. — Leur captivité à bord du négrier* « LES DEUX ASSOCIÉS ». *— Indignes traitements qu'ils y subissent. — Leur mort. — Conduite vraiment chrétienne du prêtre Jean-Nicolas Adam.*

### § 1. Dispersion des religieux. — Dévastation de la Trappe. — Le dernier Cénobite décédé au monastère.

La loi du 14 octobre 1790 garantissait du moins aux Cénobites le droit de continuer, s'ils le voulaient, à habiter des maisons conventuelles et à y vivre en commun.

C'est pour se conformer à la volonté du Législateur que par un arrêté en date du 28 janvier 1791, le Directoire désigna tout ensemble la maison des Capucins d'Alençon comme asile pour les religieux du même Ordre et l'Abbaye de Bellefontaine pour les Bénédictins, Bernardins et autres religieux rentés qui désireraient s'y retirer (1).

---

(1) M. l'abbé J.-B.-N. Blin, *Les Martyrs de la Révolution dans le diocèse de Séez* (Paris 1876); T. Ier; Introduction, p. xv. C'est à cet inté-

Toutefois, ces dispositions, empreintes d'un reste de libéralisme et d'équité, ne devaient pas se trouver longtemps respectées. Qu'espérer, en effet, d'un gouvernement, humble serviteur de la démagogie et dont l'existence même semblait un défi au sens commun et à l'humanité?

De nouvelles et nombreuses scènes de violence se reproduisent en avril et mai 1791, à la suite desquelles les Trappistes sont dispersés en attendant qu'on les proscrive ou qu'on les guillotine. Voici que l'État met en vente le Monastère de la Trappe et les terres qui en dépendent. Il se réservent seulement la plus grande partie des bois qu'il soumet au régime de l'administration forestière, sous lequel ils sont restés depuis. A peine une faible portion en fut-elle rachetée par la communauté, après son retour à Soligny.

Cédée pour presque rien à d'avides spéculateurs qui, par un juste châtiment de la Providence, moururent enfin dans l'opprobre et la misère (1), la sainte maison n'offrira bientôt que le spectacle de la plus complète désolation. Église, cloître, chapitre et autres bâtiments réguliers, tout va tomber sous le marteau des démolisseurs. Vendus à une foule de personnes des environs, les pierres, charpentes, tuiles, bois et autres matériaux seront transportés dans les communes environnantes et employés à des constructions de toute sorte.

La dévastation s'étend au sol lui-même. « Alors, nous dit Gail-
« lardin (2), une partie des futaies furent coupées et changées en
« landes incultes qui, aujourd'hui encore, attristent l'œil du
« voyageur. Les terres, autrefois fécondées par la sueur des
« moines, rebutèrent des cultivateurs moins patients, rendirent
« peu à leurs nouveaux maîtres ou retournèrent en friche. La
« spoliation ne profita même pas aux spoliateurs. Des ruines dans
« un désert, voilà à peu près tout ce que la cupidité des impies
« retira de la suppression de la Trappe. »

Nous possédons un nécrologe allant de la réforme de Rancé (1667) jusqu'au décret de suppression. Il contient les noms des religieux restés à la Trappe avec la date de leur profession, vêture et mort. A la suite d'un nom inscrit sous la date du 17 mars 1792, on lit ces mots : « Nom du dernier religieux décédé dans le saint
« asile où il s'était consacré à Dieu », suivis de cette exclamation si éloquente dans sa concision : *Utinam et nos?*

---

ressant ouvrage que nous empruntons beaucoup des renseignements contenus dans le présent chapitre.

(1) Abbé Fret, *Antiquités et Chroniques Percheronnes*; T. III, p. 376.

(2) Gaillardin, *Histoire de la Trappe*, T. II, p. 30. Ajoutons que le rétablissement du monastère eut pour effet, en quelque sorte, de rendre à la vie ces terres demeurées si longtemps stériles.

D'autre part, la parcimonieuse générosité du Sénat de Fribourg, nous venons de le voir, n'avait accordé l'hospitalité qu'à vingt-cinq religieux partis de France La Val-Sainte, dernier espoir d'une restauration monastique, c'était l'arche sauvant aux jours du déluge, seulement le père de la future humanité avec les quelques personnes constituant sa famille proche. Quel sera le sort de tant d'autres Cénobites, livrés sans défense au débordement des grandes eaux et pour lesquels l'exil lui-même semble fermer ses portes? C'est ce que nous nous proposons de rechercher dans les pages qui vont suivre, autant du moins que le permet la pénurie des documents contemporains.

### § 2. Conduite médiocrement édifiante de Frère Ambroise. — Ce que l'on en raconte mérite-t-il de passer pour bien authentique? — Héroïsme et souffrances des autres religieux. — M. Lebreton, ancien trappiste, massacré aux Carmes. — Histoire de Michel Allain et de Philippe Fontaine. — Exécution de Jean-Antoine Bourret et de Joseph Prud'homme. — Dom Jérôme déporté à la Guyane, ainsi qu'Alexandre Gros. — Le Père Marie Bernard en Angleterre.

Ce qui ressort de tous les témoignages qu'il nous a été possible de recueillir, c'est la conduite héroïque de ces pauvres Cénobites qui, dans une limite plus ou moins étendue, joignirent la gloire du martyr à celle du confesseur. A peine en citerait-on un seul, paraît-il, pour avoir manqué de constance. Nous voyons tous les autres se soumettre intrépidement à de longues et douloureuses épreuves, souffrir avec une inaltérable patience mille maux plutôt que faillir aux devoirs de leur saint état.

Quoiqu'il en soit, voici ce que nous lisons dans un chroniqueur du temps sous le titre bizarre de *Aristocratie de l'Abbaye de la Trappe* :

« Frère Ambroise, après vingt ans d'abnégation sous la verge
« monacale de l'Abbé de la Trappe, s'en affranchit un beau ma-
« tin et vint se refugier à Citeaux Septfonds où il demeura quatre
« ans. La conscience timorée du bon Ambroise le détermina à
« faire le voyage de Rome pour demander au Pape pardon de
« sa fuite ; il l'obtient et rentre dans le repaire monastique. On
« le regarde de mauvais œil. Il devait s'y attendre. On le traite
« durement. Craignant pour les suites, il prend la résolution de
« ressortir et court à la municipalité du lieu pour y faire sa dé-
« claration et témoigner que son intention est de profiter du
« bienfait de l'Assemblée nationale qui accorde la liberté aux

« moines. Les municipaux le reçoivent mal et ont la mauvaise
« foi de dire qu'il ne peut disposer de sa personne sans l'agré-
« ment de son supérieur. Les décrets décident précisément le
« contraire.

« Le pauvre A., tout tremblant, rentre son front dans sa ca-
« puche et s'en retourne pour prendre ses chaînes. On l'avait
« épié. Il touche à peine le seuil du couvent qu'on se jette sur
« lui. Il se voit traîné au fond d'un noir cachot et condamné à
« consumer le reste de ses jours sur la paille pourrie, au pain et
« à l'eau. Hélas, dit-il au porte-clefs de sa prison, en revenant
« ici j'ai appris que l'Assemblée nationale a brisé la porte de
« toutes les maisons de force et rompu tous les liens monas-
« tiques. On lui répond : les décrets de l'Assemblée nationale ne
« nous regardent pas. Nous restons comme ci-devant et nous ne
« changeons rien à notre ancien régime. D'autres fois, pendant
« la nuit, des frères viennent se poster sur le plancher de son
« cachot pour insulter à sa douleur en lui disant : infâme apos-
« tat, te voilà ici pour toute ta vie. Frère Ambroise touche au
« désespoir.

« Cependant les Trappistes se remuent en tous sens pour ob-
« tenir de *rester comme ci-devant*. Au mépris de la nouvelle
« constitution, ils font venir de Paris un avocat pour plaider leur
« mauvaise cause devant les Directoires. Deux commissaires se
« transportent à l'Abbaye, et dans leur visite rencontrent le ca-
« chot du F.·. A. qu'ils élargissent sur-le-champ.

« Nous tenons ces faits d'un laboureur, juge de paix du canton
« de Soligny, district de Mortagne. » (1).

Quelle foi ajouter à ce récit fait par un narrateur dont le parti
pris de malveillance est si évident et sur l'attestation d'un inconnu
à l'égard duquel tout moyen de contrôle fait défaut ? Tout ceci
nous fait un peu l'effet d'un conte de croquemitaine et l'on peut
se demander si ce ne serait ici le cas d'appliquer le vieil adage
du droit romain : *Testis unus, testis nullus*. En tenant même, ce
qui ne semble guère admissible, cette narration comme parfaitement conforme à la réalité des faits, l'exemple fâcheux donné par
le Frère Ambroise aurait été absolument isolé. Bien autre et
bien plus consolante, répétons-le, fut l'attitude de ses confrères
en religion. C'est ce que démontrera la suite de ce récit.

On mentionne un ancien religieux de la Trappe, n'ayant quitté
le monastère que pour raison de santé, à savoir M. Lebreton qui
habitait en 1793 l'hôtel de Provence, à Paris. C'est là que vint le

(1) Prud'homme, *Les Révolutions de Paris* (du 11 au 18 décembre 1790),
p. 275.

rejoindre son ami, l'Abbé Hébert, coadjuteur du supérieur général des Eudistes et, depuis la fin de 1791, directeur de conscience de Louis XVI. Jetés aux Carmes, ces deux confesseurs de la foi y furent égorgés le 2 septembre 1792 (1).

Un autre trappiste, Michel Allain, alors âgé de trente-huit ans, se trouvait enfermé à la prison S<sup>te</sup>-Claire d'Alençon avec beaucoup d'autres suspects. Il fit partie des soixante-huit religieux et ecclésiastiques dirigés sur Chartres à la suite de la victoire de l'armée vendéenne et de son entrée à Laval (23 octobre 1793).

Quelle fut la destinée ultérieure de ce captif. Fut-il relâché, parvint-il à s'évader, mourut-il en prison ? C'est ce que le défaut de renseignements ne nous permet pas de savoir. En tout cas, une chose semble claire, c'est qu'il ne périt pas sur l'échafaud (2).

Quoi qu'il en soit, les ecclésiastiques d'Alençon, après quelques jours d'un repos bien relatif à Chartres, vont, en compagnie de prêtres du diocèse de Laval, être dirigés sur Rambouillet, puis sur Maintenon où ils ont à subir toutes sortes de mauvais traitements de la part de la populace. La chute de Robespierre mit, en partie du moins, fin à leurs souffrances. Les prêtres du département d'Eure-et-Loir seront renvoyés à Chartres où il leur sera permis d'habiter des maisons particulières et de vivre dans un état de liberté provisoire. Parmi les détenus auxquels fut accordée cette espèce de faveur, citons Philippe Fontaine, trappiste, alors âgé de soixante-quatre ans. On ne nous dit pas d'ailleurs à quel moment il avait été incarcéré, ni ce qu'il devint par la suite.

Le 8 avril 1794 vit tomber la tête d'un fervent religieux de l'Abbaye de la Trappe, Frère Jean Antoine Bourret. Il s'était réfugié à Langogne, dans le diocèse de Mende. Sa vertu était trop éclatante pour ne pas lui valoir l'animadversion des ennemis de la religion. On remarquait notamment son absence aux offices des intrus. Dénoncé au comité de surveillance, il est aussitôt emprisonné, puis traduit devant le tribunal criminel du département de l'Ardèche. Quoiqu'il ne fut que religieux convers, ses juges ont l'impudence de le condamner à mort comme prêtre réfractaire (7 avril 1794). Le lendemain il marche au supplice, et sa fin si édifiante ne manque pas d'impressionner vivement tous ceux qui en sont témoins (3). On ne doit pas le confondre avec un autre père Antoine (Joseph-Michel Dujonquoi) dont nous parlerons plus loin.

Rappelons encore la fin tragique du frère Antoine (dans le

---

(1) *Les Martyrs de la Révolution*, T. I<sup>er</sup>, p. 25 (en note).
(2) *Ibid*, T. II, p. 17 (en note).
(3) *Ibid, ibid*, p. 39 (en note).

monde M. Joseph Prud'homme), et tisserand de son métier, fils de Vincent Prud'homme, marchand de toile, et de Anne Giraud, son épouse. Il était né dans la paroisse de Saint-Pierre-de-Vezins, près Chemillé, en Poitou (diocèse de la Rochelle). On le voit, âgé d'environ vingt-cinq ans, recevoir l'habit de novice convers des mains de Dom Pierre, le 15 août 1757. C'est le 7 novembre 1758 qu'il fait profession entre les mains du Père Abbé de la Trappe, en présence de toute la communauté.

Chassé du cloître par les révolutionnaires, il retourne à Vezins habiter auprès de ses vertueux parents. Sa ferveur, sa fidélité à remplir ses devoirs d'état, ainsi que son esprit de charité, lui avaient attiré, avec l'estime de tous les gens de bien, la haine des méchants. Dénoncé aux autorités militaires qui faisaient alors la guerre en Vendée, il comparait devant la commission militaire siégeant à Angers. Le 8 germinal, an II (28 mars 1794), celle-ci le condamna à mort comme fanatique. Ce même jour, notre saint religieux monte à l'échafaud en priant pour ses bourreaux (1). L'on a prétendu, mais visiblement à tort, qu'il aurait péri fusillé.

Cependant un nouveau régime venait de succéder à celui de la Convention. Moins sanguinaire, sans doute, que le précédent, il ne laissera pas de se montrer persécuteur à son tour. C'est ce que nous prouve l'exemple de Nicolas-François Magnier, qui était sous-prieur de la Trappe en 1790. On lui reprochait vivement d'avoir détourné ses confrères en religion de quitter leur couvent et rempli de la sorte son devoir de chrétien et d'homme d'honneur. Destiné d'abord à accompagner Lestrange dans son exode, il fut, nous ne savons pour quel motif, empêché de mettre ce projet à exécution. Forcé quelques mois plus tard à abandonner son monastère, aussi bien que les autres Trappistes, il parvint à se cacher tant que dura la Terreur, et rendit alors tous les services qu'il put à la cause de la religion. En 1798, âgé alors de 53 ans, il sera condamné par le gouvernement du Directoire à la déportation et arrivera à l'île de Ré, le 7 août de la même année. On a soutenu, mais sans raison suffisante, à coup sûr, qu'il aurait été dirigé immédiatement sur Rochefort, puis de là conduit à bord de la *Charente* et transporté en Guyane, où il serait mort deux ans plus tard, au moment même où le premier Consul faisait revenir les confesseurs de la foi ayant survécu à la persécution.

La vérité, c'est que l'on n'osa pas, par crainte des Anglais qui capturaient nos vaisseaux, embarquer le captif. Il resta enfermé dans la citadelle de St-Martin de Ré, jusqu'au « 10 mars 1810 »

(1) *Ibid, ibid,* p. 170 et en note.

*(sic)* (1). Libéré à cette époque, l'ancien sous-prieur se retira à Paris, accablé par la maladie. On ne nous donne pas la date de sa mort.

Une autre victime du Directoire fut un prêtre appelé en religion frère Léopold, mais précédemment connu dans le monde sous le nom de Claude-Alexandre Legros ou plus correctement Gros. Ses père et mère avaient été Claude Gros, bourgeois de Paris, et Aimée-Philiberte Frontineau. Le futur cénobite avait vu le jour en 1765 sur le territoire de la paroisse Saint-Sulpice. Agé de 21 ans, il fait, le 28 juin 1787, profession entre les mains du Révérend Père Abbé de la Trappe de Soligny.

Sitôt expulsé de cet asile, Alexandre Gros se fixe à Mortagne en qualité de chef d'institution. Il ouvre, en dehors des murs de la ville, au couvent Saint-Eloi, récemment abandonné par les Trinitaires, un collège qui ne tarde pas à devenir florissant. L'on ignorait sa double qualité de prêtre et de moine. Aussi, les plus grands révolutionnaires n'hésitaient-ils, pas plus que les gens de bien, à lui confier leurs enfants. Toutefois, le soin qu'il prenait d'apprendre aux élèves à faire leurs prières du matin et du soir, ne tarda pas à exciter les soupçons de quelques sans-culottes du lieu. On le signala, en outre, comme ne paraissant jamais dans les cafés, clubs et réunions démagogiques. Cependant, jusqu'à la fin de 1797, personne n'avait encore eu le cœur de dénoncer ce digne instituteur. C'est alors qu'un avoué dont on ne nous dit pas le nom, et qui, à force de délations contre les individus les plus honorables et de persécutions contre les membres du clergé, cherchait à se poser en personnage politique, fait arrêter Alexandre Gros comme suspect de sacerdoce.

Aussitôt traduit devant le Directoire exécutif, il est, le 16 nivôse an VI (5 janvier 1798), condamné comme perturbateur et comme ayant refusé de prêter le serment exigé (2) des membres du clergé, à la peine de déportation.

Tout en rendant cette odieuse sentence, les juges n'en tiendront pas moins à faire parade de sentiments humanitaires. Ils se contentent de prononcer la réclusion contre d'autres ecclésiastiques arrêtés en même temps que le digne enfant de saint Bernard, donnant comme motif que l'âge ou les infirmités de ces derniers les rendaient incapables de supporter un châtiment plus sévère.

Arrivé à l'Ile de Ré, le 17 juin 1898, et inscrit sous le n° 45, Léopold eut la triste consolation de revoir M. Magnier, ancien

---

(1) Il faut vraisemblablement lire 1800. A cette époque, le premier Consul rendit à la liberté bon nombre d'ecclésiastiques et de religieux détenus.

(2) Voyez la note J *in fine*.

sous-prieur de la Trappe, mais pour les motifs exposés plus haut, ne put jouir longtemps de sa compagnie.

L'on a prétendu, mais sans fondement, qu'Alexandre Gros aurait succombé quelque temps plus tard (la date n'est pas précisée) dans l'île de Ré, victime des privations et souffrances qu'il avait eues à endurer. La vérité est que ce religieux fut embarqué le 1er août 1798, avec une centaine d'autres prisonniers, sur la corvette *La Vaillante*, à destination de Sinamary. Le 7 du même mois, ce bâtiment est capturé par les Anglais, qui conduisent leur prise à Plymouth. Tous les déportés, parmi lesquels figuraient vingt prêtres français, se trouvent ainsi rendus à la liberté. On ignore, d'ailleurs, quelle fut, depuis lors, la destinée de ce religieux, ni en quelle année il mourut. Il y a lieu de penser, toutefois, qu'il termina ses jours dans l'asile ouvert en 1794 aux Trappistes par un riche Anglais, M. Wedd. Ce généreux personnage accorda, on ne l'ignore pas, l'hospitalité dans une habitation voisine de la sienne, à six enfants de Saint Bernard, à savoir les Pères Jean-Baptiste Noyer, prieur; Hyacinthe Défosse; Dorothée Couret; Joseph Monnet; Joseph Cailleret; Bernard Dagoreau.

C'est là que vécurent les bons pères religieux, soumis à toutes les sévérités de leur règle. Rien ne prouve, en tout cas, qu'à un moment donné, le nombre de six ne soit trouvé dépassé.

Moins accidentée, sans doute, fut la destinée d'un autre habitant de la Trappe, le Père Marie-Bernard, lequel chercha lui aussi un refuge en Angleterre. Il fait, en 1805, paraître son grand ouvrage *Les héros du Christianisme à travers les âges*, auquel on reproche d'exposer avec trop de détail les turpitudes de la vie païenne. Christian, qui a écrit la biographie de ce cénobite, le fait mourir dans le Comté de Darby (Grande-Bretagne) probablement vers 1806.

### § 3. Histoire de trois religieux de la Trappe à partir de 1793. — Leur arrestation et condamnation. — Épreuves à eux infligées. — Leur captivité à bord du Négrier « *Les Deux Associés* » — Indignes traitements qu'ils y subissent. — Leur mort. — Conduite vraiment chrétienne du prêtre Jean-Nicolas Adam.

La fin du présent chapitre sera consacrée au récit des souffrances et de la mort de trois religieux de la Trappe pendant cette néfaste période. Ils resteront unis dans notre récit comme ils l'ont été par une commune destinée.

Nous commencerons par le Révérend Père prieur Dom Gervais Brunel, né à Magnières (diocèse de Nancy). Une fois expulsé du couvent de Soligny, ce religieux retourne en son pays natal et vient se fixer au sein de sa famille où il mène une vie aussi cachée que possible. On connaissait dans les environs sa haute piété et sa conduite si édifiante. C'est assez pour qu'il ne puisse trouver grâce devant les scélérats qui tyrannisaient alors la France. Aussi, en 1793, on le jette dans les prisons de Nancy. Il n'y avait pas loin alors, on le sait, de la maison de détention à l'échafaud. Toutefois, le tribunal révolutionnaire chez lequel les instincts féroces n'excluaient pas la prudence, craignait en guillottinant Dom Brunel de soulever la population. Le saint religieux était, en effet, très aimé de tout son voisinage. On emploiera contre lui un procédé plus hypocrite, mais guère moins efficace. Il sera envoyé à Rochefort, puis déporté au delà des mers. Son martyre, on va le voir tout à l'heure, n'en deviendra que plus long et, par suite, plus méritoire aux yeux de Dieu.

Le second des religieux qui partagèrent le même sort, ce fut le père Antoine, dans le monde Michel-Joseph Dujonquoy ou Dujonquoi, jadis maître des frères convers. Ne se souciant après l'expulsion, ni de rester dans le Perche, ni de retourner à Cambray, sa ville natale, il se rend du côté de Nancy et traverse la Meurthe. Peut-être agissait-il ainsi sur le conseil du père prieur, originaire, on le sait, de ce département. Ainsi que ce dernier, il sera arrêté et dirigé lui aussi sur Rochefort.

C'est là, enfin, qu'on expédiera un autre cénobite de la maison de Soligny, à savoir Richy (en religion frère Eloi), et qui n'était que convers. Né dans la ville même de Nancy, il n'avait pu s'empêcher d'y chercher un refuge. On l'y arrêta comme suspect de sainteté et d'attachement à la religion catholique.

Nos trois confesseurs, traduits devant le tribunal de la Meurthe, sont condamnés, au mépris de toute légalité, on pourrait même dire de tout bon sens, à titre de prêtres réfractaires. La loi de 1791, si odieuse qu'elle fut, n'exigeait le serment schismatique que des curés et vicaires, ce que ne furent jamais ni Dom Gervais ni le Père Antoine. Quant au frère Eloi, il n'était même jamais entré dans les ordres. Mais les tribunaux d'alors non plus que ceux d'époques plus rapprochées de nous, ne s'arrêtaient à ces légers détails. L'habit porté jadis par les accusés ne les désignait-il pas suffisamment aux yeux des purs, comme autant de suppôts du fanatisme et de la superstition?

Les prisons de ce temps-là, à Nancy pas plus qu'ailleurs, n'offraient rien de particulièrement confortable. Nos captifs réunis dans un espace trop étroit, tenus dans une ignorance absolue des événements du dehors, s'attendaient chaque jour à être massacrés. Dieu sait d'ailleurs ce qu'ils eurent à souffrir, pendant longtemps, des mauvais traitements à eux infligés, de la grossièreté de leurs gardiens; mais tout cela n'était que roses en comparaison de ce qui va suivre.

Le jour de l'Annonciation, 25 mars 1794, un gendarme se présente à nos reclus et dans le jargon sentimental de l'époque, se déclare chargé d'une mission bien pénible à son cœur. Il leur signifie un ordre de départ pour la Guyane française, donne ensuite lecture du décret de déportation et d'une lettre du ministre. Il y est dit expressément que *pour purger la France du fanatisme religieux*, ordre avait été donné de conduire les prisonniers de brigade en brigade, à l'un des deux ports de Rochefort ou de Bordeaux. On leur alloua quinze sols par lieue, de Nancy au lieu d'embarquement. Communication est ensuite donnée de la liste des déportés. Chacun, à l'appel de son nom, vient occuper la place à lui désignée. Fixé d'abord au surlendemain, le départ se trouve retardé jusqu'au 1er avril. Parents et amis veulent au moins profiter de la circonstance pour les embrasser une fois encore. On leur refuse jusqu'à cette dernière et minime consolation. D'ailleurs, les geôliers voyant dans les proscrits une proie qui va leur échapper, ont soin de les fouiller en conscience. Ils s'approprient sans façon tout ce qui est or ou argent, ne laissant à leurs victimes, comme dernière ressource, que des assignats.

Ainsi dépouillés, nos captifs sont, au nombre de quarante-huit, empilés sur des voitures. Il était alors sept heures du matin et la pluie tombait à torrents. Les malheureux y restent exposés pendant plus de deux heures sur la petite place de l'Université, en butte aux insultes de la populace.

Telle était, d'ailleurs, l'indigne façon dont on les traitait, que trente-huit d'entre eux succombèrent dans l'espace de quelques mois et que la santé des dix survivants resta gravement compromise. Mais continuons le récit de leur douloureux exode. Après avoir, la première huitaine, cruellement souffert du froid, du mauvais temps, de la faim, ils rencontrent sur le port de la Moselle, près Toul, une bande de frénétiques qui les saluent par des huées, des injures et le cri répété de: « *A l'eau, à l'eau, les scélérats!* » On dépose les exilés dans un grenier à paille, au-dessus d'une étable, et des sentinelles interdisent toute communication avec le public. Néanmoins, quelques personnes charitables parviennent à leur adresser des secours et un officier de gendarmerie répartit entre eux une somme de cent cinquante francs qui leur fut fort utile. Le lendemain, nos expulsés quittent Toul, accompagnés des marques de sympathie de tous les assistants.

A Vaucouleurs, on les loge dans une grande salle du couvent

des Annonciades, transformé en lieu de détention. Deux membres du comité de surveillance restent constamment avec eux, ce qui ne les empêche pas de recevoir encore quelques aumônes.

A Gondrecourt, c'est également la prison qui leur sert d'asile. Le maire et, plus encore, les geôliers les traitent avec beaucoup d'humanité. Toutefois, un événement se produit qui manque d'entraîner de tragiques conséquences. Un diacre de Nancy, atteint de somnambulisme, saute, pendant son sommeil, à la gorge du commandant, lequel faisait alors sa tournée d'inspection. L'officier s'apprête à dégainer, mais voyant qu'il avait à faire à un homme endormi, remet aussitôt son épée au fourreau.

Au sortir de cette localité, les captifs s'aperçoivent qu'on a augmenté leur escorte d'une quarantaine de gardes nationaux; précaution bien superflue avec des prisonniers volontaires. Ne leur eût-il pas suffi, en effet, d'un simple mot d'adhésion aux décrets révolutionnaires pour être non seulement rendus à la liberté, mais encore comblés d'honneurs et de félicitations ? D'ailleurs, voituriers et gardiens ne tardent pas à se prendre de querelle. Des gros mots l'on en arrive aux voies de fait, coups de poing, de crosse et de fouet. Profiter de la bagarre pour s'esquiver n'eût pas, sans doute, été très difficile. Bien loin de le faire, les martyrs de la foi ne s'occupent qu'à ramener la paix parmi les combattants..

Nos confesseurs arrivent à Joinville, tout trempés par la pluie. Ils y trouvent un accueil favorable et des âmes charitables leur remettent quatre-vingts francs en assignats. Cette localité avait pour maire, à la fois, et pour curé, un prêtre asssermenté qui les reçoit l'écharpe au flanc, mais d'une façon assez convenable.

L'on traverse ensuite le village de Doulevent, dont la population se montre sympathique, pour arriver le lendemain au château de Brienne dont le propriétaire venait de se rendre à Paris. Les domestiques fournissent aux voyageurs de la paille et quelques matelas pour le coucher.

La journée suivante fut très pénible. Nos pèlerins se trouvent obligés de descendre souvent de voiture et de cheminer dans la boue qui leur montait presqu'aux genoux, ne pouvant nulle part se procurer de nourriture. Sur le soir, à leur entrée à Troyes, on les accueille par des huées, des vociférations et le cri « *A la guillotine* ». Les infortunés s'attendent à être massacrés sur place, recommandant leurs âmes à Dieu, lorsque la foule les quitte brusquement pour accompagner un pauvre vieillard traduit devant le tribunal révolutionnaire.

On les enferme dans la maison du Bon-Pasteur, alors convertie en caserne. Jusque-là, au moins, ils avaient pu réciter régulièrement leur bréviaire. Cette consolation va leur être retirée. Un gendarme leur conseille de cacher ce livre de piété, sa vue seule pouvant provoquer des blasphèmes ou des actes de malveillance. Nos proscrits seront réduits à réciter de mémoire, dans la voiture, ce qu'ils se rappellent de l'office divin. Le lendemain, on leur adjoint deux prêtres de Troyes et ils quittent cette cité inhospitalière, au milieu des injures et des menaces de mort.

A Villeneuve-l'Archevêque où ils se rendent ensuite, la scène change du tout au tout. On bat la caisse pour prévenir les habitants qu'ils ont à s'abstenir de toute insulte, de tout propos malsonnant à l'égard des expulsés. Ces derniers sont accueillis de la façon la plus gracieuse et on les installe aussi confortablement que possible dans quatre auberges de la localité.

Par exemple, à Sens, les mauvais traitements recommencent. On crie sur leur passage : *A la guillotine, les brigands*. Enfermés dans une grande salle, ils ont peine à trouver de quoi manger. Impossible pour eux, d'ailleurs, de fermer l'œil de toute la nuit, à cause du vacarme effroyable que font leurs gardiens.

Au-delà de Montereau, près le canal de Loing, un fait étrange se produit dans lequel on ne saurait s'empêcher de reconnaître l'action de la Providence. Un des jeunes voituriers n'avait cessé d'abreuver les proscrits d'outrages. Certain d'entre eux ayant demandé la permission de descendre, il la lui refuse grossièrement et avec menace. Au même instant, le cheval de l'insulteur, d'un coup de pied, le jette à terre, sans connaissance et la mâchoire toute fracassée. Bien loin de le plaindre, les gens de l'escorte trouvent que le ciel n'a fait que le traiter comme il méritait.

A Fontainebleau, à Pithiviers, mêmes injures de la part de la populace. Mais déjà l'habitude a aguerri nos proscrits. Seuls, les blasphèmes continuent à leur déchirer le cœur.

L'on s'attendait, en entrant à Orléans, à quelque événement sinistre. Partout se répandait le bruit que cette insurrection de la Vendée, si populaire dans son principe, était exclusivement l'œuvre du clergé. L'on jugera aisément par là de l'exaspération de l'armée pour tout ce qui était ecclésiastique. Or, juste à ce moment, un escadron de cavalerie quittait la ville, se dirigeant sur Tours pour aller combattre les Vendéens. Combien nos expulsés n'auraient-ils pas eu lieu de craindre une rencontre avec lui Heureusement, les cavaliers partaient tous les matins de meilleure heure que les voitures. Occupés à se rendre à l'étape dans chacune des villes qu'ils traversaient, les soldats n'avaient guère le loisir de songer aux prêtres.

Lorsque les proscrits arrivent à Blois, l'exaspération des masses ne connait plus de bornes. Une femme, après leur avoir prodigué toutes sortes d'insultes, leur avoir jeté du gravier à la face, veut s'élancer contre eux, le couteau à la main. Un gendarme la retient, empêchant, sans doute, ainsi, une scène de carnage de se produire.

Voici ces malheureux enfermés dans l'ancien couvent des Carmélites où ils souffrent cruellement de la faim, n'ayant pu se procurer des aliments à Beaugency. On s'amuse à les faire attendre longtemps avant de leur vendre quelque nourriture.

Le jour suivant, nouveaux sujets d'émoi. Ils sont amenés aux bords de la Loire, suivis d'une foule hurlant : *A l'eau, à l'eau; il faut les noyer, ces brigands-là*. On les fait monter dans de grandes barques et, au bout d'un quart d'heure, voici les nautoniers qui se jettent dans le fleuve. Nos exilés, ayant entendu parler des noyades de Carrier, ne doutaient pas que leur dernière heure n'eût sonné. Évidemment, les bateaux vont disparaître avec leur cargaison, au sein des flots. Mais ce n'était qu'une fausse alerte. Si les mariniers se sont précipités dans la rivière, c'était simplement pour dégager les embarcations engravées.

Le logis de ce que l'on appelait les réfractaires, ce furent à Amboise, les cachots de la ville dont on avait eu soin de tirer les criminels pour leur faire place. Ils n'ont comme couchette que de la paille à demi-pourrie et où grouillait toute sorte de vermine.

On rembarque, le lendemain, pour Tours, chef-lieu des opérations contre les Vendéens. Les gendarmes redoutant pour leurs captifs l'exaspération de la foule et spécialement de la soldatesque, entourent ceux-ci, sabre en main, et les conduisent aux prisons de la ville, non loin du port. La geôlière se comporte à leur égard comme une vraie furie, les agonise de menaces et, finalement, refuse d'aller leur acheter des vivres.

Le défaut de voitures, car ils devaient continuer leur voyage par terre, les retint deux jours dans cette ville. Ils dorment couchés sur le pavé de la chapelle.

A l'étape suivante, celle de Saint-Maur, deux de nos infortunés succombent, victimes de leur fidélité à la loi de Dieu. C'est là qu'ils sont ensevelis.

Les habitants de Poitiers, en revanche, témoignent de la commisération aux survivants. Quant aux autorités locales, la réception qu'elles leur font mérite de passer pour typique. On leur sert un repas vraiment magnifique, on les loge dans les meilleures auberges de la ville et ils peuvent, enfin, coucher dans de bons lits, sans être soumis à l'appel nominal.

Semblable affectation de bons procédés de la part des patriotes du crû ne manque pas, à juste titre, d'exciter la défiance des prisonniers. Effectivement, dès le lendemain, de grand matin, nos honnêtes membres de la municipalité les invitent à descendre dans la cour. Il s'agissait, disait-on, de faire l'appel nominal oublié la veille. A peine nos proscrits se sont-ils rendus à l'ordre que les voici entourés d'une nuée de soldats. La première pensée qui leur vient à l'esprit, c'est qu'on va les fusiller. Cette fois-ci encore, ils se trompaient. Ce n'est pas à leur vie, mais à leur bourse qu'on en veut. Leurs poches sont vidées et eux-mêmes mis nus comme des vers. L'or, l'argent et jusqu'aux assignats vont être confisqués, sans inscription, bien entendu, sur un registre quelconque, les livres de piété déchirés au milieu des huées et des blasphèmes. Un prêtre se voit enlever ses habits sous prétexte qu'ils sont trop beaux pour un scélérat comme lui.

Nos républicains continuent ensuite leur enquête en ouvrant les paquets de leurs victimes, fracturant les malles, coupant les porte-manteaux de cuir. Tout se trouve soumis à un pillage le plus complet possible.

Les captifs sont ensuite conduits entre deux haies de fusiliers, au couvent de la Visitation, où on les laisse un jour entier sans nourriture. Le hasard veut qu'ils y rencontrent de vieux prêtres. Ces derniers s'empressent de partager avec eux le peu qu'ils ont.

Le lendemain, trente-deux francs en assignats leur sont remis comme frais de route pour les trente-deux lieues les séparant encore de Rochefort. On leur adjoint comme compagnons de captivité neuf prêtres de Chartres. Grande fut la surprise des infortunés, lorsqu'à Lusignan ils voient arriver une voiture contenant les quelques hardes qu'on avait jugé à propos de leur laisser. Certains objets de valeur échappés à la vigilance des autorités de Poitiers s'y trouvaient joints. Enfin, un brave aubergiste de cette ville avait eu entre les mains, nous ne savons par quel hasard, une montre et une douzaine de louis, propriété d'un des déportés. Il remet scrupuleusement le tout à un gendarme de l'escorte, lequel, de son côté, se montre assez honnête pour n'en voler qu'une partie.

Puisque l'occasion s'en présente, faisons notre possible pour réparer ce que l'on peut regarder comme une des véritables injustices de l'histoire. C'est un préjugé encore assez répandu que le régime de la Convention fut à la fois une époque de sang et de patriotisme farouche où l'incorruptibilité se trouvait à l'ordre du jour. Il se serait distingué, par là, d'autres périodes républicaines incontestablement dignes d'être regardées comme l'apothéose du chantage et de la malversation. Juger de la sorte, n'est-ce pas calomnier cette page glorieuse de nos annales qu'est le règne de la Terreur et lui enlever la moitié de ses mérites? Les faits que nous venons de citer entre mille autres du même genre prouvent qu'à cette époque, bien souvent citée comme celle de notre régénération nationale, si l'on savait égorger son prochain avec une incomparable *maëstria*, on n'était pas moins fort dans l'art de le détrousser, et pour employer une métaphore peut-être un peu surannée, que dès lors les tigres ne faisaient pas trop mauvais ménage avec les loups-cerviers.

L'arrivée à Niort, où la guillotine fonctionnait en permanence, ne laissa pas que de présenter pour nos captifs de graves dangers. A peine sont-ils signalés que, de toutes parts, retentit le cri : « Voilà les prêtres de la Vendée ! » Les soldats se joignent à la foule, avides de tremper leurs mains dans le sang de ces généreux défenseurs de la foi ou, tout au moins, de les livrer au bourreau. Les houssards ne parviennent que difficilement à fendre cette masse grouillante et vociférante. Enfin, les prisons s'ouvrent devant nos proscrits, mais ils ne sont pas sauvés pour cela. Dans cet effroyable séjour, où trois cents Vendéens viennent de périr misérablement, l'on ne respire qu'un air empoisonné et chargé de miasmes pestilentiels.

Aucune insulte ne leur est adressée au départ. Sans doute, la population, mieux informée, comprenait qu'il n'y avait point d'insurgés parmi ces bannis. Rendons d'ailleurs hommage à l'humanité des houssards. Ils font ce qu'ils peuvent pour préserver leur convoi de toute insulte comme de tout sévice. Ils obligent, par exemple, le maire de Surgères à laisser coucher les proscrits dans une auberge. « Nous répondons, disaient-ils, « que pas un seul ne s'échappera. » Parfois l'on vit ces loyaux militaires descendre de cheval pour faire monter à leurs places quelques-uns des prisonniers. Ils les laissaient trotter assez loin devant eux. Enfin, l'on arrive en vue de Rochefort, le 28 avril 1794.

Les exilés descendent de voiture à un quart de lieue de la ville, sur les rives de la Charente. Il est aussitôt procédé à leur embarquement, à bord d'un vieux vaisseau de ligne, *Le Bonhomme Richard*, lequel servait d'hôpital pour les malades atteints de la gale. A peine arrivés sur le pont, on les force à remettre leurs couteaux, rasoirs, fourchettes, puis ils passent à travers les deux étages qu'occupent les galeux et y sont accueillis par une bordée d'injures. Là, s'ouvre un escalier ténébreux vers lequel on les pousse à coups de sabre. Plus d'un était persuadé qu'au bout de ces marches allait s'ouvrir une trappe et qu'ils ne tarderaient pas à être engloutis.

Cependant les déportés arrivent à fond de cale, pour y rester quatre jours dans l'obscurité, respirant un air corrompu, ne pouvant marcher qu'à tâtons et menacés à chaque pas de choir sur les débris amoncelés.

On les fait ensuite monter sur le pont où ils sont fouillés, une dernière fois, de la façon la plus impudente. Décidément, l'escroquerie occupait une place d'honneur parmi les occupations chères aux patriotes d'alors. Au récit de leurs exploits en ce genre, ne croirait-on pas avoir affaire à des contemporains? Plusieurs proscrits néanmoins parviennent à soustraire à la curiosité malsaine des gens du bord quelques pièces de monnaie ou assignats. Ce ne sera pas, on va le voir, pour longtemps.

Ajoutons, pour comble d'ignominie, que les repas des prisonniers leur furent, assure la chronique, servis dans des baquets employés comme lieux d'aisances et que l'on prenait soin de ne pas nettoyer. Malgré ces indignes traitements, le capitaine a l'audace d'annoncer à ses victimes qu'elles le regretteront. La suite de ce récit prouvera que le misérable disait vrai.

Ensuite, les détenus traversant le port, ont, comme d'habitude, à subir les propos grossiers, les insultes des ouvriers et matelots. Puis au bout de deux heures de navigation, l'on se trouve dans la rade d'Aix, à l'embouchure de la Charente. Là stoppait un vaisseau négrier, *Les Deux Associés*, qu'aborde la goélette. Le pont de celui-ci se trouvait déjà occupé par quatre cents religieux et prêtres déportés. Leurs traits étaciés, leur visage hâve indiquaient assez combien, eux aussi, ils avaient eu à souffrir.

Le capitaine du négrier, René Laly, de l'île de Ré, s'écrie que son bâtiment est déjà chargé outre mesure et que si on lui envoie d'autres passagers, il ne lui reste plus qu'à les jeter à la mer. Les déportés se rendent donc à bord d'autres bâtiments qui refusent de les recevoir, puisque l'ordre ne leur en a pas été donné. Après avoir erré dans la rade pendant un jour et demi, le patron de la goélette expédie enfin un canot à Rochefort pour instruire le capitaine du port de l'embarras où il se trouvait.

La réponse arrive bientôt C'était un commandement formel au capitaine des *Deux Associés* de recevoir les nouveaux venus à bord, et ce nonobstant tout motif de refus.

Dès lors cesse la résistance de Laly. Vraisemblablement, une considération d'intérêt personnel ne fut pas étrangère à son changement d'attitude aussi bien qu'à celle des honnêtes gens placés sous ses ordres. N'est-il pas, en effet, clair comme le jour que parmi ces déportés supplémentaires, il s'en trouvera toujours quelques-uns valant la peine d'être dépouillés ? Les officiers du bord affectent de porter intérêt aux proscrits. « Vous « êtes bien serrés, disent-ils, d'un air cafard, et vos paquets « ne peuvent que vous gêner. Confiez-nous les et on vous les « rendra sans faute au débarquement. » On avait beau ne pas ajouter grande confiance à ces belles promesses, refuser n'était guère possible. A peine se sont-ils séparés de leurs bagages, il leur est prescrit, sous peine de mort ou, tout au moins, de fers, de remettre tout ce qu'ils possèdent d'or, d'argent ou d'assignats. Ensuite, on les fait passer sur l'entrepont. Ils s'y trouvent serrés, pour nous servir d'une expression triviale, comme des harengs dans leur caque, de façon qu'il n'y avait, en quelque sorte, pas d'espace vide entre eux. A leur arrivée, les prêtres de la goëlette sont obligés de rester à l'entrée. Impossible pour eux d'aller plus avant. Alors René Laly tirant son sabre, les traite de brigands, de scélérats et menace de les hacher, s'ils ne se dépêchent pas d'avancer. « Qu'il y ait ou non de la place, ajoute « le capitaine, avec toute l'amabilité d'un marchand de né- « graille, il vous faut ficher là. » Enfin, à force de se tasser, on parvient à exécuter l'ordre.

On ne saurait croire tout ce que nos confesseurs eurent à endurer depuis ce moment. Rongés par la vermine, tout couverts de lentes, ils ne recevaient qu'une nourriture aussi détestable qu'insuffisante. Les officiers payés pour fournir aux détenus une ration entière affectent le vin et la viande à leur usage personnel ; puis, une fois bien gorgés, ils venaient insulter leurs victimes. La détresse de ces malheureux était telle que plus d'un alla fouiller dans l'auge à porcs et disputer à ces animaux les croûtes et débris de toute sorte, jetés par les matelots. Ils n'avaient pour boire qu'une eau corrompue, remplie de vers et noire comme l'encre.

Cependant, le 3 mai, jour de l'Invention de la S<sup>te</sup> Croix, une demi-heure après que les prisonniers de la Meurthe venaient d'être installés à bord des *Deux Associés*, on fait l'appel sur le pont de tous les détenus.

L'équipage et la garnison étaient sous les armes. Les officiers arrivent le visage menaçant, revêtus de leur grand uniforme, le sabre et deux pistolets à la ceinture. L'on avait eu soin de déboucher et de braquer les canons. Il semblait que l'on allait assister à une scène de massacre et c'est bien ce qui eut lieu en effet.

Le capitaine commence une harangue comme il savait si bien les faire, tout émaillée de propos grossiers et impies, puis ordonne à la moitié des déportés de descendre. Alors, huit fusiliers viennent mettre les fers aux mains d'un prêtre, appelé

Roulhac, le conduisent à l'endroit du pont où se tenaient les officiers et une partie de l'équipage. L'autre portion était postée derrière la rembarde, prête à tirer les canons et à fusiller les captifs s'ils faisaient le moindre bruit. Un des officiers, soi-disant président du jury, tire de sa poche un papier où on lit ces mots : « Un nommé Roulhac, chanoine de Limoges, est convaincu « d'avoir tenu le propos suivant : *Si les matelots n'étaient que* « *cent cinquante*, nous pourrions nous rendre maîtres d'eux fort « aisément. » « Il est faux, répond tout de suite l'inculpé, que « j'aie tenu un tel propos. » Le misérable accusateur savait incontestablement à quoi s'en tenir et ne croyait guère lui-même à la culpabilité du chanoine, mais le supplice d'un prêtre constituait un acte de suprême courtisannerie à l'égard des puissants du jour, dont on voulait, à toute force, se faire bien venir. Aussi, sans daigner écouter l'inculpé, ni s'occuper à donner à la sentence la moindre apparence d'équité, l'indigne officier la résume par ces mots : « En conséquence, il est condamné à être « fusillé à l'instant. »

L'infortuné ne peut s'empêcher de verser quelques larmes. Il demande un instant pour se confesser. Rien d'étonnant que ses bourreaux aient eu la barbarie de le lui refuser. Heureusement, un de ses voisins a le temps de lui administrer l'absolution. Le condamné voit le geste et comprend ce qu'il signifie. Aussi, se rend-il d'un pas ferme et assuré vers le gaillard d'avant où devait avoir lieu l'exécution. Après avoir demandé à Dieu pardon pour ses bourreaux, il tombe sous une pluie de balles. L'équipage, officiers comme soldats, salue son trépas des cris : « Vive la République, vive la Montagne ».

Ce malheureux, âgé de 30 ans à peine, se faisait remarquer par sa douceur. C'était l'homme du monde le moins capable d'ourdir une conspiration. Le capitaine, qui n'était pas encore satisfait, commence un nouveau discours où il accusait les détenus de compter beaucoup de conspirateurs dans leurs rangs, se déclarant, d'ailleurs, tout disposé à les traiter sans plus de ménagements que le scélérat qu'on venait de passer par les armes. Il fait envoyer dans tous les ports maritimes un placard annonçant que le chef du complot ourdi par les prêtres à bord des *Deux Associés* avait reçu le châtiment de son crime.

Le major de ce bâtiment a avoué, qu'un jour, la résolution s'était trouvée prise de se débarrasser de tous les détenus en les empoisonnant. On ne nous fait pas savoir quel motif empêcha ce projet humanitaire d'être mis à exécution.

Une autre fois, le capitaine annonce aux détenus que si quelqu'un d'entre eux s'entend à la manœuvre d'un navire il n'a qu'à le déclarer. On le tirerait de sa captivité pour lui donner de l'emploi. Personne ne se présente. C'est que le piège était évidemment trop grossier. Laly voulait simplement connaître les prisonniers que leur science nautique aurait pu rendre dangereux pour les faire disparaître.

Plus tard, l'ignoble personnage, dans un accès de fureur, interpelle ainsi les malheureux confiés à ses soins : « Eh ! brigands, je « vois que parmi vous il y en a de capables de conduire mon bâti-« ment ; oh ! scélérats, si vous bougez, je vous fusillerai tous. »

Mais nous n'en avons pas encore fini avec les tortures infligées aux prisonniers. Le soir, on les enfermait dans l'entrepont où ils avaient plus à souffrir encore. Leur ténébreux cachot, d'une élévation moyenne de cinq pieds, contenait deux étages superposés de hamacs où couchaient les déportés. Bien que jamais on ne loge plus d'un homme par hamac, il fallait que deux de ces malheureux s'étendissent dans chacun des lits suspendus, et ils ne pouvaient guère s'y maintenir que par des prodiges d'équilibre assurément peu favorables au sommeil. De plus, le poids des dormeurs faisait fléchir la couchette par le milieu de manière à ce que touchant ceux qui étaient en-dessous, elles les empêchât presque de respirer.

Les souffrances des détenus se trouvaient encore accrues lorsque le temps se mettait à la pluie. On fermait alors leur cachot hermétiquement, au moyen d'un prélat ou toile goudronnée. Les malheureux étaient ainsi comme dans un four, à la fois suffoqués et brûlés par la chaleur.

Mais ce n'était pas encore là le plus terrible. Chaque matin, sous prétexte de purifier l'atmosphère, un calfat apportait dans leur écoutille trois baquets de brai, sorte de goudron sec dans lesquels il plaçait des boulets rouges. On juge de la fumée qui en résultait. Son acreté déchirait le gosier des captifs et leur occasionnait d'affreuses quintes de toux. Pendant l'opération d'ailleurs, toutes les issues de l'entrepont étaient bouchées. Souvent, l'on renouvelait jusqu'à trois fois les boulets, lorsque les précédents avaient cessé d'opérer.

Alors, le caporal qui les avait verrouillés venait ouvrir la porte du cachot. Chacun se traînait, comme il pouvait, vers l'écoutille et faisait tous ses efforts pour parvenir à respirer. Précisément, rien n'était plus dangereux pour ces hommes trempés de sueur que la fraîcheur du grand air.

Un traitement si justement combiné pour faire passer ces gens de vie à trépas ne tarda pas à produire ses fruits naturels. La mortalité devint effrayante parmi les détenus et les habitants de Rochefort crurent qu'il y avait la peste à bord. Afin de savoir à quoi s'en tenir, ils envoient un officier de santé visiter le bâtiment. Quelle ne fut pas la surprise de ce fonctionnaire en voyant une fumée épaisse et fétide sortir de l'entrepont? Il quitte ses habits et, un flacon sous le nez, se met en devoir de descendre les échelles. A peine a-t-il fait quelques pas que la chaleur et la puanteur l'arrêtent court. Craignant d'être suffoqué, il remonte au plus vite, déclarant que *si l'on avait mis quatre cents chiens dans cet endroit-là, ils seraient tous crevés ou devenus enragés.*

C'est surtout pendant l'été que les détenus succombent en masse. Vers la fin d'août, les trois quarts de ces derniers avaient rendu le dernier soupir. Bon nombre d'autres meurent un peu plus tard et tous les survivants voient d'ailleurs leur santé ruinée sans retour. Les officiers du négrier craignant la contagion tant pour eux-mêmes que pour leur équipage, se décident à installer les plus malades des déportés dans une mauvaise barque. Le nombre de ces derniers augmentant sans cesse, il fallut bientôt en faire venir une autre L'on qualifiait, bien à tort d'ailleurs, ces embarcations d'hôpitaux. C'étaient, suivant l'expression du narrateur, « de vraies boucheries où des victimes « humaines se trouvaient journellement sacrifiées ».

Le spectacle de tant de malheureux sur le point d'expirer ne parvenait pas à adoucir la cruauté de leurs bourreaux. On voyait une foule de mourants entassés sur un plancher raboteux, violemment secoués par les mouvements de la barque, couverts de plaies et de vermine et n'ayant pour tous vêtements que de misérables haillons. Aucun soin n'était pris pour empêcher l'eau de mer de venir les inonder. Les agonisants gisaient à côté des cadavres, le plus souvent dépouillés et dans un état de nudité complète, car l'avidité des matelots n'épargnait même pas leurs pauvres hardes Sitôt d'ailleurs que l'un de ces infortunés venait à rendre l'âme, on hissait un pavillon au haut du mât pour annoncer la bonne nouvelle et l'air retentissait des cris : « *Vive la République, vive la Montagne!* » Pareil régime ne pouvait être mieux acclamé que par de tels hommes.

Ces malades n'étaient pas cependant abandonnés tout à fait sans secours. Les moins mal portants des captifs mettaient à les soigner toute la charité imaginable, lavaient leurs chemises, leur faisaient de la tisane avec du chiendent ou d'autres herbes par eux recueillies, alors qu'ils creusaient des fosses pour les morts.

Rien ne pouvait rebuter le zèle des infirmiers. A peine l'un d'eux venait-il à succomber que d'autres se présentaient à sa place, désireux de se sacrifier pour le bien de leurs frères.

Quoique les barques ne fussent qu'à une portée de fusil du

navire, cependant, ils se trouvaient d'ordinaire, dans le plus grand dénuement. On s'arrangeait de façon à laisser les malheureux occupants manquer du nécessaire. S'ils avaient, par hasard, quelques morceaux de viande, le bois leur faisait défaut pour les cuire. Du pain leur était-il distribué, on n'y joignait pas de quoi boire. Les malades, dévorés par une fièvre ardente, réclamaient vainement un peu d'eau pour étancher leur soif. Il semblait même que l'on apportât un soin tout particulier à ne pas en fournir les jours où plusieurs d'entre eux avaient pris de l'émétique. C'était une manière ingénieuse de les faire périr, étouffés par le remède lui-même.

Cinq ou six fois par jour, il est vrai, un canot se détachait, mais c'était pour aller dépouiller les cadavres. Le reste du temps, on avait beau l'avertir par des cris ou des signaux, il ne daignait pas faire la moindre réponse.

Et cependant, malgré cet état d'effroyable dénuement, Dieu n'abandonnait pas ses fidèles serviteurs. Certaines grâces, pour eux bien précieuses, leur étaient encore réservées. Ainsi, au prix de quelques précautions, on parvenait assez facilement à se confesser, non seulement sur les barques, mais même à bord des *Deux Associés*. Une fiole ayant, comme par miracle, échappé aux perquisitions, l'Extrême-Onction put être administrée aux mourants.

L'on avait été embarrassé pour savoir quoi faire de tant de trépassés. Les lancer à la mer, il n'y fallait pas songer. Le flux n'eût pas manqué de les rejeter sur le rivage. Précisément, à une demi-lieue de là, se trouvait l'île d'Aix, située entre celles de Ré et d'Oléron. Elle a dans les trois quarts de lieue de tour et donne son nom à la rade environnante. C'était, en quelque sorte, un cimetière tout trouvé pour les déportés. Aussi est-ce dans ce but qu'on s'avisa de l'utiliser.

Quelques-uns des captifs, escortés du caporal et des soldats du bord, descendaient dans la chaloupe. Arrivés sur les côtes de l'île, quand la marée ne permettait pas d'aborder plus près, ils traînaient les cadavres sur une planche qui joignait l'embarcation à terre. Ensuite, on les portait à dos sur des civières, jusque dans un champ assez éloigné de la rive. Par la suite, l'accroissement du nombre des morts obligea de donner aux fossoyeurs une charrette à laquelle ils s'attelaient. Épuisés par les privations, auxquelles venait se joindre la fatigue d'un travail pénible, ils avaient encore à subir, en creusant leurs fosses, toutes sortes d'injures et de propos obscènes de la part des gardiens. Sitôt les inhumations faites, il fallait retourner au grand bâtiment et y prendre les corps de ceux qui avaient succombé dans l'intervalle. On estime à plus de trois cents le nombre des détenus qui furent ainsi ensevelis dans l'île d'Aix.

Les habitants de la localité commencent à prendre peur. Cette mortalité insolite n'était-elle pas la preuve qu'on avait la peste à bord et ne va-t-on pas la propager chez eux, en y portant tant de cadavres? Aussi, la municipalité insiste-t-elle auprès des autorités de Rochefort pour que l'on cesse les inhumations.

Précisément, la Terreur venait de prendre fin à la suite de l'exécution de Robespierre et de ses complices. La modération revient un instant à l'ordre du jour. Nos déportés, toutefois, ne profitent de cette accalmie que dans une assez faible mesure. La réaction ne s'est pas, en effet, accentuée à ce point que l'on fasse sortir de prison prêtres et religieux pour les y remplacer par leurs geôliers. En tout cas, droit est fait à la requête des habitants de l'île d'Aix et le conseil procède à l'établissement d'un hôpital dans l'île Madame, appelée alors île Citoyenne. C'est un tout petit îlot situé à environ neuf kilomètres de Rochefort, au sud de la Charente.

Là, au milieu des champs labourés, on élève, au moyen de vergues et de voiles de vaisseau, huit tentes sous lesquelles se pressèrent jusqu'à deux cents malades. Ils pouvaient enfin respirer, cela est vrai, mais sans cesser pour cela d'être victimes de maints mauvais traitements. Les chirurgiens, en particulier, oubliant le premier devoir de leur profession, se montraient pleins de dureté. Un seul, parmi eux, prodigua à ces infortunés de véritables marques d'intérêt. Ses confrères négligeant presqu'entièrement leur clientèle, passent la plus grande partie de leur temps à Rochefort ou ailleurs.

Ces misérables remarquant que plusieurs des prisonniers sont parvenus à sauver un peu d'argent, consentent de temps en temps à faire des commissions pour eux et à leur apporter des vivres. Aussi, se réservent-ils le droit exclusif de leur vendre les comestibles ou autres objets dont ils pourraient avoir besoin. Les exploiteurs en venaient jusqu'à faire payer cinquante francs une tasse de lait. Ce prix insensé ne rebutait pas les malades, tant leur besoin était pressant. D'ailleurs, ils voulaient profiter du peu qu'on leur avait laissé, craignant qu'on n'achevât de les dépouiller s'ils revenaient à bord.

C'est vers la fin d'août qu'avait eu lieu l'installation à l'île Madame. Les diverses maladies qui s'étaient déclarées à bord des *Deux Associés*, telles que scorbut, fièvre putride, etc., continuaient leurs ravages. Pendant deux ou trois semaines, elles emportèrent de sept à huit personnes par jour.

Alors moururent les trois trappistes dont nous venons de raconter la lamentable histoire. Celui qui ouvre la lugubre série, c'est le Père Prieur, Dom Gervais. Nous le voyons rendre l'âme dans la nuit du 19 au 20 août, ou, suivant d'autres, le 26 du même mois, à l'âge de cinquante ans. Ses cendres reposent aujourd'hui encore dans l'île Madame. Quelque incertitude règne sur le moment où succombent ses deux camarades de souffrance. En tout cas, ils ne lui survécurent pas longtemps. D'après l'abbé Guillon, aussi bien que d'après l'abbé Michel, compagnon d'Eloi, et qui avait eu sous les yeux les registres mortuaires des *Deux Associés*, leur décès devrait être fixé au 24 août 1794. Mais quelle confiance accorder à un livre de bord tenu par des gens tels que ceux qui peuplaient le bâtiment. Jusqu'à nouvel ordre, nous nous en tiendrons de préférence à l'opinion qu'exprime l'auteur du manuscrit par nous compulsé en ce moment. C'est le 21 août, même année, qu'aurait expiré le père Antoine. Quant au frère Eloi, il trépassa huit jours plus tard, âgé de quarante-deux ans. Tout le monde semble d'accord pour placer sa sépulture dans les sables de l'île Madame.

Par contre, le premier de ces religieux qui succomba aux mauvais traitements de ses geôliers, à l'âge de quarante-huit ans, aurait été inhumé, suivant l'abbé Michel, dans l'île d'Aix. L'abbé Manseau, de son côté, place sa sépulture dans l'île Madame, près la tombe du Père Prieur.

Peut-être le lecteur sera-t-il curieux de savoir quelle fut la fin de ce féroce Laly auquel sa conduite avait valu le surnom bien justifié de « Tueur de prêtres ». Un savant ouvrage s'occupant de la période révolutionnaire le renseignera à ce sujet.

On en était à l'époque de la Restauration et le vieux négrier, retiré à l'île de Ré, avait fini par tomber dans une profonde misère. Impossible de le plaindre beaucoup. Ses souffrances, après tout, n'étaient pas aussi cruelles, tant s'en faut, que celles qu'il avait infligées à tant d'innocentes victimes.

Précisément, Joseph-Nicolas Adam, un des plus jeunes prêtres qui eussent résisté aux épreuves subies à bord des *Deux Associés*, venait d'être nommé aumônier d'un régiment en garnison dans la susdite localité. Certain jour que cet ecclésiastique se promenait en compagnie de M. Hontang, curé de la paroisse de Saint-Martin, il se trouve face à face avec Laly. Le curé propose à son confrère de le conduire chez son ancien persécuteur. L'offre ayant été acceptée, on se rend par une rue étroite dans un infect taudis. C'était là que logeait Laly, en compagnie de sa femme abattue par la maladie, épuisée par les privations, et d'enfants rachitiques, couverts de haillons. Joseph Nicolas demande au misérable s'il le reconnaît. L'autre répond « oui » d'une voix sourde et à peine distincte. « Eh bien, ajoute l'aumônier, apprends « comment un prêtre se venge. » En même temps, il dépose vingt louis d'or sur la table. Mais le digne ministre du Christ n'avait pas seulement en vue une misère matérielle à soulager. Ce qui lui tenait surtout à cœur, c'était la conversion du vieux forban. Après beaucoup de soins et de démarches, il décide enfin ce dernier à se réconcilier avec Dieu. Tout porte à croire que son retour au bien fut durable et que le nom du grand criminel mérite d'être cité comme celui d'un Larron pénitent.

# CHAPITRE IV

## A TRAVERS LA SUISSE ET L'ALLEMAGNE

§ 1er. *Coup d'Etat de Thermidor et chute de Robespierre. — Retour momentané aux idées conservatrices. — Réveil de l'esprit révolutionnaire qu'amène le Directoire. — Invasion de la Suisse par les armées de la République.*

§ 2. *Contre-coup de tous ces événements sur les communautés fondées par Lestrange en Helvétie. — Lettre écrite au Czar par la princesse de Condé, pour obtenir un asile en Russie. — Lestrange préside au départ des religieuses. — Conduite édifiante d'un élève du Tiers-Ordre. — Epreuves subies par les émigrants avant d'atteindre la frontière allemande. — Les élèves du Tiers-Ordre dirigés sur la Val-Sainte. — Exode général des religieux. — Fidélité des fugitifs à observer leur règle. — Incidents de voyage. — Chaude réception à Lentzbourg.*

§ 3. — *Entrée en Allemagne. — Générosité d'un hôtelier. — Accueil favorable à Constance. — Séjour au monastère de Klosterwald, puis à celui de Kaysersheim — Instructions données par Lestrange à ses religieux.*

§ 4. — *Départ pour Augsbourg. — Conduite édifiante des religieux pendant le voyage. — Vigilance de Dom Augustin. — Aventure d'un Trappiste malade. — Accueil empressé et générosité de M. Bacciochi. — Ferveur et fidélité à la règle dont font preuve les émigrants de la Val-Sainte. — Réponse en partie favorable de la Cour de Russie. — Charles Théodore décide les Trappistes à quitter ses Etats. — Départ pour l'Autriche.*

§ 1. **Coup d'Etat de Thermidor et chute de Robespierre. — Retour momentané aux idées conservatrices. — Réveil de l'esprit révolutionnaire qu'amène le Directoire. — Invasion de la Suisse par les armées de la République.**

Avant de continuer notre récit, jetons un rapide coup d'œil sur les événements dont la France avait été le théâtre depuis la réaction de Thermidor et la chute de Robespierre.

Pendant plus d'une année, ce personnage, justement signalé comme un des cuistres les plus fameux dont le nom ait usurpé les pages de l'histoire, parvint à réaliser le double tour de force d'asservir notre pays à son joug misérable et d'esquiver la guillotine.

Et ce n'est pas que le triste sire eût reçu de bien grands talents en partage, pas même le don de l'éloquence, si capable parfois de faire illusion sur la valeur réelle de celui qui le possède. Daunou, qu'il eut pour collègue à la Convention, proclame ses discours « le verbiage le plus insensé que l'on ait entendu depuis que les hommes et les oiseaux se sont mis à parler ». Mais il arrive à son heure, au moment juste où la Révolution vient d'opérer table rase et de déblayer le terrain de tout ce qui dépassait le niveau commun, soit par le caractère, soit par l'intelligence. Son implacable médiocrité fera sa force. Elle le rendra, pour un instant, l'homme de la situation.

Somme toute, en dépit de la façon un peu brusque et réellement désagréable pour lui dont il vit sa carrière interrompue, l'exemple du méchant avocat d'Amiens n'en constitue pas moins un puissant encouragement pour les intrigants vulgaires, les aventuriers sans étoffe ni scrupules. Il leur fait toucher du doigt quelle mince somme de mérite se trouve parfois requise de l'ambitieux décidé à faire son chemin en temps de troubles, démontre à quel point serait discutable, si l'on voulait le prendre au pied de la lettre, l'axiome posé par Montesquieu, que des crises violentes sont nécessaires pour révéler les génies cachés et mettre les mortels à leur vraie place.

Déjà, le tyran abattu, on se reprenait à espérer. Les plus compromis dans les crimes de la Terreur ne viennent-ils pas de porter leur tête sur l'échafaud? Et si, comme le disait spirituellement Michaud, ils n'ont pas encore été jugés par la postérité, du moins leurs contemporains goûtent-ils la consolation de les savoir définitivement exécutés. Les citoyens paisibles ne craindront plus chaque matin, en se levant, que le jour ne s'achève pas sans qu'ils aient fait connaissance avec le bourreau. Aussi la joie de se sentir revivre leur inspirera-t-elle les rêves les plus audacieux. Que redouter encore ? Voici le club des Jacobins dissous ! Est-ce que la Convention ne vient pas de révoquer ses décrets contre les prêtres assermentés ? Il sera donc permis de prier Dieu à sa guise, de vaquer à ses affaires sans craindre la persécution ! La guerre même s'humanise en quelque sorte. Toujours aussi acharnée contre les souverains coalisés, elle tend néanmoins à se faire tout ensemble plus clémente et moins impie. Bonaparte, en Italie, étonne le monde autant par sa modération inattendue que par les ressources de son génie. Enfin, l'on voit, dit Gaillardin, un général républicain ménager le roi de Sardaigne, protéger les prêtres français dans l'exil et, témoignant de son respect pour le Pape, sauver le Saint-Siège par l'adroite dureté du traité de Tolentino.

Le coup d'État du 18 fructidor (4 septembre 1797) ne tarde pas à dissiper toutes ces illusions. On pouvait, du reste, facilement le prévoir. Œuvre d'hommes du parti avancé qui ne trouvaient plus dans leurs crimes passés un gage suffisant de sécurité personnelle, la réaction thermidorienne ne fut, à vrai dire, suivant l'expression de J. de Maistre, que la mise hors la loi de quelques scélérats par d'autres scélérats. Le parti royaliste n'y prit aucune part. Et de fait, n'eût-on pas dit qu'ayant pris l'habitude de se laisser égorger sans résistance, changer de méthode devenait pour lui chose impossible ? Trop de gens, somme toute, se trouvaient compromis dans les excès révolutionnaires pour tolérer un retour à l'ordre dont le couronnement menaçait d'être la restauration de la Monarchie légitime. Et puis, les sectaires des loges, les membres des sociétés secrètes n'avaient rien abdiqué encore de leurs haines antireligieuses. Une seule passion réellement désintéressée les animait ; la haine du bien et d'une vérité longtemps trahie. Malgré les effroyables calamités par lui déchaînées sur notre pays, ils ne pouvaient se défendre d'une certaine sympathie pour ce régime qui avait su combattre d'une façon si efficace la superstition chrétienne et le parti clérical. Les crimes, les insanités que commet un gouvernement ne sont jamais, après tout, ce qui l'empêche de conserver de nombreux partisans et de rester populaire. Est-ce que les pires Césars ne furent pas à peu près les seuls qu'ait regretté la plèbe romaine ?

Voici donc les mauvais jours qui recommencent. Le Directoire, à son tour, va persécuter cruellement la religion dans ses ministres et ourdir un complot contre le gouvernement du Saint-Siège, bien qu'il l'ait officiellement reconnu. A peine Duphot mis à mort dans une émeute par lui-même provoquée, les troupes françaises envahissent le patrimoine de saint Pierre. Il ne s'agissait de rien moins que d'enlever Pie VI et de proclamer la République sur les bords du Tibre.

Au point de vue purement humain, le plan pouvait passer pour intelligemment conçu.

> Annibal l'a prédit, croyons en ce grand homme,
> On ne vaincra jamais les Romains que dans Rome,

s'écrie Mithridate par la bouche de Racine. Ce qui était vrai de la ville des Scipions ne le sera-t-il pas davantage encore de celle de saint Pierre? Puisque l'on se vantait en France d'avoir noyé le catholicisme dans le sang des fidèles, quelle politique plus habile que d'aller poursuivre cette religion détestée jusque dans sa forteresse et de la frapper, pour ainsi dire, à la tête?

En même temps, la neutralité politique cesse d'être respectée. Désireux de propager au loin les idées révolutionnaires et sans doute aussi de mettre la main sur le trésor de Berne qui renfermait à peu près vingt millions, le Directoire témoigne un mauvais vouloir flagrant à l'égard des cantons suisses. Le voilà qui essaie de monter les hommes du pays de Vaud contre l'oligarchie laquelle les gouvernait, au fond, assez sagement. Il déclare (28 décembre 1797) prendre sous sa protection tout bon patriote réclamant la jouissance de ses droits naturels. Encore quelques jours et le général Bruno viendra, à titre de protecteur, envahir le territoire vaudois et soumettre ce pays à la domination du gouvernement directorial.

§ 2. **Contre-coup de tous ces événements sur les communautés fondées par Lestrange en Helvétie. — Lettre écrite au Czar par la princesse de Condé, pour obtenir un asile en Russie. — Lestrange préside au départ des religieuses. — Conduite édifiante d'un élève du Tiers-Ordre. — Épreuves subies par les émigrants avant d'atteindre la frontière allemande. — Les élèves du Tiers-Ordre dirigés sur la Val-Sainte. — Exode général des religieux. — Fidélité des fugitifs à observer leur règle. — Incidents de voyage. — Chaude réception à Lentzbourg.**

Voyons maintenant quel retentissement auront tous ces événements en ce qui concerne les fondations de Lestrange.

Établie depuis six ans environ, la Trappe de la Val-Sainte continuait à prospérer. Dom Augustin, spécialement occupé alors à achever l'organisation de son Tiers-Ordre et à assurer l'éducation chrétienne des nombreux enfants mis à sa charge, se trouvait hors de son couvent. C'est à ce moment qu'éclate dans toute la région cette nouvelle : « L'armée française est à nos portes ».

Les religieux, le premier moment de panique passé, se rassurent, comptant sur la vigilance de l'Abbé qui ne manquera pas, se disent-ils, de prendre toutes les mesures nécessaires. Celui-ci ne se pouvait faire aucune illusion sur la gravité d'un tel état de choses. Rester va devenir impossible. Quels ménagements, en effet, espérer d'un régime fanatique d'irréligion comme celui du Directoire? Et, d'autre part, où aller? Où mettre à l'abri la jeunesse confiée à ses soins? Il ne fallait pas songer à chercher un abri dans les Trappes récemment fondées en Angleterre, en Espagne. Elles ont déjà bien de la peine à se suffire à elles-mêmes et ne sauraient recevoir de nouveaux hôtes. S'adressera-t-on aux pays voisins épuisés par les dépenses qu'occasionne la guerre et qui d'ailleurs ont eu à subvenir aux besoins d'une foule de refugiés? En beaucoup d'endroits, d'ailleurs, les Trappistes sont à peine connus et, certes, l'on aura bien de la peine à obtenir des sacrifices en leur faveur.

Il n'y a donc pas lieu de s'étonner si, dès lors, Lestrange songe à un établissement en Russie, tant pour lui que pour les siens. Ne constituait-elle pas, et par l'esprit de sa population et plus encore par sa situation géographique, de tous les Etats de l'Europe, le moins menacé par la Révolution ? Une circonstance particulière semblait, d'ailleurs, de nature à favoriser la réussite d'un tel projet. Le Tzar alors régnant, Paul I<sup>er</sup>, n'étant encore que Grand-Duc, avait fait le voyage de France, en 1782, sous le pseudonyme de *Comte du Nord*. Reçu à Chantilly, *non en Prince, mais en Roi*, l'héritier présomptif du trône de Pierre le Grand n'avait pas manqué d'être frappé de la beauté, de la bonne grâce et de la haute intelligence de la princesse Louise-Adélaïde. Précisément, cette dernière faisait alors son noviciat à la Sainte-Volonté de Dieu. Bien décidée, d'ailleurs, à ne pas se séparer de ses compagnes, elle ne craindrait pas, s'il le fallait, de les suivre jusqu'en ces régions éloignées.

Voilà la courageuse novice qui, à l'instigation de Dom Augustin, adresse une supplique au Tzar, le priant d'accorder, dans ses Etats, asile aux religieux qui se trouveront obligés sous peu de quitter la Suisse. On y lisait notamment ces mots : « Je prie l'ai-« mable Comte du Nord d'intercéder pour moi auprès de l'Em-« pereur Paul. » Inutile d'ajouter que pareille demande ne pouvait obtenir qu'un accueil favorable. Comme nous le verrons cependant, tout à l'heure, la réponse du Tzar ne laissa pas que de se faire attendre et elle ne produisit pas tous les résultats qu'en avait espérés le Père Abbé.

Quoiqu'il en soit, ce sont encore les vierges consacrées au Seigneur qui se trouvent les plus menacées. Aussi la première préoccupation de Dom Augustin sera-t-elle de leur chercher un abri.

Il fait partir du couvent de la *Sainte Volonté de Dieu* une avant-garde de Trappistines, sous la direction de la Mère Sainte-Marie, leur première supérieure. C'était une personne aussi remarquable par sa haute intelligence que par sa piété. On ne nous indique pas le moment précis de cet exode, mais, à coup sûr, il ne dut pas se produire avant les derniers jours de 1797. Enfin, l'orage continuant à gronder, plus redoutable que jamais, nous voyons le Père Abbé se rendre en personne au monastère du Valais, le 19 janvier 1798, et prescrire à ses filles spirituelles d'aller le plus vite possible rejoindre leurs fugitives compagnes. Un second convoi que Gaillardin semble avoir confondu avec le précédent, s'en va à char-à-bancs sous la direction de la Mère Augustin de Chabanne. La princesse de Condé en faisait, elle aussi, partie. Dom Augustin s'avançant à pied, malgré le mauvais état des chemins, parvient en même temps qu'elles à Martigny où l'on trouve des berlines. Le Révérend monte sur une mule et, le soir, toute la colonie parvient à Bag. Dom Augustin pourvoit à leur nourriture et logement, puis leur fait, le lendemain, un bout de conduite jusqu'à Vevey. Enfin, après les avoir remises entre les mains du sous-prieur de la Val-Sainte et de quelques religieux qu'il leur donnait pour directeurs, le voilà une fois encore de retour à ce dernier monastère. Il présidera au départ du petit nombre de religieuses que diverses circonstances avaient encore empêchées de quitter la communauté.

Toutes se dirigent sur Constance, ville de Souabe située sur les bords du lac de même nom et qui avait été assignée comme rendez-vous éventuel tant aux Trappistines qu'aux moines de la Val-Sainte. Bien que cette localité ne se trouve qu'à environ quarante lieues du monastère de la Sainte Volonté de Dieu, le voyage, en raison des détours que nos émigrantes furent obligées de faire, se trouva allongé d'environ quatre cents kilomètres. Il fallait, effectivement, éviter à tout prix la rencontre de l'armée française qui parcourait les routes les plus fréquentées. Les voyageuses se trouvaient réduites à prendre de mauvais chemins de montagne, difficiles d'accès et impraticables aux voitures. « On n'imaginerait pas, observe à ce propos l'auteur de l'*Odyssée*
« *monastique,* ce qu'il en dut coûter à des filles peu accoutumées
« aux marches pour franchir une distance de cent quarante
« lieues, à pied ou à dos de mulet. Tantôt c'étaient des hauteurs
« escarpées, couvertes de neiges et de glace, bordées d'affreux

« précipices dont la vue seule donnait le vertige, tantôt des
« sentiers si étroits que le mulet pouvait à peine y poser le pied.
« Un mois durant, elles cheminèrent ainsi, la mort dans l'âme,
« torturées par le froid et par la faim, exposées à tous les périls,
« de jour et de nuit. La Providence, toutefois, ne les laissa jamais
« manquer du nécessaire. Elle leur fit même rencontrer des per-
« sonnes charitables qui les assistèrent avec des égards particu-
« liers. »

Les religieuses atteignent le territoire allemand après une traversée assez heureuse sur le lac de Constance.

Les Trappistines ainsi mises en sûreté, voici venir le tour des élèves du Tiers-Ordre ainsi que de leurs professeurs. Lestrange se rend furtivement à Romont pour les diriger de là sur la Val-Sainte. C'est à ce dernier monastère qu'il arrive sur les neuf ou dix heures du soir, et trouve les cénobites endormis. Il en éveille quelques-uns et leur enjoint d'emballer de suite les objets les plus indispensables. A deux heures du matin, la cloche ayant donné le signal de l'office de nuit il rassemble la communauté, lui exposant la redoutable extrémité à laquelle on se trouvait réduit et déclare qu'il va être obligé de la quitter. Toutefois, ne voulant pas, ajoute-t-il, rien décider en matière aussi grave, sans avoir consulté ses fils spirituels, il les engage à donner leur avis. Les Trappistes répondent unanimement n'en point avoir d'autre que celui de leur supérieur.

Voilà donc deux cent quarante personnes qu'il va falloir déloger de l'asile par elles occupé avant d'avoir eu le temps d'en chercher un autre. C'est, qu'en effet, ceux des élèves du Tiers-Ordre auxquels leur famille laisse la liberté du choix, au nombre d'une centaine environ, refusent de se séparer de leurs saints éducateurs. Lestrange ne reculera pas devant les difficultés et la responsabilité écrasante qui lui incombe. Rappelons à ce propos une touchante anecdote attestant l'affection inspirée à la jeunesse par eux instruite.

Certain enfant du Valais faisait son éducation à la Val-Sainte, dans l'espérance d'y être admis un jour comme cénobite. Le père, très effrayé de la tournure que prennent les événements, essaie à plusieurs reprises, mais sans succès, de le décider à réintégrer le foyer familial. Revenant une dernière fois à la charge, il expose à son fils les difficultés du voyage. Son extrême jeunesse ne lui permettrait guère de les supporter. Cependant le petit, avec une énergie que l'on n'eût pas attendu dans un âge aussi tendre, résistait toujours. L'autre s'écrie dans un mouvement d'impatience : « Fais donc comme tu voudras, je ne suis plus ton père ! » Profondément affligé d'un propos si dur, le jouvenceau réplique en lui montrant son crucifix : « Puisque vous « ne voulez plus être mon père, voilà celui qui le sera. » L'honnête citoyen du Valais, à qui une telle réponse ne cause pas moins d'admiration que de surprise, n'ose plus insister. Toutefois la mère, qui n'avait pas assisté à cette scène et dont la tendresse n'entendait guère raison, finit par enlever l'enfant de force.

C'est, suivant toute apparence, juste à ce moment que Lestrange, tenant à s'entourer des hommes les plus capables de l'aider dans sa tâche laborieuse, rappela par écrit de Darfeld à Constance, le père Etienne, et qu'il avertit le père Joseph de la Croix, alors à Sordevolo, d'avoir à se mettre à sa disposition. Ce dernier, bien qu'encore jeune, était déjà renommé par sa prudence, son savoir et la facilité avec laquelle il parlait le latin. Aussi, le Père Abbé l'appréciait-il d'une façon toute spéciale. Il le destine à être, dans la seconde partie du voyage qui va commencer, son *alter ego* et le dépositaire de l'autorité abbatiale.

Lestrange choisit d'ailleurs les autres moines qui le doivent accompagner et, parmi eux, le Père Colomban, ancien Bénédictin, dont on vantait à la fois l'austérité et l'ardent esprit de dévouement. Il désigne un religieux italien pour gouverner le monastère en son absence. C'est lui qui répondra en leur nom si on vient les molester. Au reste il promet bien aux cénobites de venir les chercher.

Voici qu'à la Val-Sainte on emploie toute la matinée à se procurer des chevaux et des voitures pour le départ. La chose est bien vite ébruitée, quoique Lestrange ait fait tout son possible afin de la tenir secrète, et une foule considérable tient à lui venir faire ses adieux.

D'autre part, les moines restés au couvent s'empressent de brûler et de détruire d'une façon quelconque les lettres et papiers qui auraient pu paraître compromettants. Toutefois le danger le plus imminent ne consiste pas dans l'arrivée des troupes du Directoire, mais bien dans les dispositions malveillantes de certaines gens du pays.

En effet, dès qu'on eut appris à Charmey, localité voisine, la fuite de Dom Augustin et de ses compagnons, l'autorité communale décida qu'on enverrait à la Val-Sainte une garde de douze hommes avec mission d'empêcher qui que ce fût de s'évader, de nouer des relations avec le dehors et, surtout, d'emporter des valeurs. L'espérance du pillage et d'un bon coup de main à faire semble avoir été pour beaucoup dans l'adoption de ces mesures. Naturellement parmi ceux qui les prirent, plusieurs avaient bénéficié de la charité des bons pères. Afin de prévenir une explosion d'indignation de la part du public, on faisait courir le bruit que le Père Abbé, retenu prisonnier à Fribourg, ne reparaîtrait plus au monastère.

Indigné d'un pareil procédé, Lestrange écrit aux religieux qui y étaient restés d'emballer au plus tôt le bagage strictement nécessaire et de prendre la route de Fribourg sur laquelle il comptait les rejoindre. Quant au mobilier qu'on ne pourra emporter, il recommande de le confier aux bons soins de M. le chanoine de Fontenil, alors hôte du monastère, et de Théodule Blanc de Corbières. Ce dernier, homme insinuant, nous dit l'*Odyssée monastique*, avait su gagner la confiance du Père Abbé. Il obtint qu'on traitât avec lui pour une vente simulée de tous les biens du couvent. Lors de leur retour, il ne manquera pas, nous le verrons, de susciter de ce chef toutes sortes de difficultés aux Trappistes.

En tout cas, l'ordre de départ était général et n'exceptait personne. Chacun donc se met à l'œuvre et fait son petit bagage, mais avec le plus de parcimonie possible pour éviter l'encombrement.

Trois jours s'écoulent dans ces préparatifs. Enfin, le 10 février 1798, les traîneaux étaient chargés et tout le monde sur pied. La caravane comprenait des pères de chœur, des convers, des frères donnés. Les infirmes, portés dans des traîneaux spacieux, suivaient à distance, sous la conduite du Père François de Paule, leur aumônier.

Voilà donc tout ce monde en marche, à la recherche de nouveaux cieux et d'un plus sûr asile. Véritable Énée de la vie monastique,

*Ilium in Italiam portans victosque penates,*

Lestrange guidera ses enfants dans leurs incessantes pérégrinations, multipliera les démarches, s'ingéniera à procurer aux fugitifs le pain quotidien et un abri. Si l'entreprise semble, au premier coup d'œil, irréalisable, si les forces du chef de l'émigration sont quelquefois sur le point de défaillir, qu'importe, après tout! Le Dieu qui a tiré son peuple d'Israël de la terre d'Égypte daignera, sans doute, y suppléer.

Partis de la Val-Sainte à dix heures du matin, nos voyageurs furent, rapporte la tradition, divisés en trois groupes qui prirent chacun une route différente. Quarante-quatre personnes constituaient la bande conduite par Dom Augustin. Celle du père Colomban était plus considérable. C'est que l'on avait les raisons les plus sérieuses d'éviter la rencontre de corps de troupes français. Il fallait de plus ne pas encombrer les établissements religieux ou laïques auxquels l'hospitalité allait être demandée et éviter de donner ombrage aux autorités dont on traversait le territoire.

Constance, plus tard remplacé par Berne, sera désigné comme lieu de rendez-vous général des religieux.

On n'a que le temps de faire une très courte halte pour arriver sur les dix heures du soir à Villar-Novar. A défaut d'autre local disponible, les fugitifs s'installent dans une auberge de la localité, le moins mal possible. Ce n'était pas, en effet, une petite affaire que d'héberger ainsi à l'improviste une quarantaine de personnes sur lesquelles on ne comptait pas, et de plus encore, les conducteurs de la caravane.

Le lendemain, dès la pointe du jour, le cellérier éveille tout son monde. Les charretiers, qui avaient prolongé la veillée et n'étaient point habitués à se lever d'aussi bonne heure, font la sourde oreille. Après avoir soulevé toutes sortes de difficultés, ils ne veulent pas aller plus loin, sous prétexte qu'ils ne s'étaient pas engagés à le faire. D'ailleurs, le faux bruit de la captivité de Dom Augustin à Fribourg les incitait à persister dans leur refus. Par bonheur, le père cellérier, esprit véritablement pratique, parvient à arranger les choses au moyen d'un généreux pourboire.

Les émigrants ayant pris la route de Fribourg, aperçoivent un cavalier à la sortie du bois de Marly ; c'était Dom Augustin, lequel, suivant sa promesse, était venu les rejoindre. Au pont de Marly, les attendaient des chevaux et des voitures dont profitent seuls d'ailleurs les malades et infirmes. Quant aux valides, ils continuent le chemin à pied. Par des chemins détournés, toute la colonie prend la route de Berne, car il s'agissait d'éviter de passer par Fribourg.

Nous parlerons un peu plus loin de la façon dont voyageaient ces humbles émigrants. Qu'il nous suffise de dire ici que hors le cas d'impossibilité absolue, la régularité la plus stricte se trouvait observée. Aussi ce spectacle ne manquait-il pas d'impressionner vivement les populations. Quoiqu'il en soit, le jour même où, sur la route de Fribourg, ils avaient rencontré Dom Augustin, pousser jusqu'à Berne leur eût été chose facile. Désireux, toutefois, de ne faire dans cette ville qu'un séjour le plus court possible, ils préfèrent s'arrêter à moitié chemin. Le lendemain, dans la matinée, nous les voyons traverser Berne. Le calme qui y règne ne manque pas de les surprendre et ils se demandent déjà si l'on n'a pas exagéré la gravité des événements. A peine ont-ils dépassé les portes de la cité, la rencontre d'un bataillon suivi de munitions de guerre ne tarde pas à les détromper. Ce dernier devait s'opposer à l'entrée imminente des Français. Tous les chevaux du pays se trouvant réquisitionnés, les religieux ne peuvent emmener ceux dont ils se servaient pour leur usage personnel, qu'à la condition expresse de les renvoyer à la frontière.

L'on arrive aussi, dans la soirée, au monastère de Saint-Urbain, non loi de Soleure et à droite de cette ville. Nos voyageurs le trouvent encombré de soldats et ne peuvent se préserver d'un sentiment d'effroi. Celui-ci fait bien vite place à la plus absolue confiance, lorsqu'ils apprennent que ces hommes de guerre, à la solde de l'Abbé, sont chargés de la défense du monastère. Les Trappistes y sont d'ailleurs accueillis de la façon la plus bienveillante, on peut même dire la plus charitable. On loua beaucoup la prudence et le zèle de Dom Augustin et on lui offrit un secours pécuniaire pour la continuation de son voyage.

Un passage des mémoires du Père Trappiste Dom François de Paule (Dargny), d'Abbeville, copiés par l'auteur de l'*Odyssée monastique*, rapporte certaine aventure dans laquelle le rôle joué par ce religieux pensa tourner au tragique.

On approchait d'une petite ville du nom de Linsbee. Les chevaux se trouvant au repos, Dom François prend les devants à pied. Comme il longeait un petit bois, voici que deux cavaliers arrivent au galop, l'un semblait un bon fermier. Quant au second, c'était un soldat. A la vue du Trappiste, ils ralentissent le pas et le fermier demande en français à Dom François de Paule qui il était et où il allait. Celui-ci restant fidèle à la règle du silence, le fermier insiste et hausse la voix sans pouvoir obtenir de réponse. Alors, le soldat en colère, tirant son sabre, s'avance sur le cénobite et lui dit en mauvais français : « Si tu ne me réponds pas, je « coupe *ton tête* ». L'autre estimant, à bon droit, que la fidélité à ses vœux n'exigeait point qu'il affrontât un tel danger, se borne à dire que s'il n'a pas ouvert plus tôt la bouche, c'est que les lois monastiques lui défendaient de parler. « Eh, maraud, reprit le « soudard, que ne le disais-tu tout de suite ? Dieu ne t'a-t-il pas « donné une langue pour t'enservir comme le reste des hommes ? « Je t'assure que si tu ne m'avais pas donné réponse, je te mettais « *ton tête* en bas. » Il se contenta de remettre son sabre au fourreau et le cénobite conclut judicieusement à ce propos qu'il est des cas où l'on doit savoir interpréter le texte des règlements *cum grano salis*.

A l'approche de Lentzbourg, ville du canton de Berne, non loin d'Arau, les oreilles des voyageurs sont aussitôt frappées d'un vacarme formidable des cris et détonations d'armes à feu qui leur paraissent d'assez mauvais augure. A tout hasard, ils se décident à entrer dans la première auberge venue. Une agréable surprise les y attendait. On les reçoit de la façon la plus charmante. Un des notables voulut pourvoir à leur dépense et, sur ses ordres, ils sont servis avec profusion. Le Père Abbé reçoit, en outre, des aumônes considérables.

§ 8. **Entrée en Allemagne. — Générosité d'un hôtelier. — Accueil favorable à Constance. — Séjour au monastère de Klosterwald, puis à celui de Kaysersheim. — Instruction données par Lestrange à ses religieux.**

Voilà donc que l'on entre en Allemagne. Les quelques difficultés faites au Père Abbé, à l'arrivée, seront vite aplanies, et la liberté du passage va être octroyée aux émigrants. Le soir même, Lestrange installe ces derniers dans l'hôtellerie d'un village dont le nom ne nous est pas indiqué. Le carnaval battant alors son plein, le rez-de-chaussée de cet établissement se trouvait occupé par un public aussi nombreux que bruyant et qui se livrait à de joyeux ébats.

L'aubergiste, craignant que les religieux ne vinssent à être troublés dans la récitation de leurs psaumes et offices, ferme les portes de son domicile, tant à ses hôtes qu'aux musiciens, et cela pour tout le temps qu'il logera les Trappistes. Ceux-ci, d'ailleurs, seront comblés de prévenances et de soins. Cependant Dom Augustin, de retour de son voyage chez les religieuses de Klosterwald, veut régler les dépenses d'auberge. Elles s'élevaient, paraît-il, à environ deux cents francs. Le généreux aubergiste, dont nous regrettons de ne pouvoir citer le nom, refuse l'argent offert, se déclarant trop heureux d'avoir pu héberger *des Saints* et ajoute qu'il sera suffisamment payé s'ils consentent à ne pas l'oublier dans leurs prières. Tout ce qu'il consent à accepter, tant pour lui que pour sa famille, ce sont quelques menus objets de piété dont s'était muni un religieux. Pareil trait de désintéressement, observe l'auteur de l'*Odyssée*, a de quoi surprendre de la part d'un maître d'hôtel (1). Tout porte à croire, ajoute-t-il, qu'un personnage distingué, dont les Trappistes reçurent plusieurs visites à ce moment, prit soin de l'indemniser, dissimulant ainsi sa charitable conduite pour en laisser l'honneur à autrui.

En effet, les circonstances avaient contraint le Père Abbé à modifier son plan primitif. Constance se trouvait trop près de la France et la Souabe était menacée par les armées révolutionnaires. Aussi, renonçant à s'y rendre avec sa petite troupe, se bornera t-il à expédier, soit dans cette ville, soit dans les environs, un certain nombre d'élèves avec leurs professeurs. D'autres

(1) Gaillardin met ce beau trait sur le compte de la femme qui tenait l'auberge. L'*Odyssée monastique* parle uniquement d'un hôtelier et sa version nous semble, à tout prendre, la plus acceptable.

bandes de Trappistes ne tarderont pas d'ailleurs à arriver à Constance.

Précisément, à sept lieues environ de la frontière s'élevait une importante abbaye de religieuses cisterciennes, connue sous le nom de Klosterwald-L'eberlingen. Dom Augustin s'y rend aussitôt, afin d'obtenir de la supérieure un asile pour sa suite et pour lui.

Bien qu'ayant déjà un certain nombre d'émigrés à loger, les religieuses ne s'effraient pas du surcroît de monde que leur amène la Providence et, après quelques pourparlers, on se met bien vite d'accord. « Voyez, disent les vénérables Mères à l'Abbé, « si les bâtiments de nos cours suffisent à vous loger, car nous « avons d'ailleurs assez de légumes pour vous nourrir. » La Supérieure poussa même l'obligeance jusqu'à fournir les voitures et chevaux nécessaires au transport des religieux.

Lestrange va immédiatement prévenir ses moines de ce qui a été décidé. Il ne fallut pas moins d'une journée entière à ces derniers pour parvenir à Klosterwald. Un bâtiment isolé se trouve mis à la disposition des émigrants. Non contentes de les héberger pendant cinq semaines, les généreuses cisterciennes pourvoient encore à tous leurs besoins. L'objet principal de leurs prévenances et de leur sollicitude, c'étaient les malades et les infirmes. Elles leur prodiguent tous les remèdes et adoucissements possibles. Quant aux Trappistines, une partie fut installée dans une maison particulière, à quatre lieues environ de Klosterwald. D'autres avaient pris la route de la Bavière.

Dom Augustin profita naturellement de la prolongation de son séjour dans cette communauté pour faire quelques absences et se rendre notamment de temps à autre à Constance, où se trouvait déjà une partie de son personnel. Ajoutons que ces religieux y furent l'objet d'un accueil vraiment enthousiaste. Emigrés, laïcs et surtout prêtres français rivalisèrent d'obligeance envers les nouveaux venus. Ils seront installés hors la ville et chaque jour on leur portera le nécessaire.

C'est pendant une de ses visites à Constance, vers la mi-mars 1798, qu'y arrivent les religieuses de la Sainte-Volonté de Dieu. Dans un bourg voisin de cette ville, la vue de leur habit avait suscité quelques huées. C'était, à vrai dire, la première et seule marque de malveillance qu'elles eussent eue à subir depuis leur départ. La bonne réception à elles faite et surtout la présence de leur père spirituel ne tardent pas à les consoler.

Cependant l'hiver touchait à sa fin et un notable adoucissement de la température rendait les voyages plus faciles. En même temps, le bruit se répand d'une prochaine arrivée des Français.

milieu, en ligne serrée, pour ménager la place et mettre les bagages à portée de chacun. On soupait ensuite et, plus d'une fois, pain noir et eau, à défaut d'autres aliments, firent les frais de ce repas, comme ils avaient déjà fait ceux du dîner.

La journée finissait par la récitation des complies et de l'hymne *Te lucis ante terminum*, puis chacun prenant son paquet, en retirait la couverture sur laquelle, après l'avoir étendue à terre, il se couchait pour dormir, les maîtres d'un côté, les élèves de l'autre. Dès le réveil, on bénissait le Créateur par la récitation des Matines. Cela fait, tout le monde se remettait en route.

Et si encore, pour atteindre Térespol, dans la Pologne russe et but du voyage, on avait eu de fringants coursiers et des routes réellement carrossables, mais les deux choses faisaient à peu près également défaut. Nous avons vu quelles rosses on mettait à la disposition des bons Pères. De plus, il leur fallait changer de voitures tous les jours et, par suite, descendre et remonter les bagages. L'on avait à traverser ensuite, soit d'immenses forêts coupées de chemins tout crevassés et où les chariots versaient les uns après les autres, soit des plaines de sable mouvant dans lesquelles les roues une fois enfoncées ne pouvaient être dégagées qu'à force de bras. Parfois, comme pour procurer tant soit peu de variété, un marais fangeux occupait la scène. Son fond, jonché de troncs d'arbres, ralentissait lamentablement la marche des véhicules. Ces circonstances réunies nous expliquent le temps considérable qu'il fallait pour franchir la distance assez courte de Cracovie à la frontière russe.

Bref, nos pauvres émigrants ne rencontraient guère qu'un seul motif de consolation, c'était l'hospitalité exercée à leur égard par les seigneurs polonais. Ils se montrèrent, si possible, plus affables, plus délicatement accueillants que leurs compatriotes des palatinats du Sud, mettant volontiers leurs petits châteaux et leurs modestes ressources à la disposition des religieux. Leur demandait-on permission de faire chez eux une simple station de quelques heures, ils pourvoyaient par leurs dons au repas, généralement pris dans la cour en guise de réfectoire. Sollicitait-on l'hospitalité pour la nuit, alors toutes les chambres, les granges même étaient converties en dortoirs. Également empressés pour tous leurs hôtes, les descendants des vieux Lygiens marquèrent cependant quelque préférence à l'égard des élèves. Ils aimaient à servir eux-mêmes ces petits bambins déjà affublés du froc et à leur faire parler latin, langue particulièrement cultivée de tout Polonais instruit. On choyait les plus habiles et les plus intelligents. On leur faisait fête et on les récompensait par quelques friandises de village. Enfin, l'heure du départ venait-elle à sonner, on ne se séparait pas sans une vive émotion de part et d'autre. Ainsi se cimentait cette sympathie qui n'a jamais cessé d'exister entre nos concitoyens et ces hommes si justement surnommés « les Français du Nord ».

Ajoutons qu'ayant été accueilli dans un des plus superbes châteaux de ce pays, Dom Augustin y reçut, certain soir, une visite pour lui bien agréable et bien consolante. C'était celle du Père Urbain, jadis envoyé sur son ordre en Bohême, à la tête de six religieux. Les tracasseries du gouvernement n'ayant pas tardé à leur rendre le séjour intenable, Urbain conduira sa petite troupe en Prusse et, là encore, les mauvais procédés ne lui seront pas épargnés. C'est alors que l'on se décidera à gagner la Russie. En attendant, toutes ces épreuves avaient fortement ébranlé la santé des voyageurs. Trois d'entre eux, surtout, se trouvaient gravement atteints. Il leur eût fallu du repos et un régime spécial; mais comment se les procurer? Bref, on se contente de les confier à la divine Providence et au zèle charitable du Père François de Sales, l'infatigable infirmier de la colonie monastique (1).

(1) Voyez la note K, *in fine*.

# CHAPITRE VI

# LES TRAPPISTES EN RUSSIE

§ 1er. — *Causes de la décadence de la Pologne. — Monarchie élective, liberum veto et confédérations. — Vaine tentative de réforme par Sobieski. — Influence prépondérante de l'étranger. — Essais de restauration nationale.*

§ 2. — *Traversée du Bug et entrée dans les états du Czar. — Arrangements provisoires. — Les Trappistes à Wistrice. — Conduite charitable de Lestrange vis-à-vis des moines Basiliens. — Ses nombreuses démarches. — Il révèle à quelques religieux ses motifs d'appréhension. — Dispositions favorables de l'empereur. — L'hiver en Pologne et ses rigueurs. — Sympathie inspirée par les Trappistes au clergé et à toute la Population.*

§ 3. — *Bruits inquiétants pour les Trappistes. — L'évêque de Luskow à Brzesc. — Il communique le décret d'expulsion. — Motifs de la conduite du Czar. — Préparatifs de départ.*

§ 1. Causes de la décadence de la Pologne. — Monarchie élective, « liberum veto » et confédérations. — Vaine tentative de réforme par Sobieski. — Influence prépondérante de l'étranger. — Essais de restauration nationale.

Avant de raconter l'établissement, bien éphémère d'ailleurs, des Trappistes fugitifs dans la patrie de Boleslas le Grand et de sainte Hedwige, il va nous falloir une fois encore interrompre notre récit. Examinons, au moins, quelques instants, à la suite de quelles péripéties, une nation florissante et jadis glorieuse entre toutes, finit par tomber sous le joug étranger. Pour nous

Français qui, sortis mutilés de l'étreinte de l'ennemi, sûmes si peu profiter de la leçon infligée par la justice céleste, pour nous qui, après avoir vu nos querelles de partis s'envenimer en raison même de l'affaiblissement des convictions et de l'esprit patriotique, devînmes la proie de politiciens sans honneur ni conscience, peut être ne sera ce pas une étude inutile, celle des causes ayant amené les enfants de Lekh à leur déclin (1).

Sans doute, certaines circonstances en dehors de la volonté de l'homme préparèrent la catastrophe finale, mais surtout les dissensions intestines et les fautes de la classe dirigeante.

La source la plus féconde du mal, celle du moins qui favorisa davantage le développement des germes morbides contenus dans la constitution, ce fut l'extinction, en 1572, de la famille royale des Jagellons. A l'origine, tous les Polonais étaient égaux en condition comme ils l'étaient en valeur guerrière. Boleslas-le-Grand crée le corps de la noblesse, lequel, d'après l'institution primitive, ne se composait que d'une simple milice à cheval. Cependant les *Piasts* ou gentilshommes ne tardent pas à s'organiser en caste close, très soigneuse d'accaparer à son profit exclusif le pouvoir politique, d'ailleurs aussi hostile à l'autorité souveraine qu'à l'influence des grands ou aux libertés populaires.

Les nobles seuls se trouveront représentés à la première diète, celle de 1468. C'est alors que les vieilles franchises des paysans commencent à être entamées et restreints les droits de la bourgeoisie. A son tour, le pouvoir des assemblées générales restera fort amoindri au bénéfice de la classe privilégiée, par la création de diètes post-comitiales, où les nonces allaient rendre compte de leurs votes, aussi bien que par l'établissement du mandat impératif.

Environ une trentaine d'années plus tard, la diète de Piotrkow (Pétricau) réservera aux seuls membres de la noblesse le droit de posséder des biens fonds. Quant aux autres habitants, ils seront obligés de vendre ceux qu'ils possèdent. Peu à peu, et par la force même des choses, plus encore que par une disposition formelle de loi, les paysans se trouveront transformés, à partir de la fin du xvi° siècle, en véritables serfs, et cela à une époque où, dans nos états d'Occident, l'accession des classes rurales à la liberté civile avait été presque partout complètement réalisée. Enfin, la noblesse ne

(1) Nous avons consulté surtout, pour cette partie de notre travail, l'*Histoire de l'anarchie de Pologne*, de Rulhière. C'est à cet ouvrage, moins lu à notre avis qu'il ne mérite, que, d'une façon générale, nous renverrons le lecteur.

néglige pas, par la même occasion, de mettre la main sur les immeubles ecclésiastiques.

Toutes les mesures semblent d'ailleurs prises pour accroître le désordre et justifier l'adage qui dès lors commençait à se répandre, *Polonia confusione regitur*.

La diète de Radom, en 1505, jette les premières bases de ce funeste *Liberum veto* qui, exigeant non plus la majorité, mais bien l'unanimité des votants au moins pour les questions de droit privé, finira par prendre une effrayante extension. Cette *prunelle de la liberté*, comme on se plaisait à la qualifier, deviendra aussi destructive de tout ordre social chez les descendants des anciens Sarmates, que le peut être chez d'autres peuples l'aveugle omnipotence des masses ignorantes et dépourvues d'organisation.

Un peu plus tard, d'ailleurs, en 1538, fait qui mérite, ce me semble, d'être signalé, le droit d'aînesse et toutes les prérogatives aristocratiques seront abolies comme contraires à l'égalité qui doit régner entre les membres du corps électoral.

Quoiqu'il en soit, l'on conçoit le parti que des hommes animés de pareilles tendances allaient tirer de la vacance du trône, le dernier des Jagellons, mort en 1572, n'ayant laissé personne pour lui succéder. On n'était sûr de rien avec un chef tenant le sceptre de ses aïeux. Les Piasts n'avaient-ils pas toujours à craindre, en effet, que, suivant l'exemple des autres princes de l'Europe, il ne cherchât, soit dans l'élite de la nation, soit dans le populaire, un contre-poids aux empiétements de l'oligarchie ? Aussi la diète s'empresse-t-elle de déclarer la couronne élective. Cette forme anormale de gouvernement, enlevant à la Monarchie son principal mérite, qui est d'assurer l'ordre et la stabilité, ne devait pas être moins funeste à la Pologne qu'elle ne l'avait jadis été aux Goths d'Espagne.

La même assemblée ne manque pas d'ailleurs d'en revenir au système des *Pacta conventa* inauguré pour la première fois en 1339, lors de l'avènement au trône de Louis de Hongrie, le successeur de Kasimir-le-Grand. En vertu de ces convocations, renouvelées depuis lors au commencement de chaque règne, l'autorité souveraine incessamment battue en brèche, finira par se trouver réduite à sa plus simple expression. Bientôt, on aura droit de se demander à quoi peut bien servir un roi de Pologne, sinon à être le jouet de ses électeurs.

Rappelons qu'au nombre des articles que dut jurer, bien qu'un peu malgré lui, Henri de Valois, lorsqu'il vint occuper à titre viager le trône du dernier Jagellon, se trouvait celui qui concernait la liberté de conscience. C'est à cet égard que les

Polonais firent davantage preuve de sens politique. Dès lors, fort divisés entre eux sous le rapport confessionnel, ils comprenaient la nécessité d'une très large tolérance. Aussi les querelles religieuses ne prendront elles pas, à beaucoup près chez eux, le même caractère d'acuité que dans la plupart des autres pays d'Europe.

Force est néanmoins de le reconnaître, la diète ne montra pas autant d'esprit pratique en accueillant la proposition de Jean Zamoyski, que le choix du souverain fût attribué non plus aux assemblées délibérantes, mais bien au corps entier de la noblesse. On conçoit aisément ce que vont devenir les élections avec cette multitude de votants qui accouraient, à cheval et sabre au flanc, remplir leur devoir civique. Trop souvent elles seront l'occasion de sanglants combats et la guerre civile constituera, en quelque sorte, l'état normal du pays. Pendant tout le règne de Sigismond III notamment (1587-1632), les diètes ne cessèrent, pour ainsi dire pas, de se trouver transformées en véritables champs de bataille.

On eût dit qu'un esprit de vertige inspirait les législateurs Polonais. Pour assurer le maintien de leur *liberté d'or*, la diète de 1609 donne une nouvelle extension au *Liberum veto* et reconnaît la légalité de ces sortes d'insurrections appelées *Confédérations*. Grâce à elles, nous ne tarderons pas à voir de simples citoyens se vanter ingénuement devant le monarque d'avoir, non seulement contrevenu à ses ordres, mais encore levé l'étendard de la révolte. Ils considéreront cela comme l'acte de bons citoyens.

Ce système de conjurations offrait néanmoins un avantage, c'était d'échapper à la loi insensée de l'unanimité. Dans les assemblées auxquelles elles donnaient lieu, on se contentait de la simple majorité. Le Prince, poussé à bout par l'opposition hargneuse de quelques membres de la diète, n'avait plus qu'une ressource, c'était de s'insurger lui-même contre ce que l'on appelait l'ordre de choses établi ou de fomenter une contre-fédération. La chose lui demeurait permise comme au premier gentilhomme venu. On pourrait même dire que c'est à peu près le seul droit dont il continuât à jouir pleinement.

Pendant près d'une quarantaine d'années, le dévouement des nobles polonais à la cause publique les détourna de recourir aux nouvelles dispositions concernant le *Liberum veto*. Ils imiteront ainsi la réserve des vieux Romains qui, le divorce une fois autorisé par la loi, hésitèrent bien des années à en user. Cette modération néanmoins aura un terme. Sicinski, nonce d'Upita, va gagner la plus triste des célébrités à la diète de 1655.

Son refus de se ranger à l'avis unanime des autres députés amènera la dissolution de cette assemblée. Un si triste exemple n'aura, par la suite, que trop d'imitateurs.

Dès lors, l'avenir se trouve sérieusement compromis et l'on aura droit de tout craindre pour une si imprudente nation, entourée qu'elle est de voisins solidement organisés et d'ailleurs dépourvus de scrupules. Cependant, il faut du temps à un grand peuple pour succomber. La Pologne ne cessera pas tout de suite de tenir son rang parmi les puissances militaires de premier ordre, et qui en eût jugé par ses succès sur les champs de bataille ne l'aurait pu croire si près de son déclin. Turks, Tartares, Moscovistes, tour à tour vaincus et repoussés, attestent à la fois la bravoure de ses soldats et l'habileté de ses généraux. Jamais, on peut le dire, son rôle de protectrice de la chrétienté contre la barbarie musulmane ne brilla d'un plus vif éclat. Sobieski va se couvrir de gloire ainsi que son armée en écrasant les hordes de Mahomet IV sous les murs de Vienne. Cette moisson de lauriers, plus profitable à d'autres qu'à elle, tout en portant au loin le prestige du nom polonais, pourra faire illusion sur le mal qui ronge l'Etat. Elle ne parviendra ni à l'atténuer ni à en arrêter les ravages.

C'est qu'en effet, la décadence de la royale république tient à des causes toutes spéciales et fort différentes de celles qui ont amené la ruine de tant d'autres nations. On ne pouvait certes pas encore en accuser ce goût du luxe, ces habitudes de mollesse, conséquences trop fréquentes d'une civilisation avancée. Rien de plus sévère alors que le genre de vie des membres de la petite noblesse polonaise. Leur temps se partageait entre la guerre et la chasse, les devoirs de la vie publique et la culture des lettres si fort en honneur parmi eux. Ils occupaient des maisons simples et modestes dont la dépouille des grands fauves faisait le principal ornement, comme elle le fait aujourd'hui des demeures des Boërs du Cap. On les voyait servir la patrie avec une merveilleuse intrépidité pendant la guerre, honnêteté et même une certaine abnégation en temps de paix. L'usage d'une liberté mal réglée, insuffisant pour donner la sagesse et la mesure à ces esprits turbulents, maintenait au moins un fonds de fierté dans les âmes, de patriotisme dans les cœurs. Le lien conjugal continuant d'ailleurs à être universellement respecté, l'austérité des mœurs suppléera dans une assez large mesure au vice des institutions. Par contre, ces dernières, à la longue, faciliteront singulièrement le relâchement général et l'oubli des antiques vertus.

Forcément, du reste, nombre de bons esprits se sentaient dès lors épouvantés en songeant aux destinées futures de la nation. Ils aspiraient de tout leur cœur à un changement de constitution. Mais on n'écoutait guère leurs sages conseils. Et comment, en effet, faire entendre raison à cette populace nobiliaire, enflée de son importance politique, égarée par des préjugés séculaires et convaincue d'ailleurs que son courage aussi ardent qu'indiscipliné resterait toujours, pour la patrie commune, le plus sûr des remparts ?

Un essai de réforme, une manière de coup d'état, tenté par Sobieski avec l'assentiment et l'appui moral de la cour de Versailles, échoue à peu près complètement. Comme cela se produit si souvent en pareil cas, la maladie du corps social s'aggrave en proportion des efforts infructueux faits pour l'enrayer. Le désordre ne tardera pas à arriver à son comble et l'infortuné royaume des vieux Jagellons pourra désormais prendre pour devise le vers de Dante

Lasciate ogni speranza voi ch'intrate.

L'influence étrangère va se faire sentir chaque jour plus écrasante au sein de ce peuple devenu inhabile à se diriger lui-même. Elle entraine comme conséquence forcée la corruption, la vénalité et un redoublement d'anarchie.

Déjà, Pierre-le-Grand a offert à la république une amitié plus dangereuse que l'hostilité déclarée. Sur son instigation, la diète de 1718 proclame loi de l'état, cet odieux *Liberum veto* dont le nom revient sans cesse dans l'histoire des malheurs de la Pologne. Jusqu'alors il n'avait été, à vrai dire, que toléré. Par suite, le pouvoir de la diète, déjà fort diminué, mais qui aurait pu fournir, à l'occasion, un élément de résistance, se trouve annihilé, comme l'avait été précédemment celui du souverain.

Enfin, suprême symptôme de décadence, l'infortuné pays, devenu trop républicain pour conserver son esprit militaire, semble renoncer à ce rôle auquel il devait son illustration. Rassurée par les promesses du Czar, la même assemblée réduit l'armée nationale au chiffre dérisoire de vingt-quatre mille ou, suivant d'autres, dix-huit mille hommes.

En vérité on ne saurait s'étonner assez de l'aberration des Polonais, soupçonneux à l'excès vis-à-vis de l'autorité légale et ne sachant accorder de confiance qu'à leurs ennemis, si les annales de plus d'une démocratie ne nous présentaient des exemples analogues.

Ajoutez à toutes ces causes de ruine, l'abâtardissement des caractères, les progrès de la démoralisation. Que les temps sont changés ! A la frugalité des anciens jours a succédé, dans presque toutes les classes de la société, le goût du faste et des jouissances matérielles. Ce n'est pas la diffusion des idées philosophiques du xviii° siècle qui le pourra réfréner. L'incrédulité se répandant à la cour d'Auguste III, nous verrons bientôt le pays envahi par les loges maçonniques. Enfin, l'inconduite des particuliers sera protégée en quelque sorte par la loi elle-même et la liberté du divorce admise, sinon en droit, du moins de fait.

C'en était trop pourtant et l'urgence d'un changement se faisait sentir à tous les bons citoyens. Voici que deux frères, les princes Czartoryiski, appartenant à une branche de la maison de Jagellon, entreprennent la réforme de l'État. Auguste, l'aîné, par suite de son mariage, était devenu un des plus riches propriétaires fonciers du royaume. Michel, grand chancelier de Lithuanie et qui jouissait d'une réputation de diplomate consommé, trouve moyen d'intéresser l'ambition moscovite à la réussite de ses plans. Bravant l'impopularité et les malédictions de la foule, avec un courage bien rare chez un homme politique, mais non exempt, sans doute, de témérité, voici qu'il emploie l'armée russe à introniser le vertueux Stanislas Lesczynski. Tout le monde connaissait les sentiments patriotiques de ce beau-père de Louis XV. Aussi, la cour de Saint-Pétersbourg, comprenant enfin à quel point elle a été jouée, fait procéder immédiatement à l'expulsion du nouveau souverain.

Elle lui donne pour successeur l'indolent Auguste III, sous le règne duquel tout essai de réforme s'arrête. Les diètes seront obligées de se dissoudre, sans pouvoir prendre de résolutions. La vie publique se trouvant ainsi suspendue, les Polonais retombent dans cet état d'anarchie paisible, signe avant coureur d'une fin prochaine.

Frédéric le Grand sent combien il a peu à se gêner vis-à-vis d'une nation aussi désorganisée. Pendant la guerre de Sept Ans, nous le voyons expédier des troupes dans les provinces limitrophes. Elles les ravagent en conscience et y recrutent même des soldats. Moins scrupuleux qu'Hadji-Stavros, le célèbre roi des montagnes qui n'entendait pas déshonorer le brigandage en y mêlant l'escroquerie, l'honnête souverain a soin de payer avec de la fausse monnaie les denrées réquisitionnées en Pologne. Aussi, les provinces qui ont reçu la visite de son armée se trouvent-elles réduites à la misère.

Cependant, après la mort d'Auguste, arrivée en 1763, des jours meilleurs semblent sur le point de se lever pour ce malheureux pays. Sans doute, le nouvel élu, Stanislas Poniatowski, l'avait surtout été grâce aux soldats russes qui inondaient la Pologne. C'est que le trône constituait, en quelque sorte, la récompense du sentiment aussi tendre qu'éphémère par lui inspiré à la future impératrice Catherine, encore grande duchesse. Voici, en tout cas, la diète de couronnement qui se met résolument à l'œuvre. Le *Liberum veto*, dont on n'ose pas encore voter la suppression, va être, du moins, restreint aux questions purement politiques, et l'autorité royale accrue dans la mesure du possible.

L'assemblée de 1766, soutenue par l'opinion publique, promettait d'aller beaucoup plus loin encore dans la voie des réformes. Cela ne faisait naturellement pas le compte de la Czarine qui, considérant la Pologne comme une proie assurée, faisait tous ses efforts pour que les choses y allassent de mal en pis.

Prétextant, somme toute, assez à tort, de soi-disant atteintes portées à la liberté de conscience par les catholiques de ce pays, elle signe avec le roi de Prusse un traité secret. Cette mesure a pour but d'assurer, fût ce par la force, aux sujets de Stanislas, la jouissance intégrale de ces prétendues franchises dont la Pologne se mourait. Comment admirer assez l'aplomb de ces despotes qui, gouvernant leurs peuples avec une verge de fer, s'intéressent si fort à la liberté d'autrui ?

En vain, les confédérés de Bar ont-ils levé le drapeau de l'indépendance nationale. Malgré les prudents avis de Dumouriez, nous les voyons succomber après quatre ans d'une lutte inégale contre les troupes coalisées de leurs puissants voisins.

L'antique boulevard de la chrétienté contre les musulmans d'Orient ne conservait plus qu'une chance de salut, l'intervention de la France ; mais c'était Louis XV qui y régnait, et Choiseul, le proscripteur plus ou moins involontaire des Jésuites, venait à peine de quitter le ministère. Visiblement, le ciel ne réservait pas à de tels hommes l'honneur d'être les champions de l'ordre public en Europe et les sauveurs d'un grand peuple en détresse.

Bientôt vont se lever ces jours de sang et de larmes prédits deux siècles auparavant par l'illustre dominicain Skarga. Les riverains de la Vistule et du Dniéper apprendront, par la plus dure des expériences, que le courage militaire ne constitue pas, à lui seul, tout le patriotisme, et qu'il ne suffit guère, pour bien servir la chose publique, de savoir affronter le trépas sur les champs de bataille.

Déjà, le partage de 1773 a révélé à l'univers que la chrétienté n'est plus qu'un mot, que désormais une nation même baptisée pourra courir risque de la vie.

Abreuvée d'humiliations, cruellement démembrée, la République royale se montre réellement assagie par l'excès même de la souffrance. Déjà, la double assemblée de la noblesse vient de voter à l'unanimité, avec la constitution de 1791, l'abolition de presque tous les anciens abus. Le *Liberum reto* et les confédérations notamment resteront abrogés pour toujours. On accordera des droits politiques à la bourgeoisie et le peuple entier va se trouver placé sous la protection des lois. En attendant mieux, beaucoup de gentilshommes affranchissent les serfs de leurs domaines qu'ils partagent avec eux. Enfin, voilà ces jacobins de Polonais, pour employer l'expression de Catherine, qui poussent l'esprit révolutionnaire au point de proclamer l'hérédité de la couronne.

C'était plus que ne pouvait supporter le libéralisme bien connu de la Czarine et de Frédéric II. Les deux nouveaux partages de 1793 et de 1795 viennent achever l'œuvre d'iniquité et rayer l'antique Lekhie de la liste des nations. Huit longues années s'écouleront avant que Napoléon Ier ne crée le duché de Varsovie d'un lambeau de ce qui fut l'empire de Ladislas-le-Bref et de Casimir-le-Grand, avant que l'espérance trop éphémère, hélas! d'une résurrection ne soit permise à cet infortuné pays, sous le sceptre du généreux Tzar Alexandre Ier (1).

Abandonnés de tous, délaissés de l'Europe par eux défendue si longtemps, ces fils belliqueux de Cracus et de Premyzlas, ces Piasts si remuants, mais héroïques jusqu'à la folie, ne se lasseront pas de verser leur sang pour la délivrance de la Patrie. Ce serait une trop longue tâche que de narrer ici ces luttes mémorables, comparées par Lamennais à celle de l'Archange contre le dragon, et où s'illustrèrent les Chlopicki, les Skrzynnecki, et plus tard les Langiewicz et les Narbut. Guerriers plus faciles à exterminer qu'à vaincre, ces républicains repentis expient ainsi par des prodiges de vaillance, sans pouvoir les racheter, hélas, sinon leurs fautes propres, du moins l'imprudence de leurs aïeux.

Bien longtemps après l'époque des partages, nous verrons la province de Galicie, petit fragment d'un vaste état disparu, enfin dotée d'institutions autonomes par la maison de Habsbourg. Elle bénira, à bon droit, la seule des puissances copartageantes qui ait montré une sincère répugnance pour le projet de démembrement et tenté, d'une façon suivie, d'en atténuer les odieuses conséquences.

(1) Voir la note L, *in fine*.

§ 2. Traversée du Bug et entrée dans les états du Czar. — Arrangements provisoires. — Les Trappistes à Wistrice. — Conduite charitable de Lestrange vis-à-vis des moines Basiliens. — Ses nombreuses démarches. — Il révèle à quelques-uns de ses religieux ses motifs d'appréhension. — Dispositions favorables de l'Empereur. — L'hiver en Pologne et ses rigueurs. — Sympathie inspirée par les Trappistes au clergé ainsi qu'à toute la population.

C'est au mois d'août, d'après Gaillardin, ou plutôt vers la mi-juin 1792, suivant l'auteur de l'*Odyssée*, que la colonie monastique, quittant Térespol, traverse, sur un pont, le Bug, affluent de la Vistule, lequel séparait les états de Sa Majesté germanique de ceux du Czar. Elle atteint Brzesc-Litowski, capitale du palatinat de Brzesc, en Lithuanie, à 45 lieues E. de Varsovie. C'était la ville Russe la plus rapprochée de la frontière. La première pensée de nos fugitifs, en mettant le pied sur le territoire moscovite, ce fut, naturellement, de remercier Dieu de l'asile à eux ménagé. Ils adressèrent ensuite leurs prières au ciel pour le souverain qui leur offrait un asile, aussi bien que pour le conseil de régence de Vienne, lequel les avait si odieusement persécutés.

L'autorité locale loge les émigrants dans un antique castel à demi-ruiné et où l'on n'avait guère fait de préparatifs pour les recevoir. Ils y passent tant bien que mal une semaine entière et se reposent un peu de leurs fatigues, tout en suivant scrupuleusement les prescriptions de la règle. Le Père Abbé, sentant bien que les déplacements perpétuels, auxquels il va plus que jamais se trouver obligé, lui rendront souvent difficile l'exercice de l'autorité, remet, affirme Gaillardin, au père Jean de la Croix, une obédience de supérieur pour tous les monastères sis en Russie.

L'odyssée monastique ne nous dit rien, il est vrai, à ce sujet. Quant à l'auteur de l'*Histoire populaire illustrée*, il se borne à nous affirmer qu'à peine arrivé de Saint-Pétersbourg, Dom Augustin, ayant été chercher les moines expulsés du Piémont, revint avec eux à Cracovie. De là, ils seraient partis pour les nouveaux asiles à eux destinés. C'est alors que Lestrange leur aurait donné pour supérieurs le père Jean de la Croix et le père Urbain. Il règne un peu d'obscurité sur la nature des arrangements pris alors par le Père Abbé, et les documents que nous avons pu consulter ne semblent pas suffisants pour la dissiper entièrement. En tout cas, cela ne paraît pas, on le verra plus loin, avoir empêché la nomination de supérieurs particuliers pour chacun des monastères concédés.

En attendant la conclusion d'un accord définitif avec l'Empereur de Russie, Lestrange s'ingénie à fournir sans retard, à ses religieux, une installation au moins provisoire. Il les répartit en deux groupes dont le moins important reçut l'hospitalité à Bréda, dans un couvent de Chartreux, peu éloigné. La seconde bande se trouvait d'un tiers plus nombreuse, les infirmes s'étant joints à elle; on ne nous dit pas d'ailleurs pour quel motif. Bien qu'on y comptât deux malades gravement atteints et un jeune enfant sur le point d'expirer, elle avait de quinze à vingt lieues à faire avant d'arriver au monastère de Bernardins, où l'on devait la recevoir.

Vers cinq heures du soir, ce deuxième groupe arriva à l'abbaye cistercienne de Wistrice, où l'on comptait passer la nuit. Cette communauté était fort opulente avant le partage de 1795; mais, à cette époque, les Russes en décapitèrent l'Abbé qui n'eut pas de successeur, puis on confisqua la plus grande partie de ses biens. Les religieux se trouvèrent dès lors réduits à un état voisin de la misère. Ayant accru leurs revenus à force de travail et d'économie, ils parvinrent à s'assurer une bien modeste aisance. En 1799, la maison se composait de six religieux et deux novices. Ces moines se trouvaient placés sous la juridiction de l'Évêque diocésain, lequel les employait aux fonctions curiales. Toutefois, la régularité s'y observait assez exactement et la clôture était fidèlement gardée. L'on permettait aux religieux de sortir tous ensemble, une fois la semaine, pour la promenade, selon l'usage établi chez les Cisterciens non réformés. La viande faisait partie de leur alimentation. Ils se levaient régulièrement à deux heures du matin pour chanter ou psalmodier l'office. Les heures du jour se disaient séparément, de sorte que, s'ils avaient eu le même bréviaire, les Trappistes de Dom Augustin auraient pu se joindre à eux.

Soit erreur, soit prévention, observe l'auteur de l'*Odyssée monastique*, l'accueil fait à ces derniers fut aussi peu encourageant que possible. De prime abord, les habitants du monastère se bornèrent à satisfaire leur curiosité en contemplant ces hôtes que le ciel leur envoyait, mais leurs portes continuèrent à rester closes.

Toutefois, après avoir parlementé assez longtemps et supplié qu'on voulût bien accorder l'hospitalité aux malades dont l'état inspirait le plus d'inquiétude, les Trappistes obtinrent enfin qu'on leur donnât entrée dans la maison abbatiale. A l'instant même, sans s'informer si le supérieur consentait à héberger tout ce monde ou s'il limitait sa charité aux infirmes dont on lui avait parlé, les voitures sont déchargées, et bientôt toutes les parties disponibles de l'édifice vont se trouver occupées. Lorsque l'on voulut transporter le petit moribond, il était à l'agonie. Ce jeune enfant s'appelait en religion François-Xavier. Il était fils d'un habitant de la Savoie appelé Fagant. Ce dernier, peu favorisé des biens de la fortune, n'en jouissait pas moins de la considération universelle. Selon l'usage du pays, il employa ses deux garçons comme bergers. Toutefois, ayant entendu parler du monastère de Saint-Brancher, dans le Valais, Fagant forma le projet de s'y retirer avec ses cinq enfants, auxquels il assurait ainsi le bénéfice d'une éducation chrétienne. François Xavier et son frère, qui reçut plus tard, en qualité d'oblat, le nom de François de Paule, prirent l'initiative de solliciter leur entrée dans la nouvelle Trappe. Les sentiments religieux du vénérable père de famille étaient trop profonds pour qu'il songeât à y mettre la moindre opposition.

Nous ne saurions suivre l'auteur de l'*Odyssée* dans les détails qu'il nous donne sur ces pieux enfants. Rien de plus édifiant que le récit de leur vie tranchée dans sa fleur et de leurs souffrances si vaillamment supportées. C'est le 11 juin 1799 que François Xavier rend le dernier soupir au couvent de Wistrice. Quant à son frère, François de Paule, il mourut le 12 novembre 1800, dans les sentiments de la plus vive piété.

Par la force même des choses, nos pauvres Trappistes, ne sachant encore où aller, seront obligés de prolonger leur séjour à Wistrice. Les incidents qui viennent de se produire pouvaient faire craindre qu'il ne fût pas fort agréable. Grâce à l'esprit de conciliation des fugitifs, à leur extrême réserve, ils parviennent d'abord à se faire tolérer, puis sincèrement apprécier de ceux qui les recevaient. Rien de moins recherché que l'ordinaire des Trappistes. Il consistait surtout en millet et en bouillie de sarrazin. C'était un vrai régal pour eux lorsqu'ils y pouvaient ajouter un peu de lait caillé. Pour du lait frais, il n'y fallait pas songer. L'excessive chaleur de l'été le coagulait deux heures au plus après qu'il avait été tiré. A peine pouvait-on en séparer une petite quantité de crème servant à faire du beurre de mauvaise qualité. Le reste se mangeait aussitôt ou bien on le pressait dans des nouettes de linge que l'on suspendait au soleil. On en obtenait ainsi une matière sèche et dure comme de la pierre. C'est ce qui constitue le fromage dont les pauvres se nourrissent pendant l'hiver, après l'avoir amolli en le faisant tremper longtemps dans l'eau chaude. Ajoutons par parenthèse que l'usage de cet aliment paraît remonter à la plus haute antiquité. C'est à lui qu'ont recours, aujourd'hui encore, les nomades du Turkestan dans leurs pérégrinations (1). En tout cas, l'austérité d'un tel régime n'était pas ce qui convenait le plus aux malades. Aussi le père infirmier, s'inspirant du dicton « nécessité n'a pas de loi », se mit-il à pêcher à leur intention quelques tanches dans un étang voisin.

Toutefois, Dom Augustin était loin d'avoir perdu son temps, et, grâce à ses démarches auprès du Czar, les affaires paraissaient se trouver en bonne voie d'arrangement. Voilà le Père Abbé qui vient en porter lui-même la nouvelle à Wistrice ; il y passera vingt-quatre heures, partageant la maigre pitance de ses enfants. Les réunissant en chapitre, il les invite à faire contre fortune bon cœur. « Sous peu, leur dit-il, l'Empereur,
« que j'ai prévenu de votre arrivée, me rendra, je l'espère, une
« réponse favorable. Plusieurs monastères de cette contrée
« manquent de sujets et, pour cette raison, l'Empereur vou-
« drait les supprimer. Pour éviter cette extrémité, il a assigné
« sur leurs revenus, ce qui est nécessaire à la subsistance des
« religieux qui habitent ces monastères, et il appliquera le
« reste à notre communauté ; c'est ce qui a été pratiqué pour
« notre établissement d'Orscha. Un arrangement de ce genre
« est avantageux, aussi bien pour les moines qu'il préserve de
« la suppression que pour nous qui en retirons le bénéfice d'une
« résidence fixe et durable. » Le Révérend Père termine son allocution en annonçant aux frères qu'il se rendait sans retard à Orscha, où il espérait recevoir à bref délai une réponse du Czar. Il se recommande ensuite aux prières de ses frères, puis disparaît.

N'avons-nous pas lieu ici de faire ressortir la largeur d'esprit et l'ardente charité de Lestrange ? Il aurait pu légitimement profiter des offres de l'Empereur et renvoyer, sans plus de cérémonie, les autres religieux de leurs maisons pour y installer ses Trappistes. Cela n'eût certes pas constitué une spoliation, car la suppression de toute communauté ne comptant point un nombre de membres suffisant à assurer la régularité monastique est de droit strict. Précisément, ceux des religieux de l'Ordre de Saint-Basile visés par l'Empereur de Russie, bien que leurs maisons fussent fort riches, ne comptaient guère, pour chacune d'entre elles, plus de trois à quatre membres. En plaidant la

(1) M. O. Schrader : *Sprachvergleichung und urgeschichte* ; kap. VII, p. 461 (Iéna, 1890).

cause des Basiliens, en n'acceptant comme il fit par la suite que la seigneurie de leurs terres, sauf à en partager avec eux les revenus par moitié, notre abbé faisait donc preuve d'autant de désintéressement que de modération. « Nous ne sommes pas venus, disait-il à ce propos, pour diminuer le nombre des monastères, mais pour les augmenter. » Sans aucun doute d'ailleurs, il espérait que l'exemple des Trappistes profiterait aux moines polonais et par la réunion dans les mêmes murs propagerait la réforme.

Quoiqu'il en soit, en attendant le retour du R. P. Abbé, les émigrants continuèrent à séjourner à Wistrice. Ils finissent, en quelque sorte, par devenir un sujet d'édification pour les Cisterciens, qu'avait d'abord un peu effarouchés leur austérité. La réflexion amène ces derniers à reconnaître le genre de vie des Trappistes, beaucoup plus conforme que tout autre à celui des premiers pères de Cîteaux. *Vos estis Cistercienses*, « Vous êtes de vrais Cisterciens », disaient-ils en manière d'éloge à leurs hôtes. La sympathie entre tous ces moines finit par devenir tellement étroite que, si les Trappistes avaient voulu faire un peu de propagande, ils auraient amené toute la communauté de Wistrice à leur observance.

Un mot maintenant au sujet des religieuses restées à Lemberg. C'est la mère Augustin qui, dans le courant de juillet 1799, va chercher la plupart d'entre elles pour les conduire à Brzesc-Litowski, où bon nombre de leurs sœurs, qui avaient quitté la Bavière, viendront les rejoindre. La distance n'est pas considérable entre Lemberg et Brzesc. D'ailleurs, la belle saison contribuait à rendre ce court voyage bien moins pénible que n'avait été celui des Trappistes. De cette dernière ville, elles se rendront, sous la conduite du Père Abbé, au château de Bersovie, qui n'en est pas fort éloigné. C'est là qu'elles resteront jusqu'au moment du départ de Russie. Il n'est pas question ici, bien entendu, du détachement de la Mère Sainte-Marie. Celui-ci voyagea à part et, comme on l'a déjà vu, se rendit à Orscha.

Bientôt enfin, tant par suite des concessions impériales qu'en vertu de conventions passées avec les Évêques du pays, Dom Augustin va se trouver à la tête de trois communautés, dont deux dans le Palatinat de Brzesc, en Lithuanie, une dans la province de Podolie. Il faudrait en compter sept, si nous voulions joindre à la liste les deux monastères d'Orscha, occupés depuis un certain temps, nous l'avons déjà dit, par deux couvents, l'un de Trappistes, l'autre de Trappistines, ainsi que les deux maisons de Wolhynie, qui ne furent concédées qu'un peu plus tard.

MONASTÈRE DE LA GRANDE TRAPPE. — Cloître.
D'après une photographie de M. Tournier.

MONASTÈRE DE LA GRANDE TRAPPE. — Cloître.
D'après une photographie de M. Tournouer.

MONASTÈRE DE LA GRANDE TRAPPE. — Nef de l'Église.
D'après une photographie de M. Tournouer.

MONASTÈRE DE LA GRANDE TRAPPE. — Salle du Chapitre.
D'après une photographie de M. Tournour.

www.ingramcontent.com/pod-product-compliance
Lightning Source LLC
Chambersburg PA
CBHW052129230426
**43671CB00009B/1183**